矢木　毅　著

朝鮮朝刑罰制度の研究

朋友書店

はしがき

李氏朝鮮時代（一三九二〜一八九七／一九一〇）(1) の法制は、あらゆる意味において未分化であった。まず立法・行政・司法の三権が未分立で、専制君主たる国王が三権のすべてを総攬した。そこでは刑事・民事の裁判も行政の一環として行われ、法廷における判決も近代的な意味での確定力をもたなかったために、国王はその内容を意のままに改変することができた。また国王と君臣の関係を結んだ官人たちに対しては、司法機関による裁判を経ることなく、国王が直ちに懲戒の処分を下すこともできたのである。

とはいえ、国王による刑罰権（ないし懲戒権）の行使が何の制約も受けていなかったというわけではない。刑罰は原則として「律」の枠内で運用され、国王はこれを加減するにすぎない。また、「律」の体系を離れて国王が独自に行う懲戒の処分についても、それは君臣関係という「礼」の秩序を踏まえて行われる。そうして、この「律」や「礼」の秩序から逸脱した処分は士大夫（両班）の同意を得ることができず、士大夫社会の輿論を代表する三司の反対運動が続く限りは、王命といえどもこれを執行することができなかった。

このため朝鮮時代における『実録』の記述――とりわけ朝鮮後期のそれ――においては、専制君主たる国王が下した処分に対し、士大夫社会の輿論を代表する三司の官僚たちが繰り広げた賛成・反対の議論がその大半を占めることになる。

本書は「律」と「礼」の秩序を踏まえて運用されていった朝鮮時代の刑罰および懲戒の制度について、これを体系的に復元することを目的とする。特に、朝鮮時代の政治史を特徴づける「党争」との関連のもと、国王が行使していた官人処罰（懲戒）の体系を復元し、これを刑罰一般の制度と対比しながら考察することを、本書の最も重要な課題として位置づけたい。

「刑は大夫に上らず」――これは儒教知識人たちが「礼」と「刑」との関係を論じる際にしばしば言及した『礼記』曲礼篇の一節である。そこには儒家の理想とする礼の世界が詳細に描かれているが、現実の法が支配する世界は何処かしら人々の理想とは乖離していた。本来、刑は礼の補助にすぎないのに、現実の世界は礼ではなく、むしろ刑によって維持されている。今ある王朝の支配秩序は必ずしも「正義」を体現するものとは言えないではないか……。そのギャップを埋めようとして試行錯誤を繰り返してきた朝鮮知識人たちの理想追求の営為に学ぶことは、現代の日本に生きる我々にとっても決して無意義ではあるまい。

注

（1） 李成桂（太祖李旦）による王朝の創始が一三九二年。国号を「朝鮮」と定めたのはその翌年。一八九七年からは皇帝と称して国号（有天下之号）を「大韓」と改めたが、一九一〇年、日本の植民地に転落した。

凡例

一　朝鮮朝の紀年は「踰年称元」の法に従い、王の即位した翌年を以て元年とするが、前王を廃して即位した場合（たとえば魯山君を廃した世祖、燕山君を廃した中宗、光海君を廃した仁祖の場合）は例外的に、即位の当年を以て元年としている。もっとも、粛宗二十四年（一六九八）に魯山君の名誉が回復され、魯山君に「端宗」の廟号が贈られると、従来、即位年（乙亥年、一四五五）を以て元年としていた世祖朝の紀年は「踰年称元」の法に従い、即位の翌年（丙子年、一四五六）を以て元年とするように変わっていく。たとえば李源益の『東史約』や金沢栄の『韓史綮』が、丙子年（一四五六）を世祖元年としているのはその実例であるが、本書では『世祖実録』のもともとの紀年に従い、便宜上、乙亥年（一四五五）を以て世祖朝の元年とする。

二　刑罰の実態を視覚的に伝える資料として、『司法制度沿革図譜』その他の図版を適宜挿入する。

三　本書では「律」の規定に基づいて社会の成員一般に対して適用される処罰を「刑罰」と呼び、個別の王命に基づいて特定身分の者（とりわけ官人）に適用される律外の処分は「懲戒」と呼んで区別している。この区別は『実録』の用例において も認められるもので、たとえば前者は「笞杖之刑」、「徒流之刑」など「刑」と呼ばれているが、後者は「罷職之罰」、「遠竄之罰」など「罰」と呼ばれている。これを現代の制度にたとえていうと、前者は刑法に基づいて適用される刑事罰（刑罰）であるが、後者は刑罰ではなく、行政処分としての懲戒罰（懲戒）にすぎないのである。
　なお、法制史の研究分野では「律」に規定される正規の刑罰を「正刑」と呼び、特定身分の者に加えられる律外の処分は一般に「閏刑」と呼んで区別している。しかし「刑」とは本来「肉刑」を意味するので、官人身分の者に対する懲戒の処分を「刑」と呼ぶことはあまりふさわしくない。このため本書ではいわゆる閏刑のことを「懲戒」もしくは「罰」と呼ぶことにする。もとより言葉の好みの問題にすぎないとはいえ、それはいわゆる懲戒の処分を、君臣関係という特殊な倫理規範（道徳）に基づく「礼」の実践として捉える本書の基本的な立場の反映でもある。

目次

朝鮮朝刑罰制度の研究

総論　朝鮮時代の法制と両班

近世朝鮮時代においては立法・行政・司法の三権が未分立であり、刑事・民事の裁判は行政の一環として行われていた。このため三権を総攬する専制君主としての国王は、あらゆる「法」を超越して意のままに判決を下し、または司法機関による裁判の結果を改変することができた。とはいえ、国王の恣意によってその都度判決の内容が揺れるようでは裁判の公平性を確保することができず、延いては統治の安定を維持することもできない。このため国王が判決を下す際には、一定程度、その意思決定の基準となるものが必要となる。

判決の準則

その基準は、一つには明朝の洪武帝が定めた『大明律』の規定であり、また一つには歴代の国王が定めた判例としての「受教」である。前者は狭義の「律」に当たり、また後者も広義には「律」と呼ばれている。しかし受教は『大明律』との関係でいえば、狭義の「律」に対する「例」と呼ぶほうが適当であろう(1)。

律と例はいずれも当時の成文法であり、それぞれが裁判における準則（法）としての権威を認められている。なるほど、専制君主たる国王は、必ずしも常にその準則に従っていたわけではない。とはいえ国王の下す処分が

「法」の示すところと著しく乖離している場合は、朝廷の官僚たち——とりわけ儒教知識人たちの輿論を代表する三司（司憲府・司諫院・弘文館）の官僚たち——が、繰り返し反対の上言を行うので、この種の反対運動が継続している限りは王命といえどもこれを執行することはできないのである。(2)

専制君主たる国王は、もちろん、この種の反対運動をも封殺することができる。たとえば反対者を罷免し、自己の意思に迎合する者を繰り返し三司に任命することによって、国王は容易に自己の意思を貫徹することができた。しかし、儒教知識人たちのすべてを自己の意思に従わせることは不可能であるから、結局、専制君主たる国王もまた、多かれ少なかれ儒教知識人たちの「輿論」の力には従わざるを得ない。

結局、専制君主たる国王は、(a)『大明律』の規定に従い、(b)歴代の国王が定めた判例としての「受教」に従い、(c)儒教知識人たちの「輿論」の動向に従いながら、その枠内において自己の意思の貫徹を目指さなければならなかった。

大明律

第一の基準となる『大明律』は、朝鮮朝における刑事裁判の判決の指標であり、司法機関はこの『大明律』の条文に基づいて量刑の原案を策定する。この手続きを「照律」という。ただし、『大明律』は中国明朝において制定された刑法典であり、朝鮮からいえば外国の法律にすぎない。このため朝鮮の習俗に適合しない部分については、国初より各種の修正法を制定し、その規定が判例（受教）という形で集成されていった。成宗朝に完成した『経国大典』は、そうした国初以来の判例の集大成にほかならない。その後も各種の判例（受教）は次々と形成され、それらが英祖朝の『続大典』、正祖朝の『大典通編』、高宗朝の『大典会通』などによって集成されていったのである。(3)

したがって『大明律』の法源としての比重は、時代が下れば下るほど相対的には低下していった。そのうえ明清の交替によって、中国本土では『大明律』は法典としての地位を『大清律例』に譲り渡さなければならなかった。[4] しかしながら、朝鮮における『大明律』の存在意義は、明清の交替によっても全く減じることはなかった。朝鮮の人々は『大明律』を普遍的な「礼」の秩序に裏づけられた「万世通行之法」[5]、「三代帝王流伝之法」[6]として受容し、いわば中華文明のエッセンスとして位置づけていたからである。

そもそも「礼」と「律」とは表裏一体の関係にあり、文明人としての行動の規範（道徳規範）を示すものが「礼」であるとすれば、そこから逸脱したものに対する制裁の基準を示すものが「律」にほかならない。「礼義之邦」を以て自任する近世朝鮮時代の知識人たちは、『大明律』についても、これを中華文明の普遍的な道徳規範である「礼」と一体のものとして受け入れ、この『大明律』を受容し、行用していることこそを自国のアイデンティティーの根幹として位置づけていた。

だからこそ、明朝が滅亡して満洲族の清朝が新たに中国本土を支配し、『大明律』に替えて『大清律例』を制定するようになっても、朝鮮の人々は依然として『大明律』を行用し続けていたのである。そうしてそのことは、やがて朝鮮がその国号を「大韓」と改め、「唐・宋・明」の正統を継いで新たに「皇帝」の国へと脱皮した際にも、それを正当化するための重要な論拠の一つとして位置づけられることになった。

朝鮮には『大明律』の裏づけとなる「礼」の秩序が現に存在している。だからこそ、「礼」に象徴される中華文明世界の主宰者として、国王高宗は改めて「皇帝」の位に即き、「天下を有《たも》つの号（有天下之号）」を定めて「大韓」と称したのである。[7]

判例としての受教

第二の基準となる歴代の国王の判例、すなわち受教についても、「孝治」を標榜する儒教国家の君主としては、当然、これを遵守しなければならなかった。祖宗の定めた判例（受教）を遵守することは、祖宗の王統を受け継ぐ嗣王の当然の義務であり、それこそが礼の根幹をなす「孝」の徳の実践である。

そもそも外国法たる『大明律』に対し、朝鮮の国情に合せてその内容を修正もしくは追加するために有司が原案を提出し、国王がそれを裁可すると、その内容は「受教」として法文化される。それは一種の判例である。そうしてこれらの判例は、司法機関が「律」に基づく量刑、すなわち「照律」を行う際にも一つの法源として引用された。(8)したがって、それは広義には「律」とも呼ばれている。ただし厳密にいうと、受教は「律」と同格ではなく、それより格下の「令」として位置づけられる。(9)とはいえ、明清時代には「令」に代わって「例（条例）」が律の内容を修正・補足するようになったので、朝鮮における「律」と「受教」との関係についても、明清時代における「律」と「例」との関係になぞらえて説明するとわかりやすい。

たとえば明律に対する「例（条例）」について、荻生徂徠『明律国字解』(10)は次のように述べる。

……もとより律になき罪なるゆへ、奏聞を経て上より定らるるなり。総じて条例に載たる事ども、皆ここに云へる如《ごとく》にして、奏聞を経て定たることを、後の例にして条例と云《いへ》るなり（名例律、断罪無正条）。(11)

こうした「例（条例）」の位置づけは、朝鮮における「受教」の位置づけと全く同じであるといってよいであろう。

かくして先王の定めた判例（受教）の集成としては、太祖朝の判例を集めた『経済六典』、及び太宗朝の判例を集めた『続六典』が編纂され、ついで世祖朝から成宗朝にかけて、これらの先行する法典類の改定を進めて『経国大典』が編纂された。その後も、『大典続録』、『後続録』、『受教輯録』、『新補受教輯録』などの編纂が重ねられ、英祖朝にはこれらを集大成して『続大典』が編纂される。[12]その際、『大明律』の規定と歴代の「受教」の規定との優先順位をめぐって法適用の現場に混乱が生じていたために、『続大典』では『経国大典』及び『続大典』に依拠すべき条文がない場合において、はじめて『大明律』の条文を適用すべきことが明文化された。[13]

その後も正祖朝には『経国大典』と『続大典』の規定を集めて一部に修正を加えた『大典通編』が編纂され、高宗朝にはその後の判例を加えた『大典会通』が編纂される。これらはいずれも「六典」形式の行政法規集であるが、そのうちの「刑典」に関して言えば、それは刑法典としての『大明律』に対する修正、ないし追加を命じるその時々の国王の判例（受教）を取捨選択し、それを集成したものにほかならない。

このうち『大典』に収録された受教は、上述のとおり、『大明律』の規定に優先して適用する決まりであるので、両者を特に「典律」と併称する場合もある。[14]そうしてこの「典（大典）」に収録された受教もまた、『大明律』と同様「万世通行之法」[15]として位置づけられる。かくして「典」が「律」に優越する地位を確立したことは、朝鮮における一種のナショナリズムとして捉えることも可能であろう。

とはいえ後代の王は、これら先王が定めた法典の規定に必ずしも全面的に拘束されていたわけではない。法典の条文の如何に拘らず、国王は独自に「参酌」して処分を下すことができる。そうして、そのうちの一部はそれ自体が新たな判例（受教）となって、長く後代の王へと伝えられていくことになる。しかし後代の王もまた自ら新たな判例（受教）を創出することによって、司法機関による裁判の結果を意のままに改変することができた。

儒教知識人たちの輿論

第三の基準となる儒教知識人たちの輿論――いわゆる「公論」――は、上述したような国王の恣意的な判決を防止するための、もっとも強力な盾となった。もちろん前近代の法制において、国王の意思はあらゆる成文法の規定に優先する。したがって、当時においては近代的な意味での判決の確定力というものは存在しないわけであるが、それでも一定の秩序を維持するためには、ある程度は法的な確定力、ないし安定性をもった判決の存在が必要とされていたことは当然であろう。

この場合、もっとも確定力の高い判決とは、(1)国王の意思と法の規定とが完全に合致している判決であり、逆に確定力に欠ける判決とは、(2)国王の意思が法の規定と完全に矛盾している判決にほかならない。もとより、専制君主の意思はあらゆる法の規定に優越するが、それでも「法」による裏付けがなければ国王による決定は判決としての確定力ないし安定性に欠ける。このため、国王による意思決定をなるべく法の規定――具体的には『大明律』その他の法典や、歴代の国王の定めた判例としての「受教」の規定――に近づけるべく、国王に対して強い影響力を及ぼすのが、三司に代表される儒教知識人たちの言論の力である。

国王によるその時々の「参酌処分」に対し、三司は「法」の規定に基づく「依律処分」を求めてやまない。時としてそれは、国王の下した処分の内容よりもはるかに強硬である。とはいえ、この三司に代表される「輿論」ないし

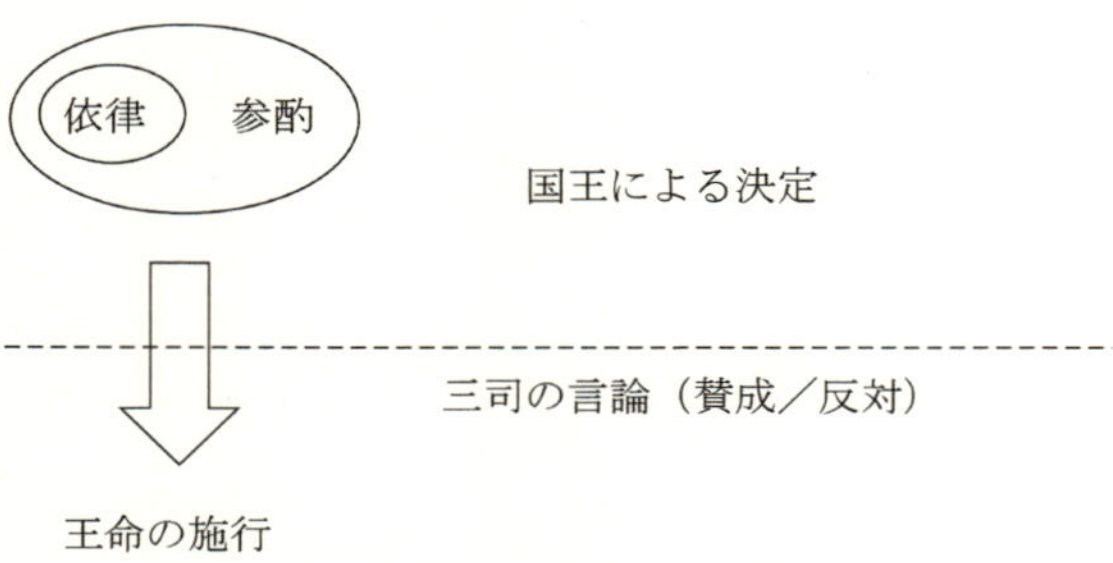

判決の構図（概念図）

「公論」なるものも、常に法的な「正義」を体現していたということはできないのである。

そもそも何を以て正義とするか？　物事の正しい筋道――いわゆる「義理」――はどこにあるのか？　現実の政治はこの問題をめぐってしばしば紛糾し、それは輿論の分裂を招く。朝鮮時代を通して繰り返し行われた「党争」は、まさしくこの分裂した「義理」をめぐっての知識人同士の言論闘争にほかならない。

礼と法

絶対的な権力を行使する国王に対し、これに従属する立場の官僚たちは、自らの主張する正義の保障を「法」に求めていた。しかし、この場合の法とは、なにも特定の成文法のみを意味するわけではない。それはむしろ人として履み行うべき当然の道、一種の自然法としての「礼」の秩序のことを指しているのである。

「礼」と「法」、ないし「礼」と「刑」、「律」との関係性を示す事例として、ここでは律書の五服図のことを考えてみよう。通例、律書には五服図というものが附録として掲載されている。これは自分の高祖父、曾祖父、祖父、父、及び子、孫、曽孫、玄孫、その他、親族や姻戚の死に際して自分がどれだけの期間、喪に服するのかを一覧表にまとめたもので、一見すると刑罰とは関係ないように見えるが、実はこれが「律」の規定と根本的につながっている。

一体、服喪の期間は自分を中心として自分に近しいものほど長く、疎遠なものほど短く設定されている。また同じ親等でも自分より目上の尊属に対しては長く、目下の卑属に対しては短く設定されているのが通例である。そうしてこの原則は、自分の親族・姻戚に対する暴力行為、その他の犯罪に対する量刑の軽重にも適用され、同じ犯罪行為であっても尊属が卑属に対して罪を犯した場合にはその量刑は軽く、卑属が尊属に対して罪を犯した場合にはその量刑は重く設定することが原則となる。(16)

それは逆に言えば、卑属は尊属に対して絶対的に服従することをよしとする当時の社会的通念を前提として、その通念に基づいて各種の刑罰の軽重が定められていたということにほかならない。要するに「刑」の軽重は「礼」の秩序に基づいて定められているのである。

個人の尊厳・平等を重視する今日の社会とはちがって、前近代の東アジアにおいては君臣・父子・夫婦の関係などの、いわゆる三綱五常を社会の秩序の根幹にすえ、その秩序を維持・強化するためにこそ各種の法制が整備されていった。このように厳格に秩序づけられた「礼」の世界において、人としての振舞いを完璧に身に着けているものこそが「聖人」であり、「君子」である。知識人社会の輿論を代表する三司の官人たちは、専制君主もまたこの「礼」の秩序に従い、「聖人」の境地に少しでも近づくべきことを要求してやまない。理想的な君主はこの「礼」の秩序を体得し、「礼」に裏打ちされた「法」の秩序に従ってその専制権力を行使しなければならないのである。

士大夫に対する懲戒

「礼」と「刑」とは表裏一体の関係にあるが、「礼」の精神を体得した知識人たちは、そもそも「礼」の道を踏み外すことがないので、当然、「刑」の辱めを受けることもない。万一、道を踏み外した場合にも、「礼」の世界への復帰が可能であると判断される限りは、決して「刑」の辱めを与えて「庶人」の世界へと転落させてはならない。「刑は大夫に上らず」(17)といい、また「殺すべきも、辱しむべからず」(18)というのは、いずれも士大夫を「礼」によって遇し、「刑」によって遇してはならないことを述べているのである。

朝鮮時代の門閥貴族――いわゆる「両班《ヤンバン》」――は、もちろん「礼」の道を体得し、それを実践することを使命とする人々であった。したがって、彼らは「刑」の対象とはならない。万一、「刑」の対象となった場合には、その時点で両班としての資格を喪失し、官職拝命の機会を永遠に喪失してしまう。もちろん、それにはいろいろと抜け道もあり、また恩赦による名誉回復の道も残されているが、ともかく「刑」の対象となることは、両班にとってはほとんど社会的地位の喪失にも等しい重大事であった。だからこそ両班身分に対する刑罰の適用には、二重三重の限定条件が設けられていたのである。

たとえば官人身分の犯罪に対しては、国王が諸事情を「参酌」して減刑ないし収贖などの恩典を施すことがしばしばであった。また正式の裁判を行うことなく、もしくは裁判を中途で打ち切ったうえで、国王が独自に「参酌」して直ちに処罰を下すことも少なくない。それは「律」の規定に基づく「刑」というよりは、むしろ君臣関係という「礼」の論理に基づく「罰」ないし懲戒である。そうしてその種の懲戒の処分を受けた官人たちは、必ずしも罪人としての取り扱いを受けることなく、一定の謹慎期間を経てやがては官界へと復帰していく。

もちろん、場合によっては官界への復帰がかなわないこともあったであろう。またその処分の内容が、遠方への追放を意味する「遠竄」や、自殺の強要を意味する「賜死」というような、事実上の流刑・死刑に相当する大変に重い処罰であったことも少なくない。とはいえ、それらの処罰はあくまでも君臣間における「礼」の実践であって、それ自体は決して「刑」とは見なされていなかったのである。[19] だからこそ、遠竄ないし賜死の処分を受けた官人たちの子孫は、依然、「両班」としての名誉を保持することを許されていたが、その点は「刑」に触れて「庶人」の世界に転落した「贓吏」——官吏として不正に利益を得た者——の子孫が科挙の受験資格を奪われ、事実上、登用の道を閉ざされていたこととは決定的に異なっていた。[20]

官人と庶民との違いは「礼」にあり、官人に対する処罰は、その背景において「礼」の秩序を踏まえている。したがって、それは庶民（常漢・奴婢）を主たる対象とする「刑」の体系とはおのずから別個のものとならざるを得ない。もちろん、「律」のなかにも官人の犯罪に対する処罰規定は数多く定められているが、それらは本来、官人のなかでも「本系常人」[21]と呼ばれる成り上がり者のために用意された法律であって、そのような法律に触れる者は、そもそも士大夫（両班）と呼ばれるに値しないのである。

士大夫（両班）が本来「刑」とは無縁の存在であるとすれば、彼らの属する「礼」の世界においては、「刑」の体系とは異なる特殊な「罰」ないし「懲戒」の体系が存在しなければならない。本書の目的は、この「礼」の秩序に裏づけられた官人身分の者に対する懲戒の事例を分析し、これを「律」に規定される五刑と対比しながら体系的に復元していくことにある。あらかじめ結論を先取りしてまとめておくと、その概略は次頁に示す【別表】のとおりとなるであろう。

この【別表】においては、『大明律』その他の刑罰規定に基づく処罰を「刑罰」と呼び、それを「律による刑罰」、「例による刑罰」、「軍律による刑罰」の三種類に区別している。このうち「例」による刑罰とは、もともと国王の参酌（特教）による処分のうち、「刑」を伴う処分の内容が判例（受教）として固定化されたもののことを意味している。そうして、国王の参酌（特教）による処分のなかでも「刑」を伴わないものについてはひとまず刑罰の体系から除外し、これを「王命による懲戒」と呼んで区別することにした。

以上を今日の法制にたとえていえば、前三者の「刑罰」は刑法に基づく刑事罰として、後一者の「懲戒」は各種の懲戒規定に基づく懲戒処分として位置づけることもできるであろう。とはいえ、それはあくまでも比喩にすぎず、朝鮮時代において刑事罰と懲戒罰との明確な区別が存在していたというわけではない。たとえば「流配」には律に基づく刑罰としての流配（流刑）と、王命による懲戒としての流配（遠竄）との二種類があったが、これらの区別も当時においては混然としたままであった[22]。

そもそも、行政と司法とが未分化であった前近代の法制である。刑罰と懲戒との対比にしても、それはあくまでも相対的なものにすぎない。そのことを一応お断りしたうえで、以下、【別表】に示した各種の刑罰及び懲戒

【別表】朝鮮時代の刑罰と懲戒

	律による刑罰	例による刑罰	軍律による刑罰	王命による懲戒
笞	笞一十			推考
	笞二十			
	笞三十			
	笞四十			
	笞五十			
杖	杖六十			罷職
	杖七十			収告身
	杖八十			削去仕版
	杖九十			永不叙用
	杖一百		棍杖	
徒	杖六十・徒一年			削黜
	杖七十・徒一年半			付処
	杖八十・徒二年	杖一百・遷徙		
	杖九十・徒二年半			
	杖一百・徒三年	杖一百・充軍		
流	杖一百・流二千里			遠竄
	杖一百・流二千五百里			安置
	杖一百・流三千里	杖一百・定配 杖一百・辺遠充軍		囲籬安置
死	絞		梟首	賜死
	斬			
	凌遅処死			

処分の実態を個別に検討していくことにしよう。

注

（1）判例としての「受教」は法司が「照律」を行う際の典拠法文として引用された（『仁祖実録』三年九月甲子条）。したがって受教の内容は、広義には「律」として位置づけられていたということができる。ただし、受教は律と同格ではなく、厳密には律に対する「令」として位置づけられている（『太宗実録』十二年八月戊午条）。そうして明清時代には「令」に代わって「例（条例）」が律の内容を修正・補足するようになった。そこで、本書では明清時代における「律例」の制度に倣い、受教を「律」に対する「例」として位置づけることにする。

（2）『仁祖実録』巻十一、仁祖四年正月乙丑条　玉堂上箚曰、「……凡国家大事、臺諫論執、則該司不得挙行。雖君上之命、亦不敢受。此是二百年流来旧規、可見祖宗重臺諫之道也。」

（3）浅見倫太郎『朝鮮法制史稿』（一九二二年、東京、巌松堂書店）、麻生武亀『李朝法典考』（一九三六年、京城、朝鮮総督府。一九七七年復刻、東京、第一書房）、朴秉濠『韓国法制史』（二〇一二年、ソウル、民俗苑）等、参照。

（4）清代の法制については寺田浩明『中国法制史』（二〇一八年、東京、東京大学出版会）、特に第六章「断罪――犯罪の処罰と判決の統一」、参照。

（5）『世宗実録』巻一百六、世宗二十六年十月甲寅条　視事。上謂左右曰、「今盗賊興行、是予不能制民之産、使之失所故也。予甚愧焉。往日、卿等議弭盗之方云、『三犯窃盗、勿論赦前、置於法』。予観隋史、有二人共盗一瓜、置之於死。且古者、刑乱国、用重典。其於盗賊、固当用重典矣。然『大明律』、乃高皇帝参酌古制、以為万世通行之法。且『唐律疏議』、盛唐之制、而極為詳明。観此二律、未有勿論赦前之文。豈可軽改律文而殺人乎。」

（6）『明宗実録』巻三、明宗元年二月戊申条　院相李彦迪啓曰、「前年遣内臣、摘奸于刑獄、用杖不如法者、推其郎官。好生之徳、至矣。朝野聞之、莫不感激。『大明律』笞・杖・訊杖、大小長短、皆有法式。国典所載、亦如是。『大明律』、非但一時所為、乃三代帝王流伝之法也。以此観之、刑杖只令人痛怛而已、不欲至於殞命。国家用刑、或用大杖、多至殞命、此非帝王用刑之本意也。」

(7) 拙著『韓国・朝鮮史の系譜』(二〇一二年、東京、塙書房)第七章第一節、参照。

(8) 『仁祖実録』巻十、仁祖三年九月甲子条 上昼講『孟子』。承旨徐景雨曰、「方今所用法律、『大明律』、『大典』及前後『続録』也。照律之際、或用受教、而国初不為開刊、故検律輩、謄書而置之。不用受教則已。用之則不可如是苟簡。速令刑曹校正、分類印出、宜当。」上曰、「速令刑曹開刊。」

(9) 『太宗実録』巻二十四、太宗十二年八月戊午条 議政府議律以聞。政府承上旨議聞曰、「律文有制書有違条、有違令条、奉行者或不能辨。請自今、頒降宥旨及教旨、廃閣不行者、以制書有違論。失錯旨意者、各減三等。凡大小衙門受教条令、不能奉行者、以違令論。」従之。

(10) 『(律例対照)定本 明律国字解』徂徠物茂卿著、内田智雄・日原利国校訂(一九六六年、東京、創文社)。

(11) 「律」に対する「例(条例)」について、荻生徂徠『明律国字解』は次のように述べる。「……もとより律になき罪なるゆへ、奏聞を経て上より定らるるなり。総じて条例に載たる事ども、皆ここに云へる如にして、奏聞を経て定たることを、後の例にして条例と云るなり」(名例律、断罪無正条)。

(12) 前掲注(3)の諸文献、参照。

(13) 『続大典』刑典、用律条 依『大典』用『大明律』、而『大典』・『続大典』有当律者、従二典。
『秋官志』第三編、考律部、続条、律官、大典修明 (英祖三十年) 行司直具宅奎所啓、「有大条件、不可不稟定者矣。我国専用『大明律』、故受教中、宜可遵行者、亦不行用。此誠欠事。此後則『大典』・『続大典』無可拠、然後始用明律、似好矣。」上曰、「専用明律、尊周之義也。」宅奎曰、「『律用大明律』下、以『大典』・『続典』無可拠、然後始用明律之意、懸註、以為兼用之地、何如。」上曰、「依為之。」

(*朝鮮では明朝の滅亡後も引き続き『大明律』を使用していた。そのことを英祖は「尊周之義」とみなしているのである。)

(14) たとえば正祖朝の『典律通補』は、『大典』の規定と『大明律』の規定を条文ごとにまとめて編纂した法令集である。

(15) 『成宗実録』巻一百八十、成宗十六年六月癸巳条 司憲府大司憲李世佐等、来啓曰、「……『大典』乃万世通行之法、而不可改易。」

(16) 『大明律』巻十八、刑律、賊盗、発塚条、等。

(17)『礼記』曲礼上　礼不下庶人、刑不上大夫。

(18)『礼記』儒行　儒有可親而不可劫也。可近而不可迫也。可殺而不可辱也。

(19)冨谷至編『東アジアの死刑』（二〇〇八年、京都、京都大学学術出版会）の総括の文章に、次のように見える（五一一頁）。――「大夫」が受ける処罰は、実際には処刑であったとしても、観念的には礼の実践であり、その意味で「刑は大夫に上らず」ということになろう。「礼」が刑の昇華されたものであるならば、「庶人に対する刑は、大夫に対する礼」であり、ここに礼＝刑という関係が成立する。

(20)『経国大典』礼典、諸科　罪犯永不叙用者、贓吏之子、再嫁失行婦女之子及孫、庶孽子孫、勿許赴文科・生員・進士試。
『中宗実録』巻三十四、中宗十三年十一月己亥条　御夕講。参賛官金正国曰、「……我国如庶孽之類、則待以庸輩、雖有大才、不得施用。此我国弊政也。然法有関防、不可毀也。但有罪者縁坐禁錮、或贓吏子孫、雖有俊傑抜出之才、例不収用。以人君之量言之、則固当不計此而抜用、但祖宗之法、似不可変也。然在上雖一為特用、亦無妨也。」

(21)『世宗実録』巻四十八、世宗十二年四月癸未条　刑曹判書金自知啓、「凡工商賤隷、受職者、当犯罪論決之際、援引『有職者、雖本系常人、取旨論決』之教、不即受罪。若其已覈得情之事、雖取旨決罪、固無失機之弊。其或推劾之際、違端微露、当即拷訊、必待取旨、乃加拷訊、故生謀飾詐、遂不輸情、詞訟因以淹滞。」上曰、「其称本系常人、非謂工商賤隷也。乃謂非世族、而仕於卑官、西班八品、東班九品以上之人也。若司謁・司鑰・舞隊之類、雖有職、不在流品之例。凡文武犯罪者、令取旨贖罪者、所以尊士君子也。雖非世族、而非工商賤隷、則因其有職而亦優待之、可也。」

(22)中橋政吉『朝鮮旧時の刑政』（一九三六年、京城、治刑協会）によると、いわゆる流刑には「刑律に拠らざる場合が頗ぶる多いのである。例へば行政処分に出たる場合、国王の忌諱に触れて排斥せられ、又は時の権勢者の専制の犠牲となり、或は政争に敗ぶれて逐はれたる場合等の如きであつて、犯罪に対する制裁として科せられたものでないものもあるが、之等を総称して一様に流配者又は流刑人と謂つて居つたのである」（二三〇～二三一頁）。
　なお、尹白南『朝鮮刑政史』（一九四八年、ソウル、文藝書林）にも同様の指摘があるが、その内容は、ほとんど『朝鮮旧時の刑政』の引き写しにすぎない。

第一章　朝鮮初期の笞杖刑について

「刑は大夫に上らず」(1)という。『礼記』曲礼に見えるこの有名な文言は、古来様々に解釈されているが、一般には官人身分の免罪特権を表す言葉として、おおむね次のように解釈するのが普通であろう。すなわち、礼節を知る官人身分の者（大夫）は、そもそも罪を犯すようなことはないが、万一罪を犯しても、その身分を尊んで特別の措置を加えることにする。したがって、平民身分の者（庶人）に加えるような刑罰が、官人身分の者に対して加えられることはない、というのである。

中国古代に始まって、広く前近代の東アジア世界に流布していくことになる右のような法意識においては、礼節を知る官人身分の者と、その埒外にある平民身分の者とは、おのずから別個の法領域を形成し、そこでは礼節を知らない平民身分の者こそが、本来刑罰の対象として意識されていた。それに対し、礼節をわきまえた官人身分の者には本来刑罰は及んではならず、万一刑罰が及ぶとしても、そこには官人としての礼節を損なわないだけの、何らかの特別の措置が取られることになっていたのである。

前近代東アジア世界の一角を占める朝鮮朝の刑罰制度においても、当然、右のような法意識はその制度のあり方全体を貫いて存在した。笞・杖・徒・流・死のいわゆる五刑のうち、笞刑と杖刑（以下、笞杖刑と略称する）は、比較的軽微な犯罪に対する処罰として、最も日常的に執行されていた刑罰の一つにほかならない。しかし官人身分の者がこの笞杖刑に当てられた場合には、朝鮮朝においては原則として金品（楮貨・銅銭・木綿布等）の納入による実刑の免除、すなわち収贖が許されることになっていたのである。

もともと朝鮮朝の刑罰制度が中国明朝において制定された『大明律』をその刑法典として準用している以上、[2]官人身分の犯罪が明律に基づいて収贖によって処理されていくことは当然であった。しかし、そうした同一の法文を採用しながらも、中国明朝と朝鮮朝とではそれぞれの社会の現実を反映しつつ法運用のあり方が異なってくるのが当然であって、事実、朝鮮初期においては官人身分の犯罪に対してしばしば決罰、すなわち笞杖の実刑を加える事例も存在した。これが明律の規定どおりに収贖を以て施行されるまでには、太祖（・定宗）・太宗・世宗の三世代にわたる一連の制度改革と、その改革の裏づけとしての王権の確立とを待たなければならなかったのである。

また朝鮮朝では官人身分の笞杖の犯罪に対し、それが私罪に該当する場合には収贖のうえにさらに罷職・収告身などの懲戒処分を加重し、一方、国王の特別の恩顧に与るいわゆる八議（議親・議故・議功・議賢・議能・議勤・議貴・議賓）[3]の犯罪に対しては、決罰・収贖などの刑法上の責任を一切免除して、単に罷職、収告身などの懲戒処分を加えるに止めることもしばしば行われていた。こうした一連の懲戒制度もまた、明制とは異なる朝鮮朝の独自の法運用のあり方を示すものとして特に注目しておかなければならない。

従来、朝鮮時代の刑罰制度に関する論考は少なくはないが、その多くは『大明律』の規定の表面的な解説に止まっている。[4]そこで本章では官人身分に対するこうした様々な刑罰や懲戒処分のあり方を、専ら『朝鮮王朝実録』[5]などの文献史料に基づいて実証的に考察し、そのことを通して官人身分と法制との関係を明らかにしていきたい。

笞杖刑の執行形態を考察するに先立って、まずは刑が確定するまでの裁判の過程を一通り概観しておくことにしよう。

第一節　裁判制度の概観

朝鮮時代の法制において、「流」以下の罪は中央の刑曹、地方の監司などが、また「笞」以下の罪については各衙門が直接に判決を下し、刑を執行することができた。[6] ただし、被疑者が官人身分の場合は必ず国王に啓聞してから囚禁し、必ず国王の裁可を待って処分を確定することになっている。このため王朝国家の行政記録としての『実録』には、主として官人身分の者の犯罪に関する記録が数多く見られることになるのである。

前近代における法制の常として、朝鮮時代の裁判には捜査段階と公判段階というような明確な区別はない。行政官による捜査・審理がそのまま裁判の過程となる。強いて区別すれば、一連の証拠を集めて「獄成」[7] に至るまでが捜査の段階、それ以後、最終的な判決に至るまでが公判の段階と区別することも可能であるが、いずれも行政の一環として行われる以上、両者の区別が曖昧であったことは当然である。

そこで本節では捜査段階と公判段階というような明確な区別はせず、これらをすべて「裁判」の過程として捉えたうえで、主として官人身分の者を被告とする刑事事件を中心に検討する。そこでは囚禁、推鞫、照律という三つのプロセスを経て、国王が最終的に判決、すなわち「判付」を下すまでの手続きが、すべて国王を頂点とする官僚機構によって進められていくのである。

(a)　囚禁

被疑者を逮捕・勾留することを、朝鮮時代の法制用語では一般に「囚禁」という。『経国大典』刑典、囚禁条の規定によると、およそ笞以下の犯罪については原則として囚禁は行わないことになっているが、(8)これは笞罪が最も軽微な犯罪であるところから、司法機関に囚禁して裁判にかける手間を省き、所管の各司において当該の犯罪者を直ちに処断させるという趣旨であろう。(9)これに対し、杖以上の犯罪の場合は原則として被疑者を囚禁し、すなわち逮捕・勾留したうえでその罪の取り調べを行うことになっている。(10)ただし、囚禁を行う権限を有するのは兵曹・刑曹・漢城府・司憲府・承政院・掌隷院・宗簿寺・観察使・守令などの、いわゆる「直囚衙門」に限定され、それ以外の場合は必ず刑曹に移送して囚禁することになっている。(11)

もっとも、以上は一般人の場合であり、官人身分の者には一種の不逮捕特権が認められているので、官人を囚禁する場合には必ず国王に啓聞し、国王の裁可を待ってはじめて囚禁を行うことになっている。(12)また『経国大典』刑典、囚禁条の注によると、およそ不逮捕特権を持つ官人に対しては、ひとまず官紀の粛正を掌る司憲府において予備的に事情聴取を行うという慣例があり、六品以上の官人の場合には公緘を以て、七品以下の官人の場合には直接司憲府への出頭を命じて、それぞれ事件の経緯を聴取することになっている。(13)このうち、「公緘」とは公式の書簡の意で、『世宗実録』十二年（一四三〇）六月庚午朔条の注に、「書を以て劾問するは、これを公緘と謂う」(14)と見える。司憲府では主としてこの公緘による取り調べを行い、それ以上の本格的な取り調べについては義禁府・刑曹に委任することになっていたが、その点については『世宗実録』二十一年（一四三九）十月乙未条に見える掌令・鄭之澹の啓に、本府（司憲府）の法、ただ公緘を以て往復して劾問するのみ。情を得るを難しと為す。請う、義禁府に下して対問せしめよ。[15]

とあることが参考となるであろう。

この公緘による、いわば任意の事情聴取によっても官人身分の被疑者が自らの罪を承服しない場合、司憲府は国王に啓聞して被疑者の囚禁を要請する。国王がその要請を却下すれば、司憲府は引き続き公緘による取り調べを継続するか、または捜査を断念することになるが、逆に国王が囚禁の要請を裁可すれば、義禁府・刑曹のいずれか――通例、士大夫（両班）は義禁府に囚禁する――に命令が下って、改めて囚禁したうえでの本格的な取り調べが開始されることになるのである。

ここで注目しておかなければならないのは、官人身分の者を囚禁するに際し、その前提として、必ず当該官人の告身――職牒、謝牒、朝謝ともいう[16]――を収取することが慣例になっていたという事実であろう。たとえば『太祖実録』六年（一三九七）九月己巳条の記述によると、このとき六品以上の官人の杖以上の罪は、必ず国王に申聞し、謝牒（告身）を収取したうえで鞫問することが定められている。[17]また『世宗実録』二十年（一四三八）七月辛丑条の記述に、「これより前、朝官犯す所有り、劾問して承せざれば、則ち啓して職牒を収めて勾問す」[18]とあり、さらに『世祖実録』八年（一四六二）十月丙子条の記述に、「先に在りては、犯罪軍士の当に囚鞫すべき者は、刑曹に送りて、告身を収めて囚禁す」[19]とある。これらはいずれも官人身分の者を囚禁するに際し、その前提条件として、当該官人の告身（職牒）を収取することが原則であったことを示している。

告身を収取することは、官人身分の者にとって一体なにを意味していたであろうか。『世宗実録』二十年（一四三八）正月丙申条の記述によると、大抵、国王により囚禁を命じられた者は、例としてみな冠を脱ぎ、帯を解

獄中罪人（司法制度沿革図譜）

いて、歩いて獄に出頭する慣例になっていたといわれている。[20] 官人身分の者にとって囚禁の命令を受けることは、すなわち告身を収取されるということであり、告身を収取されるということは、一時的にもせよ、官人としての身分と特権とをすべて剥奪されることを意味している。だからこそ、囚禁の命令を受けた官人は、その身分の表徴としての冠帯、その他の服飾をすべて剝ぎ取られ、いわゆる庶人としての待遇において、歩いて獄に出頭しなければならなかったのである。

囚禁により身体の自由を拘束されることは、それ自体、刑罰にも等しい重大な処分であったことは言うまでもない。しかし官人身分の被疑者にとって、それにも増して手痛い打撃は、囚禁の前提として一旦その告身が収取されるということであり、それに伴って、官人としての身分と特権――いわゆる不逮捕特権をも含めて――が剥奪されるということである。

このように、囚禁とは官人の身分を一時的にもせよ停止するという重大な結果をもたらす処分である。だからこそ官人身分の者を囚禁するに際しては、必ず国王に啓聞してその裁可を仰ぎ、囚禁の施行に慎重を期する制度になっていたのである。

(b)　推鞫

国王により囚禁の命令を受けた官人は、次に義禁府・刑曹などの司法機関に移送され、告身を収取したうえでの本格的な取り調べ、すなわち「推鞫」を受ける運びとなる。その際、国王が特別に関心を抱いた案件については、一般的な事件を取り扱う刑曹ではなく、義禁府という一種の特別法廷に差し下して推鞫を担当させる場合もあり、国王が義禁府と刑曹のどちらに推鞫の担当を命じるかは、後々の判決の行方にも影響を及ぼす微妙な要素を含んでいる。

事実、官人身分の被疑者の場合、義禁府による裁判は、それが国王の直接の指示のもとに進行する裁判――いわゆる「詔獄」――であるという意味において、刑曹による裁判よりもいろいろと有利な判決を期待することができた。たとえば、『太宗実録』十二年（一四一二）九月癸卯条の記事によると、太宗は義禁府の前身に当たる巡禁司のことを、「これ予の私情の地なり」と称しており、[21] また『世宗実録』二十四年（一四四二）七月丙戌条の記事によると、「刑曹の囚する所、移して義禁府に下すは、また特恩なるのみ」と称している。[22] 後世、特権身分である士大夫（両班）の推鞫が、基本的にはすべて義禁府において行われるようになっていくのは、このためにほかならない。

ともあれ、この義禁府・刑曹において進められる取り調べ（推鞫）の実態とは、有体にいえば、被疑者に対する拷問とその拷問による自白の強要にほかならない。

前近代の裁判制度においては、一般に被疑者の自白が偏重され、その自白を以て犯罪の事実を裏づける決定的な証拠とみなす傾向が認められる。そうして朝鮮時代の裁判制度においても、こうした自白偏重の傾向は著しい。たとえば『世宗実録』六年（一四二四）十一月壬午条の世宗の言に、

大抵、匹夫といえども、必ず伏招を取りて、しかる後にこれを罪す。[23]

とあり、同じく二十三年（一四四一）十月癸未条の趙末生の上言に、

照律の法は、則ち須らく犯人の服招に拠りて、罪名を照得すべし。もし招服なくんば、則ち照律するを得ず。これ用刑の不易の常法なり。(24)

とあるが、これらはいずれも被疑者が自らの犯行を認める旨の自白――いわゆる「遅晩」(25)――を行って、はじめてその罪に対する量刑（照律）を行うことができるという考え方を示している。いわゆる「取服照律」(26)とはこのことである。もっとも「衆證明白」なる場合であれば、たとえ被疑者が自白しなくてもこれを罪することは許されていたが(27)、原則としてはあくまでも被疑者の自白こそが、裁判における最も決定的な証拠として位置づけられていたのである。

こうした自白偏重の裁判は、なるほど被疑者が自らの犯行を認めない限りは決して結審に至らないわけであるから、その意味では冤罪の予防に一定の効果がなかったわけではない。しかしこれを司法機関の立場から言うと、裁判において決定的な証拠となる被疑者の自白を引き出すことができない限り、原則としてこれを結審に持ち込むことができないわけである。当然、司法機関は自らの予断を満たすだけの充分な自白を引き出そうとするあまり、しばしば恣意的に拷問を加えるという弊害が生じやすい。

『世宗実録』十五年（一四三三）十一月甲申条の記述によると、訊問に際して行う杖刑、すなわち「訊杖」については本犯の笞杖の数を越えないことが原則であり(28)、また『経国大典』刑典、推断条の規定によると、その濫用を防ぐ意味から訊杖の回数は一回の取り調べにつき三十度までに制限され(29)、一度訊杖を行ってから三日以内は再び訊杖を行ってはならないことにもなっている(30)。また『世宗実録』二十一年（一四三九）十月壬辰条の記述によると、訊杖では（後述する義禁府の例に倣って）被疑者を横向きに寝かせたうえで、膝より下のふくらはぎの部分を杖打することになっており(31)、臀部を打つ本来の笞杖よりも軽微な杖打に止まっているといえる。それでも訊杖それ自体は、自白が得られるまで何回でも繰り返し行うことが許されており、とりわけ死罪の場合には「輸情を以て限と為し」(32)、すなわち罪を自白するまで延々と訊杖が続くことも多いために、結局、被疑者の苦しみにはほとんど際限がない。

以上はまだしも合法的な場合であるが、さらに非合法的な拷問の事例となると、これは『世宗実録』二十一年（一四三九）二月辛亥条の記述などにも見られるとおり、全く凄惨を極めている。

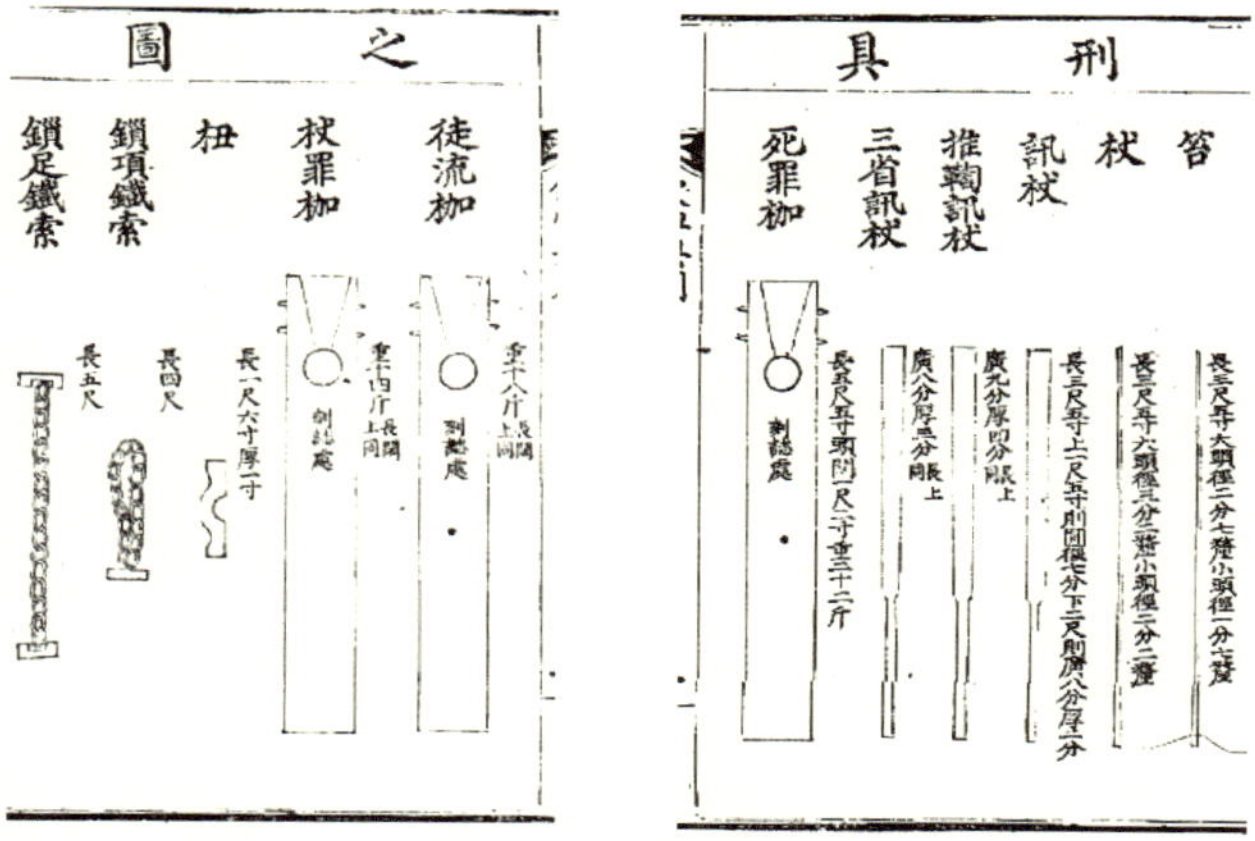

刑具之図（欽恤典則）

> およそ罪囚は、髪を捽《つか》み、これを曳《ひ》くこと縦横にす。困苦の甚しきこと、笞杖に倍す。傷つくに因りて命を殞《おと》す者、まま或いはこれ有り。……罪囚或いは手を以て両耳を執り、緊引して傷を致し、或いは両鬢の毛髪をば、裂木もて挟引し、皮浮きて眥《まなじり》裂く。訊杖すること三十度、なお足らずと為し、因りて杖端を以て、その傷処を衝く。刻深に侵虐する者、或いはこれ有り。(33)

このように、被疑者として囚禁されることは、事実上、有罪が確定した犯罪者も同様の存在として、合法的・非合法的なさまざまな拷問に、ほとんど無防備に晒されることを意味していた。

いわゆる取り調べの実態が、このような拷問と、その拷問による自白の強要にほかならないとすれば、官人身分の者に対しては、たとえその告身が収取されて庶人の待遇にまで貶められているとはいえ、やはり平民身分の者とは区別して、訊杖の適用にある一定の制約を加えておかなければならない。

およそ拷訊は、旨を取りて乃ち行う［庶人、及び盗を犯す者は、しからず］。(34)

義禁府の栲訊の時は、束縛して側臥せしめ、腿脛をば横打し、若し過傷すれば、則ち飜臥せしめて杖を行う。(35)

『経国大典』刑典、推断条、及び『世宗実録』二十一年（一四三九）二月辛亥条の右の規定に見られるとおり、官人身分の者に対して訊杖を行う場合は必ず国王に啓聞してその裁可を待たなければならず、また主として官人身分の者を収監する義禁府の訊杖では、被疑者を側臥させて左右のふくらはぎを交互に杖打することで、被疑者を甚だしく傷付けないための一定の配慮がなされていた。

訊杖とは、裁判における有罪判決を先取りした事実上の刑罰にほかならない。だからこそ、それは「礼」を以て遇すべき官人身分の者に対しては、みだりに適用してはならないものとされていたのである。(36)

(c)　照律と判付

訊杖その他による取り調べの結果として、被疑者が自らの犯行を認める旨の供述（遅晩）を行うと、司法機関はその自白の内容に基づいて犯罪の事実を確定し、刑法典（『大明律』その他）に照らして刑罰の量定を行う。この手続きを、朝鮮時代では一般に「照律」という。ただし被疑者が官人身分の場合には、照律の内容は一旦国王に啓聞され、国王の裁可を経てはじめて判決として確定する。国王は司法機関の照律に基づいて、最終の判決――いわゆる「判付」(37)――を下すことになるのである。

前引『太祖実録』六年（一三九七）九月己巳条の記述によると、六品以上の官人の犯した杖以上の罪は、必ず国王に啓聞（申聞）してその告身（謝牒）を収取し、囚禁したうえで取り調べを行うことになっている。[38]囚禁時に国王に啓聞する以上、判決に際しても国王に啓聞してその最終判断を仰がなければならなかったことは当然であろう。

ただし六品以上の官人においても笞罪に関するものは、囚禁を行わずに司法機関（ここでは司憲府）が公緘を以て取り調べを行い、その結果を踏まえて都評議使司（後の議政府）が量刑を行うと、初期には巡軍（後の義禁府）に移文して直ちに「決笞還任」、すなわち笞刑を執行したうえで任務に復帰させることになっていた。[39]したがって、この太祖六年（一三九七）の段階では、官人身分のなかでも六品以上の杖以上の犯罪に関してのみ、囚禁・断罪に際しての国王への啓聞が義務づけられ、それ以下の軽罪については有司が直断して決笞還任せしめ、告身は収取しないことになっていたことがわかる。

しかし『太宗実録』十二年（一四一二）四月丁巳条の記述によると、この段階では六品以上の官人が犯した笞罪に関しても、必ず国王に啓聞し、国王が自ら最終判決を下すことになっているし、[40]また『世宗実録』五年（一四二三）正月己亥条の記述によると、この段階では文武班六品以上、文班九品以上、並びに有蔭子孫などの笞罪に関しても「教を奉じ」、すなわち国王の裁可を仰いでから義禁府において断罪することになっている。[41]

次いで世宗五年（一四二三）九月には、「各殿行首・内侍・茶房・架閣庫録事・宣差房知印・三軍録事・別侍衛」などの、いわゆる成衆官（成衆衙門入属人）の犯罪に関し、[42]世宗七年（一四二五）十二月には「及第・生員」などの官僚予備軍の犯罪に関して、[43]それぞれ上記有職者の例に従って断罪すべきことが定められ、さらに『世宗実録』十一年（一四二九）五月甲戌条の記述によると、この段階では「時散東班九品以上、西班八品以上、及び有蔭子孫、成衆衙門人等」のみならず、いわゆる「本系常人」の有職者——父祖の世代までは平民身分に止まっていた、いわば一代貴族としての下級官人層——に関しても、すべて国王に啓聞したうえで断罪することになっているので、[44]結局、官人身分の犯罪に関しては、この世宗十一年（一四二九）の段階に至って、そのほとんどすべてが国王への啓聞の対象となり、したがって司法機関が笞杖の断罪を行うに当たっては、必ず国王の裁可を仰がなければならないことになっていたことがわかる。

もっとも、以上は在京官人の場合であり、在外官人の犯した笞杖の罪は、二品以上の堂上官、その他八議身分の場合を除いて、すべて監司による直断に委ねられることになっていた。そうしてそれが「徒」以上の罪である場合に、はじめて国王に啓聞することになっていたのである。[45]

では、笞杖の断罪に際して国王に啓聞することの意味は何であろうか？　端的に言うと、それは当該の官人に対して笞杖の収贖、すなわち罰金刑への代替を許すための法的な手続きにほかならない。

およそ文武の罪を犯す者、旨を取りて罪を贖せしむるは、士君子を尊ぶゆえんなり。[46]

『世宗実録』十二年（一四三〇）四月癸未条に見える右の国王の発言からも窺われるとおり、収贖の制度は「士君子」に対する国王の恩典として位置づけられていた。だからこそ、官人身分に対する笞杖の判決は、必ず国王への啓聞を待って行われることになっていたのである。

ただし、国王に対する啓聞の結果として、官人身分の犯罪に対する笞杖の収贖が必ず許されていたわけではない。実刑となるか収贖となるか、その実態については節を改めて考察することにしよう。

第二節　決罰と収贖

官人身分の者が笞杖の罪を犯した場合、原則として笞杖の実刑は免除され、罰金刑（収贖）によって代替されることになっていた。ただし、刑罰制度が未だ充分には整理されていなかった朝鮮初期の段階では、官人身分の犯罪に対して有司がこれを直断し、笞杖の実刑に処した場合も少なくない。本節では官人身分に対する笞杖の実刑が、明律に規定されているとおりの収贖の制度に改められていくまでの過程について、刑罰の執行形態という観点から改めて考察を進めていくことにしたい。

(a)　決罰

刑罰を執行すること、特に笞杖の実刑を執行することを決罰[47]、または的決[48]という。平民身分の犯罪の場合、笞罪は中央（京中）では所管の各司、地方（外方）では所管の地方官（守令）が、それぞれ当該犯罪人を直接に処断することになっていた[49]。平民身分の犯罪に関する限り、各司・守令には、それぞれ笞刑の直接執行権が認められていたのである。

もっとも、義禁府及び三法司[50]（刑曹・漢城府・司憲府）以外の一般の中央官庁は、本来刑罰の執行権を有する「用刑衙門」ではないので、これらの衙門において笞刑を執行する場合には、律に規定する本来の刑具（刑杖）ではなく、皮牌または皮鞭と呼ばれる革製の鞭を用いて受刑者を鞭打つに止めることになっていた[51]。

「鞭もて官刑を作す」（鞭作官刑）とは『尚書』舜典に見える文言であるが、朝鮮時代における皮牌の制度も、おそらくはこの舜典に見える官刑の制度――木の末端に革を垂らした鞭を以て、官府における刑罰（官刑）を執行する――を踏襲したものに他なるまい。具体的には官府の長官が配下の吏典・使令など、いわゆる庶人在官者の過失を処断するに当たってこの皮牌の刑罰を執行し、罪人を立たせてその脹脛《ふくらはぎ》を鞭打っていたのである[52]。

そうして、それ以外の用刑衙門――中央における刑曹・義禁府・司憲府・漢城府、地方における監司・守令[53]――においては、もちろん、律に規定する本来の刑具を以て、律に規定するとおりに笞刑を執行した。具体的に

郡守笞罰罪人（司法制度沿革図譜）

は受刑者の臀部を所定の刑具によって、十回ないし五十回、笞打っていたのである。

一方、平民身分の杖罪については、京中では刑曹が、外方では監司が、それぞれその罪を直断することになっていたが、刑曹・監司は本来刑罰の執行権を有する用刑衙門であるから、この場合にも律に規定する本来の刑具を以て、律に規定するとおりに杖刑を執行していたことは言うまでもない。具体的には受刑者の臀部を所定の刑具によって、六十回ないし百回、杖打していた。なお、笞杖刑はその打ち所によっては生命に関わる場合もあるので、特に受刑者の背中を杖打することは厳禁とされていたのである。(54)

これに対し、被疑者が官人身分の場合には、原則として有司による直断は許されず、量刑に当たっては必ず国王に啓聞し、刑の執行についてもその裁可を仰がなければならない。しかしそうした制度が確立する以前、すなわち部分的にもせよ官人身分の犯罪に対する有司の直断が許されていた朝鮮初期においては、官人身分の者に対しても、平民身分の場合と同様に笞杖を的決した場合が少なくはなかった。

前引『太祖実録』六年（一三九七）九月己巳条の記述によると、六品以上の官人の杖以上の犯罪に関する国王への啓聞の制度が確立したこの段階において、啓聞の対象から除外された六品以上の官人の笞罪に関しては、司憲府が公緘によって取り調べを行い、都評議使司（後の議政府）に報告した後、都評議使司においてこれを直接に処断し、有罪の判決を受けた官人は、巡軍（後の義禁府）に移文して「決笞還任」させることになっていた。(55)

決笞とは笞刑の執行（的決）を意味するから、ここでは官人であっても国王への啓聞の対象から除外された者については、明らかに決罰の対象とされていたことが確認できる。

また『世宗実録』五年（一四二三）七月辛卯条の記述によると、文武六品以上、文班参外、三品以上有蔭子孫に関する国王への啓聞の制度が確立したこの段階において、啓聞の対象から除外された前銜東班参外、時散西班参外、及び四品以下の有蔭子孫の笞杖の罪については「啓聞を除き（除啓聞）」、すなわち国王への啓聞の手続きを省略して直ちに義禁府に移文し、義禁府においてこれを科断することになっているし、さらに前銜東班参外、時散西班参外の中でも特に「本系常人」の下級官人に関しては、各司においてその笞罪を「直断」し、杖罪については刑曹に移送して「論決」することになっている。(56)ここで「科断」といい、「直断」といい、「論決」というのは、いずれも笞杖の的決のことを意味しているのである。

さらに『世宗実録』七年（一四二五）正月庚子条の記述によると、官人としての位階を持ちながら流品外の職事に従事しているいわゆる権務官、及び平安道・咸鏡道の土官（土豪に与える官職）に対しては、「収贖を除きて随即に論罰」することになっている。したがって、官僚機構の底辺をなすこの種の権務官や土官についても、やはり収贖の法は適用せず、笞杖の的決が行われていたことが確認できる。(57)

このように朝鮮初期の段階では、たとえ官人身分の者であっても笞杖の実刑に処せられることが少なくはなかったのである。

(b)　収贖

実刑の執行（的決）に対し、これを金品納付の罰金刑によって代替することを「収贖」という。朝鮮時代の収贖については、太宗朝における楮貨（一種の紙幣）の流通政策とも関連して、不忠・不孝などの道義上の重大犯罪を除いた笞・杖・徒・流の犯罪を、犯罪者の身分に拘らず、すべて収贖によって施行した例外的な時期も存在した[58]。しかし、『世宗実録』五年（一四二三）正月己酉条の記述によると、楮貨流通政策の破綻に伴ってこうした収贖の制度は改められ、平民身分一般に対する収贖の適用が廃止されると同時に、「文武官及び三品以上有蔭子弟は、十悪、奸盗、非法殺人、枉法受贓を犯し、及び行師の外は、笞杖は並びに皆収贖」することが決められている[59]。すなわち官人身分の笞杖の犯罪は、十悪その他の道義上の重大犯罪と、軍律の適用を受ける行軍（行師）の際の犯罪とを除いて、すべて収贖を以て施行することとなったのである。

しかし、笞杖の収贖が許されるのは厳密には国王への啓聞の対象となる官人層に限ってのことで、啓聞の対象から除外された者については、必ずしも収贖の恩典が保障されているわけではない。とりわけ「本系常人」の下級官人層の場合には、平民身分の場合と同様、笞杖の実刑に処せられる場合が多かったことは、先にも検討したとおりである。

こうした中にあって、笞杖の執行時における国王への啓聞の対象者は、東西班六品以上（太宗十二年、一四一二[60]）、東班九品・西班六品以上、及び有蔭子孫（世宗五年、一四二三[61]）、時散東班九品・西班八品以上、及び有蔭子孫、成衆衙門人（世宗十一年、一四二九[62]）へと順次拡大していった。

> 刑曹・司憲府に伝旨す。「およそ大小人員の罪犯を論断するに、時散東班九品・西班八品以上、及び有蔭子孫、成衆衙門人等は、みな旨を取りて施行す。しかれども、もと常人に係れば、すなわち有職と否とを問わず、悉く直断し、さらに旨を取らざること、いまだ便ならず。今より、もと常人に係るといえども、いやしくも職ある者は、並びに旨を取り、収贖もて施行せよ。[63]

『世宗実録』十一年（一四二九）五月甲戌条に見える右の国王の伝旨によれば、いわゆる「本系常人」の者は、従来、平民身分の場合と同様に有司の直断に委ねられていたが、以後はその官職を尊んで国王への啓聞の対象に含めることになった。その際、特に「収贖もて施行せよ」と断っていることは、従来、彼らが笞杖の的決の対象となっていたこと、しかし国王の恩典により、以後は収贖の対象として改められたことを示している。

その目的について、世宗自らは次のように語った。

その「本系常人」と称するは、工商賤隷を謂うにあらざるなり。すなわち世族にあらずして卑官に仕える西班八品・東班九品以上の人を謂うなり。司謁・司鑰・舞隊の類のごときは、職ありといえども、流品の例に在らず。凡そ文武の罪を犯す者、旨を取りて罪を贖せしむるは、士君子を尊ぶ所以なり。世族にあらずといえども、しかも工商賤隷にあらざれば、すなわちその職あるに因りてまたこれを優待して可なり。(64)

先にも部分的に引用したこの世宗の発言に見られるとおり、官人身分に対して収贖を認めることは「士君子を尊ぶ所以」であり、出身の如何に拘らず「その職あるに因りて」これを優待したのである。

こうした収贖の対象者の拡大は、国王が有司の直断権を制限し、官人身分一般に対する刑罰権ないし懲戒権を唯一絶対的に掌握したこと、すなわち専制王権による官僚機構の支配の確立を示しているといえよう。

第三節　官人身分に対する懲戒

官人身分の者が笞杖の収贖を許されていたことは、的決を受ける平民身分の場合と比べて大きな特権であった。しかし官人身分の場合にはその身分に固有の問題として、収贖のうえにさらに罷職、収告身などの懲戒処分が加重され、こうした懲戒処分のあり方が、その後の身分や復職の条件などを大きく左右することにもなっていた。

「罷職」とは官人としての身分（位階）を保全したままその現任の官職のみを罷免する一種の停職処分のことであり、(65)「収告身」とは官人としての身分（位階）を示す告身の一部、またはすべてを収取する一種の降級処分のことであるが、こうした処分のあり方は、公罪の場合と私罪の場合とで大きく内容が異なってくる。以下、それぞれの場合を対比しながら、官人身分の者に対する懲戒の制度について考察していくことにしよう。

(a)　公罪笞杖の場合

『大明律』名例、文武官犯公罪条の規定によると、官人身分の者が職務遂行上における不用意の過失、すなわち「公罪」(66)を犯した場合には、笞罪であれば収贖し、杖罪以上であれば罪名を紀録して九年ごとに黜陟《ちゅっちょく》を行うことになっている。(67)一方、『経国大典』の規定によると、朝鮮では公罪笞杖はすべて収贖を以て施行し、罷職、収告身などの処分は原則として加重しないことになっている。(68)したがって、彼らの官人としての身分には何らの変更も加えられず、罰金刑として所定の金品を納付した後は、従前どおり職務に復帰することが許されていたのである。

もっとも、『太祖実録』元年（一三九二）七月丁未条の記述によると、高麗末期には刑罰制度の紊乱から、官人身分の者がわずかに笞罪を犯した場合でも、刑曹では必ずその謝牒（告身）を収取し、そのまま官人としての身分を剝奪してしまうことが一般的であったといわれている。(69)王朝末期、官人間の党争が激化していた当時のことであるから、これは一つには刑罰が党争の道具として用いられ、司法機関が反対党派の官人に対して恣意的にその身分を剝奪していたという側面もあったのであろう。

これに対し、朝鮮時代では司法機関による恣意的な告身の収取を順次制限するという方向で改革が進められていく。前引『太祖実録』六年（一三九七）九月己巳条の記述によると、六品以上の官人が笞罪を犯した場合、その告身を収取せず、すなわち囚禁を行わずに、公緘を以て取り調べを行う制度が確立するに至っている。これにより六品以上の官人は、仮に有罪判決を受けた場合においても、その官人としての身分は保障され、巡軍（後の義禁府）において笞刑の実刑（決笞）を受けたのちには、そのまま現任の職務に復帰（還任）することが許されることになったのである。(70)

ついで『太宗実録』十八年（一四一八）七月庚戌条の記述によると、義禁府において公罪杖以上の罪を処断する場合には、国王より特に告身収取の命令が下されている場合を除き、一般には当該官人の告身を収取しないことになったという。(71)もっとも、杖以上の罪を犯した者は原則として囚禁の対象となり、囚禁に際してはその告身を収取することが原則となっているから、ここで「告身を収取しない」というのは、囚禁時に収取した告身を決罰後に改めて還給するか、または囚禁を行わずに公緘を以て推鞫することをいうのであろう。いずれにせよ、義禁府において公罪笞杖の罪を処断する場合には、決罰後にも告身を保持することが許され、官人としての身分（位階）は従前どおり保障されることになったのである。

こうした一連の流れを受けて、世宗朝に入ると公罪笞杖の罪に対する官人身分の保障は一層推し進められていくことになる。まず『世宗実録』五年（一四二三）正月己酉条の記述によると、「文武官の杖罪を犯すに、罪の軽重を論ぜず、並びに職牒を収むること、未だ便ならず」として、官人身分に対する告身の収取には一定の差等が設けられることになった。具体的には、公罪・杖六十に対しては告身一等を、杖七十には告身二等を、杖八十には告身三等を、杖九十には告身四等を収取し、杖一百に対しては告身すべてを収取したうえで、義禁府において収贖を以て処罰を施行することになった。(72)これにより、公罪・杖六十以上の罪を犯した場合にも、囚禁時に収取された告身の一部は収贖後に還給されることになったのである。ただし、杖一百以上の場合は、義禁府ではなく刑曹において処断するために、収贖の法は適用せず（除収贖）、杖刑の実刑（的決）を以て処罰した点にも注目しておかなければならない。[73]

ついで『世宗実録』七年（一四二五）十二月甲申条の記述によると、ここでは公罪に対する告身の収取が、明律にすら規定の無い過重な処分であることが指摘され、結局、公罪杖一百以下の犯罪に対しては、原則としてその告身を収取しないことが定められた。[74]

さらに世宗十四年（一四三二）には、公罪笞杖に対する「還任」の制度が確立する。[75] たとえば『世宗実録』二十年（一四三八）十月庚午条、及び十一月癸未条の記述によると、兵曹正郎の南季瑛は、中枢院使韓確の請託を受けて、閉門時に勝手に王京の城門を開いた罪で「贖杖一百、還任」の処分を受けているが、その後、司憲府が「還任」の処分を不当として他官への配置替えを要求すると、国王は「季瑛の罪は、これ故《ことさら》に犯すにあらず。恕すべきなり。かつ公罪杖一百、還任の法、既に成れり。軽々しく改むべからず」とする議政府の回啓に従ってこれを却下している。[76]

かくして官人身分の者は、その罪が公罪笞杖の範囲に止まっている限りは、『大明律』の規定と同様、原則として現任の位階・官職を保障されることになった。

ちなみに、公罪の場合は収贖の金品を所属の官庁が負担する慣例があったという。[77] この場合、職務上の過失で公罪の有罪判決を受けたとしても、当の官人たちにとっては必ずしも経済的な不利益とはならなかったのかもしれない。

(b)　私罪笞杖の場合

上述の公罪に対し、官人身分の者が職務以外の場面において犯した罪や、職務遂行に際して自らの私的な利益を図って犯した罪のことを「私罪」という。[78] この場合、私罪に対する処分が公罪に対するそれよりも重くなることは言うまでもあるまい。

『大明律』名例、文武官犯私罪条の規定によると、官人身分の者が私罪・笞四十以下の罪を犯した場合には罪名を紀録（附過）して現任の職務に復帰（還職）することを許すが、笞五十の罪を犯した場合には現任の職務を解いて配置換え。杖六十であれば一等を降し、杖七十であれば二等を降し、杖八十であれば三等を降し、杖九十であれば四等を降して配置換え。杖一百の罪を犯した場合には罷免して再任用を行わない（罷職不叙）、ということになっている。(79) 一方、『経国大典』の規定によると、朝鮮では私罪・笞五十以下の罪については公罪の場合と同様に罰金刑（収贖）に処せられるだけで、現任の位階・官職には一切変更は加えられない。(80) この場合、公罪とはちがって私罪の収贖は罪を犯した当該の官人の負担となることは言うまでもあるまい。

また私罪・杖六十以上の罪の場合には、収贖したうえにさらに罷職、収告身などの懲戒処分が加重され、それぞれ現任の官職を罷免したうえで、私罪・杖六十の罪に対しては告身一等を、杖七十には告身二等を、杖八十の罪には告身三等を、杖九十の罪には告身四等をそれぞれ収取し、私罪杖一百に対してはその告身のすべてを収取する。(81) 以上は荻生徂徠『明律国字解』に述べるとおり、「何れもまず収贖して置て上の」追加的な処分である。(82)

これより先、朝鮮初期には公罪・私罪を問わず、およそ笞杖の罪を犯した官人に対しては有司が決罰したうえでその告身のすべてを収取することが一般的であったが、前述した世宗五年（一四二三）正月己酉の改革では、こうした慣例を改めて、官人に対する告身の収取に一定の差等を設けることになり、私罪杖六十の罪に対しては告身二等を、杖七十の罪には告身三等を、杖八十の罪には告身四等を、杖九十の罪には告身五等を収取し、私罪杖一百以上の罪に対しては、その告身のすべてを収取することが定められた。(83)

ついで、世宗七年（一四二五）十二月甲申の改革では、収取する告身の数がそれぞれ一等ずつ逓減され、私罪杖六十の罪に対しては告身一等を、杖七十の罪には告身二等を、杖八十の罪には告身三等を、杖九十の罪には告

表　告身収取の変遷

		杖60	杖70	杖80	杖90	杖100
太祖6年(1397)	公罪	尽行追奪				
	私罪	尽行追奪				
太宗18年(1418)	公罪	不収取（義禁府）				
	私罪	尽行追奪				
世宗5年(1423)	公罪	追奪告身一等	二等	三等	四等	尽行追奪
	私罪	追奪告身二等	三等	四等	五等	尽行追奪
世宗7年(1425)	公罪	不収取				
	私罪	追奪告身一等	二等	三等	四等	尽行追奪
経国大典	公罪	不収取				
	私罪	追奪告身一等	二等	三等	四等	尽行追奪

身四等を収取し、私罪杖一百以上の罪に対しては、その告身のすべてを収取することが定められた(84)。そうしてこの制度が前述の定式として、『経国大典』に載録されることになった。以上の考察を整理すると、上掲の「表」のとおりとなる。

ただし、『世宗実録』二十年（一四三八）七月辛丑条の司憲府の啓によると、告身差等収取の法が成立したこの段階においても、司法機関は必ずしもこれを遵守せず、官人身分の者から囚禁時に収取した告身を決罰・収贖の後にも当該の官人に還給せずに、そのまますべて収奪してしまう場合が少なくなかったことが指摘されている(85)。

告身差等収取の法は、司法機関によるこのような恣意的な処分を禁じ、官人身分の者に対する刑罰権ないし懲戒権を、国王が唯一絶対的に掌握することを目的としていたのである。

第四節　八議身分に対する懲戒

前節に述べたとおり、官人身分の私罪に対してはその罪を収贖したうえで罷職、収告身などの懲戒処分を加重することになっていたが、一方、官人身分の中でも議親、功臣、堂上など、国王の特別の恩顧に与る者――いわゆる八議（議親・議故・議功・議賢・議能・議勤・議貴・議賓）[86]――が罪を犯した場合には、王の特別の配慮により刑法上の責任を免除され、すなわち決罰・収贖などの責任を一切免除されて、単に罷職、収告身などの懲戒処分を加えるに止めることが慣例となっていた。本節では、この八議身分に対する懲戒の制度について、官人身分一般の場合と対比しながら考察を進めていくことにしよう。

(a)　罷職

官人身分の者が私罪笞杖の罪を犯した場合、「杖六十」以上の罪に対しては、収贖のうえにさらに罷職、収告身などの懲戒処分が加重されることになっていたが、八議身分の犯罪の場合、いわゆる刑法上の責任は免除されて、単に罷職の処分を加えるに止まっている場合が少なくない。

たとえば『太宗実録』十四年（一四一四）十月壬辰条の記述によると、王命を受けて裁判を担当しながら、事実を以て国王に報告しなかった罪（奉制推案問事、報上不以実）を犯して「杖八十・徒二年」の量刑を受けた李堂という者、また国王の側近でありながら機密事項を外部に漏らした罪（近侍官漏洩機密常事）を犯して「杖一百」の量刑を受けた李灌という者などは、いずれもその刑法上の責任を免除されて、単に罷職（罷職不叙）の処分を受けるに止まっている。[87]同じく、『太宗実録』十八年（一四一八）正月癸亥条、丁卯条、及び庚午条の記事によると、上述の李灌は京畿都観察使在職中に水原府使朴剛生が収税用の升目をごまかした罪を見過ごした罪を問われて義禁府により「杖七十」の量刑を受けたが、王の最終の判決では単に罷職の処分を受けるに止まっている。[88]さらに『世宗実録』二十一年（一四三九）六月己亥条の記述によると、知中枢院事の李中至は賤しい身分の妾に入れあげて正妻を蔑ろにした罪（昵愛賤妾、疎薄正妻）――これは明律でいえば「正妻がありながら妾を正妻とした罪（妻在、以妾為妻）」に該当し、杖九十の刑に相当する[89]――を犯して司憲府の弾劾を受けているが、王の最終の判決においては、やはりその刑法上の責任を免除されて、単に罷職の処分を受けるに止まっている。(90)同様の事例は枚挙に暇がない。(91)

そもそも官人身分の者が私罪笞杖の罪を犯した場合、一般にはその罪を収贖したうえで罷職、収告身などの懲戒処分を加重することになっていたが、これに対して八議身分の場合には、笞杖の的決や収贖は免除されて単に罷職の処分を受け、現任の職（職事官）を失うにすぎない。この場合、官人としての身分を示す位階（散官）はそのまま保持することが許されているから、結局、罷職に伴う制裁は、直接的には俸禄支給の一時的な停止に止まっていたといっても過言ではない。

罷職は科罪の比にあらざるなり。(92)

『世宗実録』二十一年（一四三九）六月庚辰条に見える司憲府持平・宋翠の右の発言からも窺われるとおり、罷職は現任の職事を罷免するという人事行政上の処分、すなわち懲戒処分の一環にすぎないのであって、それは五刑の体系内における「刑罰」とは、当然、その重みを異にしていたのである。

(b)　収告身

八議身分の犯罪に対し、単に罷職の処分を加えるだけでは当該の官人に対する懲戒として不充分であると見なされた場合、処分の内容は一層重くなって、さらに「収告身」の処分が加重される。

収告身とは官職任免辞令としての告身（職牒）を収取することで、あるいは収職牒とも呼ばれている。たとえば『太祖実録』五年（一三九六）九月戊辰条の記述によると、上将軍呉用権、大将軍沈澄、盧尚義、中軍将軍尹普老、左軍将軍李思謹などは、発哀陳慰の際、すなわち国喪の期間中に飲酒食肉の罪を犯して刑曹の弾劾を受けたが、国王はその刑法上の責任を免除して、一旦は罷職の処分を加えるに止めようとした。しかし刑曹が再びその罪を弾劾したために、結局、懲戒処分の内容が加重されて、彼らはその告身（職牒）をも収取されることになったのである。(93)

また『世宗実録』二十一年（一四三九）二月乙卯条、及び十一月甲寅条などの記述によると、鄭麟趾（一三九六～一四七八）の息子で国王世宗の女婿でもある日城君鄭孝全（?～一四五三）は、近親者である瑞山君譿と同じ娼妓を取り合い、路上でけんか沙汰を起こした罪で義禁府の取り調べを受け、一旦は罷職の処分を受けることになった。しかし、司憲府が再びその罪を弾劾したために、結局、懲戒処分の内容が加重されて、鄭孝全はその告身をも収取されることになったのである。(94)

このように、収告身の処分は罷職の処分よりも一層重い処分として位置づけられていたが、それは罷職が現任の職（職事官）の罷免に止まるのに対し、収告身では官人としての位階（散官）を示す告身も併せて収取され、それに伴って官人としての身分と特権とが一時的にもせよ剝奪（ないし停止）されることになっていたためにほかならない。

この場合、告身の一部を奪うのか、それとも全部を奪うのかは、史料のうえでは必ずしも明記されていないが、おそらくは私罪笞杖の罪を犯した一般官人の場合と同様に、その罪の軽重に応じて段階的に告身を収取することになっていたのであろう。(95)かくして告身の一部、ないし全部を収取された官人は、その位階が引き下げられた分だけ、官人としての身分と特権とを喪失しなければならなかった。

職牒を収むれば、則ち必ず並びに科田を収む。(96)

『太宗実録』十四年（一四一四）十月壬辰条に見える右の記述からも窺われるとおり、告身の収取は何よりもまず位階の高下に応じて分給される領地（科田）からの収租権の剝奪を意味している。[97]

そもそも高麗末・朝鮮初期の科田法においては、科田は現任官のみならず、前任官や未就職者に対しても、その位階に応じて分給されることになっていた。[98] したがって、単に罷職の処分を受けるだけでは科田を収取されることはない。収告身の処分を受けて、はじめて科田を喪失することになるのである。[99]

それでも笞杖の実刑、ないし収贖のうえにさらに罷職、収告身などの懲戒処分を加重される一般官人の場合と比べてみれば、笞杖の的決や収贖などの刑法上の責任を免除されて、単に罷職、収告身などの懲戒処分を受けるだけの八議身分の者は、はるかに優遇されていたということができよう。

なお、八議身分に対する懲戒処分の内容としては、罷職、収告身のうえにさらに付処・安置などの追放の処分が加重されることもあった。この点については第二章において詳しく考察する。[100]

(c)　復職の過程

八議身分に対する処分は、一般官人の場合に比して軽微な懲戒に止まっていたが、しかもそうした処分は一時的なものにすぎず、やがては処分を解かれて現職官人として官界に復帰することが、事実上、前提条件とされていたのである。

たとえば『世宗実録』二十二年（一四四〇）正月乙卯条、並びに丁巳条の記述によると、柳季聞なる人物は慶州府尹に任命されながら妻父の老病を口実に任官を忌避したという罪で義禁府の取り調べを受け、一旦は収告身の処分を受けているが、その約一年一個月後の『世宗実録』二十三年（一四四一）二月戊辰朔条の記述によると、彼は国王の特旨により早くも還給告身の恩典を受けるに至っている。[101]

また『世宗実録』二十一年（一四三九）二月乙卯条の記述によると、鄭麟趾の息子で国王世宗の女壻でもある日城君鄭孝全は、前述のとおり、近親者である瑞山君譓と同じ娼妓を取り合い、路上でけんか沙汰を起こした罪で一旦は収告身の処分を受けたのであるが、その約九個月後に当たる『世宗実録』二十一年（一四三九）十一月辛亥条の記述によると、彼もまた国王の特旨により、早くも還給告身の恩典を受けるに至っている。[102]

> 鄭孝全は、本より明白の事にあらず。ただその後来を懲戒せんと欲し、故に告身を収奪す。然れどもなお、その今に至るまで久しく廃して用いられざるを恨めるなり。[103]

『世宗実録』二十一年（一四三九）十一月甲寅条に見える国王の右の発言からも窺われるとおり、八議身分に対する収告身の処分は、他日その告身を還給することを前提として行われる一時的な「懲戒」の処分にすぎなかったのである。

かくして還給告身の恩典を受けた者は、次に一般の罷職人や前銜人と同様、吏兵曹の薦挙[104]を俟って職事官への任用――いわゆる叙用――を受けることになるが、ここでも八議身分の者は、一般官人よりも逸早くその恩典を受ける機会に恵まれていた。

たとえば『世宗実録』十二年（一四三〇）十一月辛酉条の記述によると、議政府左議政の黄喜（一三六三～一四五二）は、交河県令に請託して不正に土地を入手した等の罪で司憲府の弾劾を受け、一旦罷職の処分を受けているが、約十個月後の『世宗実録』十三年（一四三一）九月甲子条の記録によると、彼は早くも国王の恩典により、前官と同じく正一品の議政府領議政として復職を果たしている。[105]

また『世宗実録』二十三年（一四四一）六月丙子条の記述によると、黄喜の息子である戸曹参判の黄致身（一三九七～一四八四）は、弟の黄保身が罪を犯して科田を没収された際、その科田を自分の痩せた科田と勝手に交換したとして司憲府の弾劾を受け、一旦罷職の処分を受けているが、約五個月後の『世宗実録』二十三年（一四四二）閏十一月庚寅条、並びに壬辰条の記述によると、彼は早くも国王の恩典により、前官と同じく従二品の漢城府尹として官界への復帰を果たしている。[106]

このように国王の特別の恩顧に与る八議身分の者は、仮に罪を犯して罷職、収告身などの懲戒処分を受けることになったとしても、久しからずして還給告身の恩典を受け、また叙用の恩典を受けて官界へと復帰することができた。それは、そもそも処分を行うに当たっての暗黙のうちの了解事項として織り込まれていたのである。

とはいえ、罷職、収告身の処分を受けた者に対して国王があまりにも早く叙用の恩典を与えてしまうと、そもそも罷職、収告身の処分それ自体が意味を失ってしまう。そこで『経国大典』成立の段階では、罷職人、収告身人の叙用にある一定の制限を設け、懲戒処分としての意味合いが薄まらないように配慮している。

たとえば、『経国大典』吏典、薦挙条の規定によると、およそ「収告身」及び「罷職」の処分を受けた者については、吏兵曹より毎年二回、六月と十二月に罪名を具して啓聞し、それぞれ「還給告身」及び「叙用」の機会を与えることになっているが、[107]その一方で『経国大典』吏典、考課条の規定によると、議親・功臣などのいわゆる八議身分の者が十悪以外の一般の罪で繰り返し五回の罪を犯した場合には、五回目には無罪放免とせずに必ず「罷職」の処分を加え、これによって職務のない「閑散人」となった者は、罷職後一年を経過してはじめて叙用を許す、ということになっている。[108]

また同書同条の規定によると、勤務成績不良により罷職の処分を受けた者、及び私罪を犯して罷職の処分を受けた者は、罷職後二年を経過してはじめて叙用を許すことになっているが、[109]ここで「私罪を犯して罷職された者」というのは、具体的には私罪杖以上の罪を犯して収贖のうえで罷職、収告身の処分を受けた一般官人のことをいうのであろう。一方、公罪の笞杖の場合には、原則として罷職に至らないことは前述のとおりである。

このように、八議身分の者が罷職、収告身の処分を受けた場合には罷職後一年の間、また一般官人が私罪を犯して収贖のうえで罷職、収告身の処分を受けた場合には罷職後二年の間、「叙用」の資格が制限され[110]、この年限を経過してはじめて吏兵曹による「薦挙」を受けることができた。

ただし、国王の特別の恩顧に与る八議身分の者とはちがい、これといって才能もなく、また有力な庇護者も持たない一般官人の場合、罷職後二年の年限を満たしたからといって、官界への復帰が確実に保障されていたわけではない。任官候補者がほとんど飽和状態にまで達していた当時の官界の状況を考慮すると、たとえ年限を満たして叙用を受ける資格を回復したとしても、実際に叙用を受けて官界への復帰を果たすことは、ほとんど不可能に近かったといえるのではないだろうか。

その点、八議身分の者は国王の特別の恩顧により、一定の期間が過ぎれば、ほぼ確実に告身を還給され、また叙用を受けることができた。正しくこの点においてこそ、八議身分に対する罷職、収告身の処分は、一般官人に対するそれよりも遙かに軽微な懲戒処分に止まっていたということができるのである。

小　結

本章では朝鮮初期の笞杖刑について、特に官人身分の場合を中心にその執行形態を考察した。結論として、まず官人身分の笞杖の犯罪は、それが公罪である場合には収贖という形を取って、私罪の場合には収贖のうえにさらに罷職、収告身などの懲戒処分を加重するという形を取って、それぞれ執行されていたことを確認することができた。また官人身分のなかでも国王の特別の恩顧に与るいわゆる八議身分の者は、しばしば刑法上の責任を免除され、単に罷職、収告身などの懲戒処分を受けるに止まっていたことをも確認することができた。

このように、官人に対する処罰にも様々な区別はあったが、いずれにせよ、笞杖の罪を犯した官人に対する処罰は、原則として当該官人の官界への復帰を保障することを前提としたところに、その最大の特色を認めることができる。

この点は、復職の権利が必ずしも保障されていなかった徒流の罪の場合と対比してみれば一層明らかである。『経国大典』刑典、推断条の注によると、官人身分の者が徒流の罪――より正確に言えば、公罪徒一年以上、私罪杖一百以上の罪――を犯した場合は必ずしも収贖の恩典が保障されず、仮に収贖が許された場合においても、徒流の附加刑としての杖刑は、必ず的決することが原則となっていた。(111) 唐律とは異なり、明律では徒流刑にそれぞれ杖刑が附加されているが、この附加刑としての杖刑は、たとえ徒流の収贖が許された場合においても必ず的決することが原則となっていたのである。

また官人身分の者が徒流の罪を犯した場合、その身分に固有の問題として、彼らには罷職、収告身などの懲戒処分が加重されることになっていたが、笞杖の軽罪の場合とは異なり、公罪徒一年以上、私罪杖一百以上の罪を犯した場合には、彼らの保有する告身はすべて収取され、当面、再任用は行われないことになっていた。(112) なるほど、『経国大典』吏典、薦挙条、及び考課条の諸規定によれば、私罪を犯して告身を収取された者についても任官候補者として吏兵曹に書類を送り、残された告身の等級に応じて官職の任命を受けることはできたのである。その際、私罪を犯して罷職された者は、罷職後二年を経過して初めて叙用の資格を回復する。(113) ただし、公罪徒以上、私罪杖一百以上の罪を犯した官人の場合は、保有する告身の全てを剝奪されているので、彼らは還給告身の恩典を受けない限り、叙用を受けて官界に復帰することはできないのである。

官人身分の指標となる告身を剝奪された以上、彼らの持つ社会的な特権も法制の上では否定され、出仕以前の平民（庶人）の扱いと同等になる。(114) かつての宰相も罪を犯せば「庶人」の扱いとなった。(115) だからこそ、徒流の罪を犯した官人に対しては、徒流の附加刑としての「杖刑」を、原則としては必ず「的決」することになっていた

のである。(116)

「刑は大夫に上らず」という。しかしそれは彼らが告身を保有している限りにおいて、すなわちその罪が笞杖の軽罪に止まっている限りにおいてのことなのであった。

注

（1）『礼記』曲礼上　礼不下庶人、刑不上大夫。

（2）『経国大典』刑典、用律条　用『大明律』。

（3）『大明律』巻一、名例律、八議条、参照。

（4）中橋政吉『朝鮮旧時の刑政』（一九三六年、京城、治刑協会）、特に第五章「行刑（上）」、第六章「行刑（下）」。尹白南『朝鮮刑政史』（一九四八年、ソウル、文藝書林。影印本、一九九九年、ソウル、民俗苑）。徐壹教『朝鮮王朝刑事制度の研究』（一九六八年、ソウル、韓国法令編纂会）、特に第二章第六節「刑罰の種類」、第三章第五節「刑の執行」。金淇春『朝鮮時代刑典』（一九九〇年、ソウル、三英社）、特に第三章第二節「刑罰」。

なお、近年では朝鮮時代における『大明律』の受容実態を『経国大典』その他の「国典」の規定と対比しながら詳しく分析した研究も現れている。趙志晩『朝鮮時代の刑事法――大明律と国典』（二〇〇七年、ソウル、景仁文化社）。

（5）『朝鮮王朝実録』影印縮刷版（一九八六年、ソウル、探求堂）

（6）『経国大典』刑典、推断条　本曹・開城府・観察使、流以下、直断。各衙門、笞以下、直断。

（7）『唐律疏議』巻二、名例律、除名条　獄成者、雖会赦猶除名［（注）獄成、謂贓状露験、及尚書省断訖未奏者］

荻生徂徠『明律国字解』巻一、名例律、犯罪事発在逃条　せんぎ相すみて、罪の軽重実否きわまるを獄成と云。

（8）『経国大典』刑典、囚禁条　杖以上、囚禁。

（9）『経国大典』刑典、推断条　各衙門、笞以下、直断［不用刑衙門、用皮鞭］。

（10）前掲注(8)、参照。

(11)『経国大典』巻五、刑典、囚禁条、注　違避公事者、囚家僮。毋過三人。過三日、即放。未過三日、勿復囚。兵曹・本曹・漢城府・司憲府・承政院・掌隷院・宗簿寺・観察使・守令外、移本曹囚之。
(12)『経国大典』刑典、囚禁条　文武官、及内侍府、士族婦女、啓聞囚禁。
(13)『経国大典』刑典、囚禁条、注　凡不囚者、公緘推問。七品以下官及僧人、直推。
(14)『世宗実録』巻四十八、世宗十二年六月庚午朔条注　以書劾問、謂之公緘。
(15)『世宗実録』巻八十七、世宗二十一年十月乙未条　掌令鄭之澹啓、「……本府之法、但以公緘往復劾問而已。得情為難。請下義禁府対問。」
(16)官職任免の辞令。告身とも職牒とも呼ばれる。朝鮮初期の告身制度は複雑な変遷を経て『経国大典』礼典に記載する「文武官四品以上告身式」、「文武官五品以下告身式」の様式へと収斂していった。告身に関する最近の研究成果として次のものがある。
川西裕也『朝鮮中近世の公文書と国家──変革期の任命文書をめぐって』(二〇一四年、福岡、九州大学出版会)
沈永煥(等)『変化と定着──麗末鮮初の朝謝文書』(二〇一一年、ソウル、民俗苑)
朴成鎬『高麗末・朝鮮初　王命文書研究』(二〇一七年、坡州、韓国学術情報)
(17)『太祖実録』巻十二、太祖六年九月己巳条　都評議使司上言、「憲司劾六品以上官、雖笞罪、必収職牒、実為前朝弊法。乞依朝廷律文『凡内外大小軍民衙門官吏、犯公罪該笞者、官収贖』、『凡文官犯私罪笞四十以下、附過還職。笞五十者、解見任、別叙』之文、六品以上員、所犯罪状、准備推考、以罪状軽重、杖以上罪、申聞、収謝牒、鞫問。笞罪、不許収職牒、以公緘問備罪状、縁由具録、呈使司量罪、移文巡軍、決笞還任。」上従之。
(＊参考:『高麗史』巻四十六、恭譲王世家、四年三月戊申条　刑曹請繋獄者、免囚供役。決笞者、還任、勿収告身。従之。)
(18)『世宗実録』巻八十二、世宗二十年七月辛丑条　司憲府啓、「前此、朝官有所犯、劾問不承、則啓収職牒而勾問、定罪之後、並不還給、有違因罪差等収取之法。乞今後、各因其罪、差等収取、餘並還給、永為恒式。」従之。
(19)『世祖実録』巻二十九、世祖八年十月丙子条　兵曹啓、「在先、犯罪軍士、当囚鞫者、送刑曹、収告身、囚禁。然本曹総治軍務、請勿送刑曹、本曹囚鞫、啓聞科罪後、追奪告身。」従之。
(20)『世宗実録』巻八十、世宗二十年正月丙申条　……上怒、教于承旨等曰、「今朝予所言者、何不即与臺諫説之。近臣之任、若是可乎。」遂命囚李堅基于義禁府。堅基聞命、騎馬馳詣于獄、義禁府項鎖囚之。大抵命囚者、例皆免冠去帯、歩就于獄。堅基以近臣、当臺省諫諍之時、遺忘君命、宜乎甘心就獄、而憚其屈辱、不去冠帯、騎馬馳詣。識者譏之。

(21)『太宗実録』巻二十四、太宗十二年九月癸卯条　凡刑曹・司憲府所劾之罪、欲従軽典、則必下巡禁司。蓋優之也。上嘗曰、「巡禁司、是予私情之地也。」

(22)『世宗実録』巻九十七、世宗二十四年七月丙戌条　刑曹所囚、移下義禁府、亦特恩耳。汝請保放、果何意歟。

(23)『世宗実録』巻二十六、世宗六年十一月壬午条　司憲監察鄭孝忠、猝遇摠制許権於路、不得避、下馬路傍。権不礼而過行。憲司劾而請罪。不允。……上曰、「孝忠不避、不無所失。大抵雖匹夫、必取伏招、然後罪之。今権以不見為辞。抑而罪之、可乎。如憲府按律、止笞五十。何可以小罪、不饒宰相。」仍召権出仕。

(24)『世宗実録』巻九十四、世宗二十三年十月癸未条　藝文館大提学趙末生、上言曰、「……且照律之法、則須拠犯人服招、照得罪名。若無招服、則不得照律。是用刑不易之常法也。」

(25)朝鮮総督府刊『朝鮮語辞典』の「죽어지만(遅晩)」の項（七六五頁）に、「死の遅かりしを嘆ずる語（服罪する時にいふ）」とあり、「遅晩」の項（七八六頁）に「自服すること」とある。

(26)『中宗実録』巻七十三、中宗二十七年六月戊子条　大抵、凡人告訴之事、必拠元告状辞、推閲真偽、取服照律、例也。
『中宗実録』巻八十一、中宗三十一年四月丙申条　大抵大罪、則先推事干、然後刑訊其人、取服照律。

(27)『世宗実録』巻三十三、世宗八年八月己丑条　……上曰、「罪人雖不服辜、衆証明白、則罪之、例也。此事則不然。明徳云、此輩除授、非我所知。各人亦不明言明徳除授之由、誠曖昧難明之事也。以此罪明徳、無乃不可乎。」……於是命下明徳・蹈・淵于義禁府、推劾以聞。

(28)『世宗実録』巻六十二、世宗十五年十一月甲申条　官司推問之際、拷訊不得過本犯笞杖之数。

(29)『経国大典』刑典、推断条　凡拷訊［訊杖、長三尺三寸、上一尺三寸、則円径七分、下二尺、則広八分、厚二分〈用営造尺〉、以下端打膝下、不至臁肕。一次毋過三十度］。取旨乃行［庶人及犯盗者、否。○功臣・議親拷訊、啓請時、并録功臣・議親、以啓］。

(30)『経国大典』刑典、推断条　三日内、毋行再拷訊。

(31)『世宗実録』巻八十七、世宗二十一年十月壬辰条　議政府啓、「今年二月、本府受教、図画訊杖之状、頒諸中外。其図画杖頭、正当膝下、暫不犯腿。……刑杖、人命所係、実為重事、深恐中外刑官、或未灼知、而訊杖錯下他処。乞令刑官、更考頒行拷訊図、側臥、横打膝下、上不至膝上、下不至臁肕、以為恒式。」従之。

（＊臁肕とは「すね」のこと。『経国大典註解（後集）』の「臁肕」の項に、「在膝下、即脚之梁也」とある。）

(32) 訊杖の一例――
『石潭日記』下、万暦七年己卯（宣祖十二年）四月条　李銖之獄、久不成、張世良、受刑二十餘次、殆死而終不服。……判義禁府事鄭惟吉、語人曰、張世良、罪軽之人、乃刑二十餘次、期以輸情、此非法刑。我欲啓達、而畏人言、不敢耳。……謹按、李銖行賂之事、虚実未可的知、而張世良接米之罪、甚軽。若以世良為干証、必欲其直招、則為干証者受刑、例不過三次、何可濫加二十餘次乎。若以世良為正犯而推鞫、則国法、元非死罪、則不限輸情。必也死罪、然後乃以輸情為限。世良之罪、不過杖之而已。安可以輸情為限乎。……

（＊死罪の場合は「輸情」を限りとして、すなわち自白するまで際限なく訊杖を続けるのである。）

(33) 『世宗実録』巻八十四、世宗二十一年二月辛亥条　議政府啓、「京中罪囚、繋獄致死者鮮少、而外方罪囚、或臍下浮腫、或胸腹煩悶、在獄致死者相継。豈皆不能救恤之致、然必是務急得情、或非法用刑、或惨酷拷訊、毒入臓腑、浮腫而死、明矣。……近年本朝掌刑官吏、拷訊時下杖処、当膝下臁肕等処。夫背、雖唐律所載、太宗嘗覧明堂針灸図、見人之五臓、皆近於背、遂詔罪人毋得鞭背。『大明律』亦不載焉。『謄録刑典』「大小人員、毋得鞭背」。然則鞭背、古今所禁。且臁肕拷訊、既無所拠、而臀及臁肕、本朝前此所未施行。義禁府拷訊時、束縛側臥、腿脛横打、若過傷、則飜臥行杖、其法行之已久、宜令図画其状、分給各司・各道、一体施行、庶合事宜。且『続刑典』、「京外官吏、如有違法濫刑者、京中憲府、外方監司、許令犯罪人親族陳告。依律論罪」。『謄録刑典』「京外罪囚訊問、毋使使令、高声唱喝、左右分立、互相行杖」。宣徳十年（世宗十七年、一四三五）、十月伝教、「凡罪囚捽髪、曳之縦横、困苦之甚、倍於笞杖、因傷殞命者、間或有之。今後痛禁」。決罰之法、纖悉無遺、掌刑官吏、視為文具、誠為未便。上項六典及伝旨、申明挙行、厳加考察、罪囚或以手執両耳、緊引致傷、或両鬢毛髪、裂木挟引、皮浮皆裂、訊杖三十度、猶為不足、因以杖端、衝其傷処、刻深侵虐者、或有之。請一皆痛禁。」従之。

(34) 『経国大典』刑典、推断条　凡拷訊［注略］、取旨乃行［庶人及犯盗者、否。○功臣・議親拷訊、啓請時、并録功臣・議親、以啓］。

(35) 『世宗実録』巻八十四、世宗二十一年二月辛亥条　議政府啓、「……義禁府拷訊時、束縛側臥、腿脛横打、若過傷、則飜臥行杖、其法行之已久、宜令図画其状、分給各司・各道、一体施行、庶合事宜。」

(36) 光武十一年(一九〇七)の法律第二号「訊問刑に関する件」の制定によって、「朝鮮王朝五百年に亘って多くの弊害を惹き起こした拷問刑」は、はじめて廃止された(徐壹教『朝鮮王朝刑事制度の研究』四三六頁、参照)。

(37) 『文宗実録』巻九、文宗元年九月壬子条、注 凡讞上裁決而下、謂之判付。

(38) 『太祖実録』巻十二、太祖六年九月己巳条(前掲注(17)、参照)。

(39) 同右。

(40) 『太宗実録』巻二十三、太宗十二年四月丁巳条 議政府上疏。疏略曰、「『経済六典』内、『司憲府・刑曹、劾六品以上所犯、杖罪以上、則申聞、収告身、進而問之。笞罪則移文巡禁司、決笞還職』。今臣等以為、六品員、雖干笞罪、必須啓聞。今後、毋令報府、並皆申聞取旨。」……従之。

(41) 『世宗実録』巻十九、世宗五年正月己亥条 伝旨於司憲府・刑曹・義禁府曰、「六品以上、東班参外、有蔭子孫等笞罪、奉教、下義禁府施行、以為恒式。」

(42) 『世宗実録』巻四十九、世宗十二年七月庚申条 礼曹拠司訳院権知録事等状告啓、「永楽二十一年(世宗五年、一四二三)九月二十七日、王旨内、『各殿行首・内侍・茶房・架閣庫録事・宣差房知印・三軍録事・別侍衛等、成衆衙門入属人、犯罪者、並下義禁府施行』。……」

(*一定の組織・人員を構成して宮中に奉仕する国王の私属のことを、高麗後期に成衆愛馬と呼んだ。朝鮮初期の成衆衙門入属人、すなわち成衆官はその後身である。)

(43) 『世宗実録』巻三十、世宗七年十二月壬申条 教旨、「今後及第・生員等、如有犯罪、以有職例施行。」

(44) 『世宗実録』巻四十四、世宗十一年五月甲戌条 伝旨刑曹・司憲府、「凡論断大小人員罪犯、時散東班九品・西班八品以上、及有蔭子孫・成衆衙門人等、皆取旨施行、而本係常人、則勿問有職与否、悉直断、不更取旨、未便。自今雖本係常人、苟有職者、並取旨、収贖施行。」

(45) 『経国大典』兵典、用刑条。将帥受命在外者、堂上官・議親・功臣外、杖以下直断。諸鎮将、笞以下直断。杖以上、伝報主鎮将[臨敵則不在此限]。

右は「将帥受命在外者」の場合であるが、監司がこれと同等の権限を持っていたことは、監司に与えられる教書の内容からみて明らかであろう。次の史料はその一例。

『世宗実録』十二年閏十二月乙巳条　藝文提学尹淮、製賜各道監司教書以進。『王若曰。…守令・将帥、如有貪残不法、罷軟無能、与夫撫馭乖方者、二品以上、申請科断、三品以下、聴従区処。…』蓋通行之文也。

なお、右の教書には「三品以下、聴従区処」とあるが、それは杖以下の罪の場合であり、官人身分の犯した徒以上の罪に関しては、やはり国王に啓聞してその判決を仰がなければならなかった。この点を示唆するものとしては、次の史料がある。

『世宗実録』二十二年三月甲辰条　平安・咸吉道都体察使、兵曹判書皇甫仁、辞。…仁仍啓齎去事目。…。一、有所犯守令、及万戸・千戸・軍士、二品以上、啓聞施行。三品以下、直断。収贖・笞杖、随宜施行。

右の都体察使は『経国大典』にいわゆる「将帥受命在外者」に該当し、監司はこれと同等の権限を持っていたわけであるが、右の史料では「収贖・笞杖、随宜施行」というだけで、徒以上の罪に関する直断の権限は与えられていない。監司にせよ、将帥受命在外者にせよ、彼らは在外官人の犯した徒以上の罪に関しては直接に処断することができず、必ず国王に啓聞しなければならないことになっていたのである。

(46)『世宗実録』巻四十八、世宗十二年四月癸未条　刑曹判書金自知啓、「凡工商賤隷、受職者、当犯罪論決之際、援引『有職者、雖本系常人、取旨論決』之教、不即受罪。若其已覈得情之事、雖取旨決罪、固無失機之弊。其或推劾之際、違端微露、当即拷訊、必待取旨、乃加拷訊、故生謀飾詐、遂不輸情、詞訟因以淹滞。」上曰、「其称本系常人、非謂工商賤隷也。乃謂非世族、而仕於卑官、西班八品、東班九品以上之人也。若司謁・司鑰・舞隊之類、雖有職、不在流品之例。凡文武犯罪者、令取旨贖罪者、所以尊士君子也。雖非世族、而非工商賤隷、則因其有職而亦優待之、可也。」

(47)荻生徂徠『明律国字解』、刑律、断獄、決罰不如法条に、「決罰は、笞・杖・訊を行うことなり」とある。

(48)荻生徂徠『明律国字解』問刑条例、名例律、五刑条附の条に、「笞杖徒流死の五つともに、各それぞれの当る刑を、本法の通りに行うを、的決という」とある。

(49)『経国大典』刑典、推断条　各衙門、笞以下、直断。

(50)中央の代表的な司法機関である刑曹・漢城府・司憲府を併せて三法司という。朝鮮総督府刊『朝鮮語辞典』(四五三頁)、三法司の項、参照。

(51)『世宗実録』巻三十、世宗七年十一月壬子条　司憲府啓、「鞭作官刑、古之制也。故本朝之法、各司決罰軽罪、令用皮牌。

然以一時之怒、或不用皮牌、妄加箠楚。雖用皮牌、或無定数、以快其憤、甚有乖於聖上欽恤之意。自今除刑曹・漢城府・義禁府及本府、照律用刑外、其他各司吏典・僕隷犯軽罪者、勿用箠楚、皆以皮牌決罰、不過五十、違者糾理。」従之。

『世宗実録』巻六十九、世宗十七年九月戊戌条　伝旨刑曹、「鞭作官刑、古今通制。本朝官府之刑、照律論決外、各司府史僕隷之属、皆用其鞭、毋過五十、違者糾理、載在令甲。京外官吏、務在深刻、或罪当一十、而率用五十、或合縫両革為鞭、過厚甚剛、或扶髪周回、困苦之甚、倍於笞杖。雖軽罪、致傷殞命者、容或有之、有違於罪疑惟軽之意。我朝部民告訴、已有禁令。受刑者縦不可以懐怨告訴、行刑者不可以任情無忌。自今随其所犯軽重、或一十・二十、以至於五十、量罪施行、毋惨用刑、以副予欽恤之意。」

『経国大典』刑典、推断条、注　不用刑衙門、用皮鞭。

(52)『星湖僿説』人事門、刑　我国官刑、軽者笞脛、稍重者杖臀、脛則立、臀則伏。又重者、従前扑其胻骨。

（＊右に「笞脛」とあるのは、いわゆる「皮鞭」のことであろう。）

(53)『成宗実録』巻一百八十六、成宗十六年十二月甲申条　御経筵。……（持平）宋軼曰、「用杖之官、刑曹・義禁府。用笞之官、則司憲府・漢城府而已。今用笞杖於他処、未便。且法司則雖笞一十、皆照律罪之。鷹房則必軽重失宜。令提調移関刑曹論罪為便。」上曰、「可。若内官有罪、則予当親断。」

(54)『秋官志』第三編、考律部、除律、除刑条　世宗十二年、除笞背法。教曰、「人五臓之係、皆近於背。官吏拷掠之際、率多鞭背、頗傷人命。自今、除笞背法。京外官吏、或有違者、抵罪。」

(55)前掲注(17)、参照。

(56)『世宗実録』巻二十一、世宗五年七月辛卯条　司憲府啓、「文武官及三品以上有蔭子孫、犯十悪・奸盗・非法殺人・枉法受贓、及行（私）〔師〕外、笞杖、依今年正月十六日受教、並移送義禁府施行。然其中前銜東班参外及時散西班参外与有蔭子孫、所犯推考後、除啓聞、須即移送義禁府科断。其本系常人者、請依前例、笞罪則直断、杖罪則移送刑曹論決。若工商賤隷、雖参上、亦依前例、笞杖直断。」従之。

（＊底本の「行私」は「行師」の誤り。行師とは作戦行動に際しての軍律による処罰のこと。）

(57)『世宗実録』七年正月庚子条　刑曹啓、「咸吉・平安両道土官、不可以京職例論。若有犯罪者、請依権務例、除収贖、随即論罰。」命下政府諸曹同議。参判崔府・李随、左議政李原等議曰、「既是流品之外、論罰為可。但自願贖罪者、聴。」判書申商、参賛李之剛、賛成黄喜、領敦寧柳廷顕等議曰、「土官参外、依権務例、論罰。其中曾経京官者、及有蔭子孫、許収贖。」命従廷顕等議。

(58)『太宗実録』巻二十五、太宗十三年三月辛卯条　刑曹請除私賤笞杖収贖。啓曰、「凡死罪外、笞杖徒流、並以楮貨収贖、已有著令。然大小人員家内使喚奴婢、無父母兄弟者、有犯闘殴・盗窃・相奸等罪、当主家徴贖、実為未便、且無懲戒頑悪之門。請除収贖、並加笞杖。」従之。

(59)『世宗実録』巻十九、世宗五年正月己酉条　下教于刑曹曰、「在前要楮貨興行、不忠不孝外、徒流笞杖、並皆収贖。然此一時之法。今後除収贖、依律施行。其中文武官及三品以上有蔭子孫、犯十悪・奸盗・非法殺人・枉法受贓、及行師外、笞杖並皆収贖。且文武官犯杖罪、不論罪之軽重、並収職牒、未便。私罪杖六十、二等。杖七十、三等。杖八十、四等。杖九十、五等。公罪杖六十、一等。杖七十、二等。杖八十、三等。杖九十、四等。差等収取後、並令義禁府施行。罪至杖一百、則勿論公私、並尽収職牒。」

(60)『太宗実録』巻二十三、太宗十二年四月丁巳条　議政府上疏。疏略曰、「『経済六典』内、『司憲府・刑曹、劾六品以上所犯、杖罪以上、則申聞、収告身、進而問之。笞罪則移文巡禁司、決笞還職』。今臣等以為、六品員、雖干笞罪、必須啓聞。今後、毋令報府、並皆申聞取旨。」……従之。

(61)『世宗実録』巻十九、世宗五年正月己亥条　伝旨於司憲府・刑曹・義禁府曰、「六品以上、東班参外、有蔭子孫等笞罪、奉教、下義禁府施行、以為恒式。」

(62)次注参照。

(63)『世宗実録』巻四十四、世宗十一年五月甲戌条　伝旨刑曹・司憲府、「凡論断大小人員罪犯、時散東班九品、西班八品以上、及有蔭子孫、成衆衙門人等、皆取旨施行。而本係常人、則勿問有職与否、悉直断、不更取旨、未便。自今、雖本係常人、苟有職者、並取旨、収贖施行。

(64)『世宗実録』巻四十八、世宗十二年四月癸未条（前掲注(46)、参照)。

(65)『大明律直解』は「罷職不叙」を「停職」と訳している（礼律、御賜衣物条)。

(66)公罪とは「公事に縁りて罪を致し、私曲無き者」のこと（『唐律疏議』巻二、名例、官当条、注)。

(67)『大明律』名例・文武官犯公罪条　凡内外大小軍民衙門官吏、犯公罪、該笞者、官収贖。吏毎季類決、不必附過。杖罪以上、明立文案、毎年一考、紀録罪名、九年一次、通考所犯次数重軽、以憑黜陟。

(68)『経国大典』刑典、推断条、注　文武官及内侍府・有蔭子孫・生員・進士、犯十悪・奸盗・非法殺人・枉法受贓外、笞杖並収贖。公罪徒・私罪杖一百以上、決杖。

(69)『太祖実録』巻一、太祖元年七月丁未条　教中外大小臣僚・閑良耆老・軍民。王若曰………。一、前朝之季、律無定制、刑曹・巡軍・街衢、各執所見、刑不得中。……其刑曹所決、雖犯笞罪、必取謝牒、罷職、累及子孫、非先王立法之意。自今、京外刑決官、凡公私罪犯、必該『大明律』追奪宣勅者、乃収謝牒、該資産没官者、乃没家産。其附過還職・収贖・解任等事、一依律文科断、毋蹈前弊。…

(70)『太祖実録』巻十二、太祖六年九月己巳条（前掲注(17)、参照)。

(71)『太宗実録』巻三十六、太宗十八年七月庚戌条　司憲府執義許揆等陳言、「本朝義禁府、不論職之高下、直問其由、雖至杖流、不収職牒。今也此府決罰者、皆収職牒。臣等窃謂、文武官犯公罪者、非循私逞欲、或失於覚察、或短於施措之致然也。今律犯杖罪、収其職牒、亦収科田、恐非盛代重士之美意也。且時王之制、文武官犯公罪杖以上者、無追奪宣勅之律乎。願自今、義禁府決罰、文武官犯公罪杖以上者、除教旨内職牒収取外、一依時王之制、勿収職牒、以示忠信勧士之道。」従之。

(72)前掲注(59)、参照。

(73)『世宗実録』巻二十、世宗五年六月壬申条　刑曹啓、「新降教旨、節該、『文武官犯杖罪、職牒差等収取、並令義禁府施行。至杖一百、公私罪、尽収職牒』。其杖一百以上者、既不令義禁府施行、請並除収贖、決杖。」従之。

(74)『世宗実録』巻三十、世宗七年十二月甲申条　司諫院啓、「臣等謹稽律文、名例、文武官犯公罪条云、『凡内外大小軍民衙門官吏、犯公罪、該笞者、官収贖、吏毎季類決、不必附過。杖罪以上、明白立案、毎年一考、記録罪名、九年通考所犯次数軽重、以憑黜陟』。犯私罪条云、『犯私罪、笞四十以下、附過還職。五十、解見任、別叙。杖六十、降一等。七十、降二等。八十、三等。九十、降四等。倶解見任。流官於雑職内叙用。杖一百者、罷職不叙』。永楽二十一年（世宗五年、一四二三）正月二十六（七?）日受教、節該、『文武官及三品以上有蔭子孫、犯十悪・奸盗・非法殺人・枉法受贓、及行師外、並令収贖。文武官犯杖罪者、収職牒。私罪杖六十、収二等。杖七十、三等。杖八十、四等。杖九十、五等。公罪杖六十、一等。杖七十、二等。杖八十、三等。杖九十、四等。以之差等収奪。罪至杖一百、公私罪、並収。』臣等以為、凡犯罪官吏、既不加笞杖、又不尽収職牒、殿下欽恤之仁、至矣。然律文内、文武官降等之法、但施於私罪、而不施於公罪。雖至杖一百、但記録罪名、以憑黜陟而已矣。無追奪降等之文。其罪之公私之辨、明矣。今犯公罪者、亦令収其職牒、故大小官吏、因公務所失、而見収職牒者、比比有之。臣等恐違於律文而有虧於殿下欽恤之至意也。伏望依律文公私之辨、律文本条内、有追奪、及徒年外、犯公罪者、一如上項教旨、罷職、勿収職牒、以全欽恤之意。」令下政府諸曹、同議以啓。僉曰、「可依諫院所啓。」従之。且収私罪職牒、杖六十、収一等。七十、二等。八十、三等。九十、四等。罪至杖一百、尽収。公罪杖一百、私罪杖九十以下、並令義禁府収贖。

(75)『世宗実録』巻五十三、世宗十三年七月丙寅条　伝旨刑曹、「中朝行久任之法、故九年内、苟有功能者、各於本官、仍加其職、雖遭親喪、待其除喪、還授其職。官吏犯公罪者、雖至杖罪、決杖還任、通考九年、乃行罷黜。我朝則本不行久任之法、而官吏犯公罪杖六十以上者、贖罪還任、未便。……其与政府諸曹、同議以啓。」右議政孟思誠等以為、「凡官吏犯公罪杖以上、還任之法、一従律文。能称其職者、雖有罪責、並令還任。不称者、雖無罪責、亦当貶黜。其用舎之法、随其能否、量宜施行。」……命従思誠等議。

『世宗実録』巻五十七、世宗十四年七月庚申条　伝旨詳定所、「官吏犯公罪杖以上、還任之法、一従律文。……」

(76)『世宗実録』巻八十三、世宗二十年十月庚午条　初、中枢院使韓確、随駕回至楊州、聞其妻父洪汝方卒、乗昏馳至京城、門已閉、不得入、乃請守門鎮撫李衍基、兵曹正郎南季瑛、行上護軍延慶、皆以無開門符不聴。確強之、乃開門得入。既而有中宮内史、承内旨、将詣行在所、以無開門符、内史不得出。後事覚、憲司推劾以啓曰、「韓確擅入城門、衍基・延慶・季瑛等、従韓確之請、擅自開門。宜置於法。」命罷韓確・延慶等職。季瑛・衍基、並贖杖一百、還任。

『世宗実録』巻八十三、世宗二十年十一月癸未条　司憲府啓、「兵曹正郎南季瑛、擅開城門、贖杖一百。雖例当還任、然兵曹所掌匪軽、且是政曹、不宜還任。請遷他官。」上即令政府議之。政府皆曰、「季瑛之罪、非是故犯、可恕也。且公罪杖一百還任之法、已成、不可軽改。」従之。

(77)『燕山君日記』巻五十二、燕山君十年三月庚辰条　伝曰、「凡作罪人贖物、率皆公備、殊無贖罪懲戒之意。今後痛禁。」

『燕山君日記』巻五十三、燕山君十年閏四月壬午条　伝曰、「収贖、所以懲罪。今皆官備、不可。故已令下諭中外。今更申明。」

(78)私罪とは「公事に縁らずして私自に犯す者」や、「公事に縁るといえども、意、阿曲に渉る」もののこと（『唐律疏議』巻二、名例、官当条、疏）。

(79)『大明律』巻一、名例律、文武官犯私罪条　凡文武官犯私罪、笞四十以下、附過還職。五十、解見任、別叙。杖六十、降一等。七十、降二等。八十、降三等。九十、降四等。倶解見任。流官於雑職内叙用。雑職於辺遠叙用。杖一百者、罷職不叙。

(80)『経国大典』刑典、推断条、注　文武官及内侍府・有蔭子孫・生員・進士、犯十悪・奸盗・非法殺人・枉法受贓外、笞杖並収贖。

(＊私罪杖四十以下は明律では附過還職となっているが、朝鮮朝では収贖したうえで還任させていたのであろう。)

(81)『経国大典』刑典、推断、注　犯私罪杖六十者、啓聞、追奪告身一等〈毎品分正従為等、越等守職者、曽経守職者、非因罪犯未出謝者、皆并計〉、七十、二等。八十、三等。九十、四等。一百、尽行追奪。送吏兵曹〈持告身逃匿者、経赦亦奪〉。

(82)荻生徂徠『明律国字解』名例律、文武官犯私罪条、参照。

(83)前掲注(59)、参照。

(84)前掲注(74)、参照。

(85)『世宗実録』巻八十二、世宗二十年七月辛丑条　司憲府啓、「前此、朝官有所犯、劾問不承、則啓収職牒而勾問、定罪之後、並不還給、有違因罪差等収取之法。乞今後、各因其罪、差等収取、餘並還給、永為恒式。」従之。

(86)『大明律』巻一、名例律、八議条、参照。朝鮮朝では主として議親、功臣、および堂上官（二品以上、および三品通政大夫）に対して免罪の特権が与えられていた。このうち功臣は「議功」に、堂上官は「議貴」にそれぞれ該当する。

(87)『太宗実録』巻二十八、太宗十四年十月壬辰条　罷成発道・李灌・李堂等職。義禁府具臺員李堂等及李灌之罪、以聞。令六曹及代言等按律。堂等比律、若奉制推案問事、報上不以実者、杖八十・徒二年。灌比律、若近侍官漏洩機密常事、杖一百。発道無可比律。上曰、「四人之罪甚当。発道、功臣之子、宜勿論。」即釈之、只罷職。上以灌久在左右、且有老母、収職牒則必並収科田、只令罷職不叙。罪堂等則必有拒諫之名、亦令只罷其職。

(88)『太宗実録』巻三十五、太宗十八年正月癸亥条　先是、水原府使朴剛生、平校領内各官斗斛、以安城斗為小而掘其底、改烙印。安城吏将其斗、来京江豊儲倉。倉官以其斗之大、執報戸曹。

『太宗実録』巻三十五、太宗十八年正月丁卯条　下司憲府大司憲朴習、参判李灌、府尹金汾、前副正徐勣于義禁府。灌為京畿都観察使、不糾（水原府使朴）剛生斗斛不正之罪。……故命皆囚之、以辨事情。

『太宗実録』巻三十五、太宗十八年正月庚午条　罷李灌職。……義禁府照律、灌罪、応杖七十。命只罷其職。

(89)『大明律』巻六、戸律、婚姻、妻妾失序条　凡以妻為妾者、杖一百。妻在、以妾為妻者、杖九十。並改正。

(90)『世宗実録』巻二十三、世宗六年二月己未条　司憲府啓、「司直李中位、対妾、疏薄正妻罪、請依律杖九十、改正。」従之。

『世宗実録』巻八十五、世宗二十一年六月己亥条　司憲府啓、「知中枢院事李中至、昵愛賤妾、疎薄正妻之罪、請論如法。」只罷其職。

(91)『世宗実録』巻十五、世宗四年正月丁亥条　広孝殿欄墻内有遺矢。下殿直任孝仁・金孟本于義禁府。杖孟本八十。孝仁以功臣之子、只罷其職。

『世宗実録』巻二十、世宗五年六月戊寅条　司憲府啓、「護軍李穰、以曖昧之咎、軽棄正妻、律応杖八十。」上以功臣之子、只罷其職。

『世宗実録』巻二十四、世宗六年五月庚辰条　司憲府啓、「護軍金灌、到盲人升老家、妄生妬心、打破琴瑟窓壁。又於国喪、使妾弾琴、公然聴楽。律応杖七十。」以功臣之子、只罷其職、追償破物。

『世宗実録』巻一百四、世宗二十六年六月戊子条　礼曹啓、「童羅松介、雖是向化之人、官至上護軍、厚蒙国恩。今搶奪新徙人及貧乏人資産土田、無異強盗。請下攸司、鞫問痛懲。」下義禁府鞫之。義禁府啓、「羅松介、律当杖一百・徒三年。」命只罷其職。

(92)『世宗実録』巻八十五、世宗二十一年六月庚辰条　持平宋翠啓、「恵賛以商賈為業、（対）〔帯〕妻無子僧也。曾代納忠清各官吐木、欲徴其価往本道［国人謂燔瓦木曰吐木］。経歴崔敬明、給駅馬帯行。本府聞之、推劾未畢、例蒙恩宥、未得科罪。然其情綢繆莫甚。請罷其職、以懲後来。」上曰、「爾等之言然矣。然凡事務、遵大体、可也。爾等之言、似為細瑣。」翠更啓、「朝士則庸、或有借馹騎帯行者矣。今此恵賛、興利僧也。敬明以一道表率、不告監司、擅給駅馬、公然帯行。事在赦前、雖不科罪、若不罷黜、後来何懲。且罷職、非科罪之比也。」上曰、「敬明之事、未畢推劾。爾等之論、似若叢脞。然吾将広議施行。」

(93)『太祖実録』巻十、太祖五年九月戊辰条　刑曹劾啓、「上将軍呉用権、大将軍沈澄・盧尚義、中軍将軍尹普老、左軍将軍李思謹等、於発哀陳慰之時、飲酒食肉。」上只許罷職。刑曹又上疏極論、乃許収其職牒。

(94)『世宗実録』巻八十四、世宗二十一年正月辛丑条　義禁府鞫鄭孝全・許晐・鄭宗誠・朴文規・趙誠山・趙乗之罪、以啓。罷孝全職。特宥宗誠・許晐之罪。誠山等、抵罪有差。

『世宗実録』巻八十四、世宗二十一年二月乙卯条　司憲府上疏曰、「……近者日城君鄭孝全与譸、以相避之親、忘義縦欲、相奸娼妓、俾昼作夜、恣行不忌、以至争奪於大途之上。雖閭巷無恥之徒、尚不忍為。曾謂宗親・駙馬、有如是之醜乎。汚染風俗、敗毀綱常、莫此為甚。……殿下特垂寛仁、只収譸職牒、罷孝全職事。……伏望殿下、思世道升降之機、念習俗浮薄之由、将譸与孝全、竄逐於外、使之自艾、以厳勧懲、以正風俗、治道幸甚。」上命奪孝全告身、貶譸于京畿臨津県。

(95)『世宗実録』巻二十四、世宗六年四月己未条　収前同知摠制朴成陽職牒。初、成陽欲換金自怡科田、偽為自怡状、冒称自願、以農舎所耕相換、呈戸曹、事覚。於是、憲司劾請律応杖八十。命只収職牒。

（＊朴成陽は科田を不正に交換しようとして収告身の処分を受けたが、もともとの量刑は杖八十であるから、おそらくは「四等」の告身を収取されたのであろう。本章三八頁「表」、参照）

『世宗実録』巻四十二、世宗十年十二月己卯条　司憲府啓、「注書金光晬、邀客、会済生院、招致伶人娼妓、借礼賓器皿、私用祭餘酒味、且発承政院牌、令長興庫、進茵席器皿、致庫奴暴死罪、当従重杖一百。注書禹孝剛、同議会飲、又借与礼賓器皿。少尹鄭苯・卞孝文、正郎李壅・具綱、署令李師孟・金何、注簿張厚、奉教李伯瞻、正字曹彙、副録事周恂等、参会、並笞四十。正言盧尚志、監察李活、参会之罪、不宜与常員例論、各杖八十。礼賓録事李升忠、聴光晬之請、借与器皿、笞五十。伶人良衣金、詐伝代言司之言、率妓而往、杖一百。」命依所啓。光晬、功臣之子、只収職牒。良衣金、減三等。綱・孝剛、功臣之後、勿論。

（＊金光晬は、功臣の子であるため収告身の処分を受けるに止まっている。しかし、もともとの量刑は私罪の杖一百であるから、おそらくは所有する告身のすべてが収取されたのであろう。）

(96)『太宗実録』巻二十八、太宗十四年十月壬辰条　罷成発道・李灌・李堂等職。……上以灌久在左右、且有老母、収職牒、則必並収科田、只令罷職不叙。罪堂等則必有拒諫之名、亦令只罷其職。

(97)この原則は世宗朝においても再確認されている。『世宗実録』巻十九、世宗五年二月丙寅条　戸曹啓、「文武官犯罪、職牒既差等収取。其科田亦差等収取。」従之。

(98)『高麗史』巻七十八、食貨志一、田制、禄科田、恭譲王三年五月条　都評議使司上書、請定給科田法。従之。……京畿、四方之本、宜置科田、以優士大夫。凡居京城、衛王室者、不論時散、各以科受。

(99)『太宗実録』巻二十九、太宗十五年六月癸酉条　議政府・六曹、上弭災事目。命政府・六曹・臺諫、会朝啓庁、同議弭災之道、以聞。其擬議条目内、……。一、職牒収取外、雖犯杖罪、勿収科田。

(100) 本書第二章「朝鮮初期の徒流刑について」、参照。

(101) 『世宗実録』巻八十八、世宗二十二年正月乙卯条　伝旨義禁府、兪孝通、受慶州府尹、乃以妻病辞免、柳季聞、亦為慶州府尹、又以妻父老病窺免。且季聞以出使入朝論功、上言無礼、事由惑。〔推〕鞫以聞。

同月丁巳条　義禁府鞫兪孝通・柳季聞之罪、以啓。命皆収奪告身。前此、慶州府尹、相継卒於任所、故孝通等、惑於邪説、又憚於六期、皆托故窺免。凡辞避者、已四人矣。故上罪孝通・季聞等。

(102) 『世宗実録』巻八十七、世宗二十一年十一月辛亥条　還給鄭孝全告身。

『世宗実録』二十三年二月戊辰朔条　命還給柳季聞告身、仍為承文院提調。

(103) 『世宗実録』巻八十七、世宗二十一年十一月甲寅条　右正言鄭次恭啓、「……日城君鄭孝全、与瑞山君、共奸一妓、至於相闘、以涜綱常、特収告身。……若軽赦此等人、則誰復畏懼而懲戒哉。」上曰、「……鄭孝全、本非明白之事、但欲其懲戒後来、故収奪告身。然猶恨其至今久廃不用也。」

(104) 『経国大典』吏典、薦挙条　凡収告身、及罷職者、毎冬夏季月、具罪名、啓聞。

(105) 『世宗実録』巻五十、世宗十二年十一月辛酉条　司憲府上疏曰、臣等将黄喜請托之罪、具疏以聞。殿下重絶大臣、未即兪允、深有憾焉。……伏望殿下、罷黜不叙、以杜請托枉法之漸。命罷喜職。

『世宗実録』巻五十三、世宗十三年九月甲子条　以黄喜為領議政。

(106) 『世宗実録』巻九十三、世宗二十三年六月丙子条　黄保身、以罪収科田、兄戸曹参判致身、以己堉田抵換、憲府劾、罷之。

『世宗実録』巻九十四、世宗二十三年閏十一月庚寅条　……黄致身、漢城府尹。

同月壬辰条　司諫院啓、今以黄致身為漢城府尹。本府職掌決訟、其任至重、致身罷職未久、而遽授此職、実為不可。請罷之。……上曰、「致身所犯、非是大過、且再経大赦、不必更言。」

(107) 『経国大典』吏典、薦挙条　凡収告身、及罷職者、毎冬夏季月、具罪名、啓聞〔兵曹同〕。

(108) 『経国大典』吏典、考課条　周年病満三十日者、議親・功臣、十悪外五犯罪者、並勿揀赦前、啓聞罷職〔閑散人、則経一年、乃叙〈閑散人、謂議親・功臣而置散者〉〕。

(109) 同右　褒貶居下等、及犯私罪罷職者、経二年、乃叙。

(110) 同右　収告身還受者、亦以罷職日始計。

(111) 『世宗実録』巻二十、世宗五年六月壬申条　刑曹啓、「新降教旨、節該、『文武官犯杖罪、職牒差等収取、並令義禁府施行。至杖一百、公私罪、尽収職牒』。其杖一百以上者、既不令義禁府施行、請並除収贖、決杖。」従之。

『経国大典』刑典、推断条、注　文武官及内侍府・有蔭子孫・生員・進士、犯十悪・奸盗・非法殺人・枉法受贓外、笞杖並収贖。公罪徒・私罪杖一百以上、決杖。

(112) 『経国大典』刑典、推断条、注　犯私罪杖六十者、啓聞、追奪告身一等〈毎品分正従為等、越等守職者、曾経守職者、非因罪犯未出謝者、皆并計〉。七十、二等。八十、三等。九十、四等。一百、尽行追奪。送吏兵曹〈持告身、逃匿者、経赦亦奪〉。

(113) 『経国大典』吏典、薦挙条　凡収告身、及罷職者、毎冬夏季月、具罪名、啓聞〔兵曹同〕。

『経国大典』吏典、考課条　褒貶居下等、及犯私罪、罷職者、経二年乃叙〔議親・功臣居下等者、経一年。堂上官不在此限。○収告身還受者、亦以罷職日始計。○兵曹同〕。

(114) 『大明律』巻一、名例律、除名当差条　凡職官犯罪、罷職不叙、追奪除名者、官爵皆除。……軍民匠竈、各従本色、発還元籍、当差。

(115) 『中宗実録』巻八十五、中宗三十二年五月乙酉条　流領中枢鄭光弼于金海府。

『松窩雑説』　鄭文翼公、……皆曰可殺。中廟特原之、遠竄于金海府。府与東莱郡接境、乃公之本貫、而始祖墓在焉。公略備酒果、令子弟往而拝掃。時武夫為県令者、聞之、欲媚於安老、乃大言曰、「鄭某以罪謫居、是乃庶人、只可祭其考妣而已。豈可遣其子弟、祭遠祖於越境之地乎。」多発健卒、挙杖駆逐、使不得接跡。

（＊中宗朝、本貫の近隣の金海府に追放された鄭光弼（一四六二〜一五三八）にとって、祖先祭祀を行うことは「両班」としてのステータスを保持するためには不可欠の礼節であった。しかし、東莱郡の守令は鄭光弼を「庶人」と見なし、彼の行う「両班」としての祖先祭祀を完全に否定しようとした。その根拠は、鄭光弼が「謫居」の罪人であり、官人としての身分を示す「告身」のすべてが剝奪されていることにあったのである。）

(116) 前掲注(111)、参照。

第二章　朝鮮初期の徒流刑について

朝鮮時代における最も基本的な行政法規集である『経国大典』の刑典には、その冒頭、「用律」の条に、『大明律』を用いることが明白に書かれている。[1] これは如何なる行為を犯罪とし、その犯罪に如何なる刑罰を加えるかといった刑政上の基本的な問題について、中国明朝の『大明律』の規定をそのまま準用することを謳ったものであるが、勿論だからといって、朝鮮朝の刑罰制度が中国明朝のそれと全く同一であったというわけではない。

たとえば「五刑」の執行形態ということを考えてみよう。明律では刑罰の執行形態として「笞・杖・徒・流・死」のいわゆる五刑を設定し、原則としてあらゆる犯罪行為を五刑のうちのいずれかによって処断することになっていたが、このうちの死刑の執行形態一つを取ってみても、その実態は明朝と朝鮮朝とでは異なっている。明律の死刑には「斬・絞」の二等があり、さらに極刑として「凌遅処死」という特殊な刑罰が設定されているが、この凌遅処死——陵遅処死と表記する場合もある——の刑罰は、朝鮮朝では実際には「車裂き（轘）」という形を取って執行されていた。[2]

また朝鮮後期の孝宗朝の史料によると、このころ「処絞」の罪人は、実際には撲殺（椎殺）されていたが、孝宗はこれを残忍として、律の規定どおり絞殺させるように改めたという。[3]

受刑者を柱に縛りつけ、生きながらその肉を削ぎ落としていく凌遅処死の刑罰と、四肢を車に縛りつけ、これを別々の方向に走らせて裂き殺す車裂きの刑罰[4]と、果たしてそのどちらがより残酷であったのか、また絞殺と撲殺とでは、いったいどちらがより一層の苦しみを伴うものであったのか、といった問題はさておき、死刑の執行形態一つを取ってみても、明律における刑名と朝鮮朝における実際の執行形態とが、本来重なりつつ、やや微妙に乖離している様相を窺うことはできるであろう。[5]

いわゆる五刑の体系は、ある意味では罪の軽重を確定するための一種の記号のようなものにすぎない。[6]したがって、その記号のもとに量刑され、執行される刑罰の内容は、中国と朝鮮の、それぞれの国家・社会のあり方を反映して異なってくるのは当然である。朝鮮の五刑については朝鮮独自の立場から、その実際の執行形態を検証していくことがなにより必要であるが、わけても徒刑と流刑（以下、徒流刑と称する）のあり方は、朝鮮の刑罰制度の特色を最もよく示しているといってよいであろう。

いわゆる徒流刑には労役刑としての側面と、追放刑としての側面との二面がある。本章では朝鮮初期における徒流刑の実際の執行形態を、この二つの側面から、当時の身分制度との関連のもとに分析していきたい。

本朝の法、『大明律』と同じからざる者、頗る多し。[7]

とは、国王世宗その人の発言であった。事柄は明律に規定されているとおり、といって済ませておくことはできないのである。

第一節　徒流と労役

いわゆる徒流刑を労役刑としての側面から捉える場合、何より問題となるのはその労役の実態である。『世祖実録』六年（一四六〇）九月壬寅条の刑曹の啓に、

徒流・付処人は、本より犯す所の軽重を以て差等に役を定め、以てその悪を懲らしむ。[8]

とあるが、「役を定める（定役）」とは、具体的には一体どのような労役に割り当てることをいうのであろうか。

(1)　庁直・擣砧軍

明律における徒役人は主として塩場・鉄冶における労役に服し、[9]また流人は労役には服さずに各処の「荒蕪及び瀕海の州県」に「安置」することになっていた。[10]しかし、流人であっても配所で再び徒流の罪を犯した場合には、いわゆる加役流に準じて労役が課せられることにもなっている。[11]一方、朝鮮時代における労役の内容は、なるほど初期には塩場などでの使役の例も認められるが、[12]その後は主として庁直・擣砧軍などの雑役夫としての労役に変わっていた。

『世宗実録』二十八年（一四四六）十二月甲午朔条の世宗の言によると、徒役人は各司の庁直に定めることが通例であるが、当時は新たに擣砧軍に定役することなども行われるようになっていたという。[13]庁直とは各種官庁に配属される雑役人のことで、これについては主として中央の医官などが、官位を奪われて所属の官庁の雑役人に貶められている事例が多い。たとえば文宗の病気の見立てを誤った内医院の全循義を典医監の庁直に定めた事例、[14]

同じく内医院の宋瞻を司憲府の庁直奴に充てた事例(15)などがこれに当たる。

一方、擣砧軍については主として宮中の宦官などが、造紙署に配属されて紙の原料となる雑草や楮などを打ち砕く作業に従事させられている事例が多い。(16)『成宗実録』九年（一四七八）十一月辛酉条の記事によると、義禁府・刑曹・司憲府・兵曹・都摠府などが管掌する徒役人については、「朝士及び衣冠子弟の応《まさ》に仕路に入るべきの人」以外は、すべて「造紙署の擣砧軍」に定役せよ、とあるから、(17)いわゆる士大夫（両班）以外の者については擣砧軍への定役が、成宗朝当時においてもっとも一般的な労役形態と見なされていたことがわかる。

実録その他の史料に見える事例は残念ながら中央官人の犯罪、もしくは医官や宦官などの犯罪事例に限定されているが、地方における一般の徒役人についても、通例、地方官の庁舎に配属されて各種の雑役に使役されていたと考えておいてよいであろう。

(2)　駅日守（站日守）

しかしこの種の徒役人に対する労役には日課《ノルマ》が無く、悠々と日を過ごして「懲悪」の意図に反する傾向が見受けられた。(18)このため世宗朝の頃から新しく「駅日守」（または「站日守」）の労役が定められ、そうして明律では安置されることになっている流人に対しても、徒役人と同じく駅日守の労役が割り当てられるようになっていった。

『世宗実録』三十年（一四四八）三月己酉条の刑曹への伝旨によると、このころ凋落の甚だしかった黄海道の駅站制度（駅と站とは厳密には区別すべきであるが、この時期、ほぼ同義語として用いられている）に対する梃入れとして、

郷吏の徒流を犯す者は、若し愿悪に渉れば、則ち並びに全家もて站吏に永属し、その餘の各人の徒流を犯す者は、流品及び権務・成衆官・有蔭子孫の外は、並びに站日守に属せ。

との方針が定められている。[19] このうち郷吏に対する永属駅吏（永属站吏）の刑罰は徒流とは若干性格を異にするが（後述）、その他の場合、つまり流品及び権務・成衆官・有蔭子孫以外の一般の良民が徒流の罪を犯した場合には、旧来の労役に代えて駅站における駅日守（站日守）の労役を割り当てることが、この時期の新たな方針となっていたのである。

幾つか具体例を挙げてみよう。『魯山君日記（端宗実録）』元年（一四五三）四月癸卯条の記録によると、陝川郡の書員（胥吏）の姜中は杖一百、黜郷瀦宅のうえ、黄海道の站日守に定役された。[20] 慶尚道陝川郡から黄海道の駅站に、すなわち他道の駅站に定役されているところを見ると、これは徒刑としてではなく流刑としての定役であろう。また魯山君二年（一四五四）十二月戊戌条の記録によると、良人の衆伊（人名）は斬刑より罪一等を減じて黄海道の站日守に定役された。[21] 死刑より一等減刑されたわけであるから、これも流刑としての定役である。さらに『世祖実録』四年（一四五八）五月丙申条の記録によると、鄭温・徐梃の二人は杖一百・徒三年の判決を受けて江原道の残站の日守に定役された。[22] こちらは徒刑としての定役であるが、いずれも駅日守（站日守）への定役が、徒流人に対する労役として実際に割り当てられていたことを示している。

駅日守（站日守）への定役は、当初は黄海道のみを対象とするものであったが、魯山君三年（一四五五）五月戊午には新しく江原道の新安・生昌の両駅に対しても適用され、[23] さらに世祖二年（一四五六）正月丙申には江原道のその他の駅站に対しても拡大して適用されている。[24] もともと駅站が充実するまでの臨時措置として開始された駅日守（站日守）への定役は、結局、徒流人に対して割り当てられる労役形態として、以後、最も一般的なものとして拡大していった。そうしてそれは、駅站制度の疲弊がそれだけ甚だしかったということの裏返しでもあった。

そもそも駅日守は駅吏の労役補助者であり、駅吏以外の一般の良民に割り当てられる労役負担の一種であった。[25]

その実態は、もちろん地域によって多少の違いはあるが、一般には、

使客を迎送し、多般の雑役倍重たり。[26]

などといわれるとおり、良民に割り当てられる労役の中でも特に重難な労役の一つとみなされていた。したがって駅日守（站日守）への定役は、一般には労役負担の加重を意味しており、この労役負担の加重分が、徒流人に対する労役刑としての機能を果たすことになるのである。

(3)　烽燧軍・庭燎干

一方、官人身分の者に対しては駅日守への定役は免除された。この点については『世宗実録』三十年（一四四八）三月辛丑条に見える河演・皇甫仁らの提言に、

日守は、本より役使せんと欲す。今もし貴賤を分かたず、徒流を犯す者、皆以て永属すれば、則ち弊もまたこれに随わん。有職・有蔭人の外、凡民の徒流を犯す者は、これを日守に属し、徒満つれば則ち放遣せよ。流者赦に遇えば、また放遣せしめよ。[27]

とあることから、「有職・有蔭人」が通例「駅日守」への定役を免除されていたことは確実である。その代わり、彼らには烽燧軍・庭燎干などの比較的軽易な労役が割り当てられることになっていた。

たとえば『世宗実録』六年（一四二四）四月己酉条の記録によると、宜川郡（後の咸鏡道徳源都護府）に赴任した李震というものが、任地で徒罪を犯して慶尚道・寧海府の庭燎干に定役された。[28]また『燕山君日記』四年（一四九八）七月庚申条の記録によると、この年に起こったいわゆる戊午士禍に際し、姜景叙・李守恭・鄭希良・鄭承

祖などの人々が、「乱言」の罪人を知りながら告発しなかった罪により、それぞれ杖一百・流三千里のうえ、配所において烽燧軍・庭爐干（庭燎干）などの雑役に定められた。(29)

このうち、烽燧軍とは狼煙を管理する軍人のことであるが、これについては『経国大典』兵典、烽燧条の注に、

> 沿辺は則ち所ごとに軍十人、伍長二人、内地は則ち所ごとに軍六人、伍長二人［軍及び伍長は、並びに烽燧近処の居人を以て差定す］。

との規定があり、(30) それが本来は烽燧近処の居住民に対して割り当てられる労役の一種であったことが確認できる。罪を犯した官人を烽卒に充てる事例は、つとに高麗後期から見えているが、(31) もともと、免役特権を有する官人身分の者は、通常、烽卒の役に就くことはないはずであるのに、その特権を奪われて、平民同様の労役に服さなければならなかった。そこに、烽燧軍への定役の刑罰としての意味合いがある。

また庭燎干（庭爐干ともいう）は、各種官庁における夜宴の際に、庭先で松明を掲げ持つ雑役夫のことであるが、これは前述した庁直の一種として、しかしそれよりは若干負担の軽い労役として位置づけられていたと考えられる。

一体、朝鮮の人々は高麗時代の昔から酒宴を好み、時には夜っぴいて盃を酌み交わすことも少なくはない。宋人徐兢の『宣和奉使高麗図経』によると、

> 麗俗、夜飲を尚び、而して使人を祗待すること尤も謹む。毎宴、罷むこと常に夜分を侵す。山島州県より郡郊亭館まで、皆庭中において、苃《かりくさ》を束ねて燎《かがりび》を明かし、散員を以てこれを執らしむ。使者帰館すれば、則ち羅列して前に在り、相比して行く。(32)

とあり、ここから庭燎干の具体的な姿を類推することができる。官人身分の者は、本来なら自らも賓客としてその宴席に連なっていたはずのところを庭燎干として晒者にされ、場合によっては酔人の嘲弄を浴びせかけられることなどもあったのであろう。このように考えた場合、庭燎干への定役には雑役夫としての肉体的な労苦のみならず、精神的な屈辱を伴うところにもその刑罰としての眼目があったのであろう。

本来、官人身分の者に対しては「収贖」の特権、すなわち金品の納入によって実刑を贖う特権が許されているが、公罪徒以上、私罪杖一百以上の罪の場合には必ずしも収贖は認められず、少なくとも徒流の附加刑としての杖刑については「決杖」、すなわち実際に執行することが原則となっている。[33] そのうえで、さらに徒罪・流罪についても収贖が許されなければ、官人といえども各種の労役（居作）には服さなければならない。

ただしそのような場合でも、彼らには駅日守のような重難な労役は割り当てられず、烽燧軍・庭燎干などの比較的軽易な労役が割り当てられることになっていた。徒流人に対する労役は、その受刑者の身分に応じてある種の差等が設けられていたという事実に、まずは注目しておいていただきたい。

第二節　充軍その他の終身刑

徒流刑を労役刑としての側面から捉えた場合、それは一定の刑期を伴う有期刑として位置づけることができる。もちろん、明律の流刑には原則として労役はないが、再犯の場合には流人にも四年の労役（居作）が加えられる。[34] また徒刑の場合には徒一年・徒一年半・徒二年・徒二年半・徒三年という刑期があり、それぞれの刑期が満了すれば、原則として労役から解放されることになっていたのである。

しかし明律では徒流刑以外に、為奴・充軍などの終身の刑罰を設定しており、朝鮮でもこれらの制度を継受し

て、ある種の犯罪に対しては、しばしば終身の刑罰を適用した。『経国大典』刑典、罪犯准計条に、

充軍を犯す者は杖一百・徒三年に准じ、辺遠充軍の者、為奴の者、全家徒辺の者、属残駅吏の者は、並びに杖一百・流三千里に准ず。(35)

として列挙されているこれらの刑罰は、いずれも基本的には「終身」の刑罰であることを特色とする。その証拠として、たとえば『世宗実録』三十年（一四四八）八月辛巳条の議政府の啓に、

凡そ罪を犯して両界に入居し、及び牛馬を盗殺する者をば他処に流放するは、悪を懲らし後に戒めて、終身返さざる所以なり。(36)

といい、また『世祖実録』五年（一四五九）六月丙辰条の刑曹の啓に、

蓋し徒年には限あるも、充軍するものは、終身返らず。(37)

といっていること、などに注目したい。また「為奴」については「永属官奴」と呼ばれる場合もあり、「属残駅吏」については「永属駅吏」と呼ばれる場合もある。いずれも「終身」の刑罰であることを強調する場合の呼び方である。

これらの終身刑は、上述の「罪犯准計」の規定により、明律の「五刑」の体系に組み込まれて、それ自体、正刑として運用されることになった。本節ではこれらの終身刑における労役の実態について検討したい。

(1) 充軍

明律では軍官・軍人が徒流の罪を犯した場合、徒流を免じて遠近の衛所に「充軍」することになっていた。[38] 充軍とはその文字どおり、ひらの軍人の役に充当するという刑罰である。[39] それは徒刑相当の処罰で、流刑相当の場合は辺遠充軍という。この充軍の制度は朝鮮においても準用されていたが、明朝の兵制と朝鮮朝の兵制にはそれぞれ違いがあるので、その実態についても、当然、別個の考察が必要であろう。

そもそも朝鮮時代の軍隊は、宮中に宿衛する内禁衛・別侍衛・甲士などの禁軍の軍士と、侍衛牌[40]・営鎮軍・守城軍・船軍などの地方軍の軍人とに分かれているが、刑罰として充当される軍人とは、もちろん禁軍の軍士のことではなく、侍衛牌・営鎮軍・守城軍・船軍などの地方軍の軍人のことをいうのである。

『魯山君日記（端宗実録）』二年（一四五四）二月乙未条の記述によると、禁軍の軍士は毎月初二日・二十二日における習陣の際、これに理由もなく参加しなかった場合には論罪罷職の上、居住地州県（所在邑）において充軍することになっていた。[41] また『世祖実録』四年（一四五八）二月辛亥条の記述によると、旧来、甲士・別侍衛などの禁軍の軍士には下番取才と呼ばれる一種の資格更新が課せられており、この審査で不合格となったものは、禁軍の職を奪って居住地州県（本官）において充軍することになっていた。[42] さらに、『魯山君日記』三年（一四五五）六月戊子条の記述によると、甲士・副司直の王尚徳という人物は、他人の正妻と姦通した罪で禁軍の職を罷黜され、「居る所の官の軍役に定め（定所居官軍役）」られているが、[43]「軍役に定める」とは、すなわち充軍するということにほかならない。

一体、宮中に宿衛する禁軍の軍士にはその勤務の裏づけとして西班（武班）の禄官職が与えられているが、ひらの軍人である地方軍の軍人にはもとより禄官職の除授はなかった。充軍とは主として禁軍の軍士、ないしは西班の官職を持つものが、地方軍のひらの軍人へと貶黜されることを意味しているのである。

では、その軍役負担は一体どのようなものであったのであろうか。地方軍の軍役負担は習陣その他の軍人としての本務の外、軍司令官たる節制使・処置使・守令・万戸によって合法的・非合法的な様々な労役に駆り立てられていたところにその特色があり、総体としてその軍役負担は禁軍の軍士よりも遙かに重いものとなっていた。朝鮮時代の地方軍、特に船軍についてはこれまでにも多くの研究が行われているが、(44)ここでは主として軍務以外の労役の内容を中心に、ごく簡単に検討しておくことにしたい。

『太宗実録』十三年（一四一三）九年丁丑条の記述によると、「船軍は則ち但に射御の能を取るのみに非ず。陸物諸縁・営田・煮塩の役、為さざる所靡し」とあり、(45)また『世宗実録』十七年（一四三五）二月壬申条の記述によると、「近来土木の功は、恒に船軍を役す」といわれている。(46)

このうち陸物諸縁というのは船舶の修繕に要する木材・綱具等のこと。(47)また営田・煮塩というのは屯田耕作と煎塩のことで、屯田については『世祖実録』六年（一四六〇）二月辛亥条の戸曹の啓に、「節制使・処置使営は二十結、僉節制使・都万戸営は十五結、万戸営は十結」の屯田を設けて「船軍・守城軍を用いて耕穫」させることが規定されている。(48)

また船軍が各種の土木工事に役使されていたことについては、たとえば『魯山君日記』二年（一四五四）六月丙戌条に、全羅道海南県笠巌串の牧場造営に際して船軍を役使することを定めた事例が見え、(49)海産物の採取にも使役されていたことは、『世祖実録』元年（一四五五）七月丁酉条に、「黄角・青角・石脈・牛毛・海紅等の可食の海菜は、当番の船軍を発して採取せしめ、曬乾して儲備せよ」とあることからその一端が窺われる。(50)

これらはまだしも合法的な使役の事例であるが、さらに非合法的な使役の事例について見ると、『魯山君日記』元年（一四五三）三月癸亥条には塩浦万戸の裴綈が船軍を役使して家舎を造営させたとの記述があり、(51)『世祖実録』十一年（一四六五）正月丁卯条には忠清右道万戸の曹孟春が、同じく船軍を役使して家舎を造営させたとの記述がある。[52] そのうえ万戸による苛斂抽求の手立てとしては、いわゆる「月令」の徴収という慣例があり、船軍の上番勤務を免除する替わりに月額「緜布二匹、糧米九斗」程度の布米の供出を、ほとんど強制的に割り当てることもしばしばであった。[53] このように船軍はその軍司令官たる処置使・万戸からのあらゆる収奪に晒されていたが、同じことは節制使・守令の指揮下に置かれていた他の地方軍についても言える。そうして辺遠充軍の場合は、さらにその負担が重い。

従来、官職を保有して禄俸を受け取る身分であった禁軍の軍士にとって、充軍ないし辺遠充軍に伴う労役負担の加重は、それ自体、十分に刑罰としての機能を代替し得るものであったのである。

(2)　永属官奴

明律における為奴の刑罰は、朝鮮では一般に永属官奴と呼ばれている。この刑罰については池承鍾氏の研究に詳しく述べられているので、[54] ここでは簡単にその概略のみを記すことにしよう。

明律では謀反・大逆の罪を犯した者の縁坐人（十五歳以下の男子、及び母・女・妻・妾・姉・妹、若しくは男子の妻・妾）を、奴婢として功臣の家に給付することになっているが、[55] 朝鮮では多くの場合、これを地方の官衙に配して官奴婢とすることになっている。明律に規定する為奴の刑罰の対象のほか、『経国大典』では強盗の妻子、徙民逃亡者の妻子などに対してもこの刑罰を適用することになっており、[56] また本来死刑に相当する犯罪人に対しても、特に罪一等を減じてこの刑罰を適用することが少なくない。

たとえば『世祖実録』五年（一四五九）七月乙巳条の記述によると、嫡母を侮辱した罪で義禁府により「絞・待時」の量刑を受けた南惇という人物は、国王の裁定により「杖一百・永属済州官奴」との判決を受けた。[57] このように判決段階で死刑から減刑されることを減死というが、(58) これは永属官奴が減死一等の「流三千里」に相当する刑罰であったことを端的に示している。

地方官衙に配属されて官奴婢となった罪人たちは、他の一般の奴婢と同様の労役に服していたが、言うまでもなく、それは社会の最底辺に位置づけられることを意味しており、最も重難な労役に割り当てられることを意味している。官奴婢への身分の貶黜と、それに伴う労役負担の加重は、数ある労役刑の中でも最も重難な刑罰として機能していたということができるであろう。

(3)　永属駅吏

永属駅吏は主として郷吏を対象とする刑罰である。上述した『世宗実録』三十年（一四四八）三月己酉条の刑曹への伝旨によると、「郷吏の徒流を犯す者は、若し愿悪に渉れば、則ち並びに全家もて站吏に永属」することが命じられているが、(59) この点について、『世宗実録』二十三年（一四四一）二月甲戌条の議政府の啓に引用する『続典』（続刑典）の「愿悪郷吏」条の規定によると、「徒はその道の残亡の駅吏に定め、流は則ち咸吉道の辺郡に徙す」(60) ことになっているし、また『魯山君日記』三年（一四五五）五月戊午条の議政府の啓に引用する『続刑典』の逸文によると、「元悪郷吏は人の陳告するを許し、徒を犯す者は決杖して道内の残亡の諸駅に、流を犯す者は決杖して他道の残亡の諸駅の吏に永属」することになっている。(61) いわゆる『続刑典』（『続経済六典』刑典）は、太宗朝・世宗朝の受教を集成したもの。(62) したがって世宗三十年（一四四八）以前にも、既に『続刑典』の段階から元悪郷吏（愿悪郷吏）に対する永属駅吏の処分が成文化されていたことは間違いない。

この『続刑典』の規定によると、郷吏が徒流の罪を犯した場合、それが元悪（愿悪）という概念(63)に該当すれば、徒刑に当たるものは居住地道内の残駅に、流刑に当たるものは居住地道外の残駅に、それぞれ駅吏として永属させることになっているが、その実例としては、たとえば『世祖実録』二年（一四五六）二月庚戌条に見える全羅道楽安郡の郷吏李蒔の事例を挙げることができる。彼は田租を監納する際に米七十九石、綿布二十一匹を濫収した罪によって死刑の判決を受けたものの、折よく恩赦に会って江原道の残亡の駅吏に永属されているのである。(64)このため当時の一般的な理解としては、「駅吏は本より郷吏の罪有る者を以て定属」した、という見方が一般的で、(65)このことは駅吏に対して重難な労役負担を割り当てることの、一つの理念的な根拠としても位置づけられていた。

そもそも郷吏と駅吏とは、広くは人吏と呼ばれる同一の身分階層に属しており、このうち地方州県において差役や収税の行政実務を担当するものが郷吏であるとすれば、駅站における駅馬の供出を初めとして、その運営全般を担当するものが駅吏である。いわゆる人吏階層は、いずれも行政権力の基底を担う存在としてその役務に強く縛りつけられていたが、わけても駅吏の労役負担は郷吏のそれよりも遥かに重難なものとされており、そうした労役負担の加重分が、永属駅吏の労役刑としての機能を果たしていくことになるのである。

なお、郷吏が徒流の罪を犯してもそれが「元悪」という概念に該当しない場合、及び郷吏・駅吏・公私賤人、その他の有役人が徒罪を犯した場合には、明・名例律・工楽戸及婦人犯罪条における天文生の例に依り収贖すること（ただし附加刑としての杖刑は的決する）が許されていた。(66)しかし、これは実刑免除の特権というよりは、むしろ彼らの身分（及び労役負担）への緊縛を意味する制度として理解しなければならない。

(4)　全家徙辺

全家徙辺とはその文字どおり、罪人の一家を挙って辺境に移住させる刑罰である。これについては深谷敏鉄氏の研究に詳しく述べられているとおり、(67)主として三南地方の郷吏・土豪などが強制移住の対象となっていたが、ここでの問題は、彼らの移住後の労役（居作）のあり方である。

『世宗実録』三十年（一四四八）八月辛巳条の刑曹の受教、並びにそれを引用した『世祖実録』元年（一四五五）九月丙戌条の記述によると、旧来徙辺人に対しては、これを放任して特定の労役を割り当てずにいたが、世宗三十年（一四四八）八月にはこれを改めてそれぞれに労役を割り当て、「其の公・私の賤口は、官・主の収貢するを聴し、其の官奴婢及び船軍・鎮軍・守城軍・牧子・水夫・塩夫・烽卒・駅吏は並びに本役に従い、郷吏は則ち駅吏に、侍衛牌は則ち船軍に、補充隊は則ち牧子に、其の餘の諸色人及び無役人は、各々相当たるを以て充役」することが規定された(68)。

全家徙辺の罪人たちは、主として両界（平安道・咸鏡道）の北辺に追放される。辺境地域の未開発であった時期において、そこへの追放は、それ自体がほとんどぎりぎりの生活条件を意味するものであった。だからこそ、徙辺人に対しては特にそれ以上の労役を割り当てることもなかったのである。しかし、辺境地域の開発に伴って徙辺人の生活条件がそれなりに向上を示すようになると、単に辺境に入居させることだけでは刑罰としての意味が成り立たないようになってくる。そこでこの世宗三十年（一四四八）を境として、徙辺人に対してもそれぞれに労役（居作）を割り当てていくことになったのであろう。

今その労役の内容を検討すると、旧来官奴婢・船軍・鎮軍・守城軍・牧子・水夫・塩夫・烽卒・駅吏であったものは、移住前の本来の役務にそのまま従うことになっているが、辺境地域という地理的な条件を勘案すると、その実質的な負担は移住前より重くなっていることは間違いない。また郷吏・侍衛牌・補充隊については従来の身分から貶黜され、それぞれ駅吏・船軍・牧子などの、より重難な労役に割り当てられることになっているが、この場合、全家徙辺の刑罰は明らかに労役負担の加重を伴うものであったということができる。

その実例としては、たとえば『魯山君日記』元年（一四五三）十二月丁未条に見える忠清道文義県の郷吏李蕃

らが、いわゆる元悪郷吏として全家徙辺のうえ永属駅吏の処分を受けた事例などを挙げることができるであろう。(69)

以上、本節で検討した充軍・永属官奴・永属駅吏・全家徙辺などは、いずれも広義の徒流刑に準じるもので、それぞれ身分の貶黜と、それに伴う労役負担の加重をもたらすところに労役刑としての本質が認められる。もっとも、このような刑罰形態を労役刑と呼ぶことは、あるいは適切ではないのかもしれない。一般に想像するような意味での典型的な労役刑――塩場・鐵冶において足枷をはめたうえで、看守人の監視するなかで強制労働に従事するというそれ――は、朝鮮においては一般的には存在しない。朝鮮では労役刑徒を管理するだけの独立した監獄組織（刑務所）は、ほとんど発達することがなかったので、その分、労役刑徒の管理は身分制度という、刑罰制度を包摂する社会全体の枠組みの中で運用していかなければならなかった。

朝鮮時代の徒流人には労役刑徒における足枷とは別のもの――いわば身分制度という名前の足枷――が装着されていたのである。

第三節　追放の諸相

一方、徒流刑を追放刑としての側面から捉える時、解明すべき点は配所での生活の実相である。徒流刑は、一般には当該犯罪者の居住地からの追放を意味しており、そのうち徒刑に当たるものは居住地所属の道内に、流刑に当たるものは居住地所属の道外に、それぞれ遠近を量って配所を定めることになっていた(70)（このうち、流人の配所については『世宗実録』十二年（一四三〇）五月甲寅条に詳細な規定がある）(71)。しかし一般民衆と違って居住地以外に王京という生活の場をもつ両班貴族の場合には、居住地そのものよりもむしろ王京からの追放のほうが政治的・

社会的に重大な意味をもってくる。そこで両班貴族に対しては、徒流とは別に、付処・安置などの追放の処分が科せられていたが、これらは居住地からの追放というよりは、むしろ王京からの追放という意味合いのほうが強い。

本節では付処・安置などの特殊な処分のあり方を検討し、それとの対比を通して徒流刑一般における追放の様相を明らかにすることにしたい。

(1) 付処

付処の処分は一般には流刑として理解されているが、これは厳密な解釈としては正しくない。付処に関してまず第一に着目しなければならないことは、それが五刑の体系内における流刑とは全く別個の次元に立った、ある特殊な処分として位置づけられていたということであろう。

『世宗実録』十四年（一四三二）五月庚申条の記述によると、司憲府執義の趙瑞康は申浩という人を、「自己の私事をもって冒濫に申呈」した罪によって弾劾しているが、国王世宗は「年老の人、罪を加うべからず」といい、「付処して以て王法を示す」に止めている。[72] 付処は「王法を示す」ための一種の懲戒処分として位置づけられ、刑罰そのものとは見なされていない。

また『文宗実録』元年（一四五一）六月癸未条に見える経筵検討官の河緯地と国王文宗との問答によると、一般に免罪特権をもつ功臣が、たとえば杖八十、杖九十程度の軽微の罪を犯した場合には、その刑罰を免除して付処の処分を加えることが慣例となっていたが、これはあくまでも当人の「自願」に従って、その希望する場所に退居させているだけであって、決して刑罰としての流刑ではないと見なされていた。文宗自身の言葉を借りていえば、

付処は自願に従いてこれを遣す。これを罪するにあらざるなり。(73)

という認識である。

さらに『魯山君日記』元年（一四五三）四月己亥条の記述によると、藝文検閲の閔貞と生員の李亮とはそれぞれ科挙の不正行為が発覚して義禁府の取り調べを受け、閔貞は杖一百、李亮は杖八十・停二挙（受験停止二回）の量刑を受けているが、閔貞は特権身分の議親であり、李亮は功臣の孫であったために、国王の最終判決においてはそれぞれ実刑を免除され、閔貞は収告身・配懐徳県、李亮は収告身・配鴻山県・停二挙の処分を受けることになった。(74)ここでは「配」という文字が使われているが、もともと杖刑に当たる者に対してその刑罰を免除したうえで科せられる「配」とは、もちろん五刑の体系内における流刑のことではない（もしそうであれば、刑罰の減免どころか、かえって杖刑から流刑へと刑罰が加重されたことになってしまう）。ここでいう「配」とはすなわち付処のことで、逆にいうと付処とは本来「配する」という意味の吏語にすぎないのである。(75)

念のため、付処の処分を「配」と表記する事例をもう少し列挙しておくと、たとえば『世宗実録』八年（一四二六）二月甲申条の記述においては、前副司直の辛叔和という人物が、いわゆる疎薄正妻の罪（妾に入れあげて正妻をないがしろにした罪）で司憲府に弾劾され、杖九十の量刑を受けているが、国王は彼が功臣の後裔であることから、ただ告身を収取して外方に「配」するに止めている。(76)また『世祖実録』三年（一四五七）七月丙子条の記述によると、礼曹正郎の禹継蕃は趙粛生の妻を妓生と見誤って暴力を振るった罪で義禁府の取り調べを受け、「杖一百・徒三年」の量刑を受けているが、国王は彼が功臣の孫であることから、ただ告身を収取して遠方に「発配」するに止めている。(77)このように功臣その他の八議身分の者はしばしば五刑の実刑を免除されているが、その代わりに告身を収取し、外方に付処（配）することによって、国王は彼らに対する懲戒の意を示していた。

このように付処とは五刑の実刑を免除したうえで、さらに懲戒の意を示すために行われる一種の懲戒処分にすぎなかったのである。

このため付処の処分を受けた官人（付処人）に対しては、必ずしも罪人としての取り扱いは行わず、その配所を定めるに際しても、両班貴族としての体面を損なわないように様々な便宜が取り計らわれることになっている。たとえば、『世宗実録』三十一年（一四四九）四月壬子条の義禁府の啓によると、

付処人は居郷・農荘の所在を考え、近地もて定めと為す。(78)

ということが慣例となっていた。つまり付処人の配所は当該人の生活基盤地（居郷・農荘）の所在を勘案しつつ、その近地に指定することになっていたのである。

実際、朝鮮初期の実録の記事を見ると、「放帰田里」(79)、「本郷付処」(80)などといって、生活基盤地そのものに追放する事例も少なくない。ただし、それでは懲戒処分としての意味合いが薄くなるので、やがては生活基盤地（居郷・農荘）とは少し距離を置いて、その近地に「付処（配）」するようになったのであろう。

ともあれ、付処とは生活基盤地（またはその近隣）への追放であるから、明律に規定する本来の流刑、すなわち生活基盤地からの追放とは全く意味合いを異にしている。

そもそも、付処の対象となるような免罪特権を持った功臣たちは、一面、中央官人であると同時に、他の一面においては地方郷村社会における地主（大土地所有者）としての側面を兼ね備えていることが一般的であった。彼らは自家に所属する奴婢や佃戸などを使役しつつ、広く農荘の経営を行っていたのである。各地に散在するこのような農荘（もしくはその近地）に配所を定めるのであれば、奴婢・佃戸の経営する農荘から必要な生活物資はほぼ確実に送られてくる。だからこそ、中央官人としての収入源——主として俸禄・科田など——を一時的に剝

奪された場合においても、彼らは依然として士大夫（両班）としての体面を損なうことなく生活していくことができたのであろう。

ちなみに、前引した『世祖実録』六年（一四六〇）九月壬寅条の刑曹の啓には、「徒流・付処人は、本より犯す所の軽重を以て差等に定役し、以てその悪を懲らしむ[81]」とあるが、もともと付処の場合には「刑罰」としての意味合いはない。したがって、付処人に対して「定役」することはなかったと考えるほうが自然であろう。たとえば『世宗実録』三十一年（一四四九）七月戊戌条に「付処人は流配より軽し[82]」といい、『中宗実録』五年（一五一〇）四月癸巳条の注に付処のことを「流に次ぐの罪名[83]」といい、『経国大典註解（後集）』に、付処のことを「編配して、而も加役を為さず[84]」と説明しているのは、いずれも付処人に対して労役（居作）の割り当てがなかったこと、この点において付処は流刑よりも軽い処分と見なされていたことを示している。付処の処分は、いわば流刑未満の流配であった。

なお、朝鮮語においては一般に流刑のことを「귀양」という[85]。これは「귀향（帰郷）」の転化で、その由来は上述の「放帰田里」や「本郷付処」などの慣例にある。これらの追放の処分を体裁よく「帰郷」と呼んだところから、転じて流刑一般をも帰郷と称するようになったのであろう[86]。高麗時代のいわゆる「帰郷刑」は、これらの追放処分の原型にほかならない[87]。

(2)　安置

前項に見た付処の処分がさらに加重されると「安置」の処分が行われる。たとえば、『魯山君日記』三年（一四五五）二月癸卯条、並びに三月甲寅・甲子条の一連の記述によると、「国政に干預し、朝廷を凌蔑」した罪によって義禁府の取り調べを受けた宦官の厳自治らは、国王の裁定により一旦その罪を許されて「本郷付処」の処分に服していたが、臺諫の追及により改めて「本郷安置」の処分に服し、更に臺諫の追及を受けて結局は「処絞」、「永属官奴」などの実刑に服することになった。[88] これら一連の過程を考察すれば、付処・安置などの処分が本来であれば処絞・永属官奴などの実刑にも相当する重罪に対する懲戒処分であったことや、そのなかでも安置は付処より一層重い処分として位置づけられていたことなどがわかるであろう。

では、付処と安置の違いは一体何であろうか。明の名例律・流囚家属条にみえる「安置」の語について、荻生徂徠『明律国字解』は「その所へつかわして置て外《ほか》へありかせぬゆへ、安置と云」[89]と説明している。同じく名例律・徒流遷徙条、及び徒流人又犯罪条の規定によると、「流三等は地里の遠近に照依し、各処の荒蕪及び瀬海の州県に定発して安置」し、配所で再び流罪を犯した場合には、「三流並びに決杖一百、配所において拘役すること四年」とすることになっており、[90] このことについて『明史』刑法志は、「拘役とは、流人は初めはただ安置す。今は加うるに居作を以てす。即ち唐宋にいわゆる加役流なり」という説明を加えている。[91] つまり、流人に対して最初は「安置」するが、再犯の場合には「居作」を加えるというのである。

したがって、ここでいう「安置」とは「居作」の反対概念であり、単に「外へありかせぬ（他所に移住させない）」というだけではなく、本来なら割り当てるべき労役（居作）を免除する、というニュアンスをも含んだ言葉として理解しておくことが妥当であろう。

以上は明律に見える安置についての考察であるが、朝鮮朝における安置の概念も基本的にはこれと同様であったと考えてよいであろう。たとえば、明宗朝に編纂された『経国大典註解（後集）』の「安置」の項に、「これを此に置きて、他《ほか》に適《ゆ》くを得ざらしむ」[92]と説明しているのは上述の徂徠の解釈に近い。一方、朝鮮総督府刊『朝鮮語辞典』の「安置」の項では「流配せる罪人を更に監禁すること」[93]と説明しているが、これは安置人に対して加えられた各種の「禁防」の措置のことを示している。

禁防とは、ある一定の場所に閉じ込めてその出入りを差し止めること。たとえば『世祖実録』三年（一四五七）十一月戊寅条の記述によると、魯山君の姉（敬恵公主）の夫である鄭悰その他の安置人――彼らは魯山君（端宗）の復位を図った錦城大君の党与として指弾されていた――に対しては、次のとおり甚だ厳格な「禁防条件」が設けられていた。

一、欄墻外に鹿角城を設く。
一、外門は常時鎖鑰し、朝夕の需は十日に一次これを給す。また墻内において井を掘りて取給し、外人をして相通ずるを得ざらしむ。
一、外部の往来交通し、或いは贈遺する者は、不忠に党するを以て論ず。
一、守令は不時に守門者を点検し、もし非違有らば律に依って科罪す。(94)

このように、安置人に対しては甚だ厳格な「禁防」の措置が加えられていたが、このような措置は、通例、単なる付処人に対しては行われない。だからこそ、安置は付処より一層重い処分として位置づけられていたのである。

ただし、右に列記した禁防の条件は安置人の中でも特に罪の重いもの――主として謀反・大逆に係わる政治犯――に対するもので、安置人一般に対して一律にこのような厳格な措置が加えられていたというわけではない。上述した宦官らの処分が「本郷付処」から「本郷安置」へと加重された際に、この処分をなお手緩いとした臺諫たちは、これを「付処と甚だしくは相遠からず」といって批判していた。(95) 安置人もその時々の状況によっては付処人とほとんど変わらない待遇を享受することもあったのであろう。

配所の遠近や禁防の加減により、付処人・安置人の生活の実態はさまざまであった。しかし、彼らは労役（居作）を免除されていたから、その点において他の一般の徒流人とは大きく待遇が異なっていたのである。

第四節　徒流人その他の放免

追放刑としての位相を異にする以上、徒流と付処・安置とではその放免の在り方も異なってくる。そこで本節では、徒流人・付処人・安置人の、それぞれの放免の問題について考えてみることにしよう。

そもそも律本来の規定によれば、徒役人は一年ないし三年の刑期をもつ有期の労役刑徒であるから、その刑期を終えれば自ずと配所から放免される。問題は、それが規定どおりには執行されていなかったということであるが、それでも規定は規定として厳存した。

たとえば、『世宗実録』二年（一四二〇）十一月辛未条に見える洪武二十七年（太祖三年、一三九四）の王旨によると、

およそ徒役の人は、年限に数あるに、中外の官吏、律文を顧みず、因循して役使す。今後、中外官司、徒役者の罪名、及び定役の年月、放免の日月を録して以聞せよ。(96)

とあるから、刑期を終えた徒役人は、本来、放免されることになっていたのである。また、『世宗実録』六年（一四二四）四月己酉条の記述によると、咸鏡道の宜川郡（後の徳源）に赴任して徒罪を犯した李震という人物は、慶尚道寧海府の庭燎干に定役されていたが、「徒役人限尽放送」の法がないために、依然として釈放されていない。そこで、

今より徒役人は、限尽きれば、所在官より随即に伝報して放送し、以て恒式と為さん。

との案が義禁府から提出され、国王の裁可を得た。(97)ここでも刑期を終えた徒役人は、律の本来の規定どおり、放免することが再確認されているのである。

これに対し、徒役人ならぬ流人・付処人・安置人の場合には、そもそも律文に明確な刑期の規定がない。このため、彼らを配所から解放（放送）するための契機としては、唯一、国王による恩赦の発布を待つしかない。恩赦は国家の慶弔に際し、また天災に際して定期的・不定期的に行われていた。たとえば『太宗実録』五年（一四〇五）四月乙酉条の記述によると、このとき、国王は司憲府・刑曹及び巡禁司（後の義禁府）の官人を召して、

某人、某罪を以て某年某月に囚し、及び付処すること、開写して以聞せよ。予、軽き者を択びてこれを宥さんと欲す。

との命を下している。(98)したがって、司憲府・刑曹・義禁府などの司法機関には、徒流人・付処人・安置人などに関する記録帳簿――それは一般に「徒流案」と呼ばれている――が備えつけられており、そこには各人の罪刑や配所、配所への到着日などが記録されていたのであろう。この種の記録帳簿に基づいて、国王は自ら恩赦の対象者を選定していくことになるのである。

たとえば、『世宗実録』五年（一四二三）四月戊寅条の記述によると、このとき国王は処罰された官人たちの職牒の還給を命じるとともに、「各処の徒流・付処・安置人等」を放還することを命じている。(99)また『世祖実録』元年（一四五五）閏六月丁巳条の記述によると、恩赦を思い立った国王は司憲府・義禁府・刑曹に伝命して「徒流・付処・安置人等を、遺《のこ》すことなく録啓」させたことが見えているし、(100)同じく『世祖実録』三年（一四五七）

十二月乙巳条の記述によると、世子冊封に際して恩赦を行った国王は、その教書において「靖難以後の縁坐、及び徒流・付処・安置の者は、軽重を分かちて寛免せよ」と命じたことが見えている。[101] これらはいずれも徒流人・付処人・安置人に対し、国王がたびたび「放送」の機会を与え、司法機関の擬定に基づいて自ら恩赦の対象者を選定していたことを示している。

かくして恩赦の発布を受けた徒流人・付処人・安置人は、通例、まず「外方従便」といって、王京以外の地方州県（外方）で自由に往来・居住することが許されるようになる。これによって配所から放免され、それぞれの家郷に帰還すれば、一般人にとっての「追放」の意味は消滅する。しかし、政治世界に住む官人たちにとっては必ずしもそうではない。

次に「京外従便」といって、地方州県（外方）のみならず、王京（京中）にも自由に往来・居住することが許されるようになると、そこではじめて官人たちにとっての「追放」の意味が消滅する。

また「還給告身（または還給職牒）」といって、囚禁時に没収された告身（職牒）を返還することが許され、さらに「叙用」といって、それぞれ保有する位階に応じて実職に任命することが許されると、そこではじめて官人としての名誉と権限とは完全に復旧することになる。

このような名誉回復の過程は、もちろん官人のみを対象とするものであって、他の一般の徒流人にとっては家郷に帰還した段階で既に恩赦は終わっている。こうした点にも徒流と付処・安置との位相の違い――後二者は官人身分の者に対する特殊な懲戒の処分であること――が、はっきりと現れているのである。

小　結

本章では朝鮮初期における徒流刑（徒刑と流刑）の運用の実態を、労役刑としての側面と、追放刑としての側面との両面から検討した。

この結果、労役刑としての側面から捉えた場合、徒・流・充軍・永属官奴・永属駅吏・全家徒辺などの刑罰に伴う労役（居作）の在り方は、当該罪人の身分によって差等が設けられているという意味で、勝れて差別的なものであったことが明らかになった。また追放刑としての側面から捉えた場合、当該罪人の生活基盤地からの追放を意味する一般の徒流とはちがって、付処・安置における追放は王京からの追放を意味しており、したがってそれらは本来の徒流刑とは次元を異にする、官人身分の者に対する懲戒の処分であったことが明らかになった。

朝鮮初期における徒流刑は、こうした身分制社会における階層秩序を前提として、はじめて刑罰としての意味をもつような構造になっていたのである。

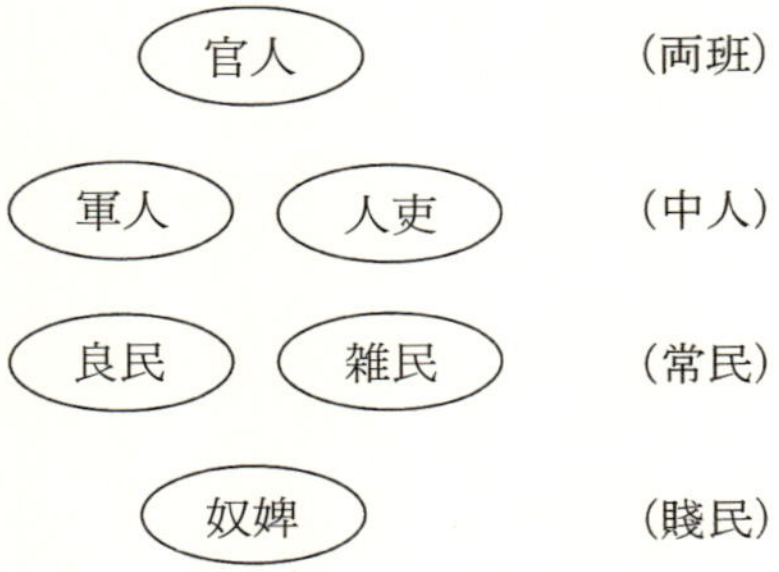

朝鮮時代の社会構成（概念図）

試みに、朝鮮時代の社会構成を一つの図式として提示してみると、甚だ粗略ではあるが、大略次のようなものになるであろう。まず社会の最上層に位置するのは王族などをも含めたいわゆる両班階層で、これは言うまでもなく朝鮮国における支配階層を構成する。次に両班階層の下層部分とも重なりつつ禁軍・胥吏などの中央勤務の軍人・人吏階層が存在し、更にこの中央勤務の軍人・人吏階層とも重なりつつ、侍衛牌・営鎮軍・守城軍・船軍や郷吏・駅吏などの地方勤務の軍人・人吏階層が存在する。これらは朝鮮国における行政権力の基底を支える中間支配階層（いわゆる中人）である。そうしてこれらの中間階層の下には、純粋な被治者としての良民・雑民・奴婢層が、それぞれの労役を担って王朝国家の支配に服することになっていたのである。

こうした諸身分の重層的な差別構造は、刑罰制度の運用においてもその前提条件として位置づけられていた。要するに、この階層構図に基づいて各人の身分を貶黜することこそが、刑罰を刑罰として成り立たせるための一つの根本の原理として位置づけられていたのである。

そうした刑罰と身分との表裏一体の関係を、多少とも実例に即して検証することができたとすれば、本章の当面の目的は一応は達せられたといってよいであろう。

もとより、そこには幾つかの意味で限界がある。本章で依拠した史料はすべてが中央の官撰史料であり、したがってそこに現れてくる事案はすべて国王による裁決を経るべきもの——具体的には、死刑一般、及び両班身分の犯罪——に限られている。これに対して刑曹・開城府・各道観察使には流以下の罪を直断することが許されており、徒流刑一般の検討としては、むしろ地方レベルにおける観察使の直断の事案をこそ検討しなければならない。

しかしながら、本章ではその種の地方レベルの案件はほとんど検討することができなかった。[102]また『経国大典』より以後の、『大典続録』、『後続録』、『続大典』へと続く法制の展開についてもほとんど言及することができなかったが、その点については後続する各章の記述を通して多少ともその補充に努めることにしたい。

依然として課題は山積みである。しかしその課題を解明するための鍵となるものは、刑罰制度と身分制度との相互関係のなかにあることだけは間違いない。

注

（1）『経国大典』巻五、刑典、用律条　用『大明律』。
（2）『太宗実録』巻十四、太宗七年十一月戊寅条　轘連山婦人内隠加伊于市。……上曰、「妻妾殺夫、未有如此之甚也。」問黄喜曰、「如此女所犯、外方守令、何以刑之。」喜対曰、「直斬之耳。」上曰、「律無凌遅之法歟。」対曰、「前此、以車裂代凌遅。」上曰、「若殺之一郡、其誰知之。可逮至京師、立市暁衆、然後分示諸道。」
（＊四肢をバラバラにするのは、「諸道に分示」するための手立てとしてでもある。）
（3）『孝宗実録』巻九、孝宗三年十一月庚寅条　上下教曰、「頃於啓覆之日、聞諸臣之言、則凡処絞罪人、該吏椎殺云。死雖一也、殊非律名之本意。予心亦甚慘然。其令刑曹審処。」
（＊殴り殺すのと絞め殺すのと、どちらが残酷であるかはここでは問わない。）
（4）中橋政吉『朝鮮旧時の刑政』によると、車裂は「罪人を先づ並べられたる二箇の牛車に跨がらしめて之を縛り、車の揺き出すと共に罪人の身体を左右に引き裂きて殺して了ふところの惨刑である」（一九一～一九二頁）。
（5）斬刑・絞刑の実態については前掲『朝鮮旧時の刑政』、特に第五章、行刑（上）に詳しい。
（6）寺田浩明『中国法制史』（二〇一八年、東京、東京大学出版会）は、五刑の体系を一種の「物差し」にたとえている（同書四一頁）。
（7）『世宗実録』巻一百二十、世宗三十年六月辛巳条　大司憲尹炯、知司諫李活等、請安崇善之罪、依律置極刑。……上曰、「本朝之法、与大明律不同者、頗多。況自祖宗以来、未聞軽殺大臣者也。至我而軽殺、無乃不可乎。」
（8）『世祖実録』巻二十一、世祖六年九月壬寅条　刑曹拠司律院呈啓、「徒流・付処人、本以所犯軽重、差等定役、以懲其悪。比来、外方徒流・付処・安置・充軍・諸站定役者、如乱臣縁坐、犯罪定属者、率皆剃髪避役、不畏邦憲、漸不可長。請自今、一応犯罪定属人、毋得剃髪。違者、推論族親還俗、発還配所。」従之。
（9）『大明律』巻一、名例律、徒流遷徙地方条　徒役、各照所徒年限、並以到配所之日為始。発塩場者、毎日煎塩三斤。鉄冶者、毎日炒鉄三斤。另項結課。
（10）同右　流三等、照依地里遠近、定発各処荒蕪及瀕海州県、安置。

(11)『大明律』巻一、名例律、徒流人又犯罪条　其重犯流者、依留住法、三流並決杖一百、於配所拘役四年。

(12)『世宗実録』巻七十七、世宗十九年六月壬午条　戸曹啓、「来七月望前、分遣敬差官于八道、審定塩場・魚梁。……其塩漢不足之数、令今去敬差官、推刷塩漢挾丁、及沿海居住各司貢奴、各色軍戸隠漏餘丁、旁近各官奴婢、公私婢子嫁平民所生、犯罪徒役人等、以充其数。」

(13)『世宗実録』巻一百十四、世宗二十八年十二月甲午朔条　召右議政河演等曰、「徒役之人、定各司庁直、例也。今定擣砧軍。然擣砧無日課、悠悠度日、有違懲悪之意。今中朝徒役者、或令煮塩、或令炒鉄、皆有一日之課、以厳懲悪之規。今依此制行之、如何。」演等曰、「不独煮塩炒鉄而已。炭木等事、亦可供也。」

(14)『魯山君日記（端宗実録）』巻一、魯山君（端宗）即位年五月庚戌条　義禁府啓、「全循義、為首、従重、斬待時。辺漢山・崔浥、随従、減一等、杖一百・流三千里。曹敬智・全仁貴・金吉浩・趙興周・鄭次良・宋瞻、杖九十。」議于政府。並収告身。循義、定典医監庁直。漢山・浥、令史。敬智・興周・仁貴・吉浩・次良・瞻、仍仕内医院。

『魯山君日記（端宗実録）』巻一、魯山君（端宗）即位年五月辛亥条　司憲府啓曰、「全循義等、曽経典医監職事、今定本監庁直・令史、必不服役。請須辺遠充軍。……」伝曰、「予当議諸大臣。」司諫院亦請循義等罪。令姜孟卿、議于政府、僉曰、「律文内、『欽天監天文生習業已成、能全其事、犯流及徒者、各決杖一百、餘罪収贖』。今循義等亦依此例、定本監賤役、使不失其業。……」従之。

(15)『世祖実録』巻三十三、世祖十年六月丁亥条　収内医院宋瞻告身、充司憲府庁直奴。時銀山副正徹、患病帰第。命瞻往視之。瞻承命不往。

(16)『世祖実録』巻三十二、世祖十年正月癸亥条　承伝宦官李得守・曹彦・金末生等、嘗受啓稟公事、留滞不下、命収告身、定造紙所擣砧軍。上曰、「世宗朝、承伝宦官崔湿・田畇為上。金忠次之。今得守慧詰、過於此数輩。非至明、無以辨姦。吾豈墮於術中。匪教匪誨、時惟婦寺。自古誤人家国者、未必非此輩也。凡宮人中官、少有過失、輙用重罰、以警之。」

『世祖実録』巻三十七、世祖十一年十一月辛酉条　伝于刑曹、放遣充軍宦官黄思義・延徳生・金訥、司贍奴定属宦官辛麻、擣砧軍定役宦官金孝江。（＊造紙所は造紙署の前身）

(17)『成宗実録』巻九十八、成宗九年十一月辛酉条　伝于義禁府・刑曹・司憲府・兵曹・都摠府曰、「今後徒年定役者、朝士及衣冠子弟、応入仕路人外、雑犯応徒者、並充造紙署擣砧軍。」

(18) 前掲注(13)、参照。

(19) 『世宗実録』巻一百十九、世宗三十年三月己酉条　伝旨刑曹、「黄海道站路凋弊。限阜盛、郷吏犯徒流者、若渉愿悪、則並全家永属站吏。其餘各人犯徒流者、流品及権務・成衆官・有蔭子孫外、並属站日守。徒満則放遣。流者遇赦、亦放遣。」

(20) 『魯山君日記（端宗実録）』巻六、魯山君（端宗）元年四月癸卯条　陜川郡書員姜中、盗用酒米、事覚、郡事鞫之、中極口罵辱。杖一百、黜郷瀦宅、定黄海道站日守。

(21) 『魯山君日記（端宗実録）』巻十二、魯山君（端宗）二年十二月戊戌条　義禁府啓、「良人衆伊、妖言惑衆。律当斬。」奉教、減一等、定黄海道站日守。

(22) 『世祖実録』巻十二、世祖四年五月丙申条　刑曹啓、「遠流賊人内、公賤則本有身役、不宜閑役。且諸邑守令、不用心検点、即皆逃還。請自今各於所至邑、永属官奴。其良民、亦定軍役。令守令常加点検、以防逃避。」従之。又啓、「鄭温・鄭雅等、欲受奴婢於徐梃、通媒于従妹李具商後妻鄭氏、令梃通奸。温・雅・梃之罪、杖一百・徒三年。鄭氏、杖八十。」従之。温・梃、定于江原道残站日守。（＊良民は「軍役」に充てるのが原則。）

(23) 『魯山君日記（端宗実録）』巻十四、魯山君（端宗）三年五月戊午条　議政府拠兵曹呈啓、「江原道新安・生昌両駅、乃咸吉道馳報辺警大路、而人物凋残。窃考『続刑典』、『元悪郷吏、許人陳告、犯徒者、決杖、道内残亡諸駅、犯流者、決杖、他道残亡諸駅吏、永属』。正統十三年（世宗三十年、一四四八）受教、『今後黄海道站道阜盛間、郷吏罪犯元悪徒流者、並全家永属站吏。其餘流品及権務・成衆官・有蔭子孫外、犯徒流者、亦定站日守』。請自今新安・生昌駅阜盛間、依上項黄海道站路例、施行。」従之。

(24) 『世祖実録』巻三、世祖二年正月丙申条　兵曹録京畿左道及江原道駅路阜盛条件、以啓。……。一、京畿・忠清・全羅・慶尚道、及江原道犯罪之人、前已受教、属江原道生昌・新安両駅。請於本道他駅、亦依此例、定属。……従之。

(25) 有井智徳「李朝初期駅站制研究」（『朝鮮学報』第百五十一輯、一九九四年、天理、朝鮮学会）、参照。

(26) 『世宗実録』巻六十四、世宗十六年六月庚戌条　兵曹啓目、「延曙至東坡各駅日守、迎送使客、多般雑役倍重。令所在官、給奉足完護、委察訪検察。如有不用心各官、則以其官郷吏、充定日守。」従之。

(27) 『世宗実録』巻一百十九、世宗三十年三月辛丑条　（河）演、（皇甫）仁等又曰、「日守、本欲役使。今若不分貴賤、犯徒流者、皆以永属、則弊亦随之。有職有蔭人外、凡民之犯徒流者、属之日守。徒満則放遣、流者遇赦、亦令放遣。」

（28）『世宗実録』巻二十四、世宗六年四月己酉条　義禁府啓、「李震、以宜川郡赴任時犯徒罪、定於慶尚道寧海府庭燎干、役限已準。緣無徒役人限尽放送之法、至今未放、可悶。請考役日、放送。且自今徒役人、限尽、所在官、随即伝報放送、以為恒式。」従之。

（29）『燕山君日記』巻三十、燕山君四年七月庚申条　尹弼商等、共議書啓、「金馹孫・権五福・権景裕、大逆、凌遅処死。李穆・許磐・姜謙、乱言切害、斬・籍没。表沿沫・鄭汝昌・洪瀚・茂豊副正摠、乱言。姜景叙・李守恭・鄭希良・鄭承祖、知乱言不告。並決杖一百・流三千里、烽燧軍・庭爐干定役。李宗準・崔溥・李黿・康伯珍・李胄・金宏弼・朴漢柱・任熙載・李継孟・姜渾、朋党、決杖八十・遠方付処。尹孝孫・金詮、罷職。成重淹、決杖八十・遠方付処。李宜茂、決杖六十・徒一年。柳順汀、未鞫。韓訓、在逃。」

（30）『経国大典』巻四、兵典、烽燧条、注　木覓山、毎所、軍四人、伍長二人。沿辺則毎所、軍十人、伍長二人。内地則毎所、軍六人、伍長二人〔軍及伍長、並以烽燧近処居人差定〕。

（31）金蘭玉「高麗後期烽卒の身分」（『韓国史学報』第十三輯、二〇〇二年、ソウル、高麗史学会）

（32）『宣和奉使高麗図経』巻二十二、雑俗一、庭燎　麗俗、尚夜飲、而祗待使人、尤謹。毎宴罷、常侵夜分、自山島州県、郡郊亭館〔鄭刻云、自山島州郡、郊亭館舎〕、皆於庭中、束芰明燎、以散員執之。使者帰館、則羅列在前、相比而行。

（33）『経国大典』巻五、刑典、推断条、注　文武官及内侍府・有蔭子孫・生員・進士、犯十悪・奸盗・非法殺人・枉法受贓外、笞杖並収贖。公罪徒、私罪杖一百以上、決杖。

（34）『明史』巻九十三、刑法志一　凡徒流再犯者、流者於原配処所、依工楽戸留住法。三流並決杖一百、拘役三年。拘役者、流人初止安置、今加以居作、即唐・宋所謂加役流也。（＊「拘役三年」は「拘役四年」の誤り。『大明律』巻一、名例律、徒流人又犯罪条、参照。）

（35）『経国大典』巻五、刑典、罪犯准計条　犯充軍者、准杖一百・徒三年。辺遠充軍者、為奴者、全家徙辺者、属残駅吏者、並杖一百・流三千里。（＊この種の規定は、特に「収贖」の際の計算の基準として設けられた。）

（36）『世宗実録』巻一百二十一、世宗三十年八月辛巳条　議政府拠刑曹呈啓、「凡犯罪両界入居、及盗殺牛馬者、流放他処、所以懲悪戒後、終身不返也。然其中（系本）〔本系〕賤人及船軍・鎮軍・駅子・牧子等有役者、俱免其役、任意過活、反違懲戒之義。今後公私賤人、聴官主収貢。外方州郡奴婢、及船軍・鎮軍・守城軍・牧子・津尺・塩干・（峯火干）〔烽火干〕・駅子等諸色人、各於其役差定。郷吏則定駅吏、侍衛牌則船軍、補充軍則牧子。其餘雑色軍及無役人、則量宜定役附籍、毋得擅自出境。」従之。（＊侍衛牌は船軍に降格。）

(37)『世祖実録』巻十六、世祖五年六月丙辰条　刑曹啓、「他人牛馬買殺者、自己牛馬宰殺者、知情放売者、一依『元典』及受教、杖一百・身充水軍。而盗殺牛馬者、則依天順二年三月日伝旨、杖一百・刺字・徒三年。蓋徒年有限、而充軍者、終身不返。若是則盗殺之律、反軽於買殺・宰殺。請自今盗殺者、亦杖一百・刺字・身充水軍。」従之。

(38)『大明律』巻一、名例律、軍官軍人犯罪免徒流条　凡軍官軍人犯罪、律該徒流者、各決杖一百、徒五等、皆発二千里内衛分、充軍。流三等、照依地里遠近、発各衛、充軍。該発辺遠充軍者、依律発遣。並免刺字。

(39)荻生徂徠『明律国字解』（一九六六年、東京、創文社）に、「充軍は、軍官の人罪を犯すとき、官位を奪てひらの軍人にするなり。充と云は、軍伍の内へ入ることなり」とある（五六四頁）。この定義は朝鮮朝の充軍についても該当する。

(40)侍衛牌は王京への番上義務をもつ中央軍（禁軍）であるが、内禁衛・別侍衛・甲士などの精鋭の禁軍よりは地位が低く、しばしば番上の義務を免除されていたため、後には地方軍とみなされるようになった。

『世祖実録』巻七、世祖三年三月己巳条　兵曹啓、「京侍諸色軍士内、甲士・別侍衛・銃筒衛・防牌・摂六十、則已分属五司五領。其餘或分三軍、或全不分属。如講武・習陣、急遽行軍侍衛時、非唯分属為難、人無定志、行伍不斉。合行条件、磨勘後録。……。一、侍衛牌、或番上、或不番上、且留京日少。勿属衛。……」従之。

(41)『魯山君日記（端宗実録）』巻十、魯山君（端宗）二年二月乙未条　議政府拠兵曹呈啓、「毎月初二日・二十二日、習陣時、諸将・訓導、及軍卒、多有不至者。請論罪罷職、所在邑充軍。」……皆従之。

(42)『世祖実録』巻十一、世祖四年二月辛亥条　兵曹啓、「景泰六年（世祖元年、一四五五）正月日、本曹受教、『甲士・別侍衛、下番取才、下番臨近四五日内、未及畢試、旅寓軍士、留京甚難。今後除下番取才、毎当番入時、試取十矢以上、給度三十、八矢以上、給度二十、六矢以上、給度一十、五矢、無賞無罰、四矢以下、削仕、二矢以下、罷黜充軍』。又本年（世祖元年、一四五五）五月日、受教、『内禁衛、錬才、才不中者、更試一次、中格者、本品仍仕、不中格者、充軍。甲士・別侍衛、亦依内禁衛例、並又一次取才』。正統八年（世宗二十五年、一四四三）二月日、受教、『内軍士、下番取才時、有故未得取才者、許令百日内、現身取才、本品仍仕、過限未現者、本官充軍』。請自今、依上項受教、令甲士・別侍衛、当番上時、或身病親疾有故、未及限試者、許令百日内現身、初次・又一次、畢試、中格者、給到、本品仍仕、過限不現者、依才不中者例、充軍。」従之。

(43)『魯山君日記（端宗実録）』巻十四、魯山君（端宗）三年六月戊子条　都統府拠兵曹呈啓、「甲士・副司直王尚徳、奸忠順衛金叔甫正妻仇慶、罪関綱常、不可以経赦、仍仕本番。請罷黜、定所居官軍役。」従之。

(44)『韓国軍制史（近世朝鮮前期篇）』陸軍士官学校韓国軍事研究室（一九六八年、陸軍本部）、方相鉉『朝鮮初期水軍制度』（一九九一年、ソウル、民族文化社）等、参照。なお、船軍の軍役内容については金玉根著『朝鮮王朝財政史研究』Ⅱ（一九八七年、ソウル、一潮閣）、特にその第一章第二節、水軍の項、参照。

(45)『太宗実録』巻二十六、太宗十三年九月丁丑朔条　忠清道都観使李安愚、上時務数条。上嘉納、下議政府、議得。一、凡防禦之法、水戦陸守、不可偏廃、道内五十五州、元定船軍之数、五千五百三十七名、侍衛軍二千七百五十四名、各成軍籍、水陸之備、可謂無缺矣、前日、加定船軍一千三百七十七名、尽取沿海侍衛軍、充騎。儻有倭寇、瞰其無船処、突入於陸、則将何軍以制之。且船軍則非但取射御之能、陸物諸縁・営田・煮塩之役、靡所不為。今者充騎侍衛軍内、曽経顕職者、及両府子孫、皆属焉。不唯不勝其役、本朝尊卑有等、於承襲門蔭之法、不無憾焉。臣謂、海辺各官、加定船軍内、択其可当侍衛者、作牌、定属陸軍。各官侍衛内、択其可当船軍者、定属、則沿海陸地、防禦両全、有蔭子孫、亦無怨咨。右条、宜一依所啓。

(46)『世宗実録』巻六十七、世宗十七年二月壬申条　戸曹請役船軍、以造軍資監。令詳定所議之。僉議以啓曰、「近来土木之功、恒役船軍、徒泊空船、甚乖養兵之義、識者慮焉。自今無役船軍、専事其事、以備不虞、無啓戎心、可也。且今豊儲・軍資両処、並有空庫、将百間矣。然則可容数年之税。姑停此役、以待後年。」従之。

(47)『増正交隣志』巻二、差倭、裁判差倭条　陸物［空石四十立、篁竹四十箇、藁草三十同、草芚十二部、草席五立、熟麻六十斤、山麻乷一張、葛乷一張、帆竹一箇、長板二立、鉄釘四十箇、蛭釘三十箇］。（＊空石は空の米俵。乷は縄・紐の意。）

(48)『世祖実録』巻十九、世祖六年二月辛亥条　戸曹啓、「諸道節制使・処置使・諸浦営田、無定額、且無考検経費之法。請自今、節制使・処置使営二十結、僉節制使・都万戸営十五結、万戸営十結、用船軍・守城軍耕穫、具穀数、移文本曹、録会計、以供軍官・伴人・奴・馬之食。如有贏餘、並入其邑義倉。」従之。

(49)『魯山君日記（端宗実録）』巻十一、魯山君（端宗）二年六月丙戌条　議政府拠兵曹呈啓、「全羅道海南黄原串牧場、馬多蕃息、地窄、水草不足。場外笠巌串、本不開墾、水草倶足。宜発附近諸浦船軍、築場入放。」従之。

(50)『世祖実録』巻一、世祖元年七月丁酉条　議政府拠戸曹呈啓、「今当禾穀発穂之時、風雨不調、明年救荒、不可不慮。請令諸道観察使、考察儲備。……。一、如黄角・青角・石脈・牛毛・海紅等、可食海菜、発当番船軍採取、曬乾儲備。

(51)『魯山君日記（端宗実録）』巻五、元年三月癸亥条　司憲府啓、「塩浦万戸裵絺、当国喪奸妓、役船軍造家、用官穀喂馬。若以経赦不治、則懲悪無由。請収告身、論以贓吏、永不叙用。」従之。

(52)『世祖実録』巻三十五、世祖十一年正月丁卯条　忠清道観察使啓、「右道万戸曹孟春、擅離軍門、至舒川、役使船軍、営構家舎。材瓦之費、皆出船軍。侵牟漁取、情迹現著。若以経赦、置而不治、贓汚之徒、懲艾無由。請罷孟春。」従之。

(53)『文宗実録』巻七、文宗元年五月壬戌条　議政府拠兵曹呈啓、「各浦万戸・千戸等、当番船軍、不上番者、不即移文本官充定、称為『月令』、一月徴緜布二匹・糧米九斗、因此尽売資産土田、遂至流亡、其弊不貲。『元典』云、『各官守令、其官軍人分騎之船、無時糾摘。有逃亡故闕者、随即充立。都観察使・節制使、又無時糾摘。有闕立者、各官守令、一名笞一十、毎一名加一等、罪止杖八十、還任。十名闕立、杖一百・罷職』。『大明〔律〕』節該、『各処守禦城池在逃者、初犯杖八十、仍発本衛充軍。再犯杖一百、倶発辺遠充軍。三犯者絞。知情窩蔵者、与犯人同罪。罪止杖一百、充軍』、拠此。参詳、『元典』与律文、並無徴贖闕立之法、而万戸等任意侵虐、甚為未便。請自今船軍、不上番者、依元典及律文施行。称為月令、徴贖雑物者、一皆禁断。」従之。

(54)池承鍾『朝鮮前期奴婢身分研究』（一九九五年、ソウル、一潮閣）、特に第一章第三節、刑罰の項、参照。

(55)『大明律』巻十八、刑律、謀反大逆条　凡謀反及大逆、但共謀者、不分首従、皆凌遅処死。祖父・父・子・孫・兄・弟、及同居之人、不分異姓、及伯・叔父・兄弟之子、不限籍之同異、年十六以上、不論篤疾・廃疾、皆斬。其十五以下、及母・女・妻・妾・姉・妹、若子之妻・妾、給付功臣之家、為奴。

(56)『増補文献備考』巻一百三十八、刑考十二、諸律類記三、為奴条、参照。

(57)『世祖実録』巻十七、世祖五年七月乙巳条　義禁府啓、「南惇為嫡母発無根口不可道之言罪、応絞待時。」命杖一百、永属済州官奴。

(58)朝鮮総督府刊『朝鮮語辞典』の「減死定配」の項（一九頁）に、「死罪に当る罪人の刑を減軽し場所を定めて流配すること」とある。

(59)前掲注(19)、参照。

(60)『世宗実録』巻九十二、世宗二十三年二月甲戌条　議政府啓、「船軍完恤之法、載在『六典』、而官吏寝不挙行、其弊莫甚。

官吏作弊者、及里中色掌、擅自侵擾者、並依『六典』施行。若人吏所犯尤甚、罪至徒流者、依『続典』愿悪郷吏条、徒定其道残亡駅吏、流則徙咸吉道辺郡。船軍等如有訴冤、令海道察訪、巡行糾理。」

（61）前掲注（23）、参照。

（62）田鳳徳『経済六典拾遺』（一九八九年、ソウル、亜細亜文化社）、延世大学校国学研究院編『経済六典輯録』（一九九三年、ソウル、新書苑）等、参照。

（63）『経国大典』巻五、刑典、元悪郷吏条の注に、いわゆる「元悪郷吏」として次の十種を挙げる。「操弄守令、専権作弊者。陰受貨賂、差役不均者。収税之際、横斂濫用者。冒占良民、隠蔽役使者。広置田荘、役民耕種者。横行里閭、侵漁営私者。趨附貴勢、邀避本役者。避役在逃、隠接村落者。仮仗官威、侵虐民人者。良家女及官婢作妾者。」

（64）『世祖実録』巻三、世祖二年二月庚戌条　刑曹拠全羅道観察使啓本啓、「楽安吏李蒔、監納田租、濫収米七十九石、綿布二十一匹、計贓当死、会赦乃免。若使元悪郷吏、仍居本土、民之受弊、如故。請永属蒔于江原道残亡駅吏。其横斂物色、没官。」従之。

（65）『世祖実録』巻三十五、世祖十一年二月丙午条　前此、上慮諸駅定属吏、大率貧窮失業、令諸道観察使、磨勘以啓。至是、上欲以安業自存者、仍留、貧寒無聊者、還本、問於左副承旨尹弼商。弼商対曰、「若以貧寒而還本、後来者亦且貧寒、則将如之何。臣意以為、駅吏、本以郷吏之有罪者定属。其心欝抑未伸。今就貧窮人中、特許一子放之、則久欝志伸、得以安業矣。」

（66）『大明律』巻一、名例律、工楽戸及婦人犯罪条　若欽天監天文生、習業已成、能専其事、犯流及徒者、各決杖一百、餘罪収贖。

『世宗実録』巻一百十一、世宗二十八年二月己未条　議政府拠刑曹呈啓、「今後如郷吏・駅子・公私賤口・有役人、犯徒罪者、依律文工楽戸及婦人例、決杖後、餘罪収贖。」従之。

（67）深谷敏鉄「朝鮮世宗朝における東北辺疆への第一次の徙民入居について」（『朝鮮学報』第九輯、一九五六年、天理、朝鮮学会）、同「朝鮮世宗朝における東北辺疆への第二次の徙民入居について」（『朝鮮学報』第十四輯、一九五九年、天理、朝鮮学会）、同「朝鮮世宗朝における東北辺疆への第三次の徙民入居について」（『朝鮮学報』第十九輯、一九六一年、天理、朝鮮学会）、同「朝鮮世宗朝における東北辺疆への第四次の徙民入居について」（『朝鮮学報』第二十一・二十二輯、一九六

一年、天理、朝鮮学会）

(68)　『世祖実録』巻二、世祖元年九月丙戌条　刑曹啓、「……且正統十三年八月二十八日受教、『凡犯法徙両界人、及盗殺牛馬、迸諸遐方人、并妻子移徙者、欲終身不返、使之懲戒也。今本係賤口及良人有役者、移徙以後、倶免本役、任情過活、有違懲戒之意。其公私賤口、聴官主収貢。其官奴婢及船軍・鎮軍・守城軍・牧子・水夫・塩夫・熢卒・駅吏、並従本役。郷吏則駅吏、侍衛牌則船軍、補充隊則牧子。其餘諸色人及無役人、各以相当充役、所在付籍、不許擅便出境』。請上項作賊徙辺公処奴婢、除其官役、一依正統十三年八月二十八日受教。」従之。

（＊正統十三年〈世宗三十年、一四四八〉の受教については前掲注(36)を参照せよ。）

(69)　『魯山君日記（端宗実録）』巻九、魯山君（端宗）元年十二月丁未条　司憲府拠忠清道観察使啓本啓、「『元典』、『凡郷吏置農荘于村落、以良家女及官婢為妾、誘引無頼之徒、使之如奴婢者、置之重典』。今文義郷吏李蕃・李華等、当国喪之初、群聚宴飲、游歌肆淫、並畜二妻、以官婢為妾、隠占百姓及官奴婢、使喚者多、罪悪甚大、已定黄海道站吏。然猶略無畏忌、含怨忿怒、殴打本県品官、直入閨房、捽其婦人室女、再干邦憲。当依『元典』施行、会赦免放。請全家徙辺、永属駅吏。」従之。

(70)　前掲注(23)に見える『続刑典』の配所規定に、「犯徒者、決杖、道内残亡諸駅、犯流者、決杖、他道残亡諸駅吏、永属」とあり、また『経国大典』刑典、元悪郷吏条にも、「犯徒者、永属本道残駅吏、犯流者、永属他道残駅吏」とある。

(71)　『世宗実録』巻四十八、世宗十二年五月甲寅条　刑曹啓、「犯罪流配之所、不曽詳定、故中外官吏、臨時量定、以致遠近失宜。……故今更磨勘以啓。

京城・京畿左右道留後司、

流三千里者、配慶尚・全羅・咸吉・平安道濱海各官。

流二千五百里者、配慶尚・全羅・平安・咸吉道中央各官、江原道濱海各官。

流二千里者、配慶尚・全羅・平安・咸吉道始面各官、江原道中央各官。

黄海道、

流三千里者、配慶尚・全羅道中央各官、平安・江界・義州各官。

流二千五百里者、配全羅・慶尚・平安・咸吉道始面各官。

流二千里者、配忠清道濱海各官、江原道中央各官。
平安道、
流三千里者、配忠清道濱海各官、咸吉道中央各官。
流二千五百里者、配忠清道中央各官、江原・咸吉道始面各官。
流二千里者、配忠清道始面各官。
忠清道、
流三千里者、配平安・咸吉道中央各官、慶尚・全羅道濱海各官。
流二千五百里者、配平安・咸吉道始面各官、江原・黄海道中央各官。
流二千里者、配全羅・慶尚道中央各官、黄海・咸吉道始面各官。
全羅道、
流三千里者、配慶尚左道濱海各官、咸吉・平安道中央各官。
流二千五百里者、配黄海道始面各官、江原道中央各官、慶尚左道中央各官。
流二千里者、配江原道始面各官、忠清道上面各官、慶尚右道各官。
慶尚道、
流三千里者、配全羅右道濱海各官、咸吉・平安道中央各官。
流二千五百里者、配忠清・江原・全羅道中央各官。
流二千里者、配忠清道始面各官、全羅左道各官。
咸吉道、
流三千里者、配全羅・忠清・慶尚右道濱海各官。
流二千五百里者、配全羅・慶尚道中央各官、黄海道濱海各官。
流二千里者、配忠清・黄海道中央各官、全羅・慶尚道始面各官。
江原道、
流三千里者、配全羅・慶尚右道各官、黄海道濱海各官。

流二千五百里者、配全羅・慶尚道中央各官、忠清・黄海道濱海各官、平安道始面各官。

流二千里者、配忠清・黄海道中央各官、平安道始面各官、慶尚・全羅左道濱海各官。

上項流囚配所、地里遠近、各以犯人所居、随宜量定。其関係国家罪囚、則平安道義州・朔州・江界、咸吉道吉州等官、勿定送。」下詳定所。

(72)『世宗実録』巻五十六、世宗十四年五月庚申条　執義趙瑞康啓、「前日将申浩之罪、具疏以聞、留中不下。臣以為、浩本無才、官至二品、又犯重罪、不受職牒者、十餘年矣。今特蒙聖恩、纔受職牒、誠宜謹懼安分、顧将自己私事、冒濫申呈、罪固不細。若不加罪、無所懲戒。乞依前疏、依律論罪、以戒後来。」上曰、「然。予更商量。」上謂安崇善曰、「浩之罪、誠如瑞康之言。」金宗瑞啓、「不可不罪。」上曰、「年老之人、不可加罪。且近日纔給職牒、不可還奪。宜付処以示王法。」遂付処京畿。

(73)『文宗実録』巻八、文宗元年六月癸未条　御経筵。検討官河緯地啓、「功臣有罪者、或未可専釈、則例皆付処、無歳月之限。然杖八九十之罪、在他人則贖之、在功臣則付処。付処無歳月之限、故有年久而不得返者。数年流離之苦、比之収贖懸絶。是功臣之受罪、反重也。以罪之軽重而定付処日月、何如。」上曰、「付処、従自願而遣之、非罪之也。若限日月、如徒年之例、則是罪之也。付処者、果或有年久未得放者。此意則承政院已知之矣。」

(74)『魯山君日記（端宗実録）』巻六、魯山君（端宗）元年四月己亥条　初、藝文検閲閔貞、与生員李亮相善。当文科会試中場日、亮以抄集付於貞、貞授藝文館吏、潜挟入場、事覚、下義禁府推鞫。至是啓、「貞罪応杖一百、亮応杖八十、停二挙。」以貞議親、収告身、配懐徳、亮功臣之孫、収告身、配鴻山、停二挙。（＊「配」は付処の意。）

(75)『大明律直解』巻一、名例律、徒流遷徙地方条では、律の規定により塩場・鉄冶に発配することを「付処」と訳している。

(76)『世宗実録』巻三十一、世宗八年二月甲申条　司憲府啓、「前副司直辛叔和、昵愛婢妾、養成驕縦、使之凌犯嫡妻、毀乱綱常、当杖九十。」上以功臣之後、只奪職牒、配于外方。

(77)『世祖実録』巻八、世祖三年七月丙子条　義禁府啓、「礼曹正郎禹継蕃、道遇趙粛生妻、誤認為妓、捽髪殴傷、罪応杖一百・徒三年。」命以功臣之孫、只収告身、発配遠方。遂配龍安。

(78)『世宗実録』巻一百二十四、世宗三十一年四月壬子条　義禁府啓、「尹炯・許詡言、『前此、凡付処者、必考其居郷・農荘所在、近地為定、例以為常。臣等因循故事而為之。……』」。

(79)放帰田里の例――

『太宗実録』巻五、太宗三年五月丁酉条　放清城君鄭擢于海豊。初、擢奪内侍別監盧績奴婢、績撃申聞鼓、上使司憲府治之。憲府直績、請罪擢。上謂朴錫命曰、「擢、開国功臣、且於経筵侍講、功可掩罪、然法亦不可廃也。如有農荘在都門外者、放之。」錫命対曰、「海豊有農舎、去都城三十里。」上曰、「甚可。」

（＊自己の農荘への追放であるから、この場合の「放」は「放帰田里」の意。）

『太宗実録』巻七、太宗四年五月癸卯条　司諫院復劾盧異。命放帰田里。……上曰、「盧異之言皆直、予欲不罪、姑従汝等之請、且遂其不仕之心、放帰田里而已。又此言非人人之所能言。豈申暁之所言耶。故但令帰家而已。更勿復言。」

『太宗実録』巻十一、太宗六年五月癸丑条　宥盧異・申暁、京外従便。……教之曰、「爾等知盧異之罪乎。昔予納金宝海之妹于宮中、不知其適人也。及聞已適人也、則亟出之。異為正言、嘗語人曰、今殿下奪人之妻、納于宮中。然予本不如此。若異效忠於予、則宜進諫、使予改過、而乃漏言於人。其不為予臣、明矣。故使之退処郷里耳。非罪之也。……」乃命宥之。

（80）本郷付処の例——

『太宗実録』巻十八、太宗九年十一月丙申条　建文四年七月初一日、議政府受判、『各道各官貢賦、監司守令、趁節上納、限翼年漕転時。如有逋欠者、見任及逓任受職者、幷停職。前銜則本郷付処。其中尤甚者、幷収職牒、外方付処。監司失覚察者、停職。尤甚者、外方付処。

『世宗実録』巻六、世宗元年十一月丙寅条　義禁府啓、「金世忠、罪当処斬。」命貸死、贖杖一百、本郷付処。

『世宗実録』巻四十六、世宗五年八月辛丑条　献納尹顕孫啓曰、「宦官曹疹・李孝智、交通内外、漸不可長。……孝智等、宜置極刑。」上曰、「今以本郷付処為軽、流于辺遠、固已重矣。」

（81）前掲注（8）、参照。

（82）『世宗実録』巻一百二十五、世宗三十一年七月戊戌条　徽旨刑曹、「外方安置者、及凡没為官奴婢者、其妻及未婚嫁子女、悉令完聚、其父母及已昏嫁子女、亦令往来相見、徒流及付処人父母妻子、並令往来相見、已曾立法。而今考律文、亦曰、『犯流者、妻妾従之。父祖子孫、欲随者、聴。遷徙安置人家口、亦準此』。今令流配人妻妾及未婚嫁子女、並皆完聚。其祖父母父母及已婚嫁子女、亦聴往来相見。且定徒者、役年有限。付処人軽於流配、遠離妻子、戀憶之情無異、其家口完聚、及往来相見、一依上項、並従情願。」（＊ここでいう徽旨とは、当時、代理聴政を行っていた王世子〈後の文宗〉の命令をいう。）

（83）『中宗実録』巻十一、中宗五年四月癸巳条　領議政金寿童及義禁府堂上等啓曰、「臣等退去、当夜更思、儒生等以一様之罪、尹衡独蒙重罪。請勿付処［次流罪名］。」上従之、秪令停挙決杖。臺諫・弘文館・藝文館、論尹衡罪罰過重。上不従。大学生宋好礼等上疏、請勿罪尹衡。上亦不允。

（＊付処は流刑未満の流配。）

(84)『経国大典註解』後集、刑典、付処条　付処、編配而不為加役。

(85) 朝鮮総督府刊『朝鮮語辞典』の「帰郷（귀향）」の項（一二三頁）に、「流配・徒配・竄配・定配の総称（帰郷は元来高麗時代の律名にして朝鮮の放逐郷里に同じきものなれども、後世誤りて前記の意に用ふ）。（転、귀양）。」とある。

(86) 丁若鏞『雅言覚非』帰郷　帰郷者、高麗之律名。今之所謂放帰田里也［今之帰田、任住郷里、不定一処。帰郷者、帰其本貫、移動不得］。今徒流竄置、通称帰郷、非矣。……其律在笞杖之上、徒流之下。

(87) 高麗時代のいわゆる帰郷刑については次の諸論考がある。ただし、これを「刑」と呼ぶことは適切ではない。

文炯万「麗代『帰郷』考」（『歴史学報』第二十三輯、一九六四年、ソウル、歴史学会）

北村秀人「高麗時代の帰郷刑・充常戸刑について」（『朝鮮学報』第八十一輯、一九七六年、天理、朝鮮学会）

浜中昇「高麗における唐律の継受と帰郷刑・充常戸刑」（『歴史学研究』四八三、一九八〇年、東京、歴史学研究会）

蔡雄錫「高麗時代の帰郷刑と充常戸刑」（『韓国史論』九、一九八三年、ソウル、ソウル大学校人文大学国史学科）

朴恩卿「高麗時代帰郷刑に対する再検討」（『韓国史研究』七九、一九九二年、ソウル、韓国史研究会）

金蘭玉「高麗前期の流配刑」（『韓国史研究』第一二二輯、二〇〇三年、ソウル、韓国史研究会）、同「高麗後期の流配刑」（『国史館論叢』第一〇四輯、二〇〇四年、果川、国史編纂委員会）、同「高麗時代の流配の道」（『歴史批評』第六八号、二〇〇四年、ソウル、歴史批評社）

オ・ヒウン（오희은）「高麗時代『縁故地流配刑』の性格と展開」（『韓国史論』六二、二〇一六年、ソウル大学校人文大学国史学科）

(88)『魯山君日記（端宗実録）』巻十三、魯山君（端宗）三年二月癸卯条　初、領議政（世祖）及右議政韓確、右賛成李季疄、左参賛姜孟卿、兵曹判書李季甸、刑曹判書李辺、都承旨申叔舟、右副承旨具致寛、会賓庁、啓曰、……又啓曰、「宦官厳自治等、干預国政、凌蔑朝廷、其如盗用内府物、擅殴諸司官吏等、小小節目、不可勝言。……請皆黜之、只存淳謹者。」従之。於是領議政、悉召自治等、下義禁府。○伝旨義禁府曰、「……宦官厳自治、付処本郷。金忠（其他三十六人）、並収告身、付処本郷。

同右、三年三月甲寅条　舎人曹孝門、将堂上意啓曰、「…宦寺等、死有餘辜、而厳自治為罪魁、尤当置法、然功臣不可加罪。其餘宦者、亦不可勝誅。各於付処本郷、仍安置、為便。」従之。

同右、三年三月己未条　大司憲崔恒、左司諫大夫慎詮等上疏曰、「……窃弄権柄、張皇威福、其漸已兆於此矣。縄之以法、則死有餘辜。今乃只収告身、安置郷貫。厳自治乃其魁也、而反不収告身、但屏郷閭。此何等刑也。……伏望命付有司、明正典刑、以示永鑑。」

同右、三年三月甲子条　世祖与右議政韓確、左賛成李思哲、右賛成李季疄、左参賛姜孟卿、都承旨申叔舟、左承旨朴元亨、亦詣朝啓庁、啓曰、「宦官等、不忍悉置於法、各安置郷貫。然今臺諫六曹、拠宗社大計、合辞請置重典、義不可不従。」魯山允之。……伝旨義禁府曰、「厳自治等、以我幼沖、専横自恣、干預朝政、軽蔑朝廷、罪在不赦、然不忍悉置於法、前日各放帰田里。言官以為、罰不如罪、乃令安置郷貫。今言官論之益堅、六曹合辞以請、皆言宗社大計、不可不断以大義。議諸政府科罪。金忠（其他九人）処絞、籍没家産。崔湿（其他二十四人）、永属辺遠官奴、籍没家産。李間（其他十一人）永属本郷官奴。厳自治、収奪告身、功臣消籍、家産没官。」

(89) 荻生徂徠『明律国字解』（一九六六年、東京、創文社）、六六頁、参照。

(90) 前掲注(9)、(10)、(11)、参照。

(91) 前掲注(34)、参照。

(92) 『経国大典註解（後集）』刑典、安置条　安置、置之於此、不得他適也。

(93) 朝鮮総督府刊『朝鮮語辞典』（五六九頁）。なお中橋政吉『朝鮮旧時の刑政』によると、安置は「配所に於て更に場所を指定し其処に幽居せしむるところのものであって、所謂閉門である」（一三二頁）。

(94) 『世祖実録』巻十、世祖三年十一月戊寅条　義禁府啓、「安置瓔・瑜・瑔・鄭悰禁防条件。一、欄墻外、設鹿角城。一、外門常時鎖鑰、朝夕之需、十日一次給之。又於墻内、堀井取給、使外人不得相通。一、外人往来交通、或贈遺者、以党不忠論。一、守令不時点検守門者、如有非違、依律科罪。」従之。

(95) 『魯山君日記（端宗実録）』巻十三、魯山君（端宗）三年三月戊午条　掌令李承召、将本府議啓、「付処宦寺等、更令安置本郷。然与付処不甚相遠。況厳自治、罪尤重、而置不復議。……皆刑不当罪。乞依律科断。」右正言朴引年、亦将本院議、極言罪重罰軽之非。皆不允。

(96)『世宗実録』巻十、世宗二年十一月辛未条　礼曹啓、「『元・続六典』内、各年判旨、中外官吏、或不奉行。其不奉行条件、謹録以聞。請申明挙行、違者論罪。……洪武二十七年王旨、『凡徒役之人、年限有数。中外官吏、不顧律文、因循役使。今後中外官司、録徒役者罪名、及定役年月、放免日月、以聞』。…已上三十条、皆従之。」

（＊洪武二十七年は太祖三年、一三九四）

(97)前掲注(28)、参照。

(98)『太宗実録』巻九、太宗五年四月乙酉条　慮囚、閔雨也。召司憲持平李洽、刑曹正郎陳自誠、巡禁司大護軍金文発、命之曰、「某人以某罪、某年某月、被囚及付処、開写以聞、予欲択軽者而宥之。」

（＊この場合の付処は単に「配する」という意味で、流配一般を指すのであろう。）

(99)『世宗実録』巻二十、世宗五年四月戊寅条　命還給被罪大小人職牒。放還各処徒流・付処・安置人等。其未放外方各官安置及官奴定属人等妻、及未成婚子息、許令完聚居生。父母及已成婚嫁子息、来往相見。徒流及付処人等父母妻子息等、並許来往相見。

(100)『世祖実録』巻一、世祖元年閏六月丁巳条　伝于司憲府・義禁府・刑曹曰、「徒流・付処・安置人等、無遺録啓。」

(101)『世祖実録』巻十、世祖三年十二月乙巳条　御勤政殿、冊封世子。……遂頒赦。其教曰、「……靖難以後縁坐、及徒流・付処・安置者、分軽重、寛免。」

(102)朝鮮前期の事例については史料的な限界もあり、研究は困難である。しかし後期の事例については『各司謄録』に依拠した次の先駆的な研究がある。呉甲均『朝鮮時代司法制度研究』（一九九五年、ソウル、三英社）、特に第五章「観察使の司法的機能」、参照。

第三章　朝鮮党争史における官人の処分

――賜死とその社会的インパクト

一度死刑になった者は二度と生き返ることができない。[1] この単純にして厳粛な事実に直面した為政者たちは、古来、さまざまな形で刑罰の執行に慎重を期する制度――いわゆる恤刑の制度[2]――を組み立ててきた。

近世朝鮮時代における死刑執行の手続きについて、一番わかりやすい殺人事件（殺獄）を例にとって略述すると、まず事件の発生に伴って近隣の地方官（守令）が特別捜査官（差使員）に任命され、当該地の地方官とともに現場の検証に臨む。このとき詳細な検屍調書（屍帳）と関係者の証言調書が作成され、その内容に基づいて最初の調査報告書（検案）が監司（道の長官）に提出される。監司はさらに近隣の別の地方官に再調査（覆検）を命じ、再び検屍調書と証言調書の作成が行われる。初検・覆検の内容に疑義が生じた場合――とりわけ、死亡原因（実因）に疑義が生じた場合――には、さらに三検・四検が行われる場合もある。そうしてこれらの調査報告書（検案）に基づいて、監司は自ら巡回して罪人を訊問し、一応の判決（題詞）[3]を付して中央の刑曹に報告する。[4]

次に、刑曹では死刑案件の審議を行い、刑曹の審議を経た死刑案件は、さらに議政府に送付されて議政府の審議（詳覆）を受ける。[5] かくして刑曹・議政府における審議を終えた死刑案件は、ここでようやく国王に上啓され、国王による最終の判決――これを判付という[6]――を受けることになるのである。

絞殺（司法制度沿革図譜）

ただし、国王による死刑判決が下ったとしても、立春以降、秋分以前には通常死刑は執行しない。[7] そこで死刑執行の季節（通例旧暦十二月）[8]がめぐって来るまでは、死罪囚はそのまま獄に収監される。そうして死刑の執行前に国王による三回の再審（三覆啓）[9]が行われ、これらがすべて終わってはじめて死刑が執行される。この間、何らかの形で恩赦が行われると、死罪囚は「減死」の恩典によって死刑を免除され、流刑（定配）に減刑されることも少なくない。

それでもいよいよ死刑の執行となると、その形態には絞・斬・凌遅処死（凌遅は陵遅とも表記する）の三等級があった。このうち、絞は首を絞め殺す刑であるが、実際には椎殺（撲殺）される場合もあったという。[10] 斬は首を切り落とす刑であるが、これについては木村理右衛門『朝鮮物語』（江戸時代における一種の朝鮮国ハンドブック）に、次のような興味深い記述が見える。

また当北の郭外に死刑をおこなふ場所あり。然るに此国、むかしより黒かねのせうあしくして、剣鋒のたぐひ鈍《にぶ》ければ、断罪のものある時は、ひとかたなにてきれざれば、いくたびも切かけて後にはひしぎ付てきるゆへに、科人のくるしむ事甚し。[11]

斬刑といっても「ひとかたな」にてスパッと首を落とすことはできず、何度も切りつけたうえ最後には地面に押し付けるようにして首を切り落とすので、罪人たちの苦しみは大変なものであった、というのである。

また、中橋政吉『朝鮮旧時の刑政』によると、斬刑に使用する刀は「なかなか切れそうにも見えぬ全くの鈍刀で、唯だ刀身の重量にて叩き斬りしたもののやうに思はれたのである。斬刑を執行するときに地上に俯臥せしめて置いて斬つたのは、刀が鈍刀である為、日本の斬罪のやうに座らせた侭、首を伸ばさせて置いて、之を打ち落すと云ふ風に刎ることが出来なかったからである」[12]と、やはり『朝鮮物語』と同じようなことを述べている。斬刑執行の現場がいかに悽惨を極めていたか、思い半ばにすぎるものがあろう。

このように残忍な仕事は、当然、だれも好んでは行わないために、軍門においては劊子手と呼ばれる専門の刑吏を置き、また地方では屠牛坦と呼ばれる屠殺業者が死刑の執行を担当した。なお、京中の典獄署においては専門の刑吏を置かず、死囚中の一人に死を免じて死刑を執行させた。この死刑執行人を俗に「莫蘭・希光」と称したという。[13]

最後に、死刑のなかでも最も残酷な凌遅処死は、朝鮮初期には車裂き（轘）によって執行された。[14]車裂きとは四肢を馬車や牛車に結びつけ、別々の方向に走らせて引き裂く古代の極刑であるが、実際にはまず斬首して息の根を止め、そのうえで臂・脚を斬って肢体をばらばらにしていたという。[15]そうして切り裂いた死体は、それぞれのパーツを全国にさらして回していたのである。[16]

以上は朝鮮時代における死刑の概観である。そうして朝鮮時代の『実録』、とりわけ前期の『実録』には、国王の下した死刑の判決事例が原則としてすべて記載されている。たとえそれが地方末端の事件であっても、およそ死刑の案件については必ず国王のみが

逆賊斬項（司法制度沿革図譜）

死刑の判決を下すことになっていた。このため死刑案件は、その判決及び執行に極めて長い期日を要し、この間、罪のない証人たちまでもが巻き添えを食って獄に長期勾留されるなど、さまざまな弊害が生じる要因ともなっていたのであるが、ともあれ、上述したような死刑案件の取り扱いには、その根底において人命に対する尊重の意識――いわゆる「恤刑」の思想――が貫かれていたことは間違いない。ことほど左様に、死刑の執行には慎重を期する制度になっていたのである。

ところが、である。地方末端の民衆を死刑に処するかどうかでこれほどまでに慎重な法的手続きを積み重ねている国王が、その一方では中央政府の堂堂たる高官たちを、何らの裁判にかけることもなく、ただちに「賜死」という名目で事実上の死刑に処することがたびたびであった。

賜死とは王命により服毒自殺させることで、これを賜薬ともいうが、いずれにしても事実上の死刑であることには違いはない。中国でも古代から近世に至るまで、しばしば王族や貴族の犯罪に対して賜死の処分が適用されてきたが、これについて漢人の賈誼は、

> 廉恥節礼もて以て君子を治す。故に賜死ありて戮辱なし。ここを以て黥劓の辜は大夫に及ばず。その主上を離るること遠からざるを以てなり。[17]

といって賜死の慣例を支持している。同じ死刑にしても、黥（いれずみ）、劓（はなそぎ）などの「肉刑」によって官人に辱めを与えるのではなく、「廉恥節礼」を保った自殺という形で当該人の名誉を保護するところに賜死の恩典としての性格があった。この点については鎌田重雄氏の論文「漢代官僚の自殺」[18]において、既に明快に論じられているとおりであるが、近世朝鮮時代における賜死も、基本的には賈誼が論じ、鎌田氏が説いたところと

同じ文脈において理解することができるであろう。

朝鮮では世祖七年（一四六一）に頒行された『経国大典』刑典（辛巳刑典）[19]の「犯罪人員推劾条」に、

堂上以上の、死罪を犯す者は、十悪の外は、みな死を賜る。[20]

との規定があったという。ただし、この条文は成宗十六年（一四八五）に頒行された『経国大典』（乙巳大典）には収録されていない。朝鮮では堂上以上——二品以上の官人に、正三品の通政大夫を加えた最上級の官人たち——が死罪を犯した場合、国王は死刑の代替として「賜死」を命じる慣例になっていたが、同時に国王はその大権として「減死」を命じることもできたのである。したがって、あたかも国王が必ず「賜死」を命じなければならないかのような誤解を生みかねない「辛巳刑典」の条文は、通行の『経国大典』（乙巳大典）においては削除された。しかし「賜死」の慣例そのものは、『大典』の規定の有無に拘らず、国王の裁量によってその後も引き続き行われていたのである。

しかしながら、朝鮮時代にたびたび繰り返された官人の賜死については、その背景となった朝鮮党争史の固有の性格を反映しつつ、ある独特の意義づけがなされていたことにも注意しなければならない。

賜死は官人の名誉を保護するために国王が与える最後の恩典であるが、もし当該の官人がその名誉に値しないとすれば、国王は「律」の規定するとおりに当該の官人に対して死刑の判決を下さなければならない。逆に当該の官人が無実の罪で賜死の処分を賜ったとすれば、国王は当該の官人の名誉を回復し、その子孫を録用して死者の霊を慰めなければならない。党争期においては党派の領袖と目された官人に対する賜死の処分の是非が、当該の官人の生前において、またその死後においても、長く論争の種となって知識人社会を揺るがし続けていたのである。

一人の人間の「死」は、それがどのような死に様であれ、深く人々の心のなかに刻み込まれていく。ましてやそれが冤罪による死であったとすれば、死者の名誉を回復しようとするのは人間としての当然の営みであろう。しかしながら、党争期において問われた「罪」の性格というのは、たとえば君主を軽侮していたかどうかというような心情的な問題——個人の心の奥底に秘められた極めて曖昧模糊とした問題——であった。しかもこの曖昧模糊とした問題こそが、いわゆる「君子」と「小人」との分かれ目として、朝鮮党争史における最大の論点の一つとなっていくのである。

第一節　明律の受容

朝鮮時代における刑罰制度の概要については、既に第一章「朝鮮初期の笞杖刑について」、及び第二章「朝鮮初期の徒流刑について」において検討したが、これらは概して党争が発生する以前の朝鮮初期の制度を論じたものであった。これに対し、党争期における官人の処分を主題とする本章では、まず第一章及び第二章で論じた朝鮮初期の刑罰制度について改めて概括し、そのうえで成宗朝以降の士禍・党争期における官人の処分がどのように展開していったのかを論述していくことにしたい。

朝鮮時代、犯罪に対する刑の量定は『大明律』に基づいて行われ、明律に規定する罪を犯した者に対しては「笞・杖・徒・流・死」の五種類の刑罰（五刑）が、それぞれの罪の軽重に応じて科せられることになっていた。いわゆる「罪刑法定主義」の原則が、朝鮮時代には明律を基礎として一応は確立していたわけである。

しかしながら、明律の規定のみによっては必ずしも朝鮮社会の現実に対応しきれない部分もある。そこで明律とは別に、朝鮮独自の法典である『経国大典』及び『続大典』に規定する事由については、明律の効力を一旦停止し、『経国大典』及び『続大典』の規定を優先することになっていた[21]。また歴代の国王がその時々に裁可した有司の上啓文（受教）もまた、法源として明律に優先する効力を持っていたが、だからといって明律の規定は、これらの追加法の存在によって空文化したというわけではない。ここでまず確認しておかなければならないのは、朝鮮において明律を受容したことの意義、しかも明朝が滅び去った清代においても一貫して明律を施行しつづけていたことの意義についてである。

そもそも中国において、「律」と「礼」とは一対の概念であり、人として履《ふ》み行うべき道を示すものとしての「礼」に対し、その道を履み外したものに対する刑罰を規定するものが「律」であると考えられてきた[22]。したがって、人間社会の正しいあり方を示す「律」と「礼」とを制定することは、王朝国家がその正統性と道徳性とを誇示するための必須の条件として位置づけられる。モンゴル族の元朝を駆逐して漢人王朝を復興した明朝が、唐の律令に倣って『大明律』、『大明令』を制定し、また唐の開元礼にならって『洪武礼制』を制定したのは、このためにほかならない。

一方、朝鮮が明律を受容したのは、単に朝鮮が明朝の冊封を受け、明朝に服属していたからという、いわば外面的な強制によってのものではない。朝鮮もまた中国本土と同様に中華の文明の光被する世界であり、三綱五常の礼法を遵守する「礼義之邦」である。だからこそ、中華の普遍的な価値観に裏づけられた「律」と「礼」とを受容することは、朝鮮王朝の正統性と道徳性とを誇示するための、いわば内面的な原理としても要求されていたのである。

このように考えた場合、たとえ明朝が滅んだとしても、中華の普遍的な価値観に裏づけられた「律」と「礼」それ自体の存在意義は、何ら減少するものではない。むしろ、満洲族によって中国本土が占拠され、中国本土の文明が「淪没」した時代にあっては、明朝の「律」と「礼」とを遵守する朝鮮こそが、唯一「中華」の文明を保持する歴史的な使命を担っている……。こうした、いわゆる「朝鮮中華思想」[23]が形成されると、明律の存在はその思想を支える一つの具体的な根拠としてますます重要視されるようになっていく。

この場合、明律の規定は中華世界の普遍的な世界観・価値観に裏づけられたものであるから、たとえ『大典』その他の追加法の規定が部分的に優先されるとしても、それは朝鮮の風俗を矯正するための一時的かつ便宜的な措置にすぎない。たとえば窃盗罪は、明律では三度犯せば死刑（絞）となるが[24]、朝鮮初期には「弭盗無方」――盗賊をやめさせるには手段を択ばない――という考えから、一時、窃盗罪も再犯で死刑（絞）とされたことがあった[25]。これは後に明律の規定に復しているが、朝鮮後期の『続大典』では、窃盗の再犯は贓物の多少に拘らず、「杖一百、絶島残邑為奴」とされているから[26]、これは窃盗の再犯を贓物の多少によって量刑する明律本来の規定に比べると、明らかに量刑が重くなっているといわなければならない。

『経国大典』及び『続大典』は、朝鮮の歴代の国王が、その時々の必要に応じて立法した王命法規（受教）のうち、恒久性の高いものを選んで編纂した一種の判例集で、その規定が明律の規定に優先することは先にも述べたとおりである。しかしその内容は、概して明律本来の規定よりも重い刑罰の施行を命じるものであった。「乱国を刑するには重典を用う」[27]とは『周礼』秋官・大司寇の文言であるが、そうした重い刑罰によって治安を維持しようとすることは、儒教的な徳治主義（道徳による政治）を建前とする朝鮮においては、むしろ国王の「不徳」を自ら告白するものといわなければならない[28]。

なるほど『大典』の規定には一定の恒久性が与えられているし、だからこそ、それらも広い意味では「律」と呼ばれていたのである[29]。とはいえ、それらは元をただせば国王の一時的な立法措置（受教）によって定められた判例にすぎないのであって、必ずしも「礼」によって裏づけられた普遍的な規定とはいえない。したがって、朝鮮の風俗が中華の「礼」によって矯正された暁には、それらは必ずや「万世通行之法」[30]である明律の規定に復さなければならない。その意味において、中華の「礼」に裏づけられた明律の規定は、たとえその効力が一時的に「停止」されたとしても、決して「廃止」されることはなかったのである。

第二節　刑罰と懲戒

明律に基づく刑の量定（照律）が終わると、基本的にはこの照律に即して国王の判決（判付）が下され、有罪であれば笞・杖・徒・流・死のいずれかの刑が執行される。このとき特に問題となるのは、徒流に伴う労役刑（居作）の実際の執行形態であるが、これについて明律では、徒刑は官に拘収して「煎塩・炒鉄」などの労役を課し、流刑は各処の「荒蕪及び瀕海の州県」に「安置」して労役は課さないことになっている。しかし社会的条件の異なる朝鮮では、刑徒の労役のあり方も中国とは異なっており、徒流人は主として駅站の「日守」として配役することになっていた。(31)

また徒流の罪を犯した軍官・軍人は、明律では徒流を免じて「充軍」、すなわちひらの軍人として遠方の衛所に配役することになっていたが、この点は朝鮮でも同じく、軍官・軍人は徒流を免じて「充軍」することになっていた。もっとも、朝鮮で「軍官」に相当するのは内禁衛・別侍衛・甲士などの禁軍の兵士で、これらが徒流の罪を犯した場合には、侍衛牌・営鎮属・守城軍・船軍などの地方軍に、ひらの軍人として編入されることになっていたのである。(32)

このほか、官人・軍人以外の儒生や郷吏、ないし一般の平民が徒流の罪を犯した場合にも、特に「充軍」、「辺遠充軍」、「為奴」、「全家徒辺」、「属残駅吏」などの特別の刑罰が科せられることがあった。この場合、「充軍」は「徒三年」の刑に相当し、「辺遠充軍」、「為奴」、「全家徒辺」、「属残駅吏」はそれぞれ「流三千里」の刑に相当することになっている。[33] したがってこれらの特殊な刑罰も、広い意味では明律における「五刑」の体系内に組み込まれていたのである。

これに対し、官人（特に文官）の犯罪については、五刑とは別に、一種の懲戒処分が併科されることになっていた。まず、官人の笞杖罪については、職務遂行上の過失（公罪）であれば収贖を許し、私的な利益を図った不正行為（私罪）であれば、収贖を許したうえで告身の一部、または全部を回収する。一方、徒流以上の罪であれば、徒流刑に附随する杖刑は収贖を許さず、杖刑を的決する。[34] そのうえで徒流刑に伴う労役（居作）については収贖を許し、告身のすべてを回収することになっていた。[35] もっともこの規定とは裏腹に、成宗朝以降の事例では徒流刑に伴う杖刑のほうを収贖し、実際に配所に追放する事例のほうが多くなっていく。[36] こうした処分の慣例から、やがては杖の的決（ないし収贖）と労役（居作）とを両方とも免除したうえで、単に配所への追放のみを行う慣例が生じ、それが後述する党争期以降のいわゆる遠竄の処分として定着していくことになるのであろう。

ところで、徒流の収贖が許されなかった場合、官人といえども原則としては徒流刑にともなう労役（居作）に服さなければならなかったが、その場合でも官人は平民のように駅站の「日守」として酷使されることはなく、「庭燎干」や「烽卒」などの、比較的軽い労役に割り当てられることが一般的であった。[37]

なお、「八議」身分の者——具体的には功臣・議親、及び二品以上の最上級の官人等——が、笞杖の軽罪を犯した場合には、笞杖刑を免除することの引き換えとして、「罷職」、「収告身」などの懲戒処分を単独で適用することがあった。[38] また、彼らが杖罪・徒罪などの中程度の罪を犯した場合には、杖刑・徒刑を免除することの引き換えとして、当人の所有する農荘の所在地（またはその近隣）に追放する「付処」の処分が行われることもあった。[39] さらに、八議身分の者が流罪・死罪などの重罪を犯した場合には、国王は流刑・死刑を免除する引き換えとして、当該の官人に「安置」の処分を命じる場合があったが、これは配所における一種の軟禁処分であり、一連の懲戒

処分のなかでは最も重い処分ということができる。(40)

このように、罷職、収告身などの懲戒処分は、官人（特に文官）の犯罪に対して刑事罰（五刑）に併科する形で適用され、また八議身分の犯罪の場合には、罷職、収告身、付処、安置などの懲戒処分が、刑事罰（五刑）を免除することの引き換えに、単独の処分として適用されることが慣例であった。

しかし成宗朝以降、王朝国家における朋党の争いが本格的に展開していくと、そこではますます多くの官人・儒生たちが、党争に関わる言論活動の罪によって、刑事罰の代替としての懲戒処分を受けるようになっていった。このため懲戒処分の種類とその適用の範囲とが拡大し、八議身分の者以外に対しても、各種の懲戒処分が刑事罰の引き換えとして単独で適用されるようになっていく。

かくして官人・儒生に対する懲戒処分は、明律に依拠する刑事罰（五刑）の体系とも緩やかに対応しながら、朝鮮朝独自の官人処罰規定として、一個の独立した体系を形成することになるのである。

第三節　党争の前奏

朝鮮朝の成立は、いわゆる新儒教（朱子学）の理念を身に着けた新興士大夫層によって支えられたといわれている。なるほど、高麗朝（九一八～一三九二）を支えた旧勢力（門閥貴族や仏教寺院勢力）との闘争においては、いわゆる新興士大夫層の支持のもとに、新儒教による改革の理念が唱道され、官制・兵制や土地制度の改革が強力に推進されたことは事実であろう。しかし、朝鮮社会における新儒教の影響力は、当初は多分に皮相的なものにすぎなかった。

たとえば鄭夢周（一三三七～一三九二）や吉再（一三五三～一四一九）など、朱子学が重んじる「君臣」の大義に殉じ、ないしは新王朝への出仕を拒否した「忠臣」の事例は幾つかある。しかし、彼らは後代の知識人たちによって理想化されたほどには新儒教の哲理や礼制に精通してはいなかったであろう。これらの「忠臣」を排して新王朝を支持した改革派の官僚たちは、新儒教の理念を旗印に「詞章」から「経術」への転換を唱えて科挙制度・学校制度の改革を推進し[41]、さらには人々の生活様式そのものをも旧来の仏教式習俗から新儒学（特に『朱子家礼』）の規定する儒教式習俗に改変しようとした。しかし、科挙制度・学校制度の改革は次第に空洞化し、高麗以来の伝統的な「詞章」の学問は、世宗朝から世祖朝にかけて、いわゆる「勲旧派」を中心とする王朝支配体制の安定とともに力強く復興していった。一般的な知識人たちの関心は依然として「経術」よりも「詞章」にあり、その生活様式も高麗以来の仏教式の習俗によって強く支配されていたのである。

状況の変化は、第七代・成宗（在位一四六九～一四九四）の治世に始まる。世祖以来の勲旧大臣らの後見のもと幼年に即位した成宗は、親政を開始すると同時に自己に忠実な側近勢力の形成に意図的に取り組むようになった。そうして、最初に彼が抜擢し、寵用したのは王室の姻戚にあたる任士洪（?～一五〇六）[42]とその息子、任光載・任崇載らの勢力であった。ところが任士洪による専権を嫌った「士林派」の知識人たちは、任士洪が「朋党」を形成していると批判し、彼を失脚に追い込む。任士洪は「朋党を交結し、朝政を紊乱」[43]した罪で、「斬・待時」の量刑を受けるが、成宗は任士洪を庇護して「減死」の恩典を下し、「杖一百・流三千里」に減刑したうえで、「杖一百」については「贖」を許して彼を義州に流配した[44]。

成宗が次に寵用したのは、いわゆる「士林派」の祖の金宗直（一四三一～一四九二）である。彼は声望ある儒学者として経筵に招かれ、成宗の信任を得て重用された。金宗直は後世、士林派の祖として絶対的な尊崇を受けることになるが、必ずしも後世の「山林」のような経学者ではなく、むしろ「詞章」に秀でた文人肌の学者である。それでも彼は「古礼」の復興につとめ、地方社会において門弟の教育に力を注いだところが旧来の「勲旧派」の知識人たちとは異なっていた。おそらく成宗は金宗直門下の「士林派」の知識人たちを登用することによって、自己を擁立した「勲旧派」の勢力を抑制し、この両勢力のバランスの上に、自己の絶対的な権力を確立することを企図していたのであろう。

それぞれに性格を異にするこれらの官僚群――いわゆる「勲旧派」と「士林派」――は、成宗の二人の息子である燕山君、及び中宗の治世を通して、戊午士禍（一四九八）、甲子士禍（一五〇四）、及び己卯士禍（一五一九）と呼ばれる一連の政争を繰り広げたが、金宗直の学統に連なる士林派の知識人たちは、その過程で任士洪や柳子光（?～一五一二）などの、「尊君」を掲げて君主の専制権力に迎合する官僚たちと対立し、勲旧派に属するこれらの「小人」からの激しい弾圧を受けなければならなかった。[45]

こうした一連の「士禍」を経験する以前、朝鮮の知識人たちは、いわゆる新儒教を単なる政治道徳として学んでいたにすぎなかった。あるいは李滉（李退渓、一五〇一～一五七〇）の言葉を借りていえば、それは「節義・章句・文詞」のいずれかを重んじる表層的な学問にすぎず、「己《おのれ》の為」にする「真実実践」の学問とはなっていない。[46]何よりそれは、新儒教の一つの本質ともいうべき「古礼」の復興と実践を伴うものではなかったのである。

しかしながら、一連の政争の犠牲となって地方社会に隠遁（落郷）した士林派の知識人たちは、勲旧派の支配する腐敗した中央政界の士風を新儒教の理念によって刷新し、古代の理想的な政治――いわゆる「堯・舜の治」――を実現させること、それ以外に自分たちを「士禍」から守る方途はないのだという、強い確信を抱くようになった。そうしてそのための第一歩として、たとえば「小学」[47]の普及や「郷約」の実践に取り組むことで、彼らは古代の理想的な学問と儀礼を復興させようとしたのである。

この一種のルネサンスの運動は、勲旧派・士林派を問わず、当時の知識人たちの幅広い共感を呼んだ。そして知識人たちの郷村社会における影響力の高まりとともに、新儒教（特に『朱子家礼』）の規定する礼制や生活規範は、朝鮮社会の一般的な習俗として地方士族や庶民層にまで深く浸透していく。そうした社会的な変化のなかで、中宗朝の己卯士禍によって一敗地に塗れた士林派の勢力も、明宗・宣祖の治世を通して次第に勢力を回復し、士禍の犠牲となった名賢たちに対する名誉回復や、その子孫の録用の気運も次第に高まりを示していった。

しかし新儒教（朱子学）の理念を信奉し、古代の理想政治（堯・舜の治）の実現を目指した士林派の知識人たちは、彼らがようやく政界の中枢へと進出していったまさしくその瞬間において、いわゆる「西人」と「東人」の二つの党派に分裂する。同じく「士林派」に起源を持つこの二つの党派によって、以後、本格的な党争が展開していくことになるのである。

第四節　懲戒の体系

いわゆる東西分党は、既成士林に声望のあった外戚出身の沈義謙（一五三五～一五八七）を、新進士林の金孝元（一五三二～一五九〇）が「小人」として排撃したことに端を発している。[48] 宮中勢力と結んだ外戚によって、それまでたびたび「士禍」を仕組まれてきた士林派の知識人たち――とりわけ政治の内幕を知らない新進士林にとっては、沈義謙が王の外戚であるという、ただそのことだけで彼を「小人」とみなすには充分であった。[49] 宮中に繋がりをもつ「小人」が「尊君」を掲げて君主に迎合し、君主の専制権力を利用して自己の敵対勢力を弾圧するメカニズムこそが、歴代の「士禍」を繰り返し生み出してきたのである。しかし政治の内幕に通じた既成士林は、沈義謙もまた一廉の「君子」であり、決して外戚というだけで彼を排撃することはできないと考え、沈義謙を排撃する新進士林をかえって抑圧した。ここには党争期における知識人社会の分裂の基本構図――君主権に接近する既成士林と、それに反発する新進士林との対立――が認められる。

既成士林を排撃する新進士林の言論活動は、党争の展開とともにますますその激しさを増していった。新進士林が既成士林を打倒して政権を獲得すると、今度は彼らが既成士林となって新進士林の排撃を受けなければならない。この時期、既成士林に対する政治批判の言論活動を行った官人・儒生たちは、その多くが「乱言」の罪、もしくは「朋党」形成の罪に問われて処罰されたが、これらは本来「律」の規定によれば、軽くとも流刑、最悪の場合には「死刑（斬）」にも相当する重罪であった。

凡そ姦邪にして讒言を進め、左使して人を殺す者は、斬。若し在朝の官員の、朋党を交結し、朝政を紊乱する者は、皆斬。（『大明律』吏律、職制、姦党条）(50)

凡そ乱言する者は、啓聞して推覈し、杖一百・流三千里。もし上に干犯して情理切害なる者は、斬。（『経国大典』刑典、推断条）(51)

右の諸規定に見られるとおり、本来、君主に垂直的に臣属すべき朝臣たちが、相互に水平的な連携を結び、その「朋党」ないし「姦党」の力によって君主の権力に制約を加えたり、君主を操ったりした場合は、すべて死刑（斬）に処せられることになっている。しかし、党争期における知識人たちの集団的な言論活動が、すべて党派心による「乱言」であるのか、それとも「愛君」の情に基づく「諫言」であるのか、その判断の基準は極めて曖昧かつ主観的なものとならざるを得ない。(52)

このため、官人・儒生らの言論活動に「姦党」の罪や「乱言」の罪を適用するかどうかは、ひとえに国王の政治的判断に委ねられていたが、もしこの「姦党」の罪や「乱言」の罪を安易に適用すれば、それは一方において「言路」を開き、広く多様な言論を受け入れるという君主の美徳を著しく毀傷することにもなりかねない。そこで官人・儒生らの言論活動に対しては、『経国大典』に定められた囚禁・推鞫・照律という一連の手続きを経る

刑罰と懲戒

律による刑罰（刑）	王命による懲戒（罰）
笞（笞一十～笞五十）	推考
杖（杖六十～杖一百）	罷職、収告身
徒（杖六十・徒一年～杖一百・徒三年）	削黜、付処
流（杖一百・流二千里～杖一百・流三千里）	遠竄、安置
死（絞、斬、凌遅処死）	賜死

＊「刑」と「罰」とは緩やかに対応するが、必ずしも一対一の対応ではない。

ことなく、つまりは正式の裁判を行うことなしに、ただちに国王の裁量によって「懲戒」を加え、これによって最悪の場合は死刑（斬）に至る刑事的な処分（刑罰）の適用を免除することが慣例となっていった。

凡そ罪を断ずるには、皆須らく律令を具引すべし。違う者は笞三十。……其の特旨もて罪を断じて臨時に処治し、定律と為さざる者は、引比して律と為すを得ざれ。（『大明律』刑律、断獄、断罪引律令条）(53)

右の明律の規定に見られるとおり、およそ判決に際しては必ず「律」の条文を引用しなければならない。党争に関して引用すべき「律」とは、もちろん上述の「姦党」の規定、または「乱言」の規定にほかならないのであるが、これらを適用するとなると、その量刑は軽くても流刑、最悪の場合は死刑（斬）となってしまう。だからこそ、国王はあえて囚禁・推鞫・照律という正規の手続きを踏まずに「特旨もて罪を断じて臨時に処治し」、単なる懲戒処分を下すに止めていたのである。

その処分の内容は、おおむね推考、罷職、収告身、削黜、付処、遠竄、安置、賜死などに類別される。それらは明律に基づく「五刑」の体系とも緩やかに対応しながら、その時々の政治的状況に応じて段階的に加重されていくのである。

このうち、「推考」というのは囚禁を伴わない任意の取り調べで、特に六品以上の官人の場合は直接司法機関に出頭することも免除され、書面（公緘）による取り調べ――これを公緘推問、略して緘推という――を受けるだけでよいことになっている。[54] もちろん、それで有罪の確証が得られれば、さらに囚禁・推鞫・照律という正式の裁判手続きに進むことになるが、ほとんどの場合、緘推の結果は一種の不起訴処分となって、実際に刑罰が加えられることは稀であった。[55] しかも、「行公推考」の場合は、在任のままで取り調べを受けることも許されている。[56] したがってこれは今日風に言えば、いわば始末書を書かされるという程度の最も軽微な懲戒処分にすぎないと考えてよいであろう。[57]

次に、「罷職」というのは現職官人に対してその現任の官職（職事官）を罷免すること、また「収告身」というのは官人としての身分（位階）を示す告身の一部、ないしはすべてを回収し、官人としての身分を一時的に停止することを意味している。これらは「杖」以上の「私罪」を犯した官人に対する懲戒処分として、刑事罰としての杖刑に併科して施行されたが、それとは別に、八議身分の者（功臣・議臣及び二品以上の最上級の官人）に対しては、刑事罰の免除と引き換えに、単独の懲戒処分として施行されることも少なくない。[58] ところが党争期に入ると、この罷職、収告身の処分が他の一般の官人たちに対しても単独の懲戒処分として拡大して適用されるようになり、またそれよりもさらに重い処分として、党争に関わった官人たちに対しては削黜、付処、遠竄などの追放の処分、さらには安置、賜死などの追加的な処分が加えられるようになっていった。

このうち、「削黜」というのは「削奪官爵、門外黜送」の略で、その文字どおり、現有の官職・爵位を剝奪のうえ、ソウルの都城の門外に追放することを意味している。次に、「付処」というのは杖刑ないし徒刑相当の罪を犯した官人に対し、特に刑を免除したうえで、当該官人の生活基盤地（本郷・農荘）、またはその近隣に配所を定めて追放する処分で、これは通例、八議身分の者に限って適用される。したがって一般の官人の場合には、削黜の次には直ちに「遠竄」の処分が加えられた。

遠竄とはその文字どおり、遠地に流配する処分で、実質的には五刑の体系内における流刑に相当する。しかし流刑と違って附加刑としての杖刑は加えられず、また配所における労役（居作）も課せられない。この点において、懲戒処分としての遠竄は刑事罰としての流刑とは区別される。[59]

なお、遠竄の処分はしばしば「定配」とも呼ばれているが、定配とは本来「配所を定める」という意味にすぎず、それは遠竄についても、また五刑の体系内における徒刑や流刑についても使用される言葉であるので紛らわしい。[60] しかし、まず王が「遠竄」を命じ、それを受けて司法機関が具体的に「配所を定める」ことになるので、[61] 王命による懲戒としての定配は、徒三年の定配や流三千里の定配と区別する意味でも「遠竄」と呼ぶほうが適当であろう。

遠竄による配所は、他の一般の流配と同様、「遠処」、「絶塞（極辺）」、「絶島」などにおおまかに分類されていたが、このうち、(1)単に「遠竄」という場合には南北を問わず、絶塞・絶島より近地の霊巌郡などの遠処に配所を定め、(2)「極辺遠竄」ないし「極辺定配」などと「絶塞（極辺）」に配所を指定する場合には北辺の六鎮または鴨緑江辺に配所を定め、(3)「絶島遠竄」、「絶島定配」などと「絶島」に配所を指定する場合には南辺の済州島・珍島・南海島・巨済島などに配所を定めることが慣例となっている。[62] この場合、配所が遠くなる順に、すなわち「遠処」、「絶塞（極辺）」、「絶島」の順に処分が重くなることはいうまでもあるまい。

以上の遠竄に対してさらに処分が加重されると、当該の官人には「安置」の命令が下され、さらに処分が加重されると「囲籬安置」の命令が下される。

安置は配所における軟禁処分、囲籬安置はそれをさらに厳重にした監禁の処分で、これらの処分を受けた者は指定された配所から一歩たりとも外出することはできない。もっとも、実際には監禁する屋舎に「後門」を設け、多少の人の出入りは黙認することが慣例となっていたが、それも要は状況次第であり、場合によっては完全に人の出入りが遮断されることも稀ではない。[63] いずれにせよ、安置は社会からの隔絶を意味するから、一連の懲戒処分のなかでは「賜死」に次いで最も重い処分といえる。

しかしながら、安置や圍籬安置の処分を受けた官人たちは、本来なら「姦党」ないし「乱言」の罪によって囚禁され、推鞫・照律のうえで「死刑」とされるべき存在であった。もしくは「減死」の恩典を受けて、「杖一百・流三千里」の実刑に服さなければならない存在であった。にも拘らず、彼らはそうした刑事的な処分を一切免除されているのである。これを反対党派の立場から見れば、こうした一連の処分は「討逆」の精神に背いた、甚だ手緩いものといわざるを得ない。

当時の党争の論理からいえば、対立する党派の罪人たちに対しては必ず拿鞫（囚禁・推鞫）を行い、そのうえで自らの罪を自白させること――それがたとえ拷問による自白であるとしても、はっきりと自らの罪を認めさせること――こそが肝要なのであって、そうでなければ党争の是非を明らかにし、世人に自派の正当性を示すことができない。そうしてその自白によって、これらの「姦人」を裏で操る党派の領袖を裁きの場に引きずり出し、「姦党」を根こそぎ排除して、はじめて朝廷の秩序を回復することができるのである。(64)

だからこそ、君主が諸事情を「参酌」して削黜、付処、遠竄、安置などの懲戒の処分を行った場合においても、対立する党派の官人たちは、いわゆる「姦人」に対する「依律」の処分――律の規定どおりに囚禁・推鞫・照律を行い、「姦党」ないし「乱言」の律に依拠して死刑に処すること――を執拗に要求してやまない。

もちろん、それを受け入れるかどうかは君主の裁量にかかっている。とはいえ、君主が一方の党派の主張に沿って、仮にも官人・儒生らに対する拿鞫（囚禁・推鞫）の命令を下したとすれば、その後に待っているものは残酷極まりない恐るべき拷問である。われわれは覚悟してその惨状に眼を向けなければならない。

第五節　拷問の諸相

拷問とは被疑者が有罪であることを前提として行われるもので、いわば刑罰の先取りである。

なん人も、裁判官の判決があるまでは、有罪とみなされることはできない。(65)

右のベッカリーアの言葉は近代刑法における根本原則の一つとされているが、逆に前近代の法制においては、被疑者は「有罪」として取り扱われることのほうが一般的であり、このため判決以前における刑罰の先取りとしての拷問が、司法機関による取り調べの段階において極めて恣意的に行われる傾向があった。

『経国大典』の規定によると、取り調べの段階では一セット三十回の訊杖を加えることが許されているが、以後三日間は再び訊杖を加えてはならないことになっている。(66) また想定される本来の量刑を超えて訊杖を行うことはできないことにもなっていたが、(67) 死罪の場合にはそのような制限はなく、裁判官の予断を満たすだけの充分な自白が得られるまでは、事実上、無制限に訊杖が加えられる。しかも、この訊杖によっても自白が得られない場合、強盗・十悪などの重罪犯や、謀反・大逆などの国事犯に対しては、「圧膝」、「烙刑」などのさらに残酷な拷問が行われていたのである。(68)

圧膝とは重い板を両膝の上に置き、これを踏みつけて行う拷問のこと。(69)『太宗実録』十七年（一四一七）五月丙申条の記事によると、圧膝は一回目は二人、二回目は四人、三回目は六人で、それぞれ膝の上に置いた板を踏みつけて行うが、十悪・強盗・殺人などの重罪以外については、これを適用しないことになっていた。(70) しかし党争期に入ると、官人・儒生らの言論活動に対しても、君主に対する「乱言」の罪、もしくは「姦党」の罪を名目として、しばしばこの「圧膝」による拷問が行われるようになっていく。

たとえば朴泰輔（一六五四〜一六八九）という少論系の知識人（朴世堂の子、少論は西人の一分派）に対して加えられた「圧膝」について、「己巳録」という野史資料は次のように生々しく描いている。

> 即ち圧膝の具を設く。板上に沙器（陶器）の尖ること刀の如き者を砕布し、而して其の被刑の股を其の上に坐せしめ、また沙器末二石を将て左右を塡む。其の肛門及び両脚の間は、則ち杖を以て築《つ》きてこれを塡め、復た板を上に蓋《おお》いて其の板を堅縛し、羅将の健壮なる者六人をして、声を斉しくして蹴踏せしむ。毎十三度を一次と為す。是の如き者二次。[71]

そもそも彼が圧膝を受けるに至った経緯を簡単に説明すると、粛宗十四年（一六八八）、この年二十八歳の国王粛宗に待望の王子（後の景宗）が誕生したが、その生母は南人家門出身の側室張氏であった。翌十五年己巳（一六八九）、粛宗はこの王子を早速「元子」に立てるとともに、西人家門出身の正室閔氏を退けて張氏を「中宮」に昇そうとしたが、これに反対した朴泰輔その他の官人たちは、党派心から君主の命令を批判した「背君」、「誣上」の罪に問われ、粛宗が自ら宮中で行った取り調べ——いわゆる親鞫——において、上記のような残酷な拷問を受けることになったのである。ここで描かれているのは圧膝のなかでも特に残酷な「圧沙」、「沙刑」と呼ばれるもので、そこでは沙器（陶器）の破片を敷いて圧膝の痛みをさらに倍加させているのである。[72]

また同じ史料には朴泰輔が受けた「烙刑（火あぶり）」の様子も描かれているが、こちらの方はさらに生々しい。

> 乃ち大木を立て、細索を以て足指を繋いで木に懸く。頭髪を散じて環下す。其の地を去ること五六寸許り。……火鉄を挙げて其の面を薫し、肛門以下、両膝以上もまた皆これを炙る。火焔の触るる処、必ず腥臭を起こす。一時鼻を擁し、人皆惨として正視する能わず。火鉄冷えれば、則ち他鉄を取り、二次を連ねてこれを炙る。一巡すること十三度を乃ち一次とす。……[73]

烙刑とはこのように真っ赤にいこった鉄片で以て被疑者の体を炙ることをいうのである。粛宗はなおも全身を炙ろうとしたが、右議政の金徳遠（『実録』では領議政の権大運）が反対したため、全身を炙ることは取りやめとし、さらに「火刑（烙刑）」の規定に準じて拷問を続行する。火刑の通常のやり方については、「己巳録」は次のように説明している。

蓋し逆を治するには火刑して其の足を炙り、服せざれば其の両脚の間を炙るのみ。遍く満身を炙るは、乃ち古より未だ有らざるなり。[74]

剪刀周牢（写真でみる朝鮮時代）

朴泰輔はこのような拷問を受けても凛として節を曲げず、「背君」、「誣上」の罪を認めなかった。かくして圧膝、烙刑にも屈しなかった被疑者に対しては、実はもう一つ、「周紐」ないし「周牢」と呼ばれる取って置きの拷問が控えている。

周紐なる者は、乃ち盗を治するの酷法なり。大木を両脚の間に建て、索を以て脚の上下を縛り、左右に索を引けば、則ち脚曲ること環の如し。盗、服せざるなし。（鄭載崙「公私見聞録」）[75]

右は主に捕盗庁において行われていた盗賊に対する拷問で、具体的には足首と膝を縛ってその間に棒をねじ込み、紐を縛り上げて脛を捻じ曲げるというもの。もっと残酷な場合には「交木周紐」[76]ないし「剪刀周牢」[77]といって、二本の棒をねじ込み、左右に開いて猛烈に脛を捻じ曲げる場合もある。ただし、周紐は盗賊以外には適用しない決まりであったために、朴泰輔は幸いにもこの種の拷問は免れることができた。(78)

以上に列挙した拷問の多くは、その後、英祖朝に至って廃止される。(79)しかし、それ以前の党争全盛期においては、これらの拷問によって数多くの知識人たちが「姦党」や「乱言」の罪に問われ、その罪を認める自白（遅晩）を強要された。ところが朴泰輔の場合は、あらゆる拷問を尽くしても結局は彼の自白を得ることはできなかったのである。

そこで粛宗は、以後、同様の上疏を行った者に対してすべて「逆律」を適用すること、すなわち『大明律』に規定する「謀反・大逆」の罪に準じて「凌遅処死」の刑に処することを宣言したが、朴泰輔の場合はこの王命が下される以前の「令前」の事案であるのでこれを適用することはできない。結局、自白が得られないままに取り調べは打ち切られ、国王は諸事情を「参酌」して「減死、絶島囲籬安置」の処分を決定した。しかしその配所（珍島）に向かう道中において、朴泰輔は拷問の傷が悪化して亡くなってしまうのである。(80)

上述のとおり、「圧膝」や「烙刑」は十悪・強盗・殺人などの重罪犯や、謀反・大逆などの国事犯に対してのみ適用されることになっていた。たとえば「世祖簒位」に反対してクーデタを企てた有名な「死六臣」に対し、世祖が「烙刑」を用いて拷問しているのは比較的早い時期の事例に属する。(81)しかし党争期に入ると、このような律外の拷問はますます濫用され、たとえば朴泰輔のように、単に君主に諫言を呈しただけの官人・儒生に対してまで、「圧膝」、「烙刑」のような残酷な拷問が行われるようになっていった。そうして被疑者の自白を取り、被疑者が自らその供述書にサインをして、はじめて刑が執行されることになっていたのである。(82)

このように苛酷な政治風土のなかでは、一旦「姦人」と目された人物は、対立党派による執拗な言論攻撃の下、いかなる罪に陥れられるともしれなかった。そうして君主の裁量により、ひとまず軽微な懲戒の処分を受けた官人に対しても、対立党派による言論攻撃が止まない場合（そうして君主が暗にそれを支持している場合）、当該の人物は改めて正式の裁判に付され、囚禁・推鞫・照律という一連の手続きを経て、「律」による刑の宣告を受けなければならなかった。

しかも、その裁判を担当する司法機関（ないし国王）が被疑者の「有罪」を確信し、訊杖・圧膝・烙刑などのあらゆる拷問を駆使して罪の自白（遅晩）を強要しようとする以上、弾劾された官人・儒生たちが「謀反・大逆」の罪、または「姦党」の罪や「乱言」の罪によって死刑の判決を受けることは、ほとんど必至であったといっても過言ではあるまい。(83)

とはいえ、士大夫（両班）に対してこの種の残酷な拷問を施すことは、本来、徳治主義を標榜する朝鮮国王の良しとするところではなかった。だからこそ、二品以上の最上級の官人に対しては、国王は囚禁・推鞫・照律の手続きを踏むことなく、ただちに「賜死」の命令を下すことが慣例となっていたのである。

第六節　恩寵としての「賜死」

君主の命令による「賜死」は、たとえそれが毒杯による自殺の強要であったとしても、当該の官人に対する君主の恩寵とみなされていた。なぜといって、党争期において「姦人」として獄に投ぜられたものは、訊杖・圧膝・烙刑などの、あらゆる拷問を受けて罪の自白（遅晩）を強要されることが目にみえていたし、しかもその自白は当該の官人のみならず、その家族にまで被害の拡大をもたらすことになっていたからである。

そもそも、明律における謀反・大逆の罪は、当人が死刑となることはもちろん、男系の親族も死刑、女系の親族は奴隷とし、家産は没収することが原則である。(84)また姦党の罪においても当人は斬となり、妻子は奴隷として財産を没収される。[85] しかし、それとは逆に、もし当該の罪人が囚禁・推鞫・照律の手続きを経ることなく、もしくは囚禁されても明白な罪の自白なしに死んでいった場合には、彼の家族の縁坐（死刑もしくは奴隷化）、及び家産の没収などは免除された。

そもそも、死刑案件においては当人の罪の自白（遅晩）が最も重んじられ、自白なしに死罪を適用することは原則として禁止されている。[86] 一方、「賜死」の命令を受けた官人たちは、囚禁・推鞫・照律という一連の手続きを経ることなく、すなわち正式の裁判を受けることなく自殺してしまうのであるから、当然、彼らが裁判記録としての「自白」を残すことはない。この場合、彼らが「律」に照らして死罪に当たるかどうかは結局は未確定とみなされ、死罪の確定に伴う一連の処分はすべて免除されることになっていたのである。[87]

このことは、遅くとも高麗末には既に慣例として確立している。たとえば、『高麗史』洪倫伝によると、恭愍王を宮中で弑殺したとして囚禁・推鞫された子弟衛の韓安と盧瑄は、自らの罪を認めないままに処刑されたため、二人の父親である韓方信・盧稹の家産は籍没されることがなかった。もっとも、政堂文学の李茂芳が首相の慶復興に強く迫ったために、慶復興はやむを得ず両人の家産を籍没したが、それは当時において、既に慣例に背く処分として批判されていた。[88]

また、同様の慣例が朝鮮時代においても引き続き行われていたことは、『粛宗実録』三十三年（一七〇七）十二月戊戌条における領議政崔錫鼎（一六四六～一七一五）の発言に、

> 刑を正し法に伏する者は、則ち自ら縁坐の律あり。或は一時の酌処に因りて死を賜る者、及び悪逆を犯す者と雖も服せずして死に就かば、則ち縁坐の律なし。[89]

とあることによって明らかである。

ちなみに、罪人が自らの罪を認めた場合、罪人は自ら自白調書に署名（ないし手決）を行ったが、このこともまた高麗末には既に確立していた慣例であった。その証拠に、上述の『高麗史』洪倫伝によると、恭愍王の弑殺事件に関与したとして囚禁・推鞫された韓烈（韓安の弟）は、「吾、甲寅の変において、年方に九歳なり。豈に与聞するを得んや」といって自白調書（刑書）への署名を拒否していた。ところが、その後、「是《かく》の若くんば、則ち王命に違うなり」と考え、ついに署名して死刑を受け入れたというエピソードが残されている(90)。

彼は王命に背くわけにはいかないという理由で自らの不条理な「死」をも受容したのである。このことは高麗末の知識人社会に普及しつつあった朱子学的な君臣観の一端を示す事例として、特に注目しておかなければならないであろう。

第七節　「賜死」の思想

『左伝』荘公三十二年の条に、僖叔が残した言葉を次のように記す。

此れを飲めば則ち魯国に後あり。然らずんば、死して且つ後なし(91)。

彼は家門の維持と引き換えに、君命による「死」を受け入れて「此れ（酖毒）」を飲み干したのであった。そうして、それと同じように、君命による「賜死」は、少なくとも当該の官人の遺族たちにとっては充分に「恩寵」というに値する処分なのであった。しかしながら、仮にも「儒賢」と呼ばれるような真の意味での儒教知識人たちにとって、「賜死」を受け入れることは、そうした打算によって行われていたわけではない。いわゆる新儒教（朱子学）の理念は、ここでも当該の官人が君主の命令に絶対的に服従することを要求する。

君を愛すること、父を愛するがごとし。天日、丹衷を照らす（愛君如愛父、天日照丹衷）。[92]

中宗朝における己卯士禍（一五一九）の代表的な犠牲者である趙光祖（一四八二〜一五一九）は、賜死に際して右のような辞世の詩を残したという。[93] ここに示されているのは、君主に対する「愛」と父親に対する「愛」との軽重という、儒教思想においては古くから問い続けられてきた命題である。いささか長文にわたるが、まずは『朱子語録』から朱子とその弟子たちとの問答を掻い摘んで引用しよう。

——「忠」というのは自分の心に忠実である、ということですから、人間の社会生活全般において、すべて「忠」を用いるべきであるのに、どうしてことさら君主に仕えることについて「忠」を強調するのですか。

「父子・兄弟・夫婦の関係は、すべて天理の与えた自然の関係であるから、だれしも愛し敬う気持ちを知らないものはない。君臣もまた天理の関係であるとはいえ、〔天下・人民を統治するという〕大義によって結びついた関係であるから、〔時宜に合わなければ離れることもできると思って〕世人はどうしてもこの関係をなおざりにしやすい。だからこそ君主への「忠」を強調するのだが、これは世人の足りないところを強調して言っているのだ。もし『荘子』（内篇・人間世）にいうように、「天命と君臣の大義とは、〔避けようとしても避けることのできない、最も慎むべき〕天下の大戒である」と、このように考えたならば、君臣は〔避けようとしても避けることができずに〕仕方なく結びつく、ということになる〔が、そうではない。天理の関係として、自然に結びつくものなのだ。〕」[94]（括弧内は引用者による文意の補足）

——君臣・父子の関係は、ともに天与の間柄であるのに、愛君の心が、結局のところ父を愛する心に及ばないのはどうしてでしょうか。

「〔君主から〕離畔するというのは、ただ庶民についての話で、賢人・君子の場合はそうではない。韓愈の作品（拘幽操）にある文王の言葉に、『臣の罪は、誅殺に当たります。〔私に死を命じる〕天王（殷の紂王）は聖明です』とあるが、この言葉を程子はどうして「いい言葉だ」といっているのだろうか。文王ともあろうひとが、どうして紂の無道を知らずにこのように言ったということがあろうか。〔とはいえ〕これは人々を騙して言っているのではない。本当にそう言っているのだが、〔このままではわかりにくいので〕、すこし別の角度から論じて、はじめて文王の本当の気持ちを言い表すことができる。そもそも、臣子の立場で「君父が誤っている」という道理はない。〔君父の悪を表さないという〕この点にこそ、君臣の正しい関係を見ることができるのだ。『荘子』（内篇・人間世）に、『天下の大戒は二つある。命と義だ。父と子の関係では、どこまでいっても命が付いて回る。君と臣との関係は、どこまでいっても義が付いて回る。天地の間にその関係から逃れられる場所はない（無所逃於天地之間）。だからこそ、この二つは〔最も慎むべき〕大戒である』とあるが、私（朱子）はかつて、ある題跋にこの語を引いて次のように述べた。『荘子のこの説は、楊氏の説く君主を蔑《なみ》するの説である。荘子のいうようであれば、どうにも避けられなくなって、はじめてこの君臣の義が成立するということになるが、そのように説くのは、君臣の関係が天理に基づく自然の関係であるという道理を知らないからである』と。[95]」

右の問答は、いずれも君臣の関係が「天理」に基づくことを強調しているが、それはそのまま、「君を愛すること、父を愛するがごとし」と言い残した趙光祖の絶命の詩の解題ともなるであろう。

なるほど君臣の関係は、国家・人民の統治という「大義」によって結ばれた、一種の条件付きの結合（義合）にすぎない。したがって、もし条件が合わなければ、臣下は君主から離れて出仕しないという、別の道を選択することもできる。それに対し、父親と息子との結合は、無条件かつ絶対的な、天与の結合（天合）であるから、その父親の恩義に対しては、息子は無条件に、かつ絶対的に服従することが要求される。一般に、君主に対する愛が父親に対する愛に及ばないといわれているのはこのためである。

しかし新儒教の理念を体得した「儒賢」においては、君主への愛も父親への愛も、その本質においてはなんの差別もない（「君を愛すること父を愛するが如し」）。なぜならそれは、いずれも「天理」の顕現としての「自然」の関係にほかならないからである。[96] したがって、ひとたび出仕した官人にとっては、君主の命令は絶対のものであ

賜薬於両班（司法制度沿革図譜）

り、父親の命令が絶対のものであることと同様に、それには無条件に服従しなければならない。

「賜死」の君命を受け取った趙光祖は、まず国王の安否を尋ね、次に三公六卿の姓名を尋ねると、沐浴して新衣に着替えたが、その所作は実に従容としていた。担当の官吏（都事）が早く毒杯を仰ぐように催促すると、趙光祖はその不人情を少し歎きながらも「愛君」の情を吐露する詩を賦して毒杯を仰ぎ、布団を被って「死」を待っていた。ところが一向に毒が回らないため、結局、刑吏がこれを縊り殺したという。(97)

趙光祖はこのように従容として「賜死」の君命を受容したが、それは天理を体得した「儒賢」にしてはじめて成し得る大業であった。そうして趙光祖は自らの「死」によって、まさしく彼がそのような「儒賢」の一人であったことを証明した。だからこそ、趙光祖に対する名誉回復は、まさしくこの「愛君」の情を認定するところから始まっていくのである。(98)

しかしながら、もう一人の「儒賢」である宋時烈（一六〇七～一六八九）の「死」に関しては、事柄は一層複雑である。

君命を受け入れないということは、すなわち天命を受け入れないということだ。どうしてそれでよいといえるだろうか。(99)

右は宋時烈の語録の一節であるが、彼もまた粛宗朝における己巳士禍（一六八九）の犠牲者として、「君命」によって「賜死」を命じられた儒教知識人の一人であった。

上述のとおり、粛宗十四年（一六八八）には国王に待望の王子（後の景宗）が誕生したが、翌年、王がこれを「元子」――すなわち「世子」に冊立する予定者――として指名しようとしたとき、西人の領袖である宋時烈は、これを時期尚早と考えて反対した。王子はあくまでも側室の子供であり、この先、正室の閔氏に男子が誕生すれば、その子供こそが世子に立てられなければならないからである。しかし、粛宗はこれを党派心から君命に異議を唱えるものとみなして直ちに「削黜」の処分を下し、さらに「囲籬安置」（栫棘）の処分を加重した。(100) これによって宋時烈は済州島の配所に流されたが、この間にも西人家門出身の中宮閔氏の廃位が表明され、これに反対した少論派の朴泰輔が、猛烈な拷問の末に獄死したことは既に述べたとおりである。

中宮閔氏の廃位に反対する西人派の言論活動は、西人派の領袖・宋時烈に対する南人派の攻撃を一層加速させ、済州島の配所にある宋時烈に対して同年四月に重ねて「拿鞫伝旨」、すなわち囚禁・推鞫を命じる王命が伝達される。それは「庚子礼議」をはじめとして、「庚申礼議」「孝廟世室」「太祖徽号」など、宋時烈が主唱して定めた礼制度をすべて「貶君」の礼として排撃し、その「極罪」に対して「大辟（死刑）」を加えようとする南人派の主張を全面的に受け入れての王命である。この場合、一旦「拿鞫」された宋時烈に如何なる拷問が加えられ、如何なる罪の自白を強要されることになるかは、だれの目にもほとんど明らかであった。

「君命、延滞すべからず」――宋時烈はただちに済州島の配所を発ってソウルに向かうが、このとき数え八十三歳で、しかも病身の宋時烈は、既に食べ物も咽を通らず、気息奄々たる有様であった。このまま宋時烈がソウルへの道中で病死してしまっては、結局、宋時烈の「罪」を明らかにすることができない。このように考えた国王及び南人派の官僚たちは、「拿鞫」の方針を撤回し、正式の裁判を俟つことなく、ただちに賜死の命令を下すことを決定した。(101)

済州島からソウルへと向かう道中、全羅道の井邑においてこの「後命（追加の命令）」を受け取った宋時烈は、病身にも拘らず、なお能く「俯伏して命を聴き」[102]、従容として自らの死を受け入れたという。

吾が命、将に絶えんとす。今一息なお存するを趁《お》いて、命を受けて死するも、亦た宜《よろ》しからずや。[103]

このように君命、すなわち天命を受け入れ、従容として死んでいった宋時烈に対し、いわゆる老論に属する彼の門弟たちは、彼がその「死」によって平素培ってきた「徳」の内実を証明してみせたと力説した。しかし、老論と対立する少論——これは西人の一分派で、暗に南人とも通じていたとされる——は、彼の最期を全く別のものとして伝えている。これもいささか長文にわたるが、少論派の知識人である羅良佐（一六三八〜一七一〇）[104]の言い分に耳を傾けてみることにしよう。

〔宋時烈は〕都事の権処経の前に跪くと、「これは両殿（粛宗の祖父の孝宗、及び粛宗の実母の顕宗妃金氏）のお手紙（御札）でございます。ここに敢えて進呈いたします」といった。しかし権処経は、「私は賜薬の命を受けただけで、そのようなものを受け取る命令は受けていない。どうして国王に上呈することができるだろうか」といい、書吏に言い付けて御札を子孫に返却させたので、とうとう打つ手もなくなってしまった。それでもなお、脚を伸ばして仰向けに寝転び、いまにも死に絶えそうな振りをして引き伸ばしを図る。義禁府の都事が毒杯を仰ぐように催促しても、最後まで飲もうとしない。そこで毒薬係（薬漢）が手でもって口をこじ開け、毒薬を流し込むと、半分も流し込まないうちに死んでしまったのである。……かねがね歴史書を見ると、死に際して節を貫きとおしたものは、その気像は卓卓凛凛として、犯しがたい風格がある。ところがこの男は、死に臨んで万一の赦免を期待し、生きるか死ぬかには何の関係もない両殿の御札を何度も呈出しようとして、いいかげんなこと甚だしい。これで果たして節を貫き通したと飾り立てることができるだろうか。……このことは後世に戒めとして示しておかなければならない。だからこれを詳しく記録しておくのである。[105]

右の羅良佐の記述は、宋時烈が無徳の「小人」であったことを強調しようとするあまり、いささか事実を誇張しているようにも思われるが、ともあれ、ここで彼が注目しているのは、宋時烈が「賜死」の君命に心から服従したのかどうかという問題である。

もし彼が君主の命令に無条件に服従したのであるとすれば、それは天命への絶対的な服従を意味するから、そのこと自体によって彼が有徳者であること――決して「姦人」ではなかったということ――は、自ずから証明されたことになる。なぜといって、そのような大業は真の「儒賢」でなければ実践することができないからである。もし彼が本当にそのような意味での「儒賢」であったとすれば、彼に対してはその名誉を回復し、官爵を追贈してその霊を慰めなければならない。しかし、もし彼が「にせもの」であれば、そのような措置を取る必要は全くないということになるであろう。

さらに、もし彼が本当の意味での「儒賢」であったとすれば、その彼を死に追い遣ったものたちは、

凡そ姦邪にして讒言を進め、左使して人を殺す者は、斬。(106)

という明律の規定に基づいて、「姦党」として処断しなければならない。「左使殺人」とは臣下の身で君主に指図し、君命を以て無実のものを殺すことをいうが、もしそうであれば、老論の「儒賢」を死に追い遣った南人及び少論の知識人たちは、すべて「姦党」として死刑（斬）を宣告されなければならないことになる。

羅良佐は宋時烈のことを無徳の小人であると口を極めて罵倒し、宋時烈によって貶められた自らの師、尹宣挙（一六一〇〜一六六九）の名誉を守ろうとした。かくして犠牲者の名誉の問題が、一連の党争にまた一つ、新たな火種をもたらすことになるのである。

第八節　雪冤と顕彰

己卯士禍の犠牲となった趙光祖に対する名誉回復の運動は、いわゆる士林派の政界進出と並行して展開した。まず仁宗元年（一五四五）三月に太学生朴謹らの上疏があり、これをきっかけとして六月には仁宗が臨終間際の恩赦によって趙光祖の官爵を復する。ついで弟の明宗が即位すると、文定王后尹氏の垂簾聴政下に乙巳士禍（一五四五）が起こって士林派の政界進出は一旦頓挫したが、次に明宗の甥の宣祖が即位すると、宣祖は政界刷新を目的として士林派を大挙登用するとともに、その象徴としての趙光祖には領議政の官職を追贈し、文正の諡を与えて彼の名誉を回復した。また趙光祖の終焉の地である全羅道の綾州には彼を追悼する竹樹書院が設立され、曾遊の地である京畿・楊州の道峯山・寧国寺の旧址には道峯書院が設立された。そうして光海君二年（一六一〇）、趙光祖はついに文廟（孔子廟）に従祀されるが、それはつまり、士林派の象徴としての趙光祖が、「儒賢」として国家の最高の尊崇を受けるに至ったことを意味している。[107]

以上の名誉回復の過程においては、彼の「愛君」、「忠節」の情と、その学問の淵源の正しさとを強調するために、彼がその学問を金宗直の弟子の金宏弼から受け継いだこと、また金宗直の学問の淵源は、金宗直の父の金叔滋が師事した吉再に由来し、その吉再の学問は「東方理学之祖」と謳われた高麗の忠臣・鄭夢周（一三三七～一三九二）に由来することなどが強調された。[108] かくして鄭夢周、吉再、金叔滋、金宗直、金宏弼、趙光祖と続く学問の系譜が、いわゆる士林派の政界進出に伴って過去へと遡って積み上げられ、朝鮮朱子学の「道統」が創出されることになるのである。[109]

一方、宋時烈の場合は、彼の「愛君」、「忠節」に対して根本的な疑義を唱える一群の人々（少論、南人）が存在した以上、「儒賢」としての道程にはさまざまな紆余曲折が伴うことが避けられなかった。

宋時烈の死後、粛宗二十年（一六九四）の甲戌更化によって南人の勢力が失墜すると、同年四月に宋時烈の名誉回復が許されて「復官致祭」の恩典が行われ、五月には早速、梅谷書院、考巌書院、楼巌書院など、宋時烈の曾遊の地に彼を追悼する書院が建立される。翌粛宗二十一年（一六九五）、宋時烈は趙光祖と同じく文正という諡を追贈され、それを期に龍津書院、華陽書院などが新たに建立された。さらに翌粛宗二十二年（一六九六）、宋時烈は道峯書院において趙光祖と並んで祀られる、いわゆる「並享」の礼を受けることになるが、これは東人・西人を問わず広く士林に尊崇されている趙光祖に対し、宋時烈が「儒賢」としての徳を斉しくすることの、老論派による宣言にほかならない。

これに対し、宋時烈の「徳」を認めない少論派の知識人たちは、南人と結んで事あるごとに老論と対立したが、この両勢力の間に板ばさみとなった国王の粛宗もまた、老論の勢力に圧倒されることを嫌って、終始、少論の勢力には同情的であった。たとえば粛宗は、ほぼ二十年にわたって少論派の南九万（一六二九〜一七一一）、及びその門弟の崔錫鼎（一六四六〜一七一五）を重用し続けているし、また粛宗三十六年（一七一〇）の庚寅換局によって崔錫鼎が失脚し、老論の勢力が伸張した際にも、老論が主張する宋時烈の孝宗廟庭への配享をついに認めなかった。(110)

さらに粛宗は、少論の領袖である尹拯（一六二九〜一七一四）に対しても、終始、同情的であった。尹拯はその父、尹宣挙の名誉を守るために師の宋時烈に背いた男である。「生三事一(111)（民は三に生《やしな》わるるも、これに事《つか》うること一の如《ごと》し）」という言葉に示されるとおり、「君・父・師」の三者に対する礼は本来一体のものであるが、そのなかでも「父」に対する礼は「師」より重い。さらにいえば、「君」もまた「師」より重い存在でなければならない……、というのが国王粛宗の偽らざる気持ちであったのであろう。

ややもすれば、師（宋時烈）の存在感に圧倒されがちであった粛宗は、宋時烈に背いた尹拯を「儒賢」として尊崇し、少論の勢力を併用することによって、朝野に圧倒的な声望をもつ老論を牽制し、両者のバランスのうえに自己の絶対的な権力基盤を確立しようとしたのであろう。

しかし、もともと病弱な粛宗の健康はしだいに悪化していった。頼みとする王世子（景宗）もまた既に心身に変調を来たしている。結局、粛宗には老論と妥協し、王位継承者の選択を老論に託する以外に方法はなかったのであろう。折りしも老論系の知識人の間では、『家礼源流』の著作権[112]をめぐって再び尹拯への言論攻撃が高まっていたが、終始尹拯に同情的であった粛宗は、ここにきて遂に老論の議論に屈し、尹拯の父、尹宣挙の文集の版木の焼却を命じている。

粛宗四十二年（一七一六）の、この「斯文処分（丙申処分）」によって、本来なら老論・少論の党争には決着がついていたはずであった。しかし、粛宗の跡を継いで景宗が即位し、それまで王世子（景宗）の保護を主張してきた少論が一時的に勢力を伸張すると、いわゆる辛壬士禍（一七二一、一七二二）によって老論は最後の大打撃を受け、老論の象徴としての宋時烈もまた、景宗三年（一七二三）に趙光祖を祀る道峯書院から黜享、すなわち祭祀の対象から除外されるに至っている[113]。

その後、景宗に代わって王世弟の英祖が即位すると、今度は少論が失脚し、いよいよ老論が政権を独占すべき順番となったのである。しかし、英祖は老論による権力の壟断を嫌い、いわゆる「蕩平策」を掲げて老論の勢力を牽制した。これは老論・少論・南人・北人の四色をそれぞれ平等に登用しようとする政策であるが、実際のところ、当時の知識人たちの評判は必ずしも良好なものではなかったという。

いわゆる蕩平策においては党派を問わずに人材を登用する建前になっていたが、実際にはポストの配分や、科挙の合格枠までもが党派ごとに細かく割り振られてしまい、結果として人材登用の道はどの党派にとっても狭められてしまった。また党派ごとに配分するという人事方針が、かえって党派に属さない人材の登用の道を閉ざし、党派の固定化をますます促進することにもなってしまった。(114)

こうした「蕩平」の時代において、すなわち「党派」の固定化が進んだ時代においては、一族の内にかつて士禍の犠牲となった祖先を持っているということが、老少南北のいずれにとっても自らが「士流」に属することの格好の証明となった。党争によって歪められた科挙による儒教的教養の証明よりは、むしろ士禍の犠牲者の後孫であると主張することの方が、士人としての社会的地位を保全するための近道となる。朝鮮時代の士大夫、いわゆる「両班」の社会は、かくして世襲的・固定的な性格を一層強めていったが、それと並行して「士禍」の犠牲者たちに対する雪冤と顕彰の行為もまた、形式だけは一層華々しく行われ、各地に書院や祀堂が濫建されるようになっていった。

景宗三年（一七二三）に道峯書院から黜享された宋時烈は、英祖元年（一七二五）に道峯書院に復享され、英祖三十二年（一七五六）には盟友の宋浚吉（一六〇六〜一六七二）と同時に文廟に従祀されて、議政府領議政という最高位の官職を追贈される。(115)

さらに正祖即位年（一七七六）には孝宗の廟庭に配享され、彼が決して「孝宗」に対して「貶君」の心を抱く小人ではなかったこと――この点がそもそも「礼訟」における宋時烈の罪名とされていたのである――が宣言された。(116)ここに「礼訟」の冤を完全に雪いだ宋時烈は、宋浚吉とともに「両宋儒賢」として国家の最高の尊崇を受け、長く老論の守護神として君臨することになるのである。

小　結

近世朝鮮時代は、中世・貴族政治の旧套を脱して君主の権力が絶対化した時代である。この時代、絶対的な権力を握った君主は一部の側近勢力を基盤にその権力を濫用し、また側近勢力は君主の絶対的な尊厳を盾に自己の勢力の伸張を図ったため、これに反対する声を上げた知識人たちは、しばしば苛酷な弾圧（士禍）の犠牲とならなければならなかった。

知識人社会が度重なる士禍から身を守っていくためには、絶対化した君主権力に「輿論」の力で対抗し、君主の恣意的な権力行使を新儒教（朱子学）の理念によって規制していかなければならなかった。しかしその新儒教の理念は、同時に君主への絶対的かつ無条件の服従をも要求していたのである。

そこには一つの絶対的な矛盾がある。この矛盾を解決するためには、「この君をして堯舜の君たらしめ、この民をして堯舜の民たらしめ」(117)ること、つまりは君主を新儒教の理念と完全に一体化した理想の君主に仕立て上げること以外にはなかったが、現実にはそれは不可能に近いあまりにも遠大な理想であった。

したがって、より現実的な方策としては、政権を掌握した党派は王室との通婚（国婚）を通して宮中勢力と出来るだけ緊密な関係を構築し、宮中勢力を通して君主に対する直接的・間接的な影響力を保持するとともに、声望ある在野の儒学者（山林）を招致して自らの政権の正統性を誇示し、王権との「癒着」に対する知識人社会からの批判をも躱《かわ》そうと努めていた。なにより宮中勢力との提携を保持し続けることこそが、知識人社会を「士禍」の脅威から保護するための、もっとも確実な方法と考えられていたからである。(118)

一方、クーデター（反正）によって権力を獲得した朝鮮後期の王権は、自らが最も信頼する外戚家門に軍事権

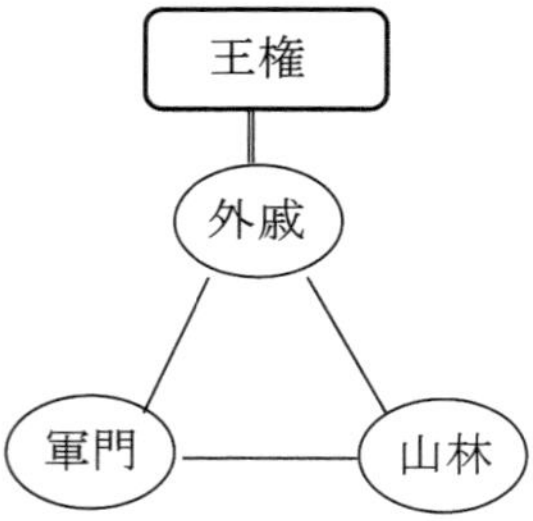

王朝権力の構図（概念図）

力（軍門）を委ねることによって更なるクーデター（反正）を防ごうとしたが、その外戚家門は儒教知識人社会においてもっとも声望の高い家門から選ばれ、その権威を在野の儒賢、いわゆる山林が保証することになった。(119)

朝鮮末期における「世道政治（勢道政治）」の出現は、ある意味では知識人社会が理想として掲げてきた儒教倫理による専制君主権力の規制――それが最も安定的な形で実現した時代であったということもできるであろう。この時代、宋時烈は「海東朱子」(120)として絶対的な権威を与えられ、彼の党派（老論）は婚姻を通して宮中勢力をも完全に掌握した。

しかし、このような王権との結合ないし癒着は、それ自体、新儒教のもつ本質的な批判精神を鈍らせ、それを喪失することなしには達成することはできなかったのである。

注

（1）『漢書』巻二十三、刑法志　死者不可復生、刑者不可復属。

（2）『尚書』舜典　欽哉欽哉、惟刑之恤哉。

（3）中国では普通これを「判」という。しかし朝鮮では国王の判決のことを「判付」というので、中央の法司や地方官の判決は、これと区別する意味で「題」または「題詞」と呼ぶ。

丁若鏞『欽欽新書』巻一、批詳雋抄　批者、上司之批判也。詳者、下県之申詳也。申詳、吾東謂之牒報。批判、吾東謂之題詞也。

（4）『経国大典』巻五、刑典、推断条　死罪、三覆啓。外則観察使定差使員、同其邑守令同推、又定差使二員考覆、又親問、

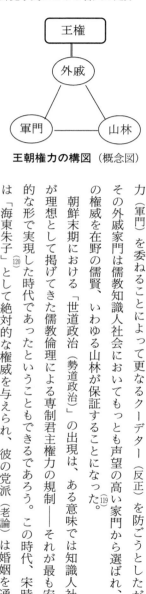

乃啓。

（＊徐有榘『完営日録』（影印本、二〇〇二年、ソウル、成均館大学校大東文化研究院）には、彼が全羅道の監司として一八三三年～三四年に取り扱った殺獄案件に関する地方守令の検案の要旨や、それに対する彼の裁決（題詞）が多数収録されていて参考になる。なお、地方レベルの殺獄事件に関しては、『各司謄録』の史料を活用した次の研究がある。呉甲均『朝鮮時代司法制度研究』（一九九五年、ソウル、三英社）、特に第五章「観察使の司法的機能」、参照。）

(5)『経国大典』巻五、刑典、推断条　京・外死罪、本曹報議政府詳覆。

(6)『文宗実録』巻九、文宗元年九月壬子条、注　凡讞上裁決而下、謂之判付。

(7)『大明律』巻二十八、刑律十一、断獄、死囚覆奏待報条　若立春以後、秋分以前、決死刑者、杖八十。

(8)『続大典』巻五、刑典、推断条　凡死罪啓覆、秋分後、承政院即為啓稟、以九月十月内、択日挙行。而罪人行刑、則必待季冬［啓覆後、立春前、如有追発罪囚、則稟旨追覆］。

(9)『経国大典』巻五、刑典、推断条　死罪、三覆啓。
（＊三覆啓は、通常、六衙日における「朝啓」において行われる。前掲注(8)の『続大典』刑典、推断条に見える「啓覆」は、この三覆啓のことにほかならない。）

(10)『孝宗実録』巻九、孝宗三年十一月庚寅条　上下教曰、「頃於啓覆之日、聞諸臣之言、則凡処絞罪人、該吏椎殺云。死雖一也、殊非律名之本意。予心亦甚惨然。其令刑曹審処。」

(11)木村理右衛門『朝鮮物語』巻四（影印本、一九七〇年、京都、京都大学国文学会）。

(12)中橋政吉『朝鮮旧時の刑政』（一九三六年、京城、治刑協会）、一九〇頁、参照。

(13)具樹勲「二旬録」上（『稗林』所収本）　凡刑人之法、軍門則有劊子手、外方則有屠牛坦。而京獄、以死囚中一人、免死、刑人時、随去行之、即復還在獄中、只貸其命而已、更不敢出獄門一歩地。俗称屠人者為「莫蘭・希光」。此非任号也。是前後其人之名也。古無其料。李完寧以為、無論大少、見役於国者、皆有料。独刑人者無食、可矜。始給月料、仍作例規矣。及完寧就禍、刑人以刃汚、洗剣加盤、又細斂其毛髪、俾免傷汚、跪告于公曰、「如我可哀之人、其誰憐之、而大監独憐之、使食月料。其恩莫報。」因涕泣加刃。即復収尸、痛哭而去。可謂樹徳於不報之地也。
（＊李完寧は完寧君・李師命（一六四七～一六八九）。莫蘭希光はもともと「莫蘭」、「希光」という二人の人名。このうち、

前者は「伊」という語助を付して「マンナニ」と呼ばれ、これが後世、「罪人の首を斬る人」の代名詞となった（朝鮮総督府刊『朝鮮語辞典』망난이の項（三〇二頁）、参照。今日では一般に「망나니」（マンナニ）と表記する）。なお、中橋政吉『朝鮮旧時の刑政』によると、「此の死刑を執行する者は徒隷と称する傭人級の役人の中に居る行刑鎖匠といふ職名の者が之に当るべき訳であるが、死囚中に自願するものがあるときには之を以て執刑者に代ふることが出来たので、当時は役人が之を行はず、罪人中死刑に当る程度の重罪囚の中に就き之を選び出して、本人の意見を聴き之を執刑者としてゐたのであるが其の執刑者となりたる者に対しては、死刑に処せず長く獄内に留め置き、死刑の執行を要するものを生する毎に、それをして執行せしめたものである。而して其の執行者に対しては之を久囚とも称して居た。又行刑を久囚がする場合でも将た役人が之を為す場合でも、之をマグナニーと謂つてゐたといふことである」（一八七頁）、とある。また『六典条例』巻九、典獄署の条に、「行刑鎖匠、以死囚中、従自願、入啓差定」とある。）

(14) 『太宗実録』七年十一月戊寅条　轘連山婦人内隠加伊于市。……上曰、「妻妾殺夫、未有如此之甚也。」問黄喜曰、「如此女所犯、外方守令、何以刑之。」喜対曰、「直斬之耳。」上曰、「律無凌遅之法歟。」対曰、「前此、以車裂代陵遅。」上曰、「若殺之一郡、其誰知之。可逮至京師、立市暁衆、然後分示諸道。」

(15) 「公私見聞録」下（鄭載崙撰、『稗林』所収本）仁祖甲申年、原任左議政沈器遠、謀反伏誅。金自点、時居相位、召監刑都事、語之曰、「逆賊之伏刑者、先斬頭、後斬臂脚、例也。而此賊不可処以例刑。先斬臂、次及脚、以至於頭。」延陽李公（李時白）、語人曰、「逆賊行刑次第、自有祖宗朝旧法。創新為此者、其得令終乎。」其後辛卯、自点果如此凶死。自点之子、為延陽女壻、而李公之言、如此。［自点子錬、為延陽壻、辛卯伏誅。］

(16) 『成宗実録』巻三、成宗元年二月戊午条 下書全羅道観察使呉凝・節度使許琮曰、「張永奇等、嘯聚群盗、恣行攻劫、多殺人物、終至拒敵官兵、無異反逆。其已捕各人、窮問党与、卒哭後、依律行刑、梟首、伝屍八道。其縁坐人、依律文、推刷以聞。」

『燕山君日記』巻五十三、燕山君十年閏四月丁丑条　伝曰、「具誠・崔叔謹・鄭誠謹・趙之瑞、以此罪之、可乎否。誠謹・之瑞等、平時心術何如。其問于議政府・六曹・漢城府・四館・臺諫・六寺七監僉正以上。」伝曰、「之瑞死時有怨言。凌遅、伝屍八道、籍没家産。其罪名、若書刻於板、使之明示、則其人之為不肖、人皆知之矣。」

(17) 『漢書』巻四十八、賈誼伝　廉恥節礼、以治君子。故有賜死而亡戮辱。是以黥劓之辜、不及大夫。以其離主上不遠也。

(18) 鎌田重雄「漢代官僚の自殺」(『秦漢政治制度の研究』所収、一九六二年、日本学術振興会)
(19) 辛巳刑典については、『世祖実録』七年七月丁未条、癸丑条、参照。
(20) 『世祖実録』八年二月壬午条　義禁府提調金淳・李克培等啓、「『刑典』犯罪人員推劾条、『堂上以上、犯死罪者、十悪外、皆賜死』。今、金継孫・張孟昌、雖犯死罪、不干十悪、何以処之。」伝曰、「義禁府奉旨推劾、而継孫帰咎義禁府堂上、語渉不敬、不可謂不干十悪。孟昌亦依軍律、処斬。」
『世祖実録』九年五月戊申条　義禁府啓、「賊殺虜人畜、許亨孫・呉湘等、不力戦、奔潰、律応斬。『大典』内、『堂上官以上、犯死罪者、賜死』。亨孫宜賜死。」命各減一等、充平安道昌城郡軍。
(21) 『続大典』刑典、用律条　依『大典』用『大明律』。而『大典』『続大典』有当律者、従二典。
(22) 宮崎市定「宋元時代の法制と裁判機構——元典章成立の時代的・社会的背景」(『宮崎市定全集』第十一巻所収、一九九二年、東京、岩波書店)に「但し律には一貫した精神がある。それは律は儒教の礼と不可分離の関係にあるという事実である」とある。
(23) 鄭玉子『朝鮮後期歴史の理解』(一九九三年、ソウル、一志社)、同『朝鮮後期朝鮮中華思想研究』(一九九八年、ソウル、一志社)等、参照。
(24) 『大明律』刑律、賊盗、窃盗条　凡窃盗、……三犯者、絞。以曾経刺字為坐。
(25) 『世祖実録』巻十二、世祖四年三月癸丑条　上謂申叔舟曰、「傷和気、召水旱、実由刑戮。近者、弭盗無方、特令窃盗初再犯十貫以上、並処絞。然律外之典、行之未安。自今、並依旧律。」
同月乙卯条　伝旨刑曹曰、「弭盗無方、故窃盗一貫以上、黥面、初犯十貫以上、再犯、処絞。牛馬賊、初犯、処絞。姑従権典、律外施行。然律外之典、行之未安。自今並依律文施行。」
『燕山君日記』巻四十七、燕山君八年十二月戊午条　承旨李坫等啓、「窃盗三犯者、斬。著在『大明律』。成宗朝、悪其多盗、再犯者斬。其後還依律。」
(26) 『続大典』刑典、贓盗条　窃盗初犯、成群作賊、三人以上、贓満一貫以上者、二人贓満二貫以上者、及再犯者、勿論贓多少、並勿分首従、杖一百、絶島残邑為奴。
(27) 『周礼』秋官、大司寇　大司寇之職、掌建邦之三典、以佐王刑邦国、詰四方。一曰、刑新国用軽典。二曰、刑平国用中典。

三曰、刑乱国用重典。

（28）『世宗実録』巻一百六、世宗二十六年十月甲寅条　視事。上謂左右曰、「今盗賊興行、是予不能制民之産、使之失所故也。予甚愧焉。往日、卿等議弭盗之方云、『三犯窃盗、勿論赦前、置於法』。予観隋史、有二人共盗一瓜、置之於死。且古者刑乱国、用重典。其於盗賊、固当用重典矣。然『大明律』、乃高皇帝参酌古制、以為万世通行之法。且『唐律疏議』、盛唐之制、而極為詳明。観此二律、未有勿論赦前之文。豈可軽改律文而殺人乎。……」

（＊ここでは「盗賊興行」のために「重典」を用いている現状について、国王世宗が率直に「予甚愧焉」と告白しているのである。）

（29）『大典』の規定は一種の「律」であるから、たとえ停廃されてもそのまま法文として保存された。『大典通編』および『大典会通』に、「今廃」、「今革」などと注記されているものがそれである。また『増補文献備考』巻一百三十九、刑考、諸律類記、附廃律の項には、いわゆる「廃律」がまとめて示されている。

（30）『世宗実録』巻一百六、世宗二十六年十月甲寅条（前掲注(28)）に、『大明律』の規定を「万世通行之法」と呼んでいる。なお朝鮮では『経国大典』の規定もまた「万世経常之法」、「万世通行之法」などと呼ばれていた（『成宗実録』十六年六月癸巳条、『中宗実録』四年五月戊申条、同十年六月庚辰条等、参照）。

（31）本書第二章「朝鮮初期の徒流刑について」、参照。

（32）同右。

（33）『経国大典』刑典、罪犯准計条。

（34）『経国大典』刑典、推断条、注　文武官及内侍府・有蔭子孫・生員・進士、犯十悪奸盗、非法殺人、枉法受贓外、笞杖並収贖。公罪徒、私罪杖一百以上、決杖。

（35）杖を的決し、徒流を収贖する事例――

『世宗実録』巻三十六、世宗九年六月戊寅条　（…）杖稷山県監李韻・木川県監尹煥、各一百、贖徒三年。杖大興県監盧皓九十、贖徒二年半。

『世宗実録』巻九十一、世宗二十二年十二月己丑条　議禁府啓、「黄保身、盗用雑物、計贓三十三貫。請依律、杖一百・流三千里・刺字。」……上以保身乃喜之子、特加優容、只杖一百、免刺、贖流三千里。

(36)『成宗実録』巻九十二、成宗九年五月丁卯条　御昼講。右副承旨李瓊仝、将義禁府照律、以啓曰、「柳子光・任士洪・朴孝元・金彦辛、交結朋党、紊乱朝政罪、斬待時。妻子為奴、家産籍没。表沿沫・金塊・金孟性、（待）〔対〕制上書、詐不以実罪、杖一百・徒三年・告身尽行追奪。孫比長、応奏不奏罪、杖八十・贖、追奪告身三等。」上曰、「此人等、罪犯深重、然不宜至死。其減死、迸逐遠方、終身不叙。…且古之帝王、優待功臣、雖大罪、有賜死而無戮辱。今子光、翊戴功大。決杖、似不可。并議啓。」

同月己巳条　御昼講。左副承旨金升卿、啓曰、「臣於今日、更看金孟性・金塊・表沿沫・孫比長照律、孟性・金塊・比長、其始也、同一諫官、知孝元陰聴士洪請嗾、謀欲攻孝元、而拘於同官、優游不断、竟未上達。至於親問、孟性・金塊、亦不以実聞。故論孟性・金塊以対制上書、詐不以実律、杖一百・徒三年。比長、応奏不奏律、杖八十、奪告身三等。且沿沫、曾知其情、不啓於上、而反説於深源、此固不直。与孟性同罪、恐未当也。且士洪・子光、本死罪、而特減死・贖杖、是減二等。孟性・金塊、只贖杖、是減一等。是恩沢不均矣。孟性・金塊、減徒年、何如。如是則恩沢均、而与沿沫殊科矣。」……○流任士洪于義州、柳子光于東萊、朴孝元于富寧、金彦辛于江界。徒金孟性于高霊、金塊于唐津。孝元・彦辛、決杖。餘皆贖。

『燕山君日記』巻五十二、燕山君十年四月庚戌条　義禁府啓、「河継曽・柳継宗、罪当斬待時。」伝曰、「人臣事君以礼、而背坐御前。其減死、贖杖、流三千里。」

(37) 本書第二章「朝鮮初期の徒流刑について」、参照。

(38) 本書第一章「朝鮮初期の笞杖刑について」、参照。

(39) 本書第二章「朝鮮初期の徒流刑について」、参照。

(40) 同右。

(41) 拙著『高麗官僚制度研究』（二〇〇八年、京都、京都大学学術出版会）、特に第六章「高麗より朝鮮初期に至る進士概念の変遷」、参照。

(42) 任士洪は顕粛公主（貞淑公主、睿宗の女）の義父（夫・任光載の父）。成宗は睿宗の跡を継いだので、顕粛公主は成宗にとって義理の姉に当たる。

(43)『大明律』巻二、吏律、職制、姦党条　若在朝官員、交結朋党、紊乱朝政者、皆斬。妻子為奴、財産入官。

(44)『成宗実録』巻九十二、成宗九年五月丁卯条　御昼講。右副承旨李瓊仝、将義禁府照律以啓曰、「柳子光・任士洪・朴孝元・金彦辛、交結朋党、紊乱朝政罪、斬待時。妻子為奴、家産籍没。……」上曰、「此人等罪犯深重、然不宜至死。其減死、迸逐遠方、終身不叙。」

(45) 同右、己巳条　流任士洪于義州、柳子光于東萊、朴孝元于富寧、金彦辛于江界、徒金孟性于高霊、金塊于康津。孝元・彦辛決杖、餘皆贖。

(46) 『退渓先生文集』（朝鮮・李滉撰）巻四十八、静庵趙先生行状　蓋我東国先正之於道学、雖有不待文王而興者、然其帰終在於節義・章句・文詞之間。求其専事為己、真実践履為学者、惟寒暄（金宏弼）為然。

(47) Edward Willett Wagner, *The Literati Purges: Political Conflict in Early Yi Korea*, 1974, Harvard University Press.

(48) 李泰鎮『韓国社会史研究』（一九八六年、ソウル、知識産業社）、特に第九章「士林派の郷約普及運動」、参照。

(49) 李建昌『党議通略』、幣原坦『韓国政争志』（一九〇七年、東京、三省堂）、その他。

沈義謙は仁順王后沈氏（明宗妃）の弟。ただし、仁順王后は宣祖八年（一五七五）に亡くなっているので、彼の外戚としての基盤はすでに失われていた。

(50) 『大明律』巻二、吏律・職制・姦党条　凡姦邪進讒言、左使殺人者、斬。○若犯罪律該処死、其大臣小官、巧言諫免、暗邀人心者、亦斬。○若在朝官員、交結朋党、紊乱朝政者、皆斬。妻子為奴。財産入官。○若刑部及大小各衙門官吏、不執法律、聴従上司主使、出入人罪者、罪亦如之。若有不避権勢、明具実跡、親赴御前、執法陳訴者、罪坐姦臣。言告之人、与免本罪、仍将犯人財産、均給充賞。有官者、陞二等。無官者、量与一官、或賞二千両。

『大明律』巻二十六、刑律・雑犯・不応為　凡不応得為而為之者、笞四十（謂律令無条、理不可為者）。事理重者、杖八十。

(51) 『経国大典』刑典、推断条　凡乱言者、啓聞推覈、杖一百・流三千里。若干犯於上、情理切害者、斬。籍没家産。誣告者、反坐。知而不告者、各減一等。

（＊右の法文の起源については、次の実録の記事が参考になる。『世宗実録』巻十九、世宗五年正月丙戌条　刑曹啓、「永楽二十年閏十二月日王旨、『近来乱言犯法者、攸司勿論情状軽重、並以反逆照律、実為未安。惟爾刑曹、参考歴代刑律、与政府諸曹、同議以聞』。敬此。……曹与政府諸曹、拠此擬議、自今乱言干犯於上、情理切害者、処斬、籍没家産。非切害者、杖一百・流三千里。凡対教書使臣而有捍拒、無人臣之礼者、処絞。或因私事闘競者、及雖因公事而不干教書者、並依闘殴罵詈本律施行。」従之。）

(52) 晋・范寧「春秋穀梁伝序」 左氏以鬻拳兵諫為愛君。……以兵諫為愛君、是人主可得而脅也。

(53) 『大明律』巻二十八、刑律、断獄、断罪引律令条 凡断罪、皆須具引律令。違者笞三十。若数事共条、止引所犯罪者、聴。○其特旨断罪、臨時処治、不為定律者、不得引比為律。若輒引比、致罪有出入者、以故失論。

(54) 『経国大典』刑典、囚禁条 杖以上、囚禁。文武官及内侍府・士族婦女・僧人、啓聞囚禁。〔○凡不囚者、公緘推問。七品以下官及僧人、直推。〕

(55) 詳しくは第五章第三節において検討する。

(56) 『孝宗実録』巻六、孝宗二年六月戊申条 上引見大臣及備局諸臣。……上曰、「国家旧例、推考甚厳、有禁府推考之規云。然近来被推者、視為尋常、帯推行公、少無警惕之心。憲府之官、久不開坐、以致畢推之未易、事極寒心矣。」

『正祖実録』巻十、正祖四年八月辛酉条 左承旨徐有防啓言、「凡推考伝旨、文蔭武、不得帯推行公之人、則以行公推考書入、而至於該司郎官、外邑守令、辺将、雑（岐）〔技〕職、元無『行公』二字、而近来襲謬、一例以『行公推考』書入者、有違古規。此不可不一番釐正。」従之。（＊帯推行公、行公推考は、いずれも職務を行いながら推考を受ける意）

(57) 推考については金鎮玉氏による一層詳細な専論がある。金鎮玉「推考の性格と運用」（『古典翻訳研究』第三輯、二〇一二年、韓国古典翻訳学会）

(58) 本書第一章「朝鮮初期の笞杖刑について」、参照。

(59) 中橋政吉『朝鮮旧時の刑政』は、つとに「刑罰たる場合と行政上の処分たる場合との区別」に留意し、「流刑処分の因て基く原由に付ては刑事制裁として処分せらるる者に在ては、刑律に拠るべきは無論のことであるが、実際に於ては刑律に拠らざる場合が頗る多いのである。例へば行政処分に出たる場合、国王の忌避に触れて排斥せられ、又は時の権勢者の専制の犠牲となり、或は政争に敗ぶれて逐はれたる場合等の如きであって、犯罪に対する制裁として科せられたものでないものもあるが、之等を総称して一様に流配者又は流刑人と謂つて居つたのである」（二三〇～二三一頁）と論じている。

(60) 本書第六章「朝鮮時代の定配について」、参照。

(61) 王が「遠竄」を命じ、法司が「配所」を定める事例——

『宣祖修正実録』巻二十五、宣祖二十四年七月甲子朔条 両司連啓、請尹斗寿遠竄。従之。定配会寧。特命配于洪原、近道也。

『孝宗実録』巻十三、孝宗五年十一月壬子条　禁府因臺啓、査覈前統制使黄瀗所犯贓物、米・豆数百斛、綿布五百餘匹、他物称是。上下教曰、「黄瀗既犯巨贓、固当刑訊、而第念先朝逆孽搆乱、事在呼吸、而此人先幾告変、宗社得以再安。山河帯礪之盟、永詒後世、不可不屈法貸死。只令遠竄、以全其生。」禁府定配于江界。両司累請按律定罪、上竟不従。『高宗実録』巻三十、高宗三十年八月二十三日条　教曰、「朝家命令、未始不斟酌事宜者、而乃敢持議於後者、其於事体道理、果何如也。此不可無懲。副護軍李建昌、施以遠竄之典。」金吾以「宝城郡定配所」啓。

(62)　『光海君日記』(鼎足山本)巻五十七、光海君四年九月甲午条　……禁府啓曰、「常時本府規例、凡定配人、以『絶塞』啓下、則六鎮及江辺定配。以『絶島』啓下、則済州・珍島・南海・巨済等地定配。只以『遠竄』啓下、則勿論南北、遠処定配。戊申年(光海元年、一六〇八)罪人洪湜、以遠竄之罪、謫死於康津。而康津、即霊巌之隣邑也。郭再祐、亦嘗流竄霊巌矣。此外前例、無文籍可考。以表表人所共知者言之、盧守慎、遠竄于順天、厥後加罪、始送珍島。順天、即光陽隣邑也。許潜之兄許洗、亦嘗遠竄于光陽云。祖宗朝、遠竄霊巌等邑者、亦有之。此則久遠之事、不敢一一尽達。」
　同書、四年十月壬申条　以金直哉妻子定配、入啓。……義禁府啓曰、「我国絶島、済州・旌義・大静・珍島・巨済・南海等六邑。兄弟既不可同配一邑、則母子亦当異其配所。……」(このうち、済州・旌義・大静は済州島、他はそれぞれ珍島・巨済島・南海島に所在する。)

(63)　『宋子大全』附録巻七、年譜、(崇禎)四十八年乙卯(粛宗元年)六月丁卯条　囲籬安置于長鬐［……金吾郎沈良弼、又駆迫困辱、而処之夷然。既到配、良弼又親董栫棘。子弟援例、請設後門、而竟不許之。］

(64)　「随聞録」中(『稗林』所収本)景宗元年(一七二一)辛丑条　国有大逆、則設鞫刑訊、期於得情者、有国治獄之常法也。大臣・諸臣、非不知之矣。且況二宮人・二宦官、罪悪必非渠輩之独辦也。明有指嗾者。拿鞫厳問、採得根引、断不可已也。
(＊王世弟〈後の英祖〉を排除しようとした宮女・宦官らの陰謀に対する少論の処分を老論が批判した記事)。

(65)　ベッカリーア『犯罪と刑罰』(風早八十二・五十嵐二葉訳、岩波文庫、六十頁)

(66)　『経国大典』刑典、推断条　三日内、毋得再行拷訊。拷訊十日後、決罰。［移置保管庁、待期。〇笞刑、計拷訊之数、准減。］

(67)　『世宗実録』巻六十二、世宗十五年十一月甲申条　官司推問之際、拷訊不得過本犯笞杖之数。

(68)　拷問刑の概略は中橋政吉『朝鮮旧時の刑政』(二五二～二六一頁)に見える。本節ではこれをさらに具体的に検討したい。

(69)『大典会通』(朝鮮総督府中枢院校註本)の頭注に「刑問ノ法ニシテ律文所載ノ刑ニ非ズ、重キ板ヲ罪人ノ両膝ノ上ニ置キ重圧スル刑」とある。

(70)『太宗実録』巻三十三、太宗十七年五月丙申条　命六曹、議定訊杖之数。……。一、圧膝、一次二人、二次四人、三次六人。其犯十悪・強盗・殺人外、毋得用此。

(71)「己巳録」(『稗林』所収本)下　上曰、「急令圧膝。」…即設圧膝之具。板上砕布沙器、尖如刀者、而坐其被刑之股于其上、又将沙器末二石、塡于左右。其黄門及両脚間、即以杖蹴之、塡之、復蓋板于上、而堅縛其板、使羅将健壮者六人、斉声蹴踏。毎一次、蓋蹴之者十三度也。如是者二次、而泰輔終無疾痛之色。

(＊『定齋後集』巻五、己巳懲節録にも「己巳録」二本を収録する。『韓国文集叢刊』一六八)。

(72)「圧沙」「沙刑」の「沙」は沙器(陶磁器)の意。『星湖僿説』巻九、人事門、圧沙・烙刑の項に、「国朝峻刑、有圧沙・火刑・周紐之名。圧沙者、砕破磁器布地、然後跪人於其上、以物圧而踏之」とある。『韓国漢字語辞典』(改訂版、二〇〇二年、ソウル、檀国大学東洋学研究所)の圧沙の項を参照のこと。なお、『韓国古典用語辞典』(二〇〇一年、ソウル、世宗大王記念事業会)の「圧沙」の項には、「刑罰の一種で砂に埋めて拷問すること」とあるが、これは望文生義の誤りであろう。

(73)「己巳録」(『稗林』所収本)下　…上怒曰、「此漢此漢、去去肆悪。急行火刑。」乃即具二石炭、而未及持扇来、以衣煽之。火焰漲満、左右侍衛之臣、尚不堪薫炙之苦矣。持片鉄如二掌付者二片、投炙火中。上曰、「汝今而後、亦不為遅晩乎。」泰輔改坐其圧膝之股、而跪曰、「臣既無一毫不道事。寧死、以何罪遅晩乎。」上大怒、左右奮臂、乍坐乍立、而疾声曰、「毒且毒矣。急行火刑。」而倒懸于木、自両膝炙其身。」乃立大木、以細索繋足指、懸于木、散頭髪、環于下。其去地五六寸許。誠若他人、則気急難語、而精神自持、言語従容曰、「臣聞、圧膝・火刑、治逆之刑也。未知臣有何一罪、而用此逆律乎。」上曰、「汝罪甚於逆矣。」遂命于羅将曰、「脱其袴、炙其膚。」天怒震霆、衆皆戦慄。未及脱袴、而裂破之、挙火鉄、薫其面。黄門以下、両膝以上、亦皆炙之。火焰触処、必起腥臭。一時擁鼻、人皆惨而不能正視矣。火鉄冷、則取他鉄、連二次炙之。一巡十三、乃一次。腰下爛熳、已無餘地、精神如常、顔色不変。……

(74)同右　又令炙其満身。右相金徳遠、猶知其惨酷、而囁嚅良久而進曰、「火刑素有用処。今若遍炙、則臣恐別為後世之法也。」上曰、「然則依例炙之。」蓋治逆也。火刑之規、炙其足、不服、則炙其両脚間而已。遍炙満身、則古未有之規也。乃以治逆之規炙之。而炙其足外踝及左右、又炙其両足十指間。足掌皆焦、筋絡俱絶、而泰輔精神凛凛、言語有倫。(＊『粛宗実

録』十五年四月辛卯条、参照。なお実録では金徳遠ではなく領議政の権大運が諫言したことになっている。）

(75) 鄭載嵩「公私見聞録」下（『稗林』所収本）　周紐者、乃治盗之酷法、建大木于両脚之間、以索縛脚上下、左右引索、則脚曲如環、盗無不服。

(76) 李瀷『星湖僿説』人事門、圧沙・烙刑　国朝峻刑、有圧沙・火刑・周紐之名。……周紐者、治盗之刑、建木両股間、索絞上下、而左右引索、脚為之折。近時有人、創為交木周紐、尤酷云。

(77) 『英祖実録』巻三十一、英祖八年六月乙亥条　（判府事李）台佐又奏曰、「鞫獄治逆、元無移送捕庁之規。自戊申始為移送、而捕庁有剪刀周牢之刑、極為酷毒。若施此刑、則雖冤枉之人、未有不誣服。宜永革也。」上曰、「予不知有此刑矣。分付両庁、使之革罷。」趙文命及金在魯以為、「周牢之刑、不可全革。宜只革剪刀周牢也。」上従之。

(78) 鄭載嵩「公私見聞録」下（『稗林』所収本）　至己巳（粛宗十五年、一六八九）、朴学士泰輔、諫廃妃、備受烙刑・訊刑・圧刑、而辞愈直。有金吾老卒、流涕語人曰、「己未（粛宗五年、一六七九）若創周紐之刑、朴学士亦将不免也。」

(79) 『英祖実録』巻三十五、英祖九年八月庚午条　命除鞫獄時烙刑。是日、薬房入診。上之受灸、始満百炷。命止之曰、「灸瘡漸覚難堪、仍憶戊申年鞫囚事、不覚心動。」仍下教曰、「自古制刑、俱有其法。其若法外、雖快取服、終欠恤刑。故昔雖有之、亦甚罕用。此可以仰体列祖盛意矣。往者乙巳、既除圧膝。昨年因原任大臣陳達、除捕庁剪刀周牢之刑。即今所餘者、惟烙刑。今番元八親鞫時、情状絶痛、故又施此刑、而未能取服、終帰刻憯。肉刑笞背、漢文・唐宗、皆除之。況法外者乎。自今以後、烙刑、依圧膝例、永除之。」

(80) 『粛宗実録』巻二十、粛宗十五年四月壬辰条、及び巻二十一、五月己亥条、参照。

(81) 南孝温「六臣伝」（『秋江集』続録、所収）。前掲注(75)の「公私見聞録」によると、烙刑を創始したのは世祖朝の宰臣、韓明澮であるという。

(82) 『党議通略』（朝鮮・李建昌撰）原論　拷掠訊鞫、具有節次、要至於口招手署、自認当死、然後誅之。

(83) 『大明律』巻十八、刑律、賊盗、謀反大逆条　凡謀反［謂謀危社稷］及大逆［謂謀毀宗廟山陵及宮闕］、但共謀者、不分首従、皆凌遅処死。

『大明律』巻二、吏律、職制、姦党条　若在朝官員、交結朋党、紊乱朝政者、皆斬。妻子為奴、財産入官。

『経国大典』巻五、刑典、推断条　凡乱言者、啓聞推覈、杖一百・流三千里。若干犯於上、情理切害者、斬、籍没家産。

誣告者、反坐。知而不告者、各減一等。

(84)『大明律』巻十八、刑律一、謀反大逆条　凡謀反［謂謀危社稷］及大逆［謂謀毀宗廟山陵及宮闕］、但共謀者、不分首従、皆凌遅処死。祖父・父・子・孫・兄・弟、及同居之人、不分異姓、及伯叔父兄弟之子、不限籍之同異、年十六以上、不論篤疾廃疾、皆斬。其十五以下、及母女妻妾姊妹、若子之妻妾、給付功臣之家為奴。財産入官。

(85)『大明律』巻二、吏律、職制、姦党条　若在朝官員、交結朋党、紊乱朝政者、皆斬。妻子為奴。財産入官。

(86)「己巳録」(『稗林』所収)下、甲戌録、四月初九日条、政院啓　…王者所刑之道、雖謀叛《ママ》大逆、必待其承款後処断。蓋以常憲不可不守、而後弊不可不慮故也。

(87)この点は漢代の賜死においても同様であって、死を賜ったものの家族は籍没・縁坐を免除されていた。冨谷至『秦漢刑罰制度の研究』二七八〜二七九頁（一九九八年、京都、同朋舎）、参照。

(88)『高麗史』巻一百三十一、叛逆五、洪倫伝　辛禑二年、政堂文学李茂芳、詣復興第曰、「何不籍韓方信・盧稹家。」復興曰、「以韓安・盧瑄、不伏罪而死也。」茂芳曰、「二賊自知大悪、至死不伏。然情状著見、論以弑逆、則其父豈免連坐。」復興作色不応。茂芳言愈切。復興不獲已、並籍方信・稹家。

(89)『粛宗実録』巻四十五、粛宗三十三年十二月戊戌条　引見大臣・備局諸臣。……（領議政崔）錫鼎曰、「国法至重、故古人云、『法一傾、天下莫敢措手足』。正刑伏法者、則自有縁坐之律。或因一時酌処賜死者、及雖犯悪逆者、不服而就死、則無縁坐之律矣。甲戌賜死罪人閔黯親属、因辛巳獄事、有縁坐之命。此人罪犯極重、固已昭著、而挙正法者有間、故其時判府事李畬、為判義禁。平川君申琓、為右議政。亦以縁坐之律過重、非法意、至有陳稟矣。黯之罪悪、窮極無餘、而縁坐則是法例之外、故昨年進宴後疏決時、臣窃欲仰達、而有縁坐人勿論之命、未敢陳白而退矣。僚相今方入侍、下詢而処之、何如。」

(90)『高麗史』巻一百三十一、叛逆五、洪倫伝　（韓）烈曰、「吾於甲寅之変、年方九歳。豈得与聞。」不肯署名刑書。既而曰、「若是則違王命也。」遂就死。

(91)『左伝』荘公三十二年条　初、公築臺臨党氏、見孟任、従之、閟、而以夫人言許之。割臂盟公、生子般焉。雩、講于梁氏、女公子観之、圉人犖自牆外与之戯。子般怒、使鞭之。公曰、不如殺之。是不可鞭。犖有力焉。能投蓋于稷門。公疾、問後於叔牙。対曰、慶父材。問於季友。対曰、臣以死奉般。公曰、郷者牙曰、慶父材。成季使以君命命僖叔、待于鍼巫氏。使鍼季酖之曰、「飲此則有後於魯国。不然、死且無後。」飲之、帰及逵泉而卒。立叔孫氏。

(92)『退渓先生文集』（朝鮮・李滉撰）巻四十八、静庵趙先生行状。

(93) 洪仁裕の撰した行状（李滉撰行状の底本）では、この詩句は「愛君如愛父、憂国若憂家」、「白日臨下土、昭昭照丹衷」となっている（『静庵集』附録）。

(94)『朱子語類』巻十三、学七、力行　用之問、「忠、只是実心、人倫日用、皆当用之。何独只於事君上説『忠』字。」曰、「父子兄弟夫婦、皆是天理自然、人皆莫不自知愛敬。君臣雖亦是天理、然是義合。世之人便自易得苟且、故須於此説『忠』、却是就不足処説。如荘子説、『命也、義也、天下之大戒。』看這説、君臣自有不得已意思。」（賀孫）

(95) 同右　問、「君臣父子、同是天倫、愛君之心、終不如愛父、何也。」曰、「離畔也只是庶民。賢人君子、便不如此。韓退之云、『臣罪当誅兮、天王聖明。』此語、何故程子道是好。文王豈不知紂之無道、却如此説。是非詐誑衆人、真是有説。須是有転語、方説得文王心出。看来、臣子無説君父不是底道理、此便見得是君臣之義処。荘子云、『天下之大戒二、命也、義也。子之於父、無適而非命也。臣之於君、無適而非義也。無所逃於天地之間。』旧嘗題跋一文字、曾引此語、以為、『荘子此説、乃楊氏無君之説。似他這意思、便是没奈何了、方恁地有義、却不知此是自然有底道理。』」又曰、「『臣之視君如寇讎。』孟子説得来怪差、却是那時説得。如云『三月無君則弔』等語、似是逐旋去尋箇君、与今世不同。而今却是只有進退、無有去之之理。只得退去。又有一種退不得底人、如貴戚之卿、是也。賈生弔屈原文云、『歴九州而相其君兮、何必懐此都也。』又為懐王傅、王墜馬死、誼自傷傅王無状、悲泣而死。張文潜有詩譏之。当時誼何不去。直是去不得。看得、誼当初年少、也只是胡説。」（賜）
（＊転語（一転語）は禅語の一つで、迷いを転じて悟りをもたらす言葉のこと。）

(96) 島田虔次「宋学の展開」の第二節「宋学のいわゆる大義名分論」（『中国思想史の研究』所収、二〇〇二年、京都、京都大学学術出版会）において、島田氏はいわゆる「君臣大義」を「義合」の側面から、一種の契約的関係として捉えようとしている。しかしそのような捉え方は、少なくとも朝鮮朱子学における君臣観には妥当しない。

(97) 李廷馨「東閣雑記」三　趙静庵、謫綾城、未幾、命賜死。公出跪庭中、聴伝旨、問上体若何、次問三公六卿姓名、沐浴改著新衣、殊従容。都事柳湙、有迫促之意。公歔欷歎曰、「古人有抱詔書、伏哭伝舎者。何其異也。」又曰、「愛君如愛父、天日照丹衷。」遂仰薬覆衾而臥、未絶、乃縊之。（＊「抱詔書、伏哭伝舎」とは、『後漢書』巻六十七、党錮列伝、范滂伝にみえる督郵呉導の故事。一説によると、趙光祖は、彼を縊り殺そうとした獄卒に対し、「聖上、微臣の首領を保たんと欲するに、汝なんぞ敢えてかくのごときや」といって叱責し、さらに毒杯を追加して死んだことになっている（『静庵集』附録、巻五、年譜）。しかしこれは、彼の死を悼んだ後世の人々による潤色であろう。）

(98)『中宗実録』巻一百二、中宗三十九年三月乙丑条　御朝講。……参賛官宋世珩曰、「……蓋自己卯而後、士林之禍惨酷、故士林於為善之地、無復下手処矣。己卯之人、過於激越、容或誤為国事。然原其本心、豈有他意。特以自上好善以誠、故自以為聖主難遇、欲成期月之化、遂致不適時宜、以得変乱之名。臣意保無邪心也。其中趙光祖、質性自然、他人過激之事、率多裁制矣。平生所守、自上何知。臨死有詩曰、「愛君如愛父、為国不為家［一云、憂国如憂家］。白日臨下土、昭昭照丹衷」。平生所守、臨死可知。苟有一毫邪念、則豈能於臨死之日、如此不変乎。他人則幾已復職、而独趙光祖以為有罪而不復、自上好悪之心不明、故下人皆疑焉。今若明以好善之心示之、則士習不期美而美矣。」……世珩曰、「趙光祖、在己卯人之中、為最賢。雖非毀己卯之人者、於光祖則不敢非毀。一時小人、以駭愕之言啓之、故自上以為有罪矣。」上首肯者久之曰、「光祖事、前亦屢聞之、果或如是矣。但一時以光祖為罪首、今不可軽議。」

［史臣曰、趙光祖被罪於己卯、其心則只為忠君愛国、而事多失於過激、至於被罪而死。悠悠二十餘年、不得洩冤、物論今始競発。宋世珩於経筵、歴陳光祖之無罪、物情深以為快、而上深信南袞等無状之言、不為快従、士林歎悶。］

(99) 朝鮮・金鎮玉編「宋門記述」下（『稗林』所収本）、崔慎　先生曰、「朱子嘗以、陳忠粛公(陳瓘)繫麻鞋、着布衣、赴旬呈、極当理也。以其欲免旬呈者、為不受君命云」、而乃曰、「不受君命、即不受天命也。可乎。」

(100)「己巳録」（『稗林』所収本）粛宗十五年二月初二日条。

(101)『宋子大全』附録、巻十一、年譜。

(102) 閔鎮遠「丹岩漫録」上（老論）　時烈、初請拿鞫厳問、数月而允之、又以別無可鞫之事、直請賜死。時烈被拿上来、到井邑、受命。時烈時年八十三、而精神不久衰。聞寿恒前一月已死、在途能製寿恒墓碣、文辞奇偉、無減於少時。臨命時、得病、気息奄奄、而猶能俯伏聴命而死。門人数百、護喪治喪、挟襯而帰、連亘数十里云。（＊寿恒は金寿恒）

(103)『宋子大全』附録、巻十一、年譜。

(104) 号明村。安定の人。羅万甲の孫。

(105) 羅良佐「明村雑録」（『稗林』所収、少論）　厥後、行到井邑、賜薬。死之日、又跪于都事権処経曰、「此是両殿御札。茲敢仰呈。」処経曰、「吾受賜薬之命、不受受書之命。何可捧也。」分付書吏、奪給其子孫。則計窮、仍即伸脚仰臥、以示垂死之状。都事促饋薬、終不捧飲。薬漢以手開口傾薬、不過一器之半而死云。従前毎見史記、則立節者、其気像卓卓凛凛、有不可犯之気。此人則臨死倖望免死、以御札之不干死生而前後欲呈、苟且甚焉。則果可綉節耶。……此事可以徴諸後、故詳記之。

(106)『大明律』巻二、吏律、職制、姦党条。

(107)『静庵集』附録、巻五、年譜、参照。

(108)趙光祖の学問の淵源を「鄭夢周、吉再、金淑滋、金宗直、金宏弼、趙光祖」に結びつける言説は、たとえば仁宗元年（一五四五）三月の太学生朴謹らの上言に見える（『仁宗実録』元年三月乙亥条）。これがいわゆる「士林派」の系譜である。

(109)『典故大方』巻三、儒賢淵源図、参照。

(110)『宋子大全』附録、巻十二、年譜、（崇禎）八十三年庚寅（粛宗三十六年、一七一〇）条、参照。

(111)『国語』晋語、民生於三、事之如一。（韋昭注）三、君・父・師也。如一、服勤至死也。

(112)この書物は兪棨が尹宣挙と協力して編纂したが、未定稿のままその潤色を尹拯に依頼した。ところが尹拯はこれを父尹宣挙の単独の著述として発表したため、老論系の知識人たちから指弾を受けていたのである。「丹岩漫録」下（『稗林』所収本）、丙申春条、参照。

(113)『宋子大全』附録、巻十二、年譜、（崇禎）九十六年癸卯（景宗三年、一七二三）条。

(114)『英祖実録』巻六十八、英祖二十四年十月癸巳条　副修撰李世師上疏、略曰、「蕩平美名、而考其效、反不及於一進一退之時。廉隅既壊、名節掃地。……」

『正祖実録』巻二十九、正祖十四年二月甲子条　掌令崔景岳、上疏曰、「……為冢宰者、国之公器、視若私貨、大勢所圧、莫敢違拂。至情所在、必欲甄抜。又以色目分排、便同抽黄対白。登瀛選者、只観地閥之高下、不問文学之有無、参以四色、苟然充数。……」

李縡「三官記」上（『稗林』所収本）、己丑、大提学姜鋧、承命、抄選湖堂、以襄陽府使李海朝、応教李肇、北評事李縡、校理林象徳、修撰任守幹、司書洪万遇、応選。全以色目対待充数。識者譏之。

李重煥『択里志』択居・人心　……且朝廷行蕩平久、四色合仕、窠窄人稠、固多奔競。而又罷銓権以益之。於是躁貪大作、縉紳風俗一壊、而不可復収。朝廷大権、又一帰於相府矣。

同右　蓋党色、初起甚微、因子孫守其祖先之論、二百年来、遂為牢不可破之党。老少則自西人分裂者、纔四十餘年。故或有兄弟・叔姪間、分為老少者。名色一分、則心腸楚越、与同色相議者、至親間不相及。至是則無有天常倫叙矣。挽近以来、則四色咸進、惟取官爵、将旧来各守之義理、一併弁髦。如斯文是非、国家忠逆、摠帰之前塵。盛気血闘之習、雖比前少減、於旧俗中、添委靡頽惰・軟熟柔滑之新病。其心固自別、而外以宣於口、則皆似泯然一色。毎公座稠会、語到朝廷間事、不欲露圭角、而難於対答、則輒以詼笑、弥縫磨滅之。故衣冠萃集、惟聞満堂鬨笑、及見於政令事為之間、則惟図己利、而実鮮有憂国奉公之人。視官爵甚軽、視公府如伝舎。宰相以中庸為賢、三司以不言為高、外官則以清倹為痴、而末乃駸駸然、至無可奈何之域矣。

(115)『宋子大全』附録、巻十二、年譜、(崇禎)一百二十九年丙子(英祖三十二年、一七五六)条。

(116)『宋子大全』附録、巻十二、年譜、(崇禎)一百四十九年丙申(正祖即位年、一七七六)。
(＊宋時烈の孝宗廟への配享は、いわゆる「北伐論」との関係で清朝の禁忌に触れる虞がある。歴代の国王が宋時烈の配享に難色を示した理由の一つはこの点にあった。)

(117)『孟子』万章上　与我処畎畝之中、由是以楽堯舜之道、吾豈若使是君為堯舜之君哉。吾豈若使是民為堯舜之民哉。吾豈若於吾身親見之哉。

(118)李建昌『党議通略』仁祖朝　世伝、反正初、勲臣会盟、有密約二事。曰、無失国婚。曰、崇用山林。所以固形勢而収名実也。

(119)李泰鎮『朝鮮後期の政治と軍営制の変遷』(一九八五年、ソウル、韓国研究院)、禹仁秀『朝鮮後期山林勢力研究』(一九九九年、ソウル、一潮閣)等、参照。

(120)『承政院日記』英祖元年十二月十六日条　右副承旨李濮啓曰、……蓋先正臣宋時烈、世皆称海東朱子。

第四章　儀仗と刑杖
——朝鮮後期の棍杖刑について

徳治主義を標榜する儒教国家の君主にとって、自国の刑罰体系における量刑の過重は、それ自体が一種の恥辱である。

新国を刑するには軽典を用い、平国を刑するには中典を用い、乱国を刑するには重典を用う。(1)

『周礼』秋官・大司寇のこの文言にも見られるとおり、「重典」の行われている国は、それ自体、徳治によっては治まりきらない「乱国」であることを自認しなければならなかったし、逆に「刑錯」、すなわち刑罰執行の必要すらなくなって、刑具がそのまま放置されているような状態こそは、儒教国家における理想として長く渇仰されてきたのである。(2)

建国以来、朱子学のイデオロギーによってその国制を整えてきた朝鮮王朝の為政者たちも、もちろん、この徳治主義の建前に立って刑罰の運用を行ってきた。その基準となる『大明律』——上国・明朝の制定した刑法典——は、朝鮮前期はもとより、既に明朝が滅亡した朝鮮後期においても依然として刑罰運用の基本となっていたが、これはいわば「平国」における「中典」に当たる。そのうえに、朝鮮の国情を参酌した独自の追加法が制定されていたが、これらは「律」に対する「例（断例）」に当たる。ところが、この種の追加法における量刑は、一般に「律」の定める量刑よりも重いものとなっており、その傾向は朝鮮後期に至ってますます甚だしくなっていくのである。

アンデシ・カールソン氏の近年の業績（「千金の子は市に死せず——十七・十八世紀朝鮮時代における死刑と梟首」）[3]は、こうした朝鮮後期における厳罰化の傾向——とりわけ、明律には本来規定のない梟首刑の増大に着目しつつ、当該時期における死刑相当犯罪の諸類型を概括した注目すべき論文である。

もともと、「梟首」は明律の体系には存在せず、律の建前としては「斬・絞」の二種類の死刑、それに加えて「凌遅処死」という極刑が存在するのみであった。[4]ところが、朝鮮後期における政治・社会の変動は、従来の想定を超えた新たな犯罪類型の増大をもたらし、この変化に対応するかたちで王朝権力は「重典」の行使を選択せざるを得なくなっていった。その典型的な事例の一つが「梟首」であるが、もう一つ、これと並んで朝鮮後期という時代を特色づける重要な刑罰が存在した。すなわち「棍杖刑」の出現である。

＊　　＊　　＊

そもそも朝鮮後期とはいかなる時代であろうか。一般に、その画期は壬辰・丁酉の倭乱（我が国でいう文禄・慶長の役）に求められる。いわゆる「壬辰の乱」は朝鮮王朝の支配体制に深い傷痕を残した。なるほど、戦争の災禍それ自体は一過性のものにすぎなかったとしても、この戦争によってそれまで抑圧されていた国内の諸矛盾が一気に表出し、朝鮮王朝の支配体制は、ほとんどあらゆる面において再編を餘儀なくされた。

日本軍による蛮行は、もとより朝鮮の人々に深い悲しみと憎しみを残したが、同時に一般民衆の行動もまた、朝鮮社会の支配者である士大夫（両班）階層に深い懸念を残した。たとえば柳成龍（一五四二〜一六〇七）の『懲毖録』を読むと、ソウルから平壌へ、また平壌から義州へと国王一行が逃避していったその後には、日本軍が侵攻するより先、各地で「乱民」たちの暴動が起きていたことが生々しく記されている。(5) また成渾（一五三五〜一五九八）の「便宜時務画一啓辞」を読むと、そこでは江原道で守令に対する村民のボイコットが起こり、倭乱の当初はむしろ日本軍に投降しようとする動きが盛んであったことなどが記されている。(6) それらは普段抑圧されていた一般民衆の、半ば自暴自棄的な解放闘争であったということもできるであろう。

この時、造反する民衆たちを抑え、朝鮮王朝がその支配秩序を辛うじて維持することができたのは、明朝からの援軍派遣もさることながら、在地士族たちの「義兵将」としての活躍によるところが最も大きかった。いわゆる義兵の統率者である義兵将は、主として地方に居住する徳望ある儒教知識人たちであり、彼らは在地地主としての経済力と、郷村民衆を組織した自警団的な軍事力とを保有している。戦乱による身分秩序の動揺に直面した彼らは、在地地主としての自らの社会的・経済的基盤を防衛するためにも、いわゆる「綱常」の秩序の護持に立ち上がらなければならなかった。こうした義兵将たちの広汎な活躍こそは、政府軍の士気を高め、結果的に朝鮮王朝の勝利を導くことになったのである。(7)

このため朝鮮後期の社会においては、義兵将として活躍した儒教知識人たちやその学統を受け継いだ知識人たちが絶対的な尊崇を受けるようになった。そうして国家も徳望ある知識人たちを政権内部に登用することによって、自己の政権の正統性と道徳性とを誇示することが一般的であった。(8)

こうした義兵将たちの活動は、仁祖反正後に起こった李适の乱においても認められ、また丙子胡乱においても認められる。しかし、李适の乱に際して忠清道の士人たちから勧誘を受けた金長生（一五四八〜一六三一、宋時烈の師）が義兵将として立ち上がった時、士人は争って参加したが、一般民衆は全く募兵に応じる者がなかったという。(9) 一般民衆のこのような消極的な態度は、延いては丙子胡乱における義兵活動の不振をもたらし、南漢山城で孤立した国王仁祖が清朝に屈服するに至った決定的な要因の一つともなったのである。

このため、両乱後の朝鮮王朝は国内の軍事体制を再編して雪辱の機会をうかがうとともに、「綱常」の秩序を強化して民心の動揺を鎮めようとした。綱常の秩序を維持するためには、なによりもその基礎となる「君臣」の大義を明らかにしなければならず、具体的には国王や官長に対する反逆行為を厳しく取り締まって、「討逆」の大義を明らかにしなければならない。

かくして、朝鮮後期においては「君臣」の大義をめぐって士大夫社会における朋党の対立が一層激化するとともに、一般民衆に対しては「綱常」の秩序を護持するために「官長」の権威が一層強調されるようになっていった。

本章に取り上げる「棍杖刑」——棍棒による杖刑の執行——は、こうした時代的な雰囲気の中で、朝鮮後期に至って初めて史料上に頻出することになるのである。

第一節　棍杖刑の起源

棍杖という言葉は朝鮮前期の史料には見当たらない。もちろん、五刑の一つとしての杖刑は存在したし、刑罰を執行する以前の取り調べの段階においても拷問の手段としての訊杖はしばしば執行されていた。しかし、これらは一定の規格を持った比較的小さな「杖」を以て執行するものであって、いわゆる棍杖のような大きな「杖」を使用することは、少なくとも法制の上では禁止されていた。

唯一の例外は「軍律」である。軍隊において軍司令官の命令を犯した者に加える刑罰（軍律）は、戦時においては軍司令官が独断で執行することが許されていた。[10] それは軍紀を粛正するための非常手段であり、朝鮮後期においては死罪であれば「梟首」、その他は「棍杖」によって処断することが通例となっている。[11]

このうち、梟首はもともと軍律に起源を持つ刑罰であり、たとえば周の武王は殷の紂王を打倒した際に、「遂に紂の頭を斬り、これを白旗に懸けた」といわれている。[12] それは戦時において敵対者の首をさらし、勝利を誇示するための威嚇の行為でもあった。

しかしこの梟首の適用範囲は、中国では戦時のみならず、他の一般の犯罪に対しても拡張され、北斉律においては「轘・梟首・斬・絞」、北周律においては「磬・絞・斬・梟・裂」などの、死刑の一環として梟首が執行されていた。[13] もっとも隋唐律では死刑は斬・絞の二種類に整理され、梟首は廃止されたから、その後、明律において凌遅処死が追加されたとはいえ、梟首という刑罰は法制の上では存在していなかった。

その点は明律を受容した朝鮮前期の法制においても同様である。朝鮮前期、少なくとも中宗朝の頃において梟首は必ずしも一般的な慣例ではなかった。[14] にも拘らず、朝鮮後期に至って軍律としての梟首が広く一般民衆に対してまで執行されるようになっていくのは、一つには壬辰倭乱以後の軍制の再編にともなって、軍律を行使する軍司令官の権限が強化され、軍・民を問わず軍律の対象となる範囲がしだいに拡大していったためであり、今一つには、綱常の秩序を乱した「綱常罪人」に対しても、軍律に準じて梟首が適用されるようになっていったためにほかならない。[15]

こうした軍律の適用範囲の拡大が、本章の主題である棍杖刑の出現、及びその濫用を促す最も直接的な要因となっていくのである。

いわゆる棍杖刑が朝鮮後期に入って始めて出現することは、既に沈載祐《シム・ジェウ》氏の研究によっても指摘されているとおりであるが、[16] ここでは確認の意味でもう少し具体的に史料を検討してみることにしよう。『朝鮮王朝実録』電子テキスト[17]の検索によると、「棍杖」という言葉は宣祖十一年（一五七八）正月乙亥条に初めて見えているが、それは明朝における鄒元標の杖死に関する風聞（誤伝）であり、[18] 次の事例は宣祖二十六年（一五九三）二月壬辰条、及び乙巳条など、壬辰の乱に際して朝鮮に派遣された明朝軍による棍杖執行の記述である。[19]

これより先、明朝では武宗・正徳年間（一五〇六～一五二一）に宦官らが「賜棍」、または「黄棍」を用いて官人たちに杖刑を執行していた事例がしばしば見えているから、[20] 少なくとも中国では明朝中頃から「棍」と呼ばれる大杖を用いて刑罰を執行することが一般化していたものと考えられる。このように中国において執行されていた棍杖刑が、おそらくは壬辰の乱に際して朝鮮に派遣された明朝軍を媒介として、その統制下におかれた朝鮮の軍隊においても採用され、「軍律」の一環として執行されるようになっていったのであろう。

『宣祖実録』二十九年（一五九六）二月丙辰条の記述によると、

（金）徳齢は、もと光州の校生なり。勇力絶倫、その才用うべし。毎に軍律の厳ならざるを憤り、管下の人、若し罪を犯すもの有れば、則ち或いは以て耳を割き、或いは棍杖を用う。故に管下の人、稍稍亡去すという。[21]

とあるが、これは朝鮮の軍隊における棍杖の初出の事例である。金徳齢（一五六七～一五九六）は「毎に軍律の厳ならざるを憤」って「棍杖」を濫用したというが、それはおそらく壬辰倭乱の混乱の最中、朝鮮に派遣された明朝軍の軍律に倣って、朝鮮軍の軍紀を粛正するために導入されたものなのであろう。

つまり、壬辰倭乱に際して朝鮮半島に進駐した明朝軍における棍杖刑の行使とその影響下に進められた朝鮮軍における軍律の強化――そうした軍事的契機こそが、朝鮮後期において新たに「棍杖刑」という刑罰を生み出す要因となっていったのである。

もっとも、明朝軍が用いた「棍杖」と、朝鮮で用いた「棍杖」とが全く同じものであったという保証はない。中国における「棍杖」の材質・形態については専家の示教に待たなければならないが、おそらくそれは朝鮮の

「棍杖」とは別種のものであろう。[22] 朝鮮後期における刑具としての「棍杖」は、もともとは「三稜杖」と呼ばれる幅三寸の、やや扁平な三角形の角棒で、それは堅いクヌギ（真木）でもって作られていた。しかし、これで杖打するのはあまりにも残酷であるので、その後、顕宗朝に至って棍杖の形態は幅二寸、角を削った平板（両面）に変わり、その材質も柔らかいヤナギ（柳木）に変わっている。ただし、監営・兵営・水営において国王の命令（朝家分付）を奉じた場合、及び軍事訓練の場合（操練時）に限っては、従前どおり「三稜杖」を用いて軍律としての棍杖刑を執行した。「決棍の罰は、斬罪に亞《つ》ぐ」。したがって、無闇と軽くすることはできない、というのがその理由である。[23]

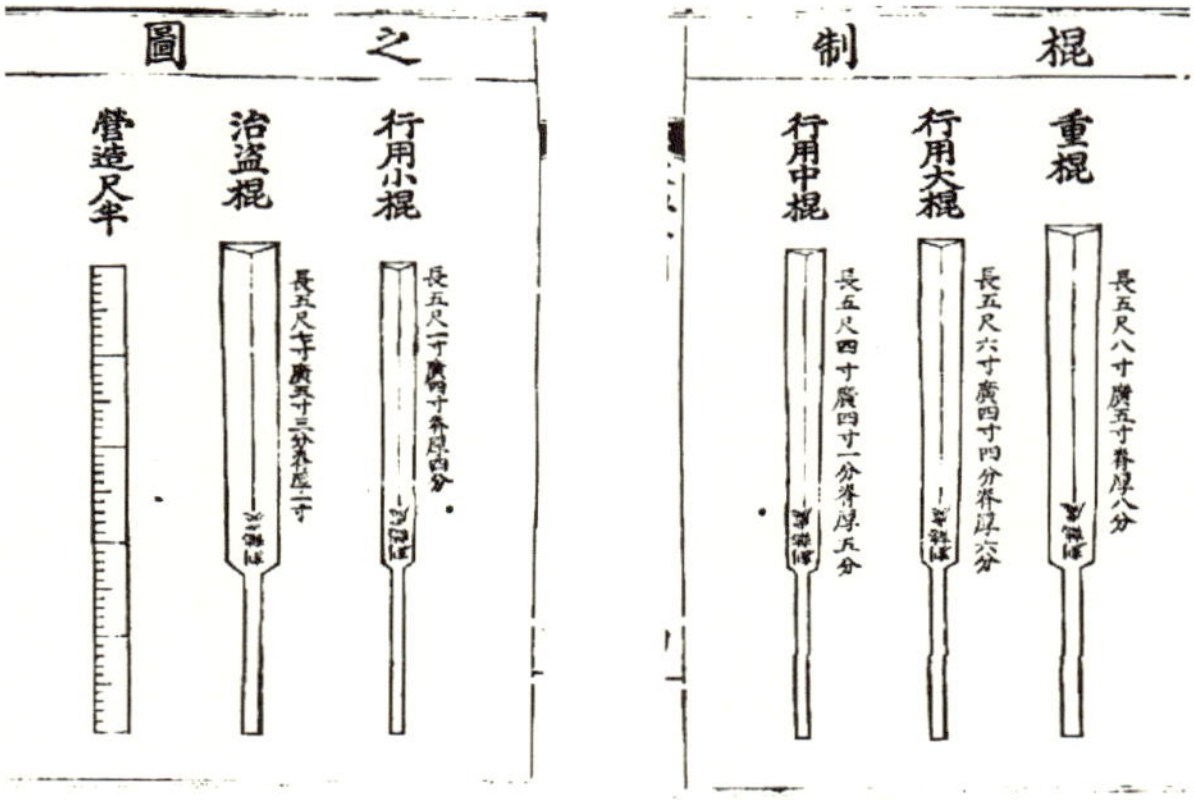

棍制之図（欽恤典則）

このように、棍杖刑には三稜杖によるものと両面杖によるものとの二種類があった。軍律における棍杖は「斬罪に亞ぐ」重い刑罰で、したがって三稜杖という、いかにも痛そうな刑具が用いられていたが、その後、棍杖刑の濫用が問題視されると、それは比較的軽微な両面杖を以て執行するように変化していった。

もっとも、『欽恤典則』に記載された「軍門棍制之式」及び「棍制之図」を見ると、重棍・大棍・中棍・小棍・治盗棍などに等級化された一連の棍杖は、なるほどその材質こそヤナギ（柳木）に改められているが、すべて「両面杖」ではなく「三稜杖」の形態を取っていることがわかる。[24]

顕宗朝以降、クヌギの棍杖（真木棍）を禁じたことは、その後の英祖朝の実録記事などからも確認できるが、[25] それと同時に定められた両面杖への改正のほうは、その後、撤回されてしまったのであろう。
ちなみに、笞杖刑の場合には受刑者の臀部を杖打するが、棍杖刑においてはその杖打の猛威を緩和するために、罪人の臀部と大腿部とに分散して杖打することが原則となっている。[26]

第二節　儀仗としての棍杖

朝鮮後期における棍杖刑の出現は、国軍における最高司令官としての国王の儀仗（儀式用の武器）の形態にも、ある一定の影響を及ぼしている。

そもそも、国王を取り巻く王宮の空間は、一般人の立ち入りを禁じる不可侵の空間であり、行幸時においては国王を護衛する儀仗がその空間の目印となる。行幸時にこの「儀仗の内に衝入」したものは、「御膳所」や「御在所」に闌入した場合と同様に、ただそれだけのことで死刑（絞）の対象となったのである。[27]

いわゆる儀仗とは「さまざまの旗・楽器・兵具のるい」[28]を指すが、それらは国王の所在を明示して一般人の闌入を禁じるとともに、最高軍司令官としての国王の権威を人々の目に焼き付けることを目的として作られている。朝鮮時代の儀仗については、『世宗実録』嘉礼序例、鹵簿条の図解が最も参考になるが、そこに示される様々な儀仗――たとえば金・銀で飾った「斫子（おの）」[29]や「鉞斧（まさかり）」[30]、水精の飾り珠のついた「水精杖」[31]などが、国王の持つ専殺権ないし刑罰権の象徴であることは容易に推察することができる。辺境に出征する軍司令官に対して国王が「斧鉞」[32]を賜るのは、国王の持つ専殺権ないし刑罰権の、一時的な分与にほかならない。

もっとも、王の行列を飾る儀仗はそれ自体としては「木製」であって、実際に武器ないし刑具としての使用に耐えるものではなかった。その他にも、各種の儀仗のなかには、「骨朶子（骨朶）」、「哥舒棒」、「金鐙」、「銀立瓜」、「金立瓜」など、およそ実用からは懸け離れた奇妙な形態を持つものが数多く含まれている。

　このうち、「骨朶子（骨朶）」というのは竿の先端部の丸い脹らみ（圓首）に豹皮嚢・熊皮嚢などの房飾りを被せたもので、[33] その起源は中国では宋制に遡り、[34] 朝鮮半島でも高麗時代には既にこの宋制を導入して国王の儀仗に「骨朶子」を用いている。[35]「骨朶」はもともと刑具としての「撾（箠《むち》）」から転化したもので、[36] これに豹皮や熊皮の房飾りをつけているのは、おそらくは狩猟で獲得した猛獣の象徴として、すなわち君主の軍事的な能力の象徴としての意味合いを含んでいるのであろう。

　次に、「哥舒棒」というのは竿の上に鉄条で貫いた銅銭を垂らし、それを紫の綃布で包み込んだもので、[37] やはり宋制、及び高麗の制度にその起源がある。[38] 銅銭を垂らすのは、それによって杖打の威力を増すための工夫であろう。

　また、「金鐙」というのは竿の先端に金メッキした馬の鐙（あぶみ）――または弩（いしゆみ）の柄――の飾りをつけたもので、[39] その起源もまた宋制、及び高麗の制度に見出すことができる。[40] 馬の鐙（あぶみ）の飾りをつけることは、これも本来は杖打の威力を増すための工夫であろう。

　最後に、竿の先端に「瓜」の飾りをつけた「銀立瓜」、「金立瓜」[41] なども、もともとは刑具として用いられたものが儀仗に転化していった一例であると考えられる。こうしてみると、国王の行列を飾る儀仗のなかには、もともと刑具としての意味合いを持つものが少なくないことがわかるであろう。

　以上に紹介した朝鮮前期の儀仗のなかに、いわゆる棍杖は含まれていない。しかし、一連の儀仗の起源が刑具にあるとすれば、朝鮮後期に刑具として出現した棍杖が、やがて国王の行列を飾る儀仗の一部としても使用されるようになっていくことは、極めて自然である。

　中国の場合、各種の儀仗に「棍杖」が出現するのは清朝に入ってからのことで、たとえば『清史稿』輿服志の職官儀衛条には「金黄棍」、「黄棍」、「甘蔗棍」、「棕竹棍」などの各種の「棍」を官人の儀仗として用いたことが記されている。(42) それらの形態・材質については専家の示教に待たなければならないが、いずれにせよ、朝鮮の棍杖とは別種のものであることは間違いない。

一方、朝鮮における儀仗としての棍杖については、各種の儀軌資料にその実例が多数示されている。『園幸乙卯整理儀軌』(43) 巻首の「班次図」にみえる「軍牢」(44) はその一例で、彼らが手に捧げ持っている扁平な棒こそは、すなわち棍杖にほかならない。

この場合、軍牢が手にする棍杖は、一面、国王の行列を飾る「儀仗」であるとともに、一面、「刑具」としての実際的な機能をも荷っていたと考えられる。前引の『世宗実録』嘉礼序例、鹵簿の条の記述によると、国王の行列（鹵簿）には人払いのために「司禁」が「朱杖」を持って随従することになっているが、これは高麗時代からの制度で、高麗では「清道」と呼ばれる人払いの軍人が「杖子」を持って国王に随従することになっている。(45)

この「朱杖」ないし「杖子」は、国王の尊厳を示す儀仗であると同時に、実際に国王の行列を犯したものに対して使用する刑具としての機能をも担っていた。それが「棍杖」という形態に変化していくのは、前節に述べたとおり、朝鮮では壬辰倭乱以降のことで、各種の「班次図」に見える「軍牢」は、高麗時代の「清道」、及び朝鮮前期の「司禁」の役割を果たしているのである。

ちなみに、朝鮮国王の儀仗としての棍杖は、国王の名代として日本に派遣されたいわゆる朝鮮通信使の儀仗としても用いられた。その種の儀仗は、当時の日本人にとってはよほど物珍しいものであったらしい。

我が国の国会図書館に所蔵する「参韓帖」（請求番号ＷＢ38-4）という資料には、江戸時代に日本を訪れた朝鮮通信使の儀仗の図が載せられているが、そこでは棍杖は「令杵」という名前で説明されている。

使令（参韓帖）

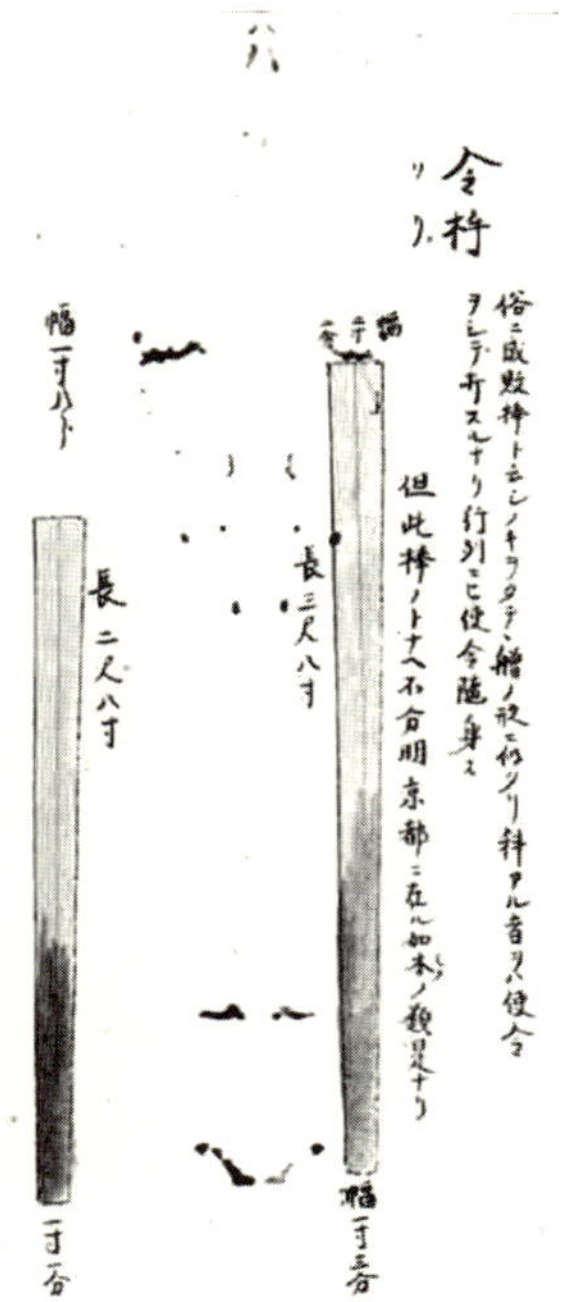

令杵（参韓帖）

令杵。俗ニ成敗棒ト云。シノキ（鎬）ヲ立テテ艪（櫂）ノ形ニ似タリ。科《とが》アル者ヲハ使令ヲシテ打《うた》スルナリ。行列ニ（用）ヒ、使令随身ス（使令が携帯する）。但《ただし》此棒ノトナ（称）ヘ不分明。京都ニ在ル如木《じょぼく》ノ類、是ナリ。（上端）幅二寸一分。（下端）幅一寸三分。長三尺八寸。（傍点・ルビ、及び括弧内の注記は引用者。）[46]

右には「しのぎ（鎬）」を立てて「艪（櫂）」の形に似ている、といっているから、それは紛れもなく棍杖のことで、「しのぎ（鎬）」がある、というのは、いわゆる三稜杖のことをいうのであろう。

ただし、「此棒のとなへ不分明」というから、当時の日本人には棍杖という名称は知られていなかったことがわかる。「俗に成敗棒と云う」とあるのは日本人が勝手に付けた名称であるが、「成敗」とは処罰の意であるから、その用途は正しく捉えている。

なお、「京都に在る如木《じょぼく》」とは、「白布の狩衣に糊を強くつけた衣、すなわち白張りを着て、公家の供をし、履・傘を持つ役」（広辞苑）のことで、これは棍杖を捧げ持って通信使一行に随従する軍牢――参韓帖のいわゆる「使令」[47]――を日本の貴族（公家）の随従である「如木」に擬えているのであろう。

日本人にとっては物珍しい棍杖だけに、かえって詳しい解説を残してくれているのは幸いである。

第三節　軍・民に対する棍杖

軍律としての棍杖刑は、本来、軍紀を粛正するために軍司令官が軍隊内部において執行する特別な刑罰であった。したがって、それは平時の一般民衆に対する刑罰とは性格を異にしていた。ところが、朝鮮後期においては訓錬都監をはじめとして、禁衛営・御営庁・守禦庁・摠戎庁などのいわゆる「五軍門」[48]が新設され、平時においても軍令権に基づいて軍律を行使する者の数が著しく増大していった。そのうえ、各地方には監司・兵使・水使以外にも新たに統制使、営将、防禦使、統禦使などが新設され、その多くを地方の一般の守令たちが兼任するようになっていった。[49]壬辰倭乱以後の朝鮮後期においては、いわば朝鮮全土が「戦時体制」のもとに再編されていったのである。

このため、本来は民政官であるはずの地方の守令たちは、同時に軍司令官として軍令権を行使し、管下の「軍・民」に対して「軍律」を行使することが認められるようになっていった。

軍・民の罪を犯す者は、軽重に従いて軍律を用う。(『続大典』巻四、兵典、用刑条)[50]

右のとおり、英祖朝に成立した『続大典』においては、もともと軍律の適用対象となる軍官・軍人以外に「民」についても「軍律」が適用されることが明示されている。それは地方の民政官が同時に軍司令官をも兼任していた朝鮮後期の「戦時体制」の反映にほかならない。軍律の対象となる犯罪の構成要件については、同条の注に掲げられた五つの事例以外[51]、特に明確な概念規定はなされていないが、要は「軍・民」が軍司令官の命令に違反した場合、軍司令官はその時々の判断によって、必要に応じて「軍・民」に「軍律」を適用しても構わないことになっていたのである。

「軍律」を適用するということは、逆にいえば『大明律』の適用を停止するということでもある。本来、あらゆる犯罪行為は『大明律』の規定に基づいて処断されなければならないが、非常時においてはその手続きを一切省略し、軍司令官のその場の判断によって、梟首刑、もしくは棍杖刑を執行する。それが「軍律」を適用する、ということの具体的な意味にほかならない。

たとえば、『新補受教輯録』兵典、軍律条に、

> 国勢危疑の日、禁中の宣伝官の、端なくして闕直する者は、紀律に関係す。軍律に依りて、直ちに梟示を為せ、との事、訓錬都監をして挙行せしめよ［雍正戊申（英祖四年、一七二八）承伝］。[52]

との英祖の王命（承伝）が記録されているが、禁中の軍官の「闕直」については、本来、『大明律』兵律、宮衛、宿衛守衛人私自代替の条に、

> およそ宮禁に宿衛し、及び皇城門に守衛するの人の、まさに直すべきに直せざる者は、笞四十。……百戸以上は、おのおの一等を加えよ。[53]

とあるように、通常なら死刑（梟首）になるほどの重罪ではない。しかし、「雍正戊申」、すなわち英祖四年（一七二八）の李麟佐の乱に際して出されたこの王命では、「国勢危疑」という状況のなかで、軍隊の「紀律」を引き締めるために、敢えてこの『大明律』の規定を停止し、「軍律」によって直ちに「梟首（梟示）」することを命じているのである。

このように、「軍律」の適用は『大明律』の規定の一時的な停止を伴い、必然的に刑罰の濫用を招くという危険性を有していた。もちろん、軍司令官といえども、戦時以外には軍・民に対する専殺権はなかったのであるが、しかし、死刑（梟首）よりも軽い棍杖刑については、要するに「命令違反」という名目さえ立てば、いくらでもこれを執行することができたのである。

また、地方守令の兼職する「営将（兼営将）」は、軍務以外にも「討捕使」として盗賊を取り締まる任務を持っていたが、[54] この種の「治盗（盗賊の取り締まり）」についても軍務に準じて「軍律」を適用することが認められていたから、それにかこつけて一般民衆に威圧を加えることは極めて容易であった。したがって、軍官・軍人ならぬ一般民衆といえども、ひとたび軍令権を持つ営将その他に捕縛されれば、その管下の軍官・軍人たちと同様に「軍律」のもとに服さなければならなかったのである。

かくして、戦時の非常法制である軍律――具体的には梟首刑と棍杖刑――は、平時における軍隊以外の一般民衆にまでその適用範囲が拡大されていった。このため、朝鮮後期においては、営将（鎮営将）や営将職を兼ねた地方守令（兼鎮営将）が軍律としての「棍杖」を濫用し、一般民衆に弊害を及ぼす事例が跡を絶たなかった。[55]

幾つか具体例を挙げておこう。

柳珩は性もと驕妄、済《な》すに貪毒を以てす。昔統制使たりし時、……熊川県監趙翼、珩と曾て言語の小嫌あり。珩、出巡するの日に当たりて、翼は往きて例待の処に候《ま》つに、珩は間路を経取して、託するに待候を謹まざるを以てし、棍杖すること無数、以て命を殞《お》とすに至る。（『光海君日記』鼎足山本、四年九月辛丑条、朴楗啓[56]）

近来、事に任ずるの臣は、競いて厳酷を尚ぶ。武弁もっとも甚だし。薄罪もまた棍杖を用う。飢寒羸病の民、非命に殞《し》する者多し。（『仁祖実録』二十三年五月己酉条、趙錫胤上疏[57]）

右二例は、いずれも軍司令官がその命令権（軍令権）を振りかざし、「待候を謹まず（きちんとお出迎えをしなかった）」といった類の「薄罪」にかこつけて棍杖刑を濫用していたことの実例である。

この種の事例は枚挙に暇がない。(58)このため王朝政府のほうでも軍司令官による棍杖刑の濫用を抑えるために、幾つかの立法措置を行っている。

上、教《みことのり》を八道の監司に下して曰く、「……守令の中、軍令にあらずして棍杖を用うる者は、摘発して啓聞せよ」と。（『仁祖実録』七年十月壬戌条(59)）

およそ笞杖の用刑は、おのおの式に遵わしめ、過濫を得るなかれ。軍律にあらずんば、則ち切に棍杖を用うるなかれ。（『仁祖実録』二十六年十一月丙寅条(60)）

右は棍杖刑の適用に制限を加えようとした王命である。上述のとおり、守令の多くは「兼営将」として軍令権を行使することを認められていたが、それ以外の民政事項において、もし一般民衆に対して「棍杖刑」を濫用した場合は、これを摘発して国王に報告し、軍令違反でない限りは、決して棍杖刑を濫用してはならない、というのである。

この種の王命は、『新補受教輯録』巻五、刑典、用刑条に収録されているが、それによると、「軍兵衙門」にあらずして棍杖刑を行使することは禁じられ、(61)また、棍杖刑の濫用を防ぐために、杖打の回数は一セット三十回までに制限されていた。(62)さらに、鳥銃（鉄砲）二柄を偸取した罪人について、「軍律を除き」、すなわち「軍律」の適用をやめて『大明律』によって処罰することを命じる王命が下されたこともあった。(63)

その他にも、棍杖刑の濫用を戒める王命は歴代繰り返し発せられた。たとえば顕宗五年（一六六四）の鄭知和（一六一三～一六八八）の発言によると、

> 棍杖は軍律を干《おか》すの罪に係るに非ざれば、濫用するを得ざること、已に朝廷の厳飭あり。該曹（兵曹）よりまた纔かに制を定めて申明せるに、全羅兵使兪棕は、棍杖を濫用し、四五邑の人、相継いで命を殞《お》とす。人言藉藉たり。

とある。(64) また、英祖二十五年（一七四九）の王命では、今後、「用棍衙門」においても「軍務」及び「闌入」以外の案件については棍杖刑を用いてはならない、とも命じている。(65)

しかし、このように棍杖刑の濫用を繰り返し禁じていることは、それだけ命令の効果が乏しかったことの証拠ともいえよう。そもそも、「軍令違反」という概念それ自体が曖昧であったために、各種の軍司令官による棍杖刑の濫用は容易に根絶することができなかったのである。

このため、正祖二年（一七七八）に頒布された『欽恤典則』においては、棍杖刑を執行する権限を持つ軍官職と、その適用対象となる犯罪類型とを詳しく規定して、できるだけその濫用を防ごうと努力している。その概略は既に沈載祐氏の研究にも述べられているが、(66) ここでは特にその適用対象となる犯罪類型について、もう少し具体的に確認しておくことにしたい。

棍杖刑の適用対象について、『欽恤典則』ではこれを「軍務」、「盗賊」、及び「辺政」、「松政」に関する事件に限るとしている。このうち、「軍務」、「盗賊」については、もとより説明の必要はないであろう。「辺政」というのは国境警備に関する取り締まりのことであるが、それは国防問題と直結する軍事的な問題であるから、その違反者に軍律としての棍杖刑を適用することは当然である。また、「松政」というのは松の木を養成してその伐採を禁ずる政策のことであるが、松の木は戦艦を建造する際の原材料となるから、これを濫りに伐採することは、やはり軍事的な観点から「軍律」による取り締まりの対象と見做されていたのである。(67)

この『欽恤典則』の頒布によって、軍律としての棍杖刑は「軍務」、及び「盗賊」、「辺政」、「松政」に関する事件以外には適用することができなくなった。とはいえ、このような法的な規制が、棍杖刑の濫用に対して果たしてどれだけ有効であったのかは疑問とせざるを得ない。そもそも、「軍務」及び「盗賊」、「辺政」、「松政」をめぐる取締りの範囲は極めて幅広いもので、それにかこつければ、ほとんどすべての行為が「軍律」の対象となる、といっても決して過言ではなかったのである。

> 苟しくも官威を有する者は、敢えて刑杖を以て飾怒の具と為し、辺遠の邑は、この習いもっとも甚だし。辜《つみ》なくして命を殞《お》とす者、何ぞ限らん。およそ笞杖の用刑は、おのおの式に遵わしめ、過濫を得るなかれ。軍律に非ずんば、則ち切に棍杖を用うるなかれ。（『仁祖実録』二十六年十一月丙寅条）[68]

右の実録の記述にもみられるとおり、『欽恤典則』の頒布以前（仁祖朝）にも、棍杖刑の執行を「軍律」の場面に制限する命令は繰り返し出されてきた。『欽恤典則』（正祖朝）の規定はそれを集大成したものであるが、こうした度々の王命にも拘らず、事態はほとんど改善されることがなかったのである。

かくして、地方の民政官（守令）たちは管下の一般民衆に対しても棍杖刑を濫用し、それによって自己の「官長」としての威厳を誇示していた。棍杖刑は朝鮮後期の守令たちによって、いわば「八つ当たりの道具（飾怒之具）」として振り回されていたのである。[69]

郡守棍杖罪人
（司法制度沿革図譜）

第四節　士大夫に対する棍杖

棍杖刑を「八つ当たりの道具（飾怒之具）」として振り回した者は、なにも地方官たちに限ったことではない。いわゆる「蕩平策」をめぐって士大夫社会と対立した国王英祖（在位一七二四〜一七七六）もまた、自己の「怒り」を飾る道具としてしばしば棍杖刑を濫用した。

一般に、英祖は前代に行われていた圧膝などの残酷刑を廃止し、一種の寛刑主義を進めた君主として知られている。[70]しかしその反面、自らが進める蕩平策に反対する士大夫社会に対しては、軍律にかこつけて棍杖刑を濫用することも敢て辞さなかった。

そもそも英祖は、父王・粛宗朝以来の老論・少論の対立という構図のなかで、老論勢力の後援を受けて即位した君主である。[71]しかし、英祖は老論勢力の絶対化を嫌って、彼らを牽制するために敵対勢力としての少論を保護した。そうして朋党の対立を解消するために蕩平策[72]を実践し、老・少・南・北の四色党派を等しく登用した。人事における四色の機会均等を通して朋党間の対立を解消しようとしたのである。

しかしながら、この蕩平策に対する当時の士大夫社会の評判は芳しくなかった。自己の党派が「正義」を体現していると信じていた士大夫たちにとって、他の党派と立ち並んで朝廷に出仕することは、それ自体「正義」を損なうことを意味していた。蕩平策は正義の実現のための「討逆」の大義をおろそかにし、本来処罰しなければならない者を処罰しないでそのまま朝廷に登用する誤った政策である——こうした認識は（今日、蕩平策が受けている高い評価とは別に）当時においては知識人社会のほとんど共通の認識であったといってよいであろう。[73]

国王その人が正義の実現を妨げている——そうした認識を士大夫たちが抱いているとすれば、それに対して国王が主張できる事は一つしかない。すなわち、国王こそが「正義」であり、士大夫はその「正義」に従わなければならない、ということである。そして、自らが「正義」を体現することを士大夫社会に誇示するための手段として、英祖はしばしば「軍律」の論理を援用した。

たとえば、英祖は異母兄である景宗（在位一七二〇〜二四）の墓陵である懿陵にしばしば行幸し、兄に対する追悼の礼を欠かさなかったが、それは彼が景宗を毒殺したとする疑い——貴族勢力の一部（いわゆる「峻少」）が根強く抱いていた疑い——を晴らすための政治的な「演出」でもあった。ところで、この種の行幸（謁陵、陵幸）は軍事目的のものではないが、にも拘らず、国王は「戎服」と呼ばれる軍礼服を着て騎馬し、その行列には同じく戎服を着用した百官が随従するとともに、(74)数多くの軍兵がきらびやかな儀式用の武器（儀仗）を捧げ持って随行した。そのうえで、国王は墓参（展謁）に際して礼服に着替えたのであるが、その帰途には再び戎服を着て王宮に戻っていた。要するに、墓参のための儀礼的な陵幸は、軍事的な行幸、すなわち「師行」としても位置づけられていたのである。(75)

このため陵幸はしばしば閲武（軍事演習）を兼ねて行われたが、英祖は即位当初からこの閲武の施行には極めて積極的であった。(76)また陵幸の帰途には国王が軍神としての関王廟——『三国志演義』で有名な関羽の廟——に軍礼を以て拝謁することも行われていたが、(77)これらは英祖が軍礼を通して専制君主としての威厳の確立を求めていたことを暗示している。

ともあれ、国王の行幸は師行として位置づけられていたが、このため国王の行列を騒がしたものは、ただちに軍律の適用を受けて棍杖刑に服さなければならなかった。(78)ところが英祖はこの規定を拡大解釈し、英祖の蕩平策に対する内々の不満から王の行幸に随行しなかった官人たちに対しても、広く軍律を適用し、棍杖刑を以て彼らを威嚇していたのである。(79)

たとえば李台重（一六九四～一七五六）[80]という学者は西人の領袖・宋時烈の門人である李喜朝（一六五五～一七二四）[81]の門人で、つまりは宋時烈の孫弟子に当たる人物であるが、彼は英祖十一年（一七三五）に司憲府持平に在職していたとき、辛壬士禍で命を落とした老論四大臣（金昌集、李頤命、李健命、趙泰采）の名誉回復——具体的には金昌集・李頤命の復官と、英祖五年（一七二九）の己酉処分で既に復官を許されていた李健命・趙泰采の復諡——を主張して英祖の逆鱗に触れ、「黒山島、囲籬安置」という追放の処分を受けた。[82]その後、彼は罪を許されて政界に復帰し、再び司憲府持平に復職する。

ところが英祖十六年（一七四〇）、この年正月の王世子（思悼世子）の誕生を祝う慶典の一環として、英祖が老論四大臣のうち、長く難色を示していた金昌集・李頤命の名誉回復（復官）を認める処分を下すと、[83]それに勢いを得た李台重その他の老論系の官人たちは、追い討ちをかけるようにして少論に対する報復的処罰——具体的には柳鳳輝・趙泰耈の追奪官爵と、李光佐の罷職——を求めたのである。このため英祖は「始めて知る、党習のその君より重きを」といって憤慨し、李台重に「甲山府、投畀」の処分を下してソウルから追放した。[84]「投畀」とは「譖人（悪口を言う人）」を野獣に与えて食い殺させる、という意味であるが、[85]実際には辺塞・絶島などの辺境地方に流配することをいうのであろう。

その後、英祖十八年（一七四二）に李台重は処分を解かれて職牒を還給され、[86]翌年には弘文館校理に任命される。[87]その後も多くの官職に任命されるものの、李台重は老論の義理を認めない朝廷に出仕することを嫌い、清朝に派遣する使節の書状官を拝命[88]したことを除いては、大抵の場合、官職の拝命を行わなかった。[89]このため英祖二十三年（一七四七）には、一旦、義州府尹に任命され、その拝命を拒絶すると、「その地に即して定配（即其地定配）」との処分により、任地の義州にそのまま流配されることになったのである。[90]

その後、領議政である金在魯（一六八二～一七五九）の執り成しによってこの流配の処分は解除される。[91]次いで英祖二十四年（一七四八）六月、同じく金在魯の執り成しによって李台重は承旨に抜擢され[92]、また英祖二十六年（一七五〇）正月には全羅道観察使に任命される。[93]しかし、李台重はまたしても官職の拝命を行わなかった。

このように李台重は英祖のたびたびの召命を受けながらも朝廷に出仕しようとしなかったが、このような李台重の振る舞いは、各党派の主張する「義理」――物事の正しい筋道――を否定して、自らが「義理」の標準となることを目指す国王英祖にとっては決して容認することのできないものであった。

このため、英祖二十六年（一七五〇）三月、英祖は李台重を「珍島郡守」に左遷したが[94]、これは前回の義州府尹のときと同様、拝命しなければ「その地に即して定配」することを前提としての任命であろう。そこで李台重は、ひとまず珍島郡の任地（ないし配所）に赴いたらしい。ついで同年九月、忠清道温陽郡の温泉に保養に出かけた英祖は[95]、李台重の珍島郡守の任を解いて行幸先の温宮に呼び出し、彼を温宮における「道試」（科挙の地方特別試験）の試験官に任命した。[96]

温宮における道試の施行は忠清道の在地士族に対する特別の恩典である。この地域には宋時烈の学統を継ぐ老論系の知識人が多く、その代表格である尹鳳九（一六八一～一七六八）[97]――彼は宋時烈の門人である権尚夏（一六四一～一七二一）の門人で、やはり宋時烈の孫弟子に当たる――は、英祖の招きを受けて温宮において謁見を賜っている。[98]このため、同じく老論系に属する李台重も、このたびの試官としての召命には、ひとまず応じることにしたのであろう。

次に、英祖は召命に応じた李台重をそのままソウルに連れ帰ろうとして、彼を兵曹参知に任命した。しかし、李台重がその拝命を拒むと、まず軍律に従って罪過を記録する「記過」の処分を下し、ついでソウルへの帰途、稷山において裁判にかけるための「拿捕」の命を下して兵曹参知の官職を必ず拝命するように強要する。[99]

英祖が李台重を「兵曹参知」に任命したのは、おそらく、彼を軍律によって頤使しようとしたからであろう。

実際、英祖は党派心を抱く武臣たちに軍律を適用して彼らを威嚇したことがあったが、(100)それと同じように、英祖は行幸に扈従する文臣たちに対しても、それが師行であることを口実としてしばしば棍杖刑を適用した。当時の諫官の上疏に、

殿下の一たび駕を動かすや、輒《みだ》りに棍罰を用う。故に扈蹕の諸臣はみな惴惴《ずいずい》を懐く。(101)

とあるのがその一例である。また、英祖は文臣のエリート官僚たちを意図的に軍事関係の官職につけ、たとえば、文臣の要職である兵曹の郎官（正郎・佐郎）に行幸の取り締まり（禁喧）を任せて、その不備を口実に棍杖刑を執行したり、さらにはエリート中のエリートである弘文館の官人たちを地方水軍の司令官職（万戸・権管）に任命したりもしている。(102)これらはすべて、文臣エリート官僚たちを軍律によって頤使し、彼らの党派心を打ち砕こうとする英祖の底意を示している。

李台重は、英祖のこうした強硬な意図を察知してか、一旦は拒否した「兵曹参知」への任命についても結局はこれを受け入れることにした。そこで英祖も態度を軟化させ、彼を近侍の職である「承旨」に任命し、さらに「世子侍講院」の官職に任命して、拝命後にただちに辞職することを黙認する。

要するに、英祖としては李台重が老論の義理を放棄して蕩平策を受け入れ、朝廷に出仕するという姿勢を示しさえすればよかったのである。そうしてそのためには、英祖は士大夫を軍律で威嚇し、士大夫に棍杖刑を加えることも敢えて辞さなかった。本来、軍隊の内部において適用される棍杖刑を、英祖は朝廷の士大夫に対しても意図的に濫用していたのである。(103)

しかし、英祖のこのような態度は、士大夫の懐く伝統的な価値観、すなわち士大夫に対しては「礼」を以て接するべきであり、「刑」を以て威嚇してはならないとする価値観と真っ向から対立する。(104)このため英祖による棍

杖刑の濫用は、当時の士大夫社会、特に老論勢力からの強い批判を免れることができなかった。

軍律を濫用する英祖は、結局、士大夫の目には「正義」とは映らず、それはむしろ英祖の徳の欠如（失徳）を示すものとして受け止められた。いわゆる蕩平策を推進し、党派心を超越した絶対的な義理の標準、すなわち「皇極」[105]を体現しようとした国王英祖は、結局、自らの道徳的権威を損なうことによって、蕩平策そのものにも破綻をもたらすことになる。

英祖の跡を継いで新たに蕩平策を推し進めた孫の正祖（在位一七七六〜一八〇〇）は、正しくこの点を反面教師とし、自らが士大夫社会の「君師」となることを目指さなければならなかった。すなわち正祖は、君主としても教師としても、儒教的な価値観を最高度に体現する理想的な君主となることを目指さなければならなかったのである。

小　結

軍・民に対して棍杖刑を濫用した地方官たちと、士大夫に対して棍杖刑を濫用した国王英祖――両者は一見すると無関係のようであるが、しかし「君主」や「官長」としての絶対的な権威を主張し、その裏づけを「軍律」の論理に求めた点において両者の振舞いは一致している。

西洋世界において、君主が手にする「王笏（scepter）」は、王権を象徴するレガリア（regalia）の一つであるが、それはおそらくは「軍律」に基づく専殺権、ないしは刑罰権の象徴と見なされていたのであろう。それと同じように、東洋世界においても君主の最も本質的な権能の一つは、「軍律」に基づく専殺権、ないしは刑罰権におかれていた。そもそも「王」と言う文字そのものが、一説によると「鉞（まさかり）の刃部を下にしておく形」で

あるというではないか。(106)

しかし中国や朝鮮においては、この種の「軍律」の論理は「礼」によって封印され、「礼」の秩序を維持するという目的の枠内においてのみ、例外的に「軍律」の行使が許容されていたにすぎない。したがって、この「礼」の枠組みを逸脱した「軍律」の行使は、たとえそれが君主や官長によるものであっても、いや、それだからこそ、「礼」の秩序を護持する士大夫の社会においては厳しい指弾を受けなければならなかった。

そうした指弾の典型例を、われわれは丁若鏞（一七六二〜一八三六）の『牧民心書』の中に見出すことができる。

思うに、守令が自己の裁量で執行できる刑罰は、笞五十に過ぎない。訊杖や軍棍は、守令が用いてよい刑罰ではないのだ。ところが近ごろの風俗は粗暴で法例を知らず、笞杖はすべてやめて、ただ棍杖のみを用いている。人の痛みを知らぬやからは、つねづね棍杖を用いて快事としている。ああ。棍杖を用いる者は愉快であろうが、それを受ける者もまた愉快であろうか。

衙吏・衙校〔に対して棍杖を用いること〕自体、既に不法なことである。ましてや、それ以外の者に対してはいうまでもない。〔ところが守令は〕ますますつけあがって、小奴・幼童〔などの身の回りの使用人〕、郷丞・郷甲〔などの村役人〕に対しても、みな棍杖でもって脅しつけようとする。甚だしくは、村氓・野老などの、一生涯、笞杖を受けたこともないような者に対してまでも、朱塗りの棍杖（朱棍）を通常の処罰として用いている。〔このため、棍杖を受ける者は、〕魂も魄も飛び去って、ますます深い傷を受ける。人が痛がるのを見て、自己の快楽となすとは情けない。どうしてこうまでも不人情であるのか。

取り調べのための杖刑（訊杖）は、必ず上司に報告してはじめて執行できる決まりになっている。いまや、衙吏・郷丞についてはしばらくおくとしても、地方の学校の儒者や、墳墓の敷地争いの訴訟（山訟）を起した士人に対してまで、一たびその怒りに触れれば、意のままに拷問を加えている。それで国に法が行われているといえるだろうか。

民に刑罰を加えるのは、法の所在を明らかにするためである。自分から法を破っておいて、どうして法を明らかにすることができるだろうか。法が明らかにならなければ、地方官としての威厳も立たない。ただ、自分で自分の徳性を損なうばかりである。[107]

丁若鏞の指摘するとおり、守令が直接断罪することのできる範囲は、本来「笞五十」までに限られている。[108] ところが朝鮮後期における軍制の変化は、いわゆる五軍門の増設をもたらし、これらの軍額の増加は、ほとんどすべての民衆を番上軍、収布軍、または軍保として軍籍に登録させることになった。一方、地方長官の多くは営将を兼ね、「治兵」及び「治盗」の業務を掌っている。このため地方官（兼営将）は、軍門に対する軍糧や軍布（免役布または助役布）の納入を督促するために、実際には一般の民衆にすぎない収布軍や軍保に対して仮借なく棍杖刑を適用した。そうして、軍兵以外の一般の民衆に対しても、「治盗」の名目でしばしば棍杖刑を適用した。

こうした地方官レベルでの棍杖刑の濫用を防止するために、正祖二年（一七七八）に『欽恤典則』が発布され、それに基づいて棍杖刑の執行の規制が行われる。しかし、上述の丁若鏞の慨嘆に見られるとおり、実際にはその規制も充分に機能することはできなかった。

丁若鏞が『牧民心書』を著したのは、王朝末期のいわゆる勢道政治の時代である。これよりさき、英祖・正祖の蕩平策を通して朝鮮の「絶対王政」は確立したかに見えたが、しかし、民衆勢力の政治的な未成熟は、結局、朝鮮における王権の基盤を民衆勢力ではなく、貴族勢力との妥協のうえに構築することを余儀なくさせた。英祖・正祖の治世が終わった朝鮮王朝の末期においては、王権と癒着した一部の特権的な外戚勢力、いわゆる勢道（世道）が政権を壟断し、地方守令たちは専ら勢道への奉仕を通して自己の保身と栄達とを図ることに汲々としていた。

小結

丁若鏞が『牧民心書』において描き出したのは、勢道への奉仕のために税収を確保しようとして恣意的に棍杖刑を用い、これに反発する民衆たちを暴力によって押さえつけようとしていた当時の地方守令たちの姿なのである。そうしてその姿は、国王英祖が士大夫社会の輿論を「軍律」の論理によって押さえつけようとしていた姿とも重なっている。

しかしながら、そのような振る舞いは国王や守令たちの道徳的権威を失墜させ、民衆の反発、いわゆる「民乱」を増大させるばかりであった。

【附記】

朝鮮後期における総体的な「厳刑化」に焦点をおく本章の立場とは別に、朝鮮後期、特に正祖朝における「寛刑主義」を強調する研究もある（沈載祐『朝鮮後期国家権力と犯罪統制――『審理録』研究』［二〇〇九年、ソウル、太学社］）。沈氏の研究は正祖による死刑相当案件に対する判決（判付）を集成した「審理録」の分析、特にその計量分析に基づくもので、当該時期の刑事政策に関する刮目すべき論考である。主として正祖以前に焦点を置く本章の主張とは立場を異にする論考であるが、併せて読者の参照を乞いたい。ちなみに、沈氏は正祖朝の治世に西洋的な「啓蒙君主」の姿を見出そうとするが、同時に十九世紀以降の「勢道政治」の時代に、その挫折・後退が起こることをも認めている。沈載祐「十八世紀獄訟の性格と刑政運営の変化」（『韓国史論』三四、一九九五年、ソウル、ソウル大学校人文大学国史学科）、特に第二章第三節「刑政の性格と限界」（一三二〜一四〇頁）を参照されたい。

注

（1）『周礼』秋官・大司寇　大司寇之職、掌建邦之三典、以佐王刑邦国、詰四方。一曰、刑新国、用軽典。二曰、刑平国、用中典。三曰、刑乱国、用重典。

（2）『史記』巻四、周本紀　故成康之際、天下安寧、刑錯四十餘年不用。

（3）『東アジアの死刑』冨谷至編（二〇〇八年、京都、京都大学学術出版会）所収。

（4）明律では「斬・絞」のうえに「凌遅処死」という極刑が加わるが、凌遅は名例律の五刑、および「五刑之図」には挙げられていない。岩井茂樹「宋代以降の死刑の諸相と法文化」（前掲『東アジアの死刑』所収）、参照。

（5）柳成龍『懲毖録』巻一　車駕次于定州。自駕出平壌、人心崩潰、所過乱民、輒入倉庫、搶掠穀物。順安・粛川・安州・寧辺・博川、以次皆敗。

『宣祖修正実録』巻二十六、宣祖二十五年四月癸卯条　都城宮省火。車駕将出、都中有姦民、先入内帑庫、争取宝物者。已而駕出、乱民大起、先焚掌隷院・刑曹。以二局公私奴婢文籍所在也。遂大掠宮省・倉庫、仍放火滅迹。景福・昌徳・昌慶三宮、一時俱燼。昌慶宮、即順懐世子嬪欑宮所在也。歴代宝玩及文武楼・弘文館所蔵書籍、春秋館各朝『実録』、他庫所蔵前朝史草［修『高麗史』時所草］、『承政院日記』、皆焼尽無遺。内外倉庫、各署所蔵、並被盗先焚。臨海君家、兵曹判書洪汝諄家、亦被焚。以二家常時号多畜財故也。留都大将、斬数人以警衆。乱民屯聚、不能禁。

（6）成渾『牛渓集』巻三、便宜時務画一啓辞［甲午五月］　臣於変初、行到伊川・安峡、賊兵四合、西路不通。村民一概、皆有貳心。守令遣人聚兵、則輒彎弓向之、肆悪言以罵之、且欲縛執守令及士大夫之避乱者、以与賊。州県吏民、載軍糧・魚肉・酒果、以餉賊者、絡繹於路、名之曰進上。

（7）趙湲来『壬辰倭乱と湖南地方の義兵抗争』（二〇〇一年、ソウル、亜細亜文化社）、参照。

（8）北人政権における鄭仁弘、西人政権における宋時烈などがその典型。禹仁秀『朝鮮後期山林勢力研究』（一九九九年、ソウル、一潮閣）、参照。

（9）『仁祖実録』巻四、仁祖二年二月辛丑条　上引見司業金長生、寧越郡守朴知誠。上曰、「予遭此大変、尚何言哉。」金長生対曰、「逆変何代無之。惟当務行節倹之政、収拾人心。凡御供之物、一切減省、可也。」上曰、「還都後、当相議減省矣。」……長生曰、「変乱之初、湖中人士、勧臣為義兵将。士子則争為響応、而庶民絶無応者。民情之怨懟、此可見矣。」

（10）『経国大典』兵典、用刑条　将帥受命在外者、堂上官・議親・功臣外、杖以下直断。諸鎮将、笞以下直断。杖以上、伝報主鎮将［臨敵、則不在此限］。

『中宗実録』巻六十一、中宗二十三年四月癸亥条　伝于左議政沈貞（他略）曰、「李葉・金仲堅事、当初辺将、臨陣而即行軍令、則可也。而此則随後推之、故取服、而以斬待時照律。然犯軍令事、何可待時也。……其令更議而書啓。」〇下政府及曽経政丞与六卿等議曰、……。戸曹判書尹殷輔議、「大抵、犯軍令死罪者、登時斬之、法也。……」

(11)『続大典』兵典、用刑条の注に、「軍兵逃亡、初犯、決棍五十、再犯八十、三犯梟示」とあるのはその一例。なお、この条文の起源については次の記事が参考になる。

『粛宗実録』巻三十七、粛宗二十八年十一月丁卯条　御営大将尹就商曰、「訓局則軍士逃亡、初犯決棍五十、再犯八十、三犯梟示。軍物偸取逃亡者、勿論初再、梟示。而御庁則不施此律。宜一体施行。」（兵曹判書李）濡曰、「禁衛営亦宜同之。」上命一体用律。

(12)『史記』巻三、殷本紀第三　紂愈淫乱不止。……甲子日、紂兵敗。紂走、入登鹿台、衣其宝玉衣、赴火而死。周武王遂斬紂頭、懸之〔大〕白旗。

(13)『隋書』巻二十五、刑法志、参照。

(14)『中宗実録』巻四十七、中宗十八年四月乙未条　検詳尹止衡、将堂上意、啓曰、「……且強盗梟首事、雖是中朝之法、我国則曽不行焉。況以奴殺主、猶不梟首也。強盗之罪、何独梟首乎。臣意似不可行也。」伝曰、「……強盗梟首事、初以為、可依中朝之制而行也。今聞所啓、果不可行也。」

(15)前掲、カールソン論文、参照。なお、中橋政吉『朝鮮旧時の刑政』によると、「行刑後の梟首は昔は市に於てしたこともあつたが、近頃は刑場に於て枝三本を組合せ野犬の飛び附き得ざる程度の高さにて括り、それを三叉に挟きて括り目に髪を結び首を吊り下げ置きて晒したり、或は竿の先に首を突き刺して晒したのである」（一八八～一八九頁）。

(16)沈載祐「正祖代『欽恤典則』の頒布と刑具整備」（『奎章閣』二十二、一九九九年十二月、ソウル、ソウル大学校奎章閣）、特に一四一・一四二頁、参照。

(17)『朝鮮王朝実録』電子テキスト〈http://sillok.history.go.kr/〉

(18)『宣祖実録』巻十二、宣祖十一年正月乙亥条　冬至使安宗道、書啓、「……閣老張居正、遭父喪、皇帝不許奔喪、莅事自若。翰林院編修官呉中行、刑部員外郎艾穆、刑部判事・進士鄒元標等、称章力陳其不奔喪之罪。皇帝即令錦衣衛、拿致午門外、各棍杖八十。元標即死于杖下。」（＊このとき鄒元標が死んだというのは誤伝。）

(19)『宣祖実録』巻三十五、宣祖二十六年二月壬辰条　備辺司啓曰、「伏見尹根寿及金応南等状啓、以運糧之故、宰臣数人、至被棍杖。今日事勢、極為悶迫。参以張都司所言、則艾主事所怒、似不専為此等事。前日礼物、該曹雖已送去、似当更為優送。令宰臣随宜処置。応南等既以主事之令、検察沿路、則受命検察、雖是義州之事、不可膠守一処、重致其怒。勢当前進。此意行移。」

同右、乙巳条　（李）元翼曰、「無拠之言、故不為状啓矣。似聞、宋侍郎即奏本于朝廷、故論劾云。提督移咨于侍郎、其持咨之人、侍郎以棍杖打下三十云。」

(20)『明史』巻一百八十八、張士隆伝　出按鳳陽。織造中官史宣、列黄梃二於騶前、号為「賜棍」、毎以抶人、有至死者。自都御史以下、莫敢問。士隆劾奏之。

同書巻二百三、孫懋伝　孫懋、字徳夫、慈渓人。正徳六年進士、授浦城知県、擢南京吏科給事中。……織造太監史宣、誣主事王鑾、知県胡守約、下之詔獄。懋言、「宣妄言『御賜黄棍、聴撻死官吏』、脅主簿孫錦死。今又誣守職臣。乞治宣罪、還鑾・守約故任。」……皆不報。

(21)『宣祖実録』巻七十二、宣祖二十九年二月丙辰条　辰初、上御別殿、講『周易』。……上曰、「金徳齢、何許人也。」権慄啓曰、「徳齢、本光州校生也。勇力絶倫、其才可用。毎憤軍律之不厳、管下之人、若有犯罪者、則或以割耳、或用棍杖。故管下之人、稍稍亡去云矣。」

(22)たとえば『籌海図編』（明・鄭若曽撰）巻十三下、経略六、兵器、棍図説に見える「棍」は、いわゆる「少林棍」で、朝鮮の「棍杖」とは別物である。

(23)『顕宗実録』巻六、顕宗四年六月己亥条　兵曹因憲府之啓、兵使・営将所用棍杖、請減其広三寸為二寸、変其制三稜為両面、真木易以柳木。上曰、「軍門号令自別。決棍之罰、亜於斬罪。不可一体変制。監・兵・水営、因朝家分付及操練時決棍外、其餘則依此変制用之。」

(24)韓国・国立中央図書館〈http://www.nl.go.kr/〉の「原文情報DB」で『欽恤典則』の全文画像が閲覧できる。ちなみに、本資料の書皮には「議政府上」とあるが、「○○上」とは「○○備え付け」の意、したがって本資料はもともと議政府の備え付け図書であったことがわかる。

(25)『英祖実録』巻六十一、英祖二十一年五月丁丑条　上聞江界府用真木棍、治犯越人、教曰、「誰作重棍、傷我辺民乎。亟命革之。噫。快一時之猛治、混玉石而濫殺、此豈王政所為。当施以濫杖之律。以此分付該道。」

(26)『欽恤典則』軍門棍制之式、参照。
(27)『大明律』巻十三、兵律、宮衛、宮殿門擅入条　凡擅入皇城午門・東華・西華・玄武門及禁苑者、各杖一百。擅入宮殿門、杖六十・徒一年。擅入御膳所及御在所者、絞。
同右、衝突儀仗条　凡車駕行処、除近侍及宿衛護駕官軍外、其餘軍民、並須廻避。衝入儀仗内者、絞。
(28)荻生徂徠『明律国字解』兵律、宮衛、衝突儀仗条、参照。
(29)『世宗実録』巻一百三十二、嘉礼序例、鹵簿条、図　銀斫子。以木為之、如斧、而両刃塗以銀、貫于朱漆棒。
同右　金斫子。制如銀斫子、塗金為異。
(30)『世宗実録』巻一百三十二、嘉礼序例、鹵簿条、図　銀鉞斧。以木為之、塗以銀、貫于朱漆棒。
同右　金斧鉞。制如銀鉞斧、塗金為異。
(31)『世宗実録』巻一百三十二、嘉礼序例、鹵簿条、図　水精杖。用木為柄、以銀裹之。其上端施水精珠、以塗金鉄絲、屈曲之、施於珠之四旁、若火焰形。
(32)『礼記』王制　諸侯賜弓矢、然後征。賜鈇鉞、然後殺。賜圭瓚、然後為鬯。未賜圭瓚、則資鬯於天子。
『高麗史』巻六十四、礼志六、軍礼、遣将出征儀　……閤門引元帥、自西階升殿、進王座之右、稟諸方略。上将軍奉斧鉞、詣王座右、跪進。王降座、執斧鉞、授元帥。元帥跪受、降自西階。
(33)『世宗実録』巻一百三十二、嘉礼序例、鹵簿条、図　豹骨朶子。朱漆棒、圓首、冒以豹皮囊。囊長二尺。棒端鉄粧。
同右　熊豹骨朶子、制同豹骨朶子。唯冒以熊皮囊。
(34)『宋史』巻一百四十四、儀衛志二、行幸儀衛　凡皇城司随駕人数、崇政殿祗応親従四指揮、共二百五十二人、執擊骨朶、充禁衛。
(35)『高麗史』巻七十二、輿服志、儀衛、法駕衛仗条、参照。
(36)趙彦衛『雲麓漫鈔』巻二　軍額有御龍骨朶子直。宋景文公（宋祁）筆記云、「関中謂大腹為孤都、語訛為骨朶。」非也。蓋「檛」字古作「𦬆」、嘗飾以骨、故曰骨𦬆。後世吏文、略去草而只書朶。又𦬆・朶音相近、訛而不返。今人尚有「檛剣」之称、従可知矣。
程大昌『演繁露』巻十二、骨朶　宋景文公（宋祁）筆録（記）謂、「俗以檛為骨朶者、古無稽拠。国朝既名衛士執檛扈従者為骨朶子班。遂不可攷。」予按字書、篙、撾、皆音竹瓜反、通作簻。簻、又音徒果反。簻之変為骨朶、正如而已為爾、之乎為諸之類也。然則謂撾為骨朶、雖不雅馴、其来久也。

(37)『世宗実録』巻一百三十二、嘉礼序例、鹵簿条、図　哥舒棒。朱漆竿上施鉄条、貫以銅銭二十二、以紫綃冒之。又以紫綃帯束之、垂其両脚。

(38)『宋史』巻一百四十六、儀衛志四、政和大駕鹵簿并宣和増減条　白柯槍五十、哥舒棒十、鐙仗八。……宣和、……哥舒棒改戈戟、鐙杖改矛戟。

(39)『世宗実録』巻一百三十二、嘉礼序例、鹵簿条、図　金鐙。朱漆竿、上施鍍金馬鐙、下端鉄鞋。

(40)『宋史』巻一百四十八、儀衛志六、鹵簿儀服　鐙杖、黒漆弩柄也。以金銅為鐙及飾、其末紫絲條繫之。

『元史』巻七十九、輿服志二、儀仗　鐙杖、朱漆棒首、標以金塗馬鐙。

(41)『世宗実録』巻一百三十二、嘉礼序例、鹵簿条、図　銀立瓜。制形如瓜、塗以銀、立置朱塗棒首。

同上　金立瓜。制如銀立瓜。塗金為異。

(42)『清史稿』巻一百五、輿服四、鹵簿附、職官儀衛条　職官儀衛［原名儀従］。民公、視和碩公主額駙。侯、金黄棍四。餘視郡主額駙。其有加級者、棍得用紅。伯、大小青扇二。餘視侯。子、金黄棍二、杏黄傘一、大小青扇二、旗槍八。前引・後従、視侯。男、金黄棍二、杏黄傘一、大小青扇二、旗槍六。常日、前引二人、後従六人。

京官。一品視子、二品視男。三品、金黄棍二、杏黄傘一、大小青扇二、旗槍六。常日、前引二人、後従四人。四品、杏黄傘一、大小青扇二、旗槍四。常日、無前引、惟後従二人。餘官、均用青素扇一。常日、惟後従一人。

宗室・覚羅之有職者、各従其品。惟扇柄及棍、皆髹以朱。以上儀衛、於京外得全設。常日在京、不得用旗・傘・黄棍。文官三品以上、得用甘蔗棍二。武官三品以上、得用棕竹棍二。自一品至九品、均得用扇。扇各用清・漢字書銜。若進皇城、扇・棍及前引人、均不得入。文武大臣、因事入景運門、帯従官一人。

(43)『園幸乙卯整理儀軌』影印本（一九九四年、ソウル大学校奎章閣）

(44)軍牢は「牢子の別称」（朝鮮総督府刊『朝鮮語辞典』一一二頁）、牢子は「軍隊にて罪人を取扱ふ兵卒」（同書、二七二頁）。

(45)『高麗史』巻七十二、輿服志、儀衛、法駕衛仗条、参照。

(46) 国会図書館蔵「参韓帖」(請求番号WB38-4)、第1帖(武器之図)、第13コマ。本資料は同館の「デジタルコレクション」で全文画像が閲覧できる。〈http://www.ndl.go.jp/〉
(47) 「参韓帖」第3帖、第12コマ。
(48) 『続大典』巻四、兵典、京官職、軍営衙門条　訓錬都監。宣祖朝、壬辰後、刱設。
同右　禁衛営。粛宗朝壬戌、減訓錬軍摠、以其中部別隊及兵曹精抄軍合設。
同右　御営庁。仁祖朝甲子、始置御営使。孝廟朝壬辰、始設軍営。粛廟朝丙戌、改以一営五部之制。
同右　守禦庁。仁祖朝丙寅、改築南漢山城、仍設庁。節制広州等鎮軍務。
同右　摠戎庁。仁祖朝甲子、刱設。節制水原等鎮軍務。
(49) 『続大典』巻四、兵典、外官職、注　宣廟朝、慶尚道置統制使、統慶尚・忠清・全羅舟師。黄海道置兵馬節度使。
同右　仁祖朝、諸道置鎮営将・兼討捕使。京畿・江原・咸鏡・平安道、置防禦使、以守令・辺将兼。京畿置統禦使、統京畿・黄海・忠清舟師。
(50) 『続大典』巻四、兵典、用刑条　軍民犯罪者、従軽重、用軍律。
(51) 同右注　沿海辺民、交通唐船者、瞞報辺情者、宿衛軍兵越城出入者、入番軍兵処受賂者、与受、並用軍律。　軍兵逃亡、初犯、決棍五十、再犯八十、三犯梟示。　辺将被打彼人時、軍官棄而不顧者、直用軍律。　私自調発束伍軍兵者、只犯者、梟示。　軍門将領、擅用軍兵、郊外経宿者、従重決棍、辺遠充軍。　闌入闕門下人、勿論衙門高下、本曹捉入棍治。(＊このうち、逃亡兵に対する処罰規定の起源については、前掲注(11)、参照)
(52) 『新補受教輯録』兵典、軍律条　国勢危疑之日、禁中宣伝官、無端闕直者、関係紀律。依軍律、直為梟示事、使訓錬都監挙行［雍正戊申(英祖四年、一七二八)、承伝］。
(53) 『大明律』兵律、宮衛、宿衛守衛人私自代替条　凡宮禁宿衛及皇城門守衛人、応直不直者、笞四十。以応宿衛守衛人私自代替、及替之人、各杖六十。以別衛不係宿衛守衛人冒名私自代替、及替之人、各杖一百。百戸以上、各加一等。
(54) 『続大典』兵典、外官職、注　仁祖朝、諸道置鎮営将、兼討捕使。
『英祖実録』巻二、英祖即位年十一月乙巳条　正言金浩上疏、論時弊七条……。一曰、営将為任、治兵治盗、不軽而重、其所設置、意固有在。

（55）許善道「朝鮮時代営将制」（『韓国学論叢』第十四輯、一九九一年、国民大学校韓国学研究所）、参照。

（56）『光海君日記』（鼎足山本）巻五十七、光海君四年九月辛丑条　大司諫朴楗啓曰、「柳珩性本驕妄、済以貪毒。昔為統制使時、瘡痍在目、而声楽日張、列置百工、営為万端。加以所行残暴、無復顧忌、以造鞍不称意、督迫軍官、使至縊死。熊川県監趙翼、与珩曾有言語小嫌、当珩出巡之日、翼往候於例待之処。珩経取間路、托以不謹待候、棍杖無数、以至殞命。南辺大小、至今称冤。此非臨敵号令之時、而枉殺無辜、肆毒至此。論以濫刑、珩亦無辞矣。如使国無濫刑之律則已。不然則不可免。……」（ただし、同条の原注には、「柳珩、雖無方畧、清直不撓、武弁之最良者也」とある。これによって、『光海君日記』編纂当時の西人政権においては、かえって柳珩に対する評価の高かったことがわかる。）

（57）『仁祖実録』巻四十六、仁祖二十三年五月己酉条　吏曹参議趙錫胤上疏曰、「……近来任事之臣、競尚厳酷、武弁尤甚、薄罪亦用棍杖。飢寒羸病之民、殞於非命者多矣。」

（58）『仁祖実録』巻十三、仁祖四年七月甲午条　諫院啓曰、「南道兵使柳舜懋、為人庸劣、本乏才局。向時賄賂麤鄙之事、已不足言、及授本職、不念朝廷棄瑕収用之意、濫用棍杖、枉斃者多。専務箕斂、民不堪苦。当此一路飢荒之秋、如此之人、不可一日委任。請命罷職。」答曰、「柳舜懋、為国尽忠之人、豈有如此之理哉。」累啓、乃命遞差。

（59）『仁祖実録』巻二十一、仁祖七年十月壬戌条　上下教于八道監司曰、「…守令中、非軍令而用棍杖者、摘発啓聞。」

（60）『仁祖実録』巻四十九、仁祖二十六年十一月丙寅条　……苟有官威者、敢以刑杖為飾怒之具。辺遠之邑、此習尤甚。無辜殞命者、何限。凡笞杖用刑、各令遵式、毋得過濫。非軍律則切勿用棍杖。

（61）『新補受教輯録』巻五、刑典、用刑条　非軍兵衙門而用棍者、禁断。［順治□□《ママ》承伝］

（62）『新補受教輯録』刑典、用刑条　棍杖、若事係軍務者、則限三十度、随其罪之軽重、或多或少、而多不過定式之内。若其罪犯極重、必加棍数、則具由啓聞後、治罪。而或有用棍過濫者、勿論被杖者殞傷与否、論以濫刑之律。［康熙乙丑（粛宗十一年、一六八五）、承伝。　依大典、杖一百・徒三年。］

（63）『新補受教輯録』兵典、軍律条　鳥銃二柄偸取罪人、除軍律、以大明律盗軍器条論［依大明律、盗軍器、以凡窃盗論、次加等、罪止杖一百・流三千里〈康熙辛卯、承伝〉］。（康熙辛卯は粛宗三十七年、一七一一。ちなみに、「除○○」というのは、朝鮮の吏文に頻出する構文で、○○を適用しない意。「除収贖、的決」といえば、笞杖罪に対して「収贖」の規定を適用せず、笞杖の実刑を執行することを意味する。）

(64)『顕宗実録』巻九、顕宗五年九月壬子条　上引見大臣、備局諸臣於熙政堂。……大司憲鄭知和、……又啓曰、「棍杖、非係干軍律之罪、不得濫用、已有朝廷厳飭。自該曹亦纔定制申明。而全羅兵使兪椗、濫用棍杖、四五邑之人、相継殞命、人言藉藉。此非邂逅致死之比、事極驚駭。請令本道査問、啓聞以処。」上曰「依啓。」

(65)『英祖実録』巻七十、英祖二十五年十月己亥条　命、「自今以後、用棍衙門、非軍務及攔《ママ》入、不得用棍。守宰不得用圓杖。関係倫常及殺人侵民外、雖重宰・侍従之臣、毋得法外濫刑。犯者、道臣随現厳縄。掩置不聞道臣、一例厳縄。」

(66)沈載祐「正祖代『欽恤典則』の頒布と刑具整備」(前掲注(16))、参照。

(67)『世祖実録』巻二十、世祖六年六月辛亥条　兵曹拠慶尚道都体察使単子啓、「……。一、松木、造船之材。前此、沿辺深遠処、皆禁伐。稚松小枝、亦不得擅伐。近因年饑、聴民剝皮而食、松禁遂弛。非唯此道、諸道皆然。請申明松禁。且令諸浦万戸、種松閑曠之地、令処置使検察。万戸遞任時、解由交割。……」従之。
『新補受教輯録』刑典、禁制条　松禁、分付各軍門及捕盗庁、別様厳禁。[康熙戊寅(粛宗二十四年、一六九八)、承伝。]

(68)『仁祖実録』巻四十九、仁祖二十六年十一月丙寅条(前掲注(60))、参照。

(69)守令の濫刑については韓相権『朝鮮後期社会と訴冤制度──上言・撃錚研究』(一九九六年、ソウル、一潮閣、二二五～二二七頁)にも簡潔な言及がある。

(70)『続大典』巻五、刑典、推断条　除圧膝刑[当宁癸丑(英祖九年)]。　除剌字刑[当宁庚申(英祖十六年)]。　尽除全家徙辺律[粛宗戊辰・丁酉、次第減定若干条。当宁甲子(英祖二十年)、尽除本律、以杖流施行]。

(71)李建昌『党議通略』、李成茂『朝鮮時代党争史』(二〇〇七年、ソウル、아름다운날)等、参照。なお、英祖の治世全般については次の研究がある。
JaHyun Kim Haboush. *The Confucian Kingship in Korea: Yonjo and the Politics of Sagacity*. New York: Columbia University Press, 2001.

(72)『尚書』洪範　無偏無党、王道蕩蕩。無党無偏、王道平平。

(73)李重煥『択里志』人心　挽近以来、則四色咸進、惟取官爵、将旧来各守之義理、一併弁髦、如斯文是非、国家忠逆、摠帰之前塵。盛気血闘之習、雖比前少減、於旧俗中、添委靡頽惰、軟熟柔滑之新病。其心固自別、而外以宣之於口、則皆似渾然一色。毎公座稠会、語到朝廷間事、不欲露圭角、而難於対答、則輒以詼笑、弥縫磨滅之。故衣冠萃集、惟聞満堂閧笑、及見於政令事為之間、則惟図己利、而実鮮有憂国奉公之人。視官爵甚軽、視公府如伝舎。宰相以中庸為賢、三司以不言為高、外官則以清倹為癡、而末乃駸駸然、至無可奈何之域矣。

(74)『近世朝鮮政鑑』巻上　朝制、城内幸行、従駕百官皆用紗帽・黒団領。城外幸行、則皆着戎服、即笠飾虎鬚貝纓、衣藍帖耳、珮長剣、礼也。

(75)『英祖実録』巻二十一、英祖五年二月丙子朔条　礼曹稟謁太廟・謁陵服色。命、宗廟以玄色磨錬。展謁則以冕服。謁陵時出還宮、以視事服。展謁行祀、以淡服。其後謁陵服色、改以黲布戎服、除挿羽。

同右、己卯条　行幸時服色、命議大臣。奉朝賀崔奎瑞議云、「自上進黲布戎服、百官用浅淡色、恐合吉凶隆殺之義。」命依議施行。

(76)『英祖実録』巻十一、英祖三年二月己未条　上閲武于箭川之野。先是、領府事閔鎮遠、以為、「三年甫畢、不可観武。」引先朝大臣請寝陵幸時閲武事、微達其意。上取覧日記、先朝戊辰（粛宗十四年）、果有大臣所奏、而其後陵幸、多有閲武之挙。上以鎮遠所奏不審、有厳教。至是、遂親閲。賜廐馬於三将臣、仍歴臨関王廟。礼曹判書申思喆、奏曰、「考見日記、則宣廟幸関王廟、行再拝礼。先朝行揖礼矣。」上行再拝。

閔鎮遠『丹岩漫録』丁未（英祖三年）条　丁未春、上将謁陵、鎮遠奏曰、「粛廟朝、陵幸還宮時、頻有閲武之挙、後因大臣陳達、仍為定式、不復有閲武之事。自上宜取法也。」蓋粛廟定式於戊辰、而其時定奪之大臣重臣、己巳皆罪黜、故己巳以後、陵幸時、数次行閲武。甲戌、旧臣復入之後、不復行之。而鎮遠不能細陳曲折、上意必欲行閲武、而聞鎮遠之言、極用缺然、遍考粛廟朝故事、特下備忘、責鎮遠之奏事不審、詞気迫切。鎮遠上箚待罪、則下例批慰諭之。其後陵幸時、鎮遠謝病不従、上竟行閲武。

(77)『英祖実録』巻九十四、英祖三十五年十一月己未条　大司憲黄景源、以所懐陳。勉優批。又曰、「臣頃於昼講入侍時、以陵幸時乗馬事、有所陳戒矣。其後懿陵展拝時、殿下歴臨関王廟、以甲冑行軍礼而還。方内無警急之憂、而人主躬擐甲冑、非所以身教東宮也。……且関羽雖有忠義、而其位不過漢諸侯耳。雖使羽親見殿下、固当用賓主之礼、則殿下何可具甲冑、行軍礼於羽之前乎。伊時三司諸臣、無一人論其不可者。臣誠不勝其慨然也。……」

(78)『英祖実録』巻九十八、英祖三十七年八月己卯条　上幸明陵。上具浅淡戎服、以歩輦至広達門外乗馬。召入宣伝官、以令旗知委于作門曰、「若有喧嘩者、当依軍律。」召入守宮従事官曰、「衛内喧嘩者、送守宮大将。衛外喧嘩者、出付留都大将。」

上過昌陵店、道傍有乞児号訴。上見而感之、特命給米。上詣明陵、具浅淡服・翼善冠、奉審陵上、仍進伏欄干石前、良久不起。（＊明陵は粛宗の陵）

(79)『修書雑志』（『稗林』所収本）一、東朝上尊号事（英祖二十六年庚午、一七五〇）［十月十七日］大司諫宋徴啓上疏曰、「兵者、聖人所不得已用者。師律則係三軍之耳目。尤不可不慎也。殿下一番動駕、輒用棍罰、扈蹕之臣、挙懐惴慄。金吾［禁府都事申大規］銓郎之属［金朝潤］、何関於師中之臧否、而衣朝衣而捽曳於旗鼓之間、至於蟣虱訳舌之微、亦親臨而棍之。朝士之不仕者［李台重］、或以軍律而脅、大将之離営者、則乍為薄罰而仍之。殿下之於師律、豈不軽重失当、而何以服群下之心哉。

(80) 李台重、字子三、号三山、韓山の人。李穡の後孫。著書に『三山集』あり。韓国学中央研究院「韓国歴代人物総合情報システム」〈http://people.aks.ac.kr/index.aks〉参照。

(81) 李喜朝、字同甫、号芝村、延安人。著書に『芝村集』あり。同書の跋文に、「崇禎紀元後三甲戌（英祖三十年、千七百五十四）孟秋之下澣、門人・嘉善大夫・平安道観察使・韓山・李台重、謹跋」とある（『韓国文集叢刊』第百七十輯、一九九五年、ソウル、民族文化推進会）。

(82)『英祖実録』巻四十、英祖十一年四月甲子条　持平李台重上疏、略曰、「君道不厳、義理晦塞。宮掖近戚、未脱暗昧之案。忠寃莫白、讒説肆行。先朝元老、尚在丹書之籍。懲討緩弛、漏網滔滔、陰陽混淆、趨利営営。此今日国勢所以岌嶪、世道所以頽敗也。」疏入、上命来待。

同右、乙丑条　上召見李台重、問曰、「汝所謂近戚・元老、誰耶。」台重曰、「近戚即徐徳修、元老即四臣也。」……台重欲言壬寅獄之誣。上叱止曰、「辛壬事、皆汝輩所為、予何知之。両臣既復官、汝何称以四臣乎。」台重曰、「四臣初既同案、而金昌集・李頤命、尚在罪籍。已復官者、亦未復謚、故並称之耳。」上曰、「予以臣抑君為教、則若有北面事予之心、何敢乃爾。如汝者、可謂無君之人、而父視昌集・徳修者也。当懸汝首於藁街矣。」……仍下教曰、「頃者処分、快示中外、則北面事君者、焉敢萌旧習。李台重視君父若無、為逆臣右袒。渠説是也、下教自帰誣人、下教是也、渠疏自帰蔑君。雖施大不敬之律、亦云軽矣。……此疏即渠結案、当正邦刑、使甘心護党者、知太阿在上、而渠雖無状、官則臺閣、況当大赦、宜施減等。先逓其職、黒山島囲籬安置、倍道発配。……」

(83)『英祖実録』巻五十一、英祖十六年正月壬子条　命復故相金昌集・李頤命官。

(84)『英祖実録』巻五十一、英祖十六年五月庚戌条　持平李台重上疏、略曰、「……自春初処分以来、義理将伸而未伸、懲討将挙而不挙。遅疑等待、惟望聖上之独断。……」上以党習斥之。

同右、戊午条　三司合啓、請故左議政柳鳳輝・領議政趙泰耉、追奪官爵。領議政李光佐、姑先罷職。上特逓右議政兪拓基、併罷三司諸臣。時兪拓基為相、既伸復金昌集・李頤命両大臣官爵、又屢請反壬寅誣案、伸雪金龍沢・李喜之諸人等冤。上欲従之、久未決。諸臣等以為、誣獄不反案、則聖誣無以雪、而鳳輝等乃誣獄之本也。不先討鳳輝等、則又無以反誣獄之案。……上曰、「此輩幾年従宦、今始為之、是欲操弄人君也。広諭之日、既与領相同飲、有此挙措、豈不怪哉。蓋不満予処分之致也。」仍命并罷三司、又逓拓基相職。〇是日夜三鼓、上召見左議政金在魯、判府事宋寅明、判義禁趙顕命、右副承旨洪聖輔等、教曰、「柳鳳輝誤進一疏、醸成辛壬之事。及虎龍上変之後、固当刑推窮覈、而看作奇貨、反為奨用。其招多有犯上不道之言、而只以勿書滅去為請。欲事世弟之意、果安在哉。……」仍命書伝教曰、「面諭之時、猶未豁然開悟。出城之後、反為激成党論。大臣如此、餘外汩汩党習者、何足道也。始知党習之重於其君。諸臣勿顧否徳之君、任各自為。」〇教曰、「不悛党習、為諸臣倡者、即李台重、甲山府投畀。……」

『党議通略』英宗朝　持平李台重等、三司合請柳鳳輝・趙泰耉・李光佐追奪。上怒、竄台重。因却大小公事、有決釈負之教。在魯等泣請、乃止。命改壬寅逆案、名曰鞫案。癸卯討逆科、改名曰別試。因告廟頒赦。是謂庚申処分。

(85)『詩経』小雅、巷伯　彼譖人者、誰適与謀。取彼譖人、投畀豺虎。豺虎不食、投畀有北。有北不受、投畀有昊。

(86)『英祖実録』巻五十五、英祖十八年正月庚午条　（領議政金）在魯又言、「金時粲・李台重、蒙宥已久、尚未給牒。」朴文秀又盛言台重之可用。上命給牒。

(87)『英祖実録』巻五十七、英祖十九年三月己卯条　以李命坤・金光世為承旨、尹得徴為司諫、李延徳為献納、李重祚・金相福為持平、閔百行・李台重為校理、金時粲為修撰。

(88)『英祖実録』巻六十三、英祖二十二年閏三月甲辰条　以驪善君壆為陳奏使、以趙栄国為副使、李台重為書状官。時、彼中有退柵之議、故遣是使。

(89)『英祖実録』巻六十四、英祖二十二年十二月壬申条　湖西按覈御史李台重罷、以兵曹正郎権崇代之。初、報恩有疑獄、差李台重為御史、使按之。牙山有淫獄、仍令并覈。台重素在郷不仕、屢飭不至。上特罷之、代以権崇。蓋兵曹判書元景夏、嘗称崇解事故也。

(90)『英祖実録』巻六十五、英祖二十三年七月戊申条　義州府尹李台重、屡次催促、終不膺命。即其地、定配。

(91)『英祖実録』巻六十六、英祖二十三年十月辛未条　放李台重謫。領議政金在魯奏其病重故也。上曰、「予初以台重為朝鮮一怪物矣。書状時見之、貌小而人則可矣。……」

(92)『英祖実録』巻六十七、英祖二十四年六月甲戌条　擢前応教李台重為承旨。台重、清峻好議論、屡被厳教、南竄北謫、屈於下位。領議政金在魯奏曰、「台重本無不仕之意、只以昔年有不敢聞之教、不可冒進云。今若因其陳疏、以既往之事不必過嫌之義、有所開釈、則可以出矣。」上曰、「伊時下教、予果失言。何可形諸文字、陳乞耶。」至是、下叙命、超拝承旨。

(93)『英祖実録』巻七十一、英祖二十六年正月己酉条　（……）李台重為全羅道観察使。

(94)『英祖実録』巻七十一、英祖二十六年三月己巳条　貶李台重為珍島郡守。時台重為全羅監司、而久不膺命。既因旋宥、仍令即日辞朝、倍道赴任、而終不出仕、故有是命。

(95)国王の温陽郡への行幸は、粛宗四十三年（一七一七）以来のこと。この年、粛宗はいわゆる「丙申処分（斯文処分）」を下して老論支持の立場を明らかにした。その直後に温陽郡に行幸した粛宗は、温宮において宋時烈の門人・権尚夏を召対し、湖西（忠清道）方面の士人に科挙試（別科）を施行するなどして老論の支持を集めようとしている。英祖二十六年の温幸は、すべてこの粛宗四十三年の温幸の例に倣って挙行された。

(96)『英祖実録』巻七十二、英祖二十六年九月己未条　除李台重為兵曹参議。台重自珍島遆還、以試官入侍、故有是命。
（＊「自珍島遆還」とあるから、拝命したかどうかはともかく、実際、珍島には赴いていたのであろう。）

(97)尹鳳九、字瑞膺、号屏渓、又号久菴、坡平人。著書に『屏渓集』あり。（『韓国文集叢刊』第二百三〜二百五輯、一九九八年、ソウル、民族文化推進会）

(98)『英祖実録』巻七十二、英祖二十六年九月丙辰条　特遣史官、敦召進善尹鳳九、仍与偕来。時鳳九祇迎於近地。都承旨趙明履奏曰、「鳳九、先正臣権尚夏之門人。践履篤実、学識高明。先朝丁酉年（粛宗四十三年）温幸時、召見其師。今亦召見鳳九、宜矣。」上曰、「権尚夏之門人、貴矣。」遂有是命。

(99)『英祖実録』巻七十二、英祖二十六年九月癸亥条　大駕還自温陽郡、次于稷山。上問「兵曹参知李台重、已粛命乎。」承旨南泰耆曰、「台重不為粛謝、而待命於温宮門外矣。」上曰、「記過、拿入於稷山。」駕到稷山、拿入李台重。上曰、「汝亦老矣。君不得用耶。予以師律下教、而期会不進、此何事也。此乃軍行、汝可随駕而入京陳章、未晩矣。」右議政鄭羽良曰、「台重自珍島上来之時、聞動駕之報、直来祇迎、而仍有除命、以呈身媒栄為嫌、而従此以後、渠亦筋力奔走云矣。」上曰、「俟河之清、予亦言之支離。参知遞差、特授五衛将、使之随駕。」左議政金若魯曰、「以参知粛拝、可矣。而五衛将随駕、有損国体。渠何敢不以参知謝恩乎。」上曰、「然則以参知、即為粛謝事、分付。」拿出、上曰、「台重如是老矣。」承旨呉彦儒曰、「李台重之登第、今已二十餘年、而着帽仕宦之時稀少、只一番奉使燕行而已。其餘南竄北謫而老矣。今自珍島疾馳五日、達于行宮云矣。」都承旨趙明履曰、「昨日多般勧諭台重、而終不回心、達夜冒雨待命、真可謂難動者矣。」

（＊前掲注(79)に引用した『修書雑志』の記事に、「朝士之不仕者［李台重］、或以軍律而脅。」とあるのは、この時の英祖の振舞いを批判したものである。）

(100)『英祖実録』巻五十九、英祖二十年六月己巳条　上引見大臣・備堂。領議政金在魯曰、「武弁党習、宜痛禁。而宣伝官等、以党論、枳新進於可否。又於向日上候違豫時、設酒食、会射南山云。無識武夫、雖不足責、其習可痛也。」上素痛悪武夫党論、嘗飭宣伝官曰、「若学文官為党、必当梟示三軍。」及聞在魯言、上大怒、遂出御建明門、陳軍容、拿入宣伝官李義翼等、摘発其中五人、灰面反接、回示軍中、将欲梟示。大王大妃殿、使中官伝語、勧止之。上乃免其死、分配之。右議政趙顕命曰、「慈教下焉、聖孝従之、十数人之全活、可以祈永命。一挙三善、此之謂也。」上本欲施威而已、実無意誅之。大臣・諸臣、亦揣知上意、立視無諫之者。

(101)『英祖実録』巻七十二、英祖二十六年十月戊子条　大司諫宋徴啓、因雷異上疏。略曰、「人君即一天耳。其一喜一怒、蓋亦法乎陽舒陰惨、不可不審也。況兵者、聖人所不得已而用者、師律則係於三軍之耳目、尤不可不慎也。而殿下之一番動駕、輒用棍罰、故扈蹕之諸臣、皆懐惴惴。……」

(102)『英祖実録』巻五十九、英祖二十年六月己巳条　……上素憎文官驕蹇、必欲屈抑之、故毎当動駕、以不善禁喧、輒決棍兵郎、或以玉堂補万戸・権管。至是、又有是事。人皆憂歎。

(103)『英祖実録』巻八十二、英祖三十年十一月己卯条　上召見校理沈鏽、副修撰尹東星、……東星曰、「臣有区区所懐、敢達矣。棍杖、本是軍中之罰、非所以施於朝廷者也。近者用棍太過。……国家待朝士、当御之以礼教、養之以廉恥、不当以棍而制之。窃願深戒也。」上曰、「所奏誠是。自今予当加勉矣。」

(104)『礼記』曲礼上　礼不下庶人、刑不上大夫。

(105)『尚書』洪範　天乃錫禹洪範九疇、彝倫攸叙。……五曰、建用皇極。……五皇極。皇建其有極、斂時五福、用敷錫厥庶民。

惟時厥庶民于汝極、錫汝保極。

(106) 白川静『字通』(一九九六年、東京、平凡社)

(107) 『牧民心書』(朝鮮・丁若鏞撰、与猶堂全書五集、巻二十五) 刑典、慎刑条　案、守令之刑、不過笞五十自断。訊杖・軍棍、非守令之所敢用。而近俗鹵莽、不知法例、笞杖尽廃、唯棍是用。有一等不知痛癢之人、毎以用棍為快事。嗟呼。用之者雖快、受之者亦快乎。衙吏・衙校、已属非法。況於其餘乎。手勢既滑、小奴幼童、郷丞郷甲、咸以棍制。甚至村氓野老、一生不見笞杖者、亦以朱棍、用為恒罰。魂飛魄遁、受傷益深。惜乎、以人之痛楚、作我之快楽、心之不仁、胡至於是。訊杖之法、須報上司、乃可行之。今也、衙吏・郷丞、姑捨是。学宮之儒、訟墓之士、一触其怒、拷訊唯意、其可曰国有法乎。民之有刑、昭其法也。自我毀法、何以昭矣。法之不昭、威亦不立。適足以自喪其徳而已。

(108) 『経国大典』刑典、推断条、参照。

第五章　朝鮮時代における三司の言論と官人の処罰

朝鮮時代には専制君主権力の発動による知識人の弾圧がたびたび起こり、これらは総じて十二士禍[1]と呼ばれている。首陽大君（後の世祖）が政敵の金宗瑞（一三九〇～一四五三）らを謀殺した癸酉士禍（一四五三）、そのあと退位に追い込まれた魯山君（端宗）の復位を図って死六臣らが粛清された丙子士禍（一四五六）、さらには勲旧派の主導する政治風土を変革して「堯舜の至治」を実現しようとした趙光祖（一四八二～一五一九）らを、その志半ばにして「姦党」の罪に陥れた己卯士禍（一五一九）など、一連の士禍に斃れた知識人たちは、いわゆる士林派が政局を掌握した宣祖朝以降に順次その名誉を回復され、後世においてますますその「神格化」が進められていった。

ところが、東西分党の発端となった乙亥党論（一五七五）以降、いわゆる士林派の勢力は「西人」と「東人」に分裂し、東人が政権を掌握するとその勢力は「北人」と「南人」に、西人が政権を掌握するとその勢力は「老論」と「少論」に分裂した。いわゆる「老少南北」の、四色党派の抗争の時代の幕開けである。

知識人の輿論が分裂したことに伴い、鄭汝立の獄（己丑年、一五八九）以降の一連の事件については、それが不当な弾圧（士禍）であったのか、それとも正当な処罰（討逆）であったのかの線引きが揺らぎ、四色党派のそれ

表1　三司

官品	司憲府	司諫院	弘文館(玉堂)
従二品	大司憲(従二品、一員)		
正三品		大司諫(正三品、一員)	副提学(正三品、一員) 直提学(正三品、一員)
従三品	執　義(従三品、一員)	司　諫(従三品、一員)	典　翰(従三品、一員)
正四品	掌　令(正四品、二員)		応　教(正四品、一員)
従四品			副応教(従四品、一員)
正五品	持　平(正五品、二員)	献　納(正五品、一員)	校　理(正五品、二員)
従五品			副校理(従五品、二員)
正六品		正　言(正六品、二員)	修　撰(正六品、二員)
従六品			副修撰(従六品、二員)

ぞれの立場で歴史に対する評価が極端に異なってくる。このため朝廷における政策や人事をめぐって朝鮮後期には大小さまざまな政争が頻発したが、それらは基本的には言論による攻防であり、その言論を主導したのは三司に拠点をおく当代一流の儒教知識人たちであった。

官紀の粛正を掌る司憲府と国王への諫諍を掌る司諫院とを併せて臺諫または両司といい、これに国王の文芸の諮問に応じる弘文館を加えて三司という。三司は当代の知識人社会の輿論――いわゆる「公論」――を代表する機関であり、国王といえども、この三司の言論を無視することはできなかった。朝鮮時代の政治は、いわば国王の絶対権力と、三司に代表される儒教知識人社会の「公論」とのバランスのうえに展開されていたのである(2)。

このうち、官紀の粛正を掌る司憲府は「風聞」によって官吏を弾劾する特権をもち、特に大臣を弾劾する場合にはしばしば両司が合啓して言論攻撃を展開したが、この種の弾劾を受けた官人たちは、ひとまず「避嫌（嫌疑を避ける）」と称して出仕をひかえ、国王にその進退を一任する。国王のほうでは三司の「公論」を勘案しつつ、当該の官人に対する何らかの処分を下すが、それは当座の懲戒の処分にすぎず、確定した刑罰ではないため、政局の変化に応じて随時に加重されたり減免されたりを繰り返した。

従来、この種の党争に関する政治史的な研究成果は少なくない[3]。しかし、先行研究においては官人に対する一連の懲戒と、明律に基づく刑罰（五刑）との関係が的確に把握されておらず、刑罰制度全般についても概して実態的な考察の不充分なものが多い[4]。そこで、本章ではこの種の官人処罰の体系を、明律に基づく「五刑」の体系と対比しながら具体的に描出していきたいと思う。

まず第一節では三司の言論活動を概観し、第二節ではそれに対する国王の対応方式を整理する。そして第三節で官人に対する処罰の体系を示し、第四節では処罰の解除による官人たちの名誉回復の過程をたどる。なお、官人に対する処罰のなかには、当然、「律」の規定に基づく刑事的な処分（いわゆる刑罰）も含まれているが、これについては既に第一章及び第二章において検討しているので省略する。

刑罰にせよ懲戒にせよ、形式上、すべては専制君主である国王の意思によって決定された。しかし、その決定に至るまでのプロセスには、三司に代表される儒教知識人社会と王権との間の目まぐるしい駆け引きが存在する。官人の処罰をめぐる君臣間の駆け引きと、それを軸に展開していった近世朝鮮時代の政治史の特質について、本章ではできるだけ具体的な事例を列挙しながら解明していきたいと思う。

第一節　風聞・避嫌・処置

李重煥（一六九〇～一七五二）の『択里志』[5]卜居・人心の条に、朝鮮時代の政治文化を論じて次のように述べる。

蓋し我が国の官制は上世に異なれり。三公・六卿を置きて諸司を董率すといえども、しかも重きを臺閣に帰し、風聞・避

嫌・処置の規を設けて、専ら議論を以て政を為す。(6)

ここで李重煥が指摘しているのは、朝鮮時代における臺閣（司憲府・司諫院）の「議論」を中心とする政治――いわゆる「公論」による政治――のあり方にほかならない。李重煥は政治に「公論」を反映させるための制度として、「風聞・避嫌・処置」の三つを挙げている。それぞれについて簡単に説明を加えておくことにしよう。

(1)　風聞

『択里志』にいう「風聞」の規とは、風聞による弾劾、すなわち明確な証拠や証言の提示なしに、聞き伝えによって官吏の不正を弾劾することを言う。中国では古くから御史による「風聞論事」が許されていたが（『容斎随筆』四筆、巻十一、御史風聞(7)）、その点は近世の朝鮮においても同様であり、唐宋の御史臺に相当する朝鮮の司憲府においても、「風聞」による官吏の弾劾が盛んに行われていた。以下、各種の史料を要約した【事例】を通して事件の具体相を検討していきたい。

【事例1】司憲府が陽城県監・朴懋の「貪鄙」を弾劾して「罷職」を要求したため、王がさらに具体的な説明を求めたところ、司憲府では「これといって具体的に指摘することはできないが、守令として赴任した先々で苛斂誅求を事としており、物議が沸騰しているので弾劾に至った」と回答した。（『宣祖実録』十六年閏二月丙子条(8)）

このように司憲府の弾劾では必ずしも証拠や証人を明示する必要はなく、仮に証拠や証人があってもそれらを伏せて弾劾することが許されていた。そうして、その弾劾が正当であると見なされた場合、国王は改めて正式に取り調べを命じるか、もしくは自ら「参酌」して直ちに懲戒の処分を下すことになる。

憲司（司憲府）、六品以上の官を劾するに、笞罪といえども、必ず職牒を収むるは、実に前朝の弊法たり。……六品以上の員は、犯す所の罪状をば准備推考し、罪状の軽重を以て、(1)杖以上の罪は申聞して、謝牒を収めて鞫問せよ。(2)笞罪は職牒を収むるを許さず、公緘を以て辜状を問備し、縁由を具録して、使司（都評議使司）に呈して量罪し、巡軍に移文して決答還任せしめよ。（『太祖実録』六年九月己巳条——括弧内、及び文節番号は引用者の補足）[9]

右の『実録』の記事に見られるとおり、六品以上の官人（いわゆる「参上」）の罪は、司憲府の予備的な審問を踏まえて、それが「杖以上」に相当する場合は国王に申聞し、謝牒（告身）を収取して鞫問するという正式の裁判手続きを取るが、「笞罪」の場合はそれを省略し、公緘（書面）による事情聴取（問備）の内容を都評議使司（後の議政府）に報告し、有罪の場合には都評議使司から巡軍（後の義禁府）に移文して直ちに笞刑を執行することになっていた。もっともこれは初期の事例で、後には笞罪の執行についても官人の場合には必ず国王への啓聞の手続きが必要となったが、[10]ともあれ官人の犯罪については司憲府が罪状を「准備推考」し、[11]王命を俟たずに独自に予備的な審問を行う慣例になっていたことがわかる。この特権にもとづき、司憲府は官人に対して「公緘」による取り調べを行い、そのうえで国王に弾劾して必要な処分を求めることになるのである。

なるほど、「風聞」による弾劾には一定の制限があり、特に地方官（守令）を弾劾することは、「貪汚・虐民」の告発以外は原則として禁じられていた。[12]それでも、

大臣の不法、守令の貪汚・虐民、婦女の失行、人子の不孝、疎薄正妻の如き、あらゆる綱常に関係し、風俗［を汚染する］等の事（『睿宗実録』元年閏二月丙寅条）[13]

については、司憲府から「聞見する所に随いて、ただちに推劾を加え、もしそれ情を得れば、啓聞して科罪」[14]することが、むしろ積極的に奨励されている。要するに、司憲府は官紀粛正のために、専ら「風聞」によって弾劾

することが許されていたのである。

弾劾に際しては、まず司憲府から被疑者に「公緘」と呼ばれる質問状を送り、その回答内容を踏まえて弾劾を行うことが一般的であった。この「公緘」による事前の取り調べを「公緘推考」といい、略して「緘推」ともいう。「公緘」による取り調べは司憲府の固有の特権であって、対象者が「三公」等の正一品官――いわゆる「大臣」――でなければ、取り調べに際して事前に国王の許可を求める必要もない。(15) 次はその実例である。

【事例2】兼宣伝官の朴良は朴永文の後妻の子であるが、この後妻は黄孝源の妾の子。つまり、朴良は「庶賤」の血を引いているので、本来、東西班の職を授けることはできない。にも拘らず、兵曹が彼を「兼宣伝官」に任命したのは、必ずや情実による人事に違いない。そこで「判書」以下の官人については司憲府から「公緘」を送って推問するが、大臣である「兼判書」に対しては王の許可を待って推問したい、との由を司憲府が上啓した。(『中宗実録』二年閏正月庚戌条(16))

【事例3】国王の南別宮への行幸に際し、百官が下馬・班立〔して王を迎送し、儀式が終わって〕その場を退こうとしたところで、定遠君（宣祖の庶子で、仁祖の父。後に追尊して廟号を元宗という）の従者が左議政金応南の従者と道を争い、乱闘となったが、定遠君は宮奴の横暴を放任して取り締まろうとしなかった。このため、司憲府持平の南以信が定遠君の「推考」を要請した。(『宣祖実録』三十年六月丁丑条(17))

右の二例では取り調べの対象者が「大臣」や「王子」であるため、事前に国王の許可を求めているが、それ以外の場合は司憲府から直ちに「公緘」を送って取り調べを行っていたことがわかる。この「公緘」による取り調べを通して「風聞」の事実を検証し、有罪を確信した段階で、はじめて国王への弾劾（処罰要請）に踏み切ることになるのである。

このように司憲府では「風聞」による弾劾を盛んに行っていたが、それでも対象者が「大臣」である場合はおいそれとは弾劾することができない。そこで「大臣」を弾劾する等の重大案件の場合は、司憲府・司諫院の両司が連名して弾劾することも少なくない。

この場合、臺諫は事前にソウルの「中学」に会同して意見を調整し、議論の帰一を俟って弾劾に踏み切ることが慣例であった。[18]「中学」はいわゆる四学の一つで、ソウルの北部・観光坊に立てられた官立の学校である。この「中学」の会合における司憲府・司諫院の合致した議論は、それこそが「朝廷の公議」[19]にほかならないと見なされていた。

(2)　避嫌

両司の「公論」による指弾にさらされた官人たち、とりわけ時原任の「大臣」――領議政・左議政・右議政などの時任・原任の正一品官――は、たとえそれが事実無根であったとしても、そのような指弾を受けたことそれ自体を自らの不徳の致すところとして、いわゆる「避嫌」のポーズをとらなければならない。逆に、弾劾する側の臺諫たちも、攻撃を受けた者からの逆襲に遇って自らが釈明する立場に回らなければならないこともしばしばである。こうした場合、臺諫たる者はちょっとした批判や遠まわしの当て擦りを受けただけのことであっても、いちいち「避嫌」を名目として出仕を差し控え、ないしは辞表を提出するというのが、当時の朝廷における日常茶飯の光景であった。

【事例４】司憲府持平の朴道弘は、匠人の派遣に応じなかった長興庫の庫吏に笞刑を加えたが、たまたまその日は禁刑日であったために、逆に長興庫使の金涉から司諫院献納の韓皐を介して苦言を受けた。このため朴道弘は「避嫌」して出仕を控えた。（『太宗実録』三年四月丙寅条）[20]

右の事例のように官人が「避嫌」の意思を表明すると、所属の官庁から国王に事情を報告して国王に何らかの処分を要請する。また官人のほうで自ら辞表を提出する場合もあるが、この種の辞職願に対しては、国王は一般に「勿辞（辞する勿れ）」との批答を下し、ひとまず慰留することが通例である。しかし、だからといってすぐに復職するわけにもいかないので、官人のほうでは「退待物論（退きて物論を待つ）」と称し、引き続き自宅で謹慎しつつ、なにぶんの処分を待つことになる。

【事例5】中宗十五年（一五二〇）、右議政の李惟清は経筵の席で、三年前の趙光祖一派の執権期に、当時の臺諫が継妃（章敬尹氏）の冊封後に行われた百官の賀礼をサボタージュし、王の召し出し（牌召）を拒否した一件のことを蒸し返した。司憲府持平の金銛、執義の蘇世譲らは当時の臺諫の一員であり、このような批判を受けながらそのまま現職にとどまることは出来ないといって更迭（逓差）を願い出た。王は過去の話だとして再三「辞する勿れ」との命を下したが、蘇世譲らはそれを受け入れず、「当に退いて物論を待つべし」といって謹慎を続けた。（『中宗実録』十五年六月乙亥条[21]）

このように、官人たちは「退きて物論を待つ」と称して、あくまでも辞意を通そうとする。このため国王のほうでも先回りをして「辞する勿れ、また退待する勿れ（勿辞、亦勿退待[22]）」との批答を下すこともあるが、だからといって官人たちがおとなしく出仕してくるというわけでもない。結局、事態の収拾はいわゆる「物論」の調停に委ねられることになるが、それは具体的には所属する官庁の同僚たちの議論、特に三司の議論の動向を意味している。

(3)　処置

国王のほうでは「辞する勿れ」といい、官人のほうでは「退きて物論を待つ」といってお互いに譲らない場合は、結局、司憲府・司諫院及び弘文館の、いわゆる三司が仲裁に立って事態の収拾を図る。このことを当時の用語で「処置」と称している。次はその実例である。

【事例6】大司憲の張維が国恤（王室の喪）の期間中に宿直を抜け出して老母の見舞いに行き、私第に一泊したとして自ら辞職を願い出たため、司憲府がこれを「処置」し、張維に落ち度はないとして「出仕」を命じることを要請したので、王はこれに従った。（『仁祖実録』十年七月己未条）[23]

【事例7】持平廉友赫が同僚と「相会の礼」を行おうとして司憲府に出向いたところ、下僚の監察らが彼の出迎えを怠ったため、恥辱を感じた廉友赫が辞職を願い出た件で司憲府がこれを「処置」し、廉友赫には「出仕」、出迎えを怠った監察らには「推考」を命じることを要請したので、王はこれに従った。（『仁祖実録』十二年五月戊戌条）[24]

【事例8】正言・鄭雷卿が副提学・鄭百昌と酒席で口論となり、侮辱された鄭雷卿が国王に上啓して辞職を願い出たため、司諫院がこれを「処置」し、鄭雷卿については落ち度なしとして「出仕」を命じること、鄭百昌については謂われなく侍従の臣を侮辱したとして「推考」することを要請したので、王はこれに従った。（『仁祖実録』十一年十一月丁未条）[25]

【事例9】正言・金寿翼は城上所（宮中当直）として司諫院の上啓文書を承政院に提出した。提出の際、承政院において全文を展読することが慣例であるが、金寿翼はちょうど体調不良で痰がからんでいたため、全文を展読することができず、単に要旨（大概）のみを伝達したところ、左副承旨・李徳洙は恥辱を受けたとして処分を願い出、金寿翼もまた承旨から指弾を受けたとして辞職を願い出た。このため司諫院が「処置」を行い、金寿翼に「出仕」を命じることを要請したが、国王は「怠慢」か、または「故意」による所業とみなし、ひとまず「罷職」を命じた。（『仁祖実録』十二年六月己巳条）[26]

右四例のうち、前二例は司憲府の官員による「避嫌」に対して司憲府の同僚たちが「処置」を行ったケースであり、後二例は司諫院の官員による「避嫌」に対して司諫院の同僚たちが「処置」を行ったケースである。このように、司憲府の案件は司憲府で、司諫院の案件は司諫院で、要は同じ官庁の同僚たちの「物論」によって「処置」を決めることが原則であり、国王はその「処置」の方針を、原則としてそのまま受け入れることが慣例となっている。

しかし、司憲府・司諫院の内部で議論が分かれ、それぞれの内部で「処置」を行うことができなくなると、その場合は司憲府の案件を司諫院が「処置」し、司諫院の案件を司憲府が「処置」する。次はその実例である。

【事例10】仁祖朝の大司諫金慶徴は、かつて光海朝の「廃母」の庭請に参与した官員を臺諫の人事から排除するために、義禁府から「庭請」の文書数件を謄出して司憲府・司諫院及び吏兵曹に送付することを提議した。しかし司諫・李景曾らはこれに反対して司諫院内部の議論が分かれ、賛成派・反対派がそれぞれ「避嫌」して辞職を申し出たため、司憲府がこれを「処置」し、賛成派には「出仕」、反対派には更迭（遞差）を命じることを請求したので、王はこれに従った。（『仁祖実録』十二年四月甲戌条[27]）

【事例11】仁祖妃（仁烈王后韓氏）の父・韓浚謙に対して死後一周忌が過ぎても依然として生前の禄俸を支給しているのは不当であるので、「仍給」の命を還収するようにと司憲府が上啓したところ、王は「国母（王妃）に対してあまりに薄情である」と叱責したため、司憲府が全員、辞職を願い出た。王は「辞する勿れ（勿辞）」との批答を下したが、司憲府の官人たちは退いて物論を待った（退待物論）。このため、司諫院がこれを「処置」し、司憲府の全員に「出仕」を命じることを求めたので、王はこれに従った。（『仁祖実録』六年十一月壬戌条、甲子条、及び乙丑条[28]）

右二例のうち、前者は司諫院の事案を司憲府が「処置」した事例、後者は司憲府の事案を司諫院が「処置」した事例である。しかし司憲府・司諫院で、いずれも「処置」することができない場合もあって、そうした場合には、今度は弘文館（玉堂）が両者の事案を「処置」することになる。次はその実例である。

【事例12】宣祖十四年（一五八一）八月、司憲府が沈義謙を弾劾した際に、城上所（宮中当直）の鄭仁弘が独断で鄭澈をも併せて弾劾したため、大司憲の李珥が鄭仁弘を叱責し、鄭仁弘はひとまず「避嫌」して辞職を願い出ることになった。さて、この案件を司憲府で「処置」しようとしたところ、大司憲李珥、持平柳夢井と掌令権克智、持平洪汝諄との間で鄭澈に対する評価が分かれ、それぞれが「避嫌」して辞職を求めたために、この件は司諫院のほうで「処置」することになった。ところが、「出仕」を命じるか、更迭（遞差）を命じるかで、司諫院の内部でも議論が分かれ、司諫院の官人たちもそれぞれに「避嫌」して辞職を願い出たために、結局、この事案は弘文館（玉堂）が「処置」することになり、玉堂では姜応聖・成泳の二名を除いて関係者全員の「出仕」を求めることになった。（『宣祖修正実録』十四年八月壬辰朔条）(29)

右のように司憲府・司諫院の官員がいずれも紛争の当事者となって「処置」することができない場合、そこではじめて第三者である弘文館（玉堂）が両司に代わって「処置」を行うことになっていたのである。

両司の官員、みな引嫌の事ありて処置する者なければ、則ち両司の吏、避辞を以て都(すべ)て本館に送り、議定して立落すれば、陳箚して上請せよ。（『六典条例』巻六、弘文館、總例）(30)

右の規程は、上述の慣例を法典において明文化したものにほかならない。一体、弘文館というのは国王の文芸の諮問に応じる「論思」の地であり、本来、官吏の不正に関する「論弾」の言責をもつ機関ではない。しかし司憲府・司諫院の両司が対立して「公論」の所在が不明となった場合、この「論思」の地にある弘文館の官人たちが最終的に「公論」の代表者として登場し、両司の紛争を「処置」することになっていたのである。

第二節　批答と啓字

司憲府・司諫院及び弘文館の「処置」に対し、国王は基本的にその提言をそのまま受け入れることになっていた。いわゆる処置の内容は、具体的には「出仕」、「逓差」、「罷職」など、案件ごとに当然異なってくる。「出仕」であれば、それまでどおりの勤務を命じ、「逓差」であれば、現任の職務を解いて配置換え。「罷職」であれば、やはり現任の職務を解いて、当面、他の官職への任命は行わない。

それらは君臣関係に基づく国王の大権——具体的には官職任免権——の行使であり、本来、専制君主が独断で行っても全く問題のない事柄である。しかし、「人を朝に爵す」(31)という『礼記』王制篇の言葉どおり、人事は朝廷の「公論」に基づいて行う、というのが朝鮮時代における基本的な通念であり、三司は公論の代表であるから、その提言は原則としてそのままに受け入れなければならない。そうした振舞いこそが、国王の治者としての「徳」を示すものと見なされていたのである。

王命による処分の具体的な内容については第三節で改めて検討するとして、ここではその前提となる事柄、すなわち臣下の上言に対する国王の対応方式について整理しておきたい。それは一般に、(1)「批答」を下し、(2)「啓字」を捺し、または(3)「批答」も「啓字」も与えないで「留中不下」し、さらには(4)「還出給」する、などの形式を取っていた。こうした国王の対応如何によって、その後の処分の方向性が示されていくのである。

(1)　批答

臣下の上言、特に辞職願の上言に対しては、それがいかなる事情のものであれ、国王は一旦は礼を尽くして慰留することが通例である。その際、上疏文の余白に王（または宦官）[32]が「批答」を書き入れ、その内容を「有旨書状」によって当該の官人に伝達するという手続きが取られる。[33]

【事例13】行都承旨の鄭経世[34]は、「このたび正二品に昇進したので、このまま承旨の職にとどまることはできない」と箚子を奉って辞職を願い出た。〔これに対し〕王は、「事情はよく分かった（省箚具悉卿懇）。しかし、正二品で都承旨となることには先例もあるので、辞職する必要はない（勿辞）」との批答を下した。（『仁祖実録』三年二月甲申条）[35]

この種の「批答」の文面は、通常、ほとんど類型的なもので、たとえば辞職願などの場合、これを認めないのであれば「辞する勿れ（勿辞）」、認めるのであれば「施すを許せ（許施）」、「依りて施せ（依施）」などの批答を書き入れて、その内容を「有旨書状」で伝達する。ただし、これは仮の王命であるから、その後、承政院で改めて正式の伝旨――いわゆる「不允批答」――を作成する場合もある。[36]

批答の冒頭の文言（頭辞）は、二品以上に対しては「省疏具悉卿懇」、正三品堂上に対しては「省疏具悉爾懇」、それ以下に対しては「省疏具悉」といい、[37]「疏」ではなく「箚子」の場合には「省箚云云」というが、本文の内容は大体型どおりの、いわゆる「例批」がほとんどである。型どおりとはいえ、国王から直々に回答の言葉を送るという、そのことにこそ意義があるのである。

(2)　啓字

臣下の上言文に対し、その内容を裁可する場合には当該の文書に「啓字」を捺す。これを「踏啓字（啓字を踏む）」という。啓字とは草書体で「啓」と刻まれた木印のこと。[38]朝鮮では世祖十年（一四六四）四月の王命によって、草書体で「啓」字を刻んだ印を作り、これを啓下文書（啓下公事）に印して標《しるし》とすることが定められた。[39]

「啓下文書」とは国王に上啓して裁可を得た文書のことで、これに王もしくは内官（宦官）[40]が「啓字」を捺し、これを承政院（国王の秘書機関）に送付すると、承政院の承旨が適宜判断して当該文書の末尾に「啓下某司、云々」等の「判付」を書き入れ、細部の案を詰めるために担当部局に送付して回啓させる。[41] 上啓文書に対して王は三日以内にこれを啓下することが通例であり、また担当部局の方では啓下後五日以内に国王に回啓することが原則である。[42] そうしてこの回啓が国王によって裁可されると、はじめて当該の命令が外廷に施行される。[43]

上述のとおり、官人の辞職願については、「辞する勿れ（勿辞）」との批答を下して一旦慰留することが通例であった。しかし、国王の虫の居所が悪かった場合、官人の辞職願がそのまま受理されてしまうことも全くなかったわけではない。そのような場合、国王は「批答」を加えることなく、そのまま「啓字」を捺して裁可の印《しるし》とする。

【事例14】「元宗」として追封された生父（定遠君）を、仁祖がさらに宗廟（太廟）に祀ろうとしたため、これに反対した副提学李植が上疏して辞職を願い出たところ、仁祖はそのまま「啓字」を捺して（踏啓字）、これを〔承政院に〕下した。（『仁祖実録』十二年七月壬子条）[44]

一六二三年の「癸亥反正」によって即位した仁祖は、自らの権威を高めるために、生父の定遠君を「元宗」として追尊し、功臣勢力の反対を押し切ってこれを宗廟に祀った。[45] 副提学の李植（一五八四〜一六四七）はこれに反対して辞職を願い出たが、仁祖はこの箚子にそのまま「啓字」を捺してあっさりと辞職を認めてしまう。何の慰留もなしに辞職を認めることは異例中の異例であるが、そもそも辞職を願い出たのは当の本人であるから、いまさら文句の言えることではない。

この場合、「啓字」は裁可の印《しるし》にすぎないから、正式には承政院において改めて「逓差伝旨」を作成する。[46]「逓差伝旨」が発令されれば、これは正式の更迭命令であるから、いやでも離任せざるを得ない。結局、辞職願を裁可するもしないも、すべては専制君主の意向一つにかかっているのである。

(3) 留中不下

ここまでは上言文の内容を可とする場合の好意的な処理方法であるが、逆に、これを否とする場合には「留中不下」といって、上言自体を黙殺してしまうことも多い。国王がもし「啓字」を捺さず、つまり裁可を与えずに文書を承政院に突き返した場合、承政院はこれを文書庫（院閣）に収蔵し、史官がその内容を採取して日記（承政院日記）に記録するが、特に記録すべき内容がなければ何も採録しない。(47) いずれにせよ、それは外廷には施行されないので、これを「留中不報」または「留中不下」というのである。

【事例15】前察訪の安邦俊(48)は、上疏して時事を極言したが、「狂直」の語が多いため、仁祖は「留中」してこれに報いなかった。他日、王は群臣に説明して、「安邦俊というのはどこの者か知らぬが、上疏の内容からみて、〔中央政界の〕事情に疎い者であろう。内容に採るべきものがなく、また〔外廷に下せば朝野の〕視聴を煩わせることになるので、留中して下さなかったのだ」といった。（『仁祖実録』十八年五月壬辰条(49)）

「留中」された上言文の多くは、史官によっても採録されないため、このときの安邦俊（一五七三〜一六五四、西人）の上疏がどのような内容であったのかはよくわからないが、大方は西人の立場からする東人批判の内容であろう。その上疏を裁可するにせよ、しないにせよ、何らかの反応を示せばそれに対して再び士大夫社会の議論が沸騰する。そういう場合には、結局「留中」して黙殺してしまうのが一番の遣り方であった。

(4)　還出給

「還出給」とは「受納せずして返還すること」（朝鮮総督府刊『朝鮮語辞典』九六〇頁）。具体的には不裁可となった上疏文を提出した本人に突き返すことをいう。臣下の上言文を「批答」もなしに突き返すことは、当該の官人に対する国王の強い不快感を示す。

【事例16】粛宗即位年（一六七四）、かつて孝宗を仁祖の「庶子」と位置づけた宋時烈（西人）の「誤礼」を郭世楗（南人）が痛烈に批判すると、修撰姜碩昌（西人）は宋時烈を擁護する「縷縷数百言」の上疏を行った。しかし国王はこれを黙殺して「還出給」を命じ、さらに備忘記を下して姜碩昌に「罷職不叙」の処分を下した。（『粛宗実録』即位年十月丁酉条）[50]

孝宗を「体而不正」の「庶子」と位置づけることは、このころ宋時烈（一六〇七～一六八九）を領袖として戴いていた西人グループの定論であった[51]。しかし、孝宗の孫である粛宗からすれば、自身の祖父を「庶子」と位置づけることは当然面白くない。このため、西人の礼論を退けて南人を支持した粛宗は、宋時烈を擁護する姜碩昌（一六三四～一六八二）の上疏に対して「還出給」を命じ、さらに罷免（罷職不叙）の処分を命じるに至った。国王に対する上言の行為は、その内容如何によっては常に処罰の対象となるリスクを含んでいたのである。

もっとも、この程度の処罰にとどまるのであれば、まだしも幸いというべきであろう。官人に対する処罰については、これを律の「五刑」と対比しながら考察する必要がある。その概略については既に第三章で検討済みであるが、次節ではその詳しい実態について、さらに具体的な事例を付け加えながら検討していくことにしよう。

第三節　官人の処罰

朝鮮時代の基本法典である『経国大典』の規定によると、およそ杖罪以上の犯罪については原則として獄に囚禁して取り調べることになっている。[52] しかし官人の場合はその身分が国王によって保障されているため、一旦、国王に啓問し、その裁可を得たうえでなければ囚禁して取り調べることができない。[53] 獄に囚禁する場合は、通常、官人の保有する告身（職牒）を収取し、一時的にその身分・特権を剝奪したうえで囚禁する。[54]

告身は当該の官人の身分・特権の保証である。それだけに、官人に対して囚禁・推鞫を行うことは、それ自体、かなり重大な処分であるとみなされていた。このため官人に対しては、通常、囚禁を伴わない形――言い換えれば笞罪を前提とする形――で取り調べが行われ、それも六品以上の官人の場合は「公緘推問」といって、書面による事情聴取を行うことが慣例となっている。[55] この場合、官人の風紀を取り締まることは司憲府の職責であるから、公緘による取り調べは専ら司憲府が担当する。

具体的には、司憲府が「風聞」に基づいて問題の官人に「公緘」を発し、官人はその質問の内容に書面で回答する。この遣り取りを「問備」という。問備とは「臺官が〔罪状を〕問難し、被疑者が〔それに対する答えを〕備列すること」[56]を意味している。

この結果として官人の罪――それも杖罪以上に相当する罪――が明らかになった場合には、司憲府から改めて国王に啓問して正式に処罰要請、または囚禁・推鞫を要請することになるが、実際には囚禁にまでは到らずにそのまま沙汰止みとなることも少なくない。

一方、司憲府以外に司諫院のほうでも官人の不正を「風聞」によって察知することがあるが、司諫院は司法機関ではないので自ら「公緘推問」を行うことはできない。そこで国王に啓問して「推考」の命令を要請し、これが裁可された場合は改めて司憲府のほうから「推考」を行うことになる。

(1)　推考（問備）

上述のとおり、司憲府では「風聞」で察知した官吏の不正を「公緘」によって取り調べていたが、その際、「大臣」以外の一般の官人に対しては、国王に事前に啓聞することなく、直ちに「公緘」を送って取り調べを行うことが許されていた。しかし、これはあくまでも予備的な事情聴取にすぎないため、正式に取り調べを行う場合には必ず国王に啓聞し、国王の裁可を得なければならない。もっとも、官人に対する取り調べは、国王の裁可を得た場合でも通常は「公緘」によって行われるので、その点においては司憲府が独自に行う予備的な取り調べと大差はない。しかし「推考伝旨」と呼ばれる王命によって取り調べる、という点は大きな違いであって、だからこそ司憲府・司諫院は国王に対して「推考」の実施を求めることになるのである。

具体的には、まず国王から担当の司法機関に推考伝旨が下される[57]。これが義禁府に下された場合は、義禁府による推考――いわゆる禁推[58]――が行われ、囚禁したうえでの本格的な取り調べとなるが、司憲府に下された場合は引き続き書面による取り調べとなり、「行公推考」の場合には職務もそのまま継続させる[59]。一方、取り調べの対象となった官人のほうは「推考伝旨」の内容に対して逐条的に回答し、「推考緘辞（推考緘答）」[60]と呼ばれる回答書を必ず提出しなければならない。この「緘辞」の内容を踏まえて司憲府が量刑を擬定し、それに基づいて国王が適宜判決を下す。当該の官人があくまでも自分の落ち度を認めない場合は、告身（職牒）を収取したうえで囚禁して推考し、それでも自分の落ち度を認めない場合は拷問による取り調べ、いわゆる「刑推」を行うことになるが[61]、普通は適当なところで自分の落ち度を認め、いわゆる「遅晩」を行って、あとは国王の処分にゆだねることが一般的であった。

ところで、王が「推考」を命じる記事は『実録』中に無数に存在するが、その結果についてはほとんど記録されていない。それというのも、「推考」の結果はほとんどの場合、笞杖の「収贖」という、極めて軽微な処罰にとどまるか、もしくは処分保留の形で何のお咎めもなしに終わってしまうからである。

【事例17】吏曹参議の兪伯曾は、「大臣」――具体的には左議政呉允謙、右議政金尚容など――を侮辱した廉で「推考」の命を受けた。これに対し、司憲府では明律に照らして「杖八十、公罪」との量刑を行った。（『凝川日録』大東野乗本、仁祖十三年二月初七日条及び初九日条[63]）

右の量刑は明律の「凡首領官及統属官、罵五品以上長官、杖八十」という条文に基づく。これに対し、王は「議功」――いわゆる八議の一つ――によって罪一等を減じたというから、結局、兪伯曾の処分は「杖七十、公罪」の線に落ち着いたことになる。この場合、公罪（職務上の過失）は「杖一百」までは「収贖」のうえ「還任」することが許されているので[64]、結局、兪伯曾は吏曹参議の現職にとどまることができたのであろう[65]。

このように「推考」の結果は笞杖の「収贖」で終わることが多いが[66]、しかも、その薄罰すら免除される場合が少なくない。

【事例18】都摠府経歴の李玄成・李之㮽らは宮中護衛兵の監督（監軍）に選出され、翌朝、昌徳宮の正門（敦化門）から宮中に入って禁川橋のほとりにまで到ったところ、国王の秘書官である承旨らが金虎門から宮中に入ってちょうど承政院に登庁するところで、後ろの方から人払いの声が聞こえてきた。しかし李玄成らは国王の使者であることを示す「御牌」を奉じているので、すぐには道を空けずにいたところ、道を塞がれた承旨の任相元・申𣊍らは腹を立ててこの件を国王に報告したため、王は李玄成らの「推考」を命じた。（『粛宗実録』十二年九月丙戌条[67]）

右は官人同士の些細な諍いにすぎないが、当人たちにとってはそれこそ沽券に関わる重大事であった。この事件の場合、司憲府は李玄成・李之欅らに対して「杖八十、収贖」との量刑を行っている。[68] 公罪・私罪の区別は示されていないが、これもおそらくは「公罪（職務上の過失）」であろう。しかし、それでも処分が重過ぎると考えた国王は、結局「分揀」の命令を下して一件落着としたが、分揀とは「罪を恕すること」（朝鮮総督府刊『朝鮮語辞典』四一一頁）――もう少し詳しく言うと、罪の軽重を選り分けて軽罪の者を釈放することをいう。つまり、この事件については結局お咎めなしとなったのである。

【事例19】尹善道（一五八七～一六七一、南人）は風水の知識を買われて孝宗の陵墓の選定（看山）に加わったが、職務をサボタージュしたとして「推考」の命を受けた。彼の提出した「推考緘辞」に対し、司憲府は「杖八十・収贖、奪告身三等」との照律を行ったが、王は尹善道が既に別件で罷職の処分を受けていることを理由に「分揀」を命じた。（『顕宗実録』即位年九月己未朔条）[69]

右の場合は「杖八十」の「収贖」に加えて「奪告身三等」の処分が加わっているが、これは「公罪」ではなく「私罪」と見なされたためにほかならない。[70] しかし、尹善道は既に別件で「罷職」の処分を受けていたので、さらに告身まで奪う必要はないと考えた国王は、結局「分揀」を命じてお咎めなしとしたのである。

このように、「推考」の結果はほとんどの場合、笞杖の「収贖」となるか、または処分保留の形で「分揀」となるかのいずれかであった。要するに「推考」の命令を受けても現任の職務を解かれるリスクは、ほとんどなかったといっても過言ではないのである。

我が国の「問備」の法は、実事に益なきに似たり。（『迂書』巻四、論推考）[71]

右は英祖朝の人、柳寿垣（一六九四〜一七五五）がその著『迂書』のなかで「問備」の制度、すなわち「推考」の制度の形骸化を批判した言葉である。実際、英祖朝のころには「推考伝旨」が下っても司憲府の「公緘」による取り調べは滞りがちで、特に「従重推考」の命が下ったものでなければ「公緘」による取り調べそれ自体が行われなくなってしまっていた、といわれている。[72] 純祖朝の人・丁若鏞（一七六二〜一八三六）の『雅言覚非』に、

今のいわゆる推考は、空言のみ。

とあるのも、このためである。[73] それだけ「推考」の処分は日常茶飯で、案件の発生に対して実際の取り調べがそれに追い付いていなかったということであろう。

一体、官僚機構においては公務遂行上における大小さまざまな過失が生じることは避けられない。それをいちいち処分していてはきりがないし、しかもそれを厳格に処分すると職務に当たる者がだれもいなくなってしまう。結局、官人に対する推考とは、今日ふうに言えば「始末書」程度、重い場合でもせいぜい笞杖の「収贖」という形で罰金を命じられる程度の極めて軽微な処分にすぎず、[74] それによって現任の官職を失う可能性はほとんどなかったのである。

ちなみに、「従重推考」という場合は、特に重い量刑を想定して推考が行われる。複数の罪名が該当する場合、重いほうの量刑に従うことは律の当然の原則であるが、[75] わざわざそれを念押ししているところを見ると、実際の現場ではしばしば恣意的な法律解釈（比附）が行われ、重くするのも軽くするのも、要は司法機関の匙加減に委ねられていた、ということなのであろう。[76]

(2)　罷職

「推考」の結果は、せいぜい笞杖の「収贖」という形で終わり、当該の官人はそのまま現職にとどまることができた。しかし、これでは処分が軽すぎると思われる場合、臺諫は国王に対して直ちに「罷職」の処分を要求する。明律（及び『経国大典』）の規定によれば、私罪笞五十以上、公罪徒以上の罪が確定すれば、必然的に当該の官人は現任の官職を解かれることになる。(77) したがって、「罷職」の処分はこの「律」の規定による処分の先取りといえる。ただし、正式に「推考」したうえでの処分ではなく、あくまでもそれを先取りした仮処分の請求であることに注意したい。

これに対し、王は臺諫の要求をそのまま受け入れて「罷職」を命じるか、または少し軽減して「逓差」の処分を命じることが一般的であった。

【事例20】大司憲の魚世謙は司畜李秀、繕工監役官尹成仁らの風紀上の罪を弾劾して罷職を要求した。これに対し、王は恩赦を経ていることを理由に難色を示したが、魚世謙は「たとえ恩赦を経ていても、操行のない朝官については、論じて罷職を請うことが通例」と強弁したため、王は（罷職より一等を下して）更迭（改差）を命じた。（『成宗実録』十三年八月戊午条）(78)

【事例21】仁祖元年（一六二三）、司憲府は左議政朴弘耈の「貪黷濁乱」の罪を弾劾して「罷職」を要求したが、王はただ更迭（逓差）を命じるにとどめた。（『仁祖実録』元年三月丁未条）(79)

右に「罷職」というのは「官職を免ずること」（朝鮮総督府刊『朝鮮語辞典』八八四頁）、また「逓差」というのは「官員の更迭を行ふこと」（同上、八七一頁）で、「改差」というのもこれに同じ。どちらも現任の官職を解かれることは同じであるが、「罷職」の場合は復職に制限があり、考課で「下考」となって罷職の処分を受けた場合、及び「私罪」を犯して「罷職」の処分を受けた場合は、年二回行われる「歳抄」において復職の許可が下りなければ次のポストに就くことができない（詳しくは第四節）。これに対し「改差」、「逓差」は単なる更迭（または配置換え）であって、次のポストに就くことについては特に制限がない。つまり、いつでも復職することは可能であるから、その分、「罷職」よりは軽い処分といえる。それでも、官人にとっては現職を失うことが、かなりの痛手となったことは言うまでもない。

(3)　収告身

罷職人は現職を離れることになるが、官人としての身分はそのままに残る。具体的には、出身以来の「告身（職牒）」が手元に残っているので、その告身の位階に応じて引き続き官人としての諸特権を享受することができた。このため、罷職よりさらに処分を重くする場合は「収告身（告身を収める）」といって、当該の官人が保有する位階・官職の任命状の、一部ないし全てを没収することになる。

明律（及び『経国大典』）の規定によれば、官人の「私罪」は杖六十で位階一等を下し（つまり「告身」を奪い）、七十で二等、八十で三等、九十で四等を下して解任し、杖一百の罪ではすべての告身を奪って罷免することになっている。[80] これは正式に罪が確定した場合の話であるが、朝鮮時代にはしばしばこの正式の手続きを省略し、いわば「律」の処分を先取りした形で国王から直ちに「収告身」の処分を下すことが多い。

【事例22】中宗朝の権臣・金安老の失脚の後、彼の党与として指弾された沈彦光・沈彦慶・権輗らについて、議政府の大臣らは沈彦光を「罷職」のうえ「収告身」[81]、沈彦慶・権輗を「罷職」とする処分案を提示し、王はこれに従った。（『中宗実録』三十三年二月甲子条、及び乙丑条）

この場合、何等級の「告身」を没収するのかは犯した罪の程度により、史料の記載はその点において不明瞭であることが多い。もっとも、「収告身」の処分は、将来、恩赦によって告身を還給することを前提としているので（後述）、その意味では何等の告身を没収しようと、大した違いはなかったのであろう。それでも告身を奪われた以上、当然、それと連動して現任の官職は罷免される。

かくして「罷職」のうえに「収告身」の処分を受けた官人は、考課で「下考」となって罷職の処分を受けた者、及び「私罪」を犯して「罷職」の処分を受けた者の場合と同様、年二回行われる「歳抄」において王の許可（下点）が下りなければ、官職への任用（すなわち「叙用」）を受けることができない。したがって、「収告身」の処分は、事実上、出仕の差し止めを意味することにもなる。

なお、「削職」という場合は罷職よりも一等重い処分で、おおむね「収告身」と同様の処分を意味するものと考えられる。[82]

(4)　削去仕版、永不叙用

収告身の処分によって告身（職牒）の一部を奪われたとしても、依然として官人としての身分は残る。したがって各種の官僚名簿には当該の官人の名前がそのまま残ることになるが、これらの名簿は総じて「仕版」、「仕籍」などと呼ばれていた。[83]

いわゆる官僚名簿には現職官人の名簿である「班簿」と、休職官人の名簿である「前銜官案」との二種類がある。班簿には現職官人の官職・姓名を記載するほか、任命に至った経緯を「来歴」として記す。[84] 具体的には、「特旨」、「保挙」、「考満」、「都目」などとその任命の由来を記すが、[85] これとは別に、「前銜官案」ないし「前銜案付」という文言の「来歴」が記されている場合は、当該の官人が休職官人の名簿である前銜官案のなかから抜擢

されたことを示している。(86)

いわゆる前銜官案は現在休職中の官人の名簿で、ここには任期満了その他の事情で現任の職務を解かれ、次のポストに任用されるまで待機中の官人たち（前銜官）が名前を連ねている。(87) そうして、彼らを再任用（叙用）する場合は、吏兵曹（政曹）の官人たちがこの前銜官案をにらみながら適当な候補者を選び出すことになる。

　このうち、「逓差」の処分により失職した官人の場合は、上述のとおり、再任用（叙用）に制限がないので、当然、この前銜官案に収録されて次のポストへの配置替えを待つことになる。また、「罷職」、「収告身」の処分によって失職した官人の場合も、一応官人としての身分は残っているので前銜官案のなかに記載されることになるが、彼らの再任用には制限があるので（後述）、その名簿はおそらく別の冊子の、別のカテゴリー（秩）のなかに入れて区別されていたのであろう。

　これに対し、さらに再任用（叙用）の条件を厳しくする場合には、「尽奪告身」、「削奪官爵」などの処分を加えて保有する告身のすべてを剝奪する（これも広い意味では「収告身」の処分である）。同時に「削去仕版（仕版より削去す）」、「不歯仕版（仕版に歯《よわい》せず）」などの処分を加えて官僚名簿からもその名前を抹消する（具体的には「爻周」、すなわち見せ消ちにするのであろう）。これらはおおむね明律の「除名」(88) の処分に相当する。そうして、さらに「永不叙用」の処分が加重されると、彼らが再任用（叙用）の恩典を受けるためには、通常よりもさらに高いハードルを越えなければならなくなる。

【事例23】金安老の死後、国王は「三凶（金安老・許沆・蔡無択）」によって「収職牒」、「罷職」などの処分を受けて失職した官人たちを〔再任用のため〕抄啓するように命じたが、その時、「不歯仕版」の処分を受けた者については別に指示を出さなかったため、報告がなかった。しかし、このなかにも必ずや「三凶」に陥れられて失職した者がいるに違いないので、ただちにその名簿を提出するよう、承政院に命令した。（『中宗実録』三十二年十二月乙丑条）(89)

【事例24】国に大慶がある場合は、徒・流・付処・充軍・雑犯死罪などの罪人にもみな恩典を下すが、「永不叙用」、「不歯仕版」の処分を受けた者については、未だ恩典を蒙っていないので、等《ひと》しく罪名を蕩滌してはどうかと、三公（三議政）より提案があった。これに対し、王は難色を示したが、恩赦対象者の名簿（抄単子）については〔再検討のため、宮中に一旦〕還入するように命じた。（『明宗実録』六年六月癸亥条）[90]

【事例25】王は罷免された官人（罷職人員）のうち、「収職牒」の処分を受けた者、「削去仕版」の処分を受けた者、「永不叙用」の処分を受けた者について、それぞれ〔再任用のために〕名簿を作成して上啓するよう、吏兵曹（政曹）に命令した。（『宣祖実録』三年五月丙子条）[91]

右は各種の官僚名簿（仕版）から名前を削除された官人たちに対する再任用（叙用）の手続きを示しているが、通常、彼らは吏兵曹で行っている「歳抄」の対象には含まれておらず、国王の特別の指示がなければ彼らが官界へと復帰することはできなかった。したがって「削去仕版」、「永不叙用」などの処分は、実質的には「終身禁錮」と同じ効果をもつことになる。[92]なお、禁錮とは官人としての出仕を禁じるということで、[93]今日的な意味での禁錮（監禁）とは意味合いが異なることにも注意しておきたい。

かくして官僚名簿（仕版）から名前を抹消（爻周）された者は、形式的には無位無官の「庶人」となる。そうして「永不叙用」の処分を受けた場合は、文科・生員・進士試などを受験して再び入仕の資格を手に入れることもできなくなった。[94]ただし、彼らの出仕以前の本来の身分は残っているので、たとえば両班家門の出身の者は、社会的には依然として「両班」であることに変わりはない。また、既に文科（科挙）に及第している者の場合は、仮に「削奪官爵」の処分を受けて告身のすべてを奪われても「及第」の資格だけは残されている。[95]それだけ科挙及第者の身分は社会的に保証されていたということであろう。

＊　＊　＊

ここまで、官人に対する処罰が最初は「推考」などの薄罰から始まって、「罷職」、「収告身」、「削去仕版」、「永不叙用」と次第に加重されていくことを確認した。これらは官人としての職権の停止による一種の懲戒処分といえる。したがって、ここまでは官員の人事を管掌する吏兵曹（政曹）の担当である。

(5) 削黜

罷職、収告身、削去仕版、永不叙用などは吏兵曹（政曹）が管掌する人事行政上の処分であるが、これよりさらに処分を加重する場合は官人身分の保障としての告身（職牒）を収奪するだけにとどまらず、さらに強制的な処分を加えてソウルの都城の門外に追放する。これを「削奪官爵、門外黜送」といい、略して「削黜」という。通例はまず官職（官爵）を削奪し、そのうえでさらに処分を加重する場合に門外への黜送を命じるのであるが、(96)そのような段階を踏まずに直ちに「削黜」を命じることも多い。

いわゆる削黜（削奪官爵、門外黜送）の早い例としては、中宗朝の宰臣・鄭光弼（一四六二～一五三八）に対する次の処分事例を挙げることができる。

【事例26】中宗三十年（一五三五）正月、大小臣僚が勤政殿（景福宮正殿）の殿庭に整列するなか、国王は教書を発して百官の「朋党」の風を戒め、〔戚臣・金安老と対立していた鄭〕光弼に「削奪官爵、外方居住、不令入城」の処分を下した。（『中宗実録』巻七十九、中宗三十年正月丁丑条）(97)

右に「外方居住、不令入城」というのはソウルの国門（都城の門）より内に入れないということで、要は「門外黜送」と同じく、政治世界の中心であるソウルからの追放を意味している。

追放された官人たちは、当面、生活基盤を有する郷里に戻って処分の解除を待つしかない。そこで「門外黜送」の処分は、事実上、「放帰田里」や「放逐郷里」の処分――いずれも郷里での謹慎処分――と同じことになる。[98] このうち「放逐郷里」の例としては、己亥礼訟で「三年説」を主張した許穆（南人）を支持し、自らも「三年説」を展開して宋時烈（西人）を批判した尹善道（南人）に対する次の処分事例を挙げることができる。

【事例27】顕宗元年（一六六〇）四月、尹善道（南人）は上疏して「三年説」――孝宗に対する大王大妃（荘烈王后趙氏）の服喪を三年とすること――を主張したが、王はこれを却下して「還出給」を命じ、さらにその「心術不正」を咎めて「削奪官爵、放逐郷里」の処分を下した。（『顕宗実録』元年四月壬寅条）[99]

「門外黜送」と「放逐郷里」とは、処分の内容としてはほとんど同じであるが、制度上の位置づけからいえば、前者よりも後者の方が処分として重い。その証拠に、哲宗二年（一八五一）の礼論で真宗（正祖の義父）の祧遷（世代の離れた祖先を宗廟の祭祀から外すこと）に反対した権敦仁[100]（一七八三～一八五九）は、その「誤礼」の罪を指弾されて一旦「門黜（門外黜送）」の処分を受け、その後さらに「放逐郷里」の処分を加重されている。[101] いわゆる放逐郷里は高麗時代の「帰郷」に相当する。[102]

(6)　付処（中道付処、中途付処）

「門外黜送」にせよ「放逐郷里」にせよ、要はソウルから追放するというだけのことで、明確に配所の指定があるわけではない。しかし、これよりさらに処分が重くなると、今度は配所の指定を伴う「付処」の処分を受けることになる。これについては既に第二章及び第三章で論じているので、ここではごく簡単に述べることにしたい。

付処人の配所は、通例、「必ずその居郷・農荘の所在を考え、近地もて定を為す」[103]ことになっている。つまり、配所での生活を支える経済基盤の所在を勘案し、その近地に配所を定めることになっている。当然、一般の流刑よりはるかに生活の条件がよい。これは律に基づく五刑の体系と比較すると、だいたい「杖・徒」程度の罪に相当する処分で、いわば流刑未満の流配といえる。

流刑未満であるので、その配所も比較的近地が多い。中道付処、中途付処などと呼ばれるのはそのためで、この点が次の遠竄との根本的な違いとなる。

なお、付処の場合には刑吏が配所まで押送した。[104]こうなると、懲戒の処分もだんだんと刑罰としての流刑に近づいてくる。

(7) 遠竄

「中道（中途）」に配所を定める付処に対し、さらに僻遠の地（遠道）に配所を定めることを「遠竄」といい、または「遠配」という。[105]いずれも具体的には辺境の地に定配することを意味している。[106]

いわゆる遠竄罪人の配所は、通例、「遠処」、「絶塞」、「絶島」の三等級に区分される。国王からの命令に「絶塞」とある場合は六鎮など、平安・咸鏡道の北辺の地に配所を定め、「絶島」とある場合は、済州島、珍島、南海島、巨済島など、全羅・慶尚道の絶海の島に配所を定め、単に「遠竄」とある場合は、南北を問わず、霊岩郡などの遠処に配所を定める。[107]この場合、遠処、絶塞、絶島の順に配所での生活条件が悪くなっていくことは言うまでもない。なお「辺遠」、「極辺」などという場合もおおむね「絶塞」と同じ意味になる。

次に、「屏裔」[108]、「竄配」[109]、「投畀」[110]などというのも基本的には遠竄と同じ内容の処分となるが、少し後の時代

（おおむね英祖朝以降）において竄配ないし投畀という場合は、一般には遠竄よりやや軽い処分で、どちらかというと近地に配所を定める事例が多い。[111] この場合は、ほとんど「付処」と同じような内容の処分になっていたのではないかとも考えられる。[112]

ともあれ、遠竄その他の配所を具体的に選定するのは義禁府・刑曹などの司法機関の仕事であり、司法機関はこの配所の遠近によって、王命による追放の処分の重さを微妙に調節した。その手順は、おおむね次のとおりである。

まず、国王が「遠竄」の処分を下すと、承政院はそれを踏まえて王の略式の命令文書である「伝旨」を作成し、王の裁可を経てその「伝旨」を司法機関（義禁府・刑曹）に下す。司法機関はこの「伝旨」を踏まえて当該の官人に対する具体的な配所を定め（定配）、また配所まで押送する担当官（都事・書吏）の人選を定め、それぞれについて「定配単子」及び「押去単子」――「単字」とも表記――を作成して承政院に提出する。[113] 次に、この「定配単子」、「押去単子」が王の裁可を経て司法機関（義禁府・刑曹）に回付されると、そこではじめて司法機関（義禁府・刑曹）から担当官（都事または書吏・羅将）が派遣されて、当該の罪人を指定の配所まで押送する。[114]

ただし、配所における罪人たちの生活については不明の点が多い。成宗朝以来、士大夫で辺遠に竄謫されたものに対しては、当地の地方官より生活費（供饋）を支給することが慣例となっていたというが、[115] その実態についてはまだまだ検討が必要であろう。[116] それだけに、慶尚道機張県における自身の流謫生活を記録した純祖朝の沈魯崇（一七六二～一八三七）の日記である『南遷日録』[117]は極めて具体性に富む貴重な史料といえるが、それによると、およそ「朝貴」の場合は地方官から供帳・使令などをあてがわれるので、ほとんど地方官と同様の暮らしぶり。また「庶民」の場合は衣食住すべて全くの放任で、これらは保授主人と呼ばれる身元保証人の善し悪しとは無関係であるが、普通の官人の場合は、流謫生活の良し悪しはひとえに保授主人の待遇如何にかかっていた。[118]

いわゆる保授主人には、通例、在地の有力者である郷吏階層の者が充てられている。沈魯崇の配所である機張県の慣例では、城内両坊（東部・西部）、城外両坊（山下坊・清江坊）の計四坊が、それぞれ輪番で「謫客」を分管し、謫客にあてがう糧穀（謫糧）[119]の分定や、保授主人の選定報告などは、それぞれ村役人である「坊任」が掌っていた。ただし謫客の住居、いわゆる「居停」の選定については本人の便宜に任せ、管轄の「坊」を越えて彼此往来しても構わないことになっていたという。[120]

実際、配所における沈魯崇の日常生活は、毎月朔望の点呼[121]を受けること以外、ほとんど地方官（守令）からの干渉を受けていない。もとより経済的には困窮をまぬかれないとしても、士大夫（両班）としての礼節を保って比較的自由な生活を享受していることがわかる。「罪人」といっても富裕な官人の場合には割合と生活の自由度は高かったのであろう。

いわゆる「遠竄」の処分を受けて辺境の地に定配された官人の生活とは、おおむね以上のようなものであった。ただし、これは士大夫（両班）に対する「懲戒」としての定配であって、一般人（常漢）に対する「刑罰」としての定配には、自ずから別個の考察も必要であろう。[122]

(8)　安置

いわゆる遠竄罪人の場合は比較的生活の自由が保障されているが、それよりさらに処分が重くなると、今度は「安置」の命令が下る。遠竄との違いは、配所での行動の自由が一層厳しく制限され、事実上、配所の家屋に軟禁されるという点にある。

たとえば、初期には家屋の周囲に「鹿角城」を設け、外部の人の差し入れ（供饋）を禁じるというような厳しい取り扱いをした場合もあった。[123]しかし、そうした待遇は特別の場合で、一般には「ただ人の出入するを禁じ、他に適《ゆ》かざらしむるのみ」という程度のことにすぎなかった。[124] したがって、単に「安置」という場合には必ずしも「鹿角城」などは設けず、ただ外部との交通を禁じて配所の家屋に軟禁していたにすぎなかった。

(9)　囲籬安置（栫棘、荐棘、加棘）

これに対し、さらに処分が重くなると「囲籬安置」の命令が下る。安置は追放先の配所における一種の軟禁処分であるが、囲籬安置はこれをさらに徹底させたもので、監禁の象徴として家屋を棘《いばら》の垣根で囲い、外部との交通を一切遮断してしまう。

配所の家屋は棘の垣根で囲われるので、これを「栫棘《そんきょく》」といい（栫は囲う意）、[125] また「荐棘《せんきょく》」、「加棘」ともいう（荐は重ねる意）。[126]「囲籬安置」の罪人に対しては、その文字どおり、「棘を以て屋を遶《かこ》み、而して竇《あな》を以て食を伝う」[127] という厳しい措置が取られており、その処遇は「獄に係《つな》ぐと異る無し」、[128] つまり未決監獄に勾留されている囚人、または死刑の執行を待っている死刑囚の場合とほとんど同じである。

ちなみに、「栫棘」と「加棘」とは本来同じ意味であるが、純祖朝以降には両者は区別して用いられ、「栫棘罪人」に対してさらに処分を加重する場合に「加棘」の命令が下されることもあった。[129] この場合の「加棘」は屋舎を囲む垣根の高さをさらに高くすることをいうのであろう。「棘囲は限るに罪人坐するところの屋簷に至るを以てし、天日を見ざるに至」ったというから、[130] 全く穴倉に閉じ込めておくのも同然である。ただし、これは「法に無きの法」というから、必ずしも一般的な措置とみなすことはできない。具体的にどの程度の高さの囲いを築くのかは、要は現地の地方官（守令）の裁量に任されていたのであろう。

ここまで検討してきた削黜・付処・遠竄・安置などは、形態としてはいずれも律の流刑に相当する処分で、し

圍籬安置（司法制度沿革図譜）

かも（削黜以外は）配所への押送を伴う強制的な処分であるから、その執行は義禁府・刑曹などの司法機関の担当である。

ただし、附加刑としての杖刑を免除され、また配所における労役（居作）を免除されているという意味では一般の流刑と同じではない。官人の場合、配所における朔望の点呼なども一般的には免除されているので、(131)その意味でもこれらは一般の流刑とは性格を異にしている。したがって、官人に対する削黜・付処・遠竄・安置などの処分は五刑の体系内における流刑としてではなく、君臣関係という特殊な倫理規範（道徳）に基づく官人への「懲戒」の処分として位置づけておくことが妥当であろう。

(10)　賜死

圍籬安置人の処遇は、さながら死刑の執行を待つ死刑囚の処遇にも相当するが、それでも反対党派の言論攻撃が収まらない場合は、結局、当該の官人を再び法廷に引きずり出し、推鞫のうえ、「依律」の処分を加えることになる。「依律（律に依る）」とは、具体的には明律に定める「謀反・大逆」の罪や「姦党」の罪、または『経国大典』に定める「乱言」の罪などによって死刑とすることにほかならない。(132)

一例として、嘗て呉甲均氏も検討した景宗朝の趙聖復（一六八一～一七二三）の事案を挙げると、彼は景宗の初年に王世弟（英祖）の聴政を建言したことが国王に対する乱言に当たるとして少論の指弾を受け、一旦、圍籬安置の処分を受けた。にも拘らず、その後も少論からの執拗な言論攻撃が続いて再び拿鞫の命令が下され、そのまま獄死したために裁判は打ち切られているが、もしそうでなければ彼が自らの罪を認めるまで際限もなく拷問による取り調べが続いていたことであろう(133)。

　このように党争の渦中で一旦推鞫が始まってしまえば、事実上、死刑を免れることは困難であった。このため二品以上の官人の場合、国王はせめてもの恩情として正式の裁判にかける以前にただちに「賜死」を命じることもあった。既に第三章で検討した趙光祖や宋時烈の事例がその典型であるが、その他にも賜死の事例は枚挙に暇がない(134)。

　賜死とは毒薬を与えて自殺を強要することで、これはあるいは賜薬とも呼ばれている。結局、生命を絶たれるという意味では死刑と同じであるが、それでも士大夫としての名誉を保つことができるという一点において、刑律による「死刑」とは性格を異にしている(135)。

　士大夫が君命による「死」を受け入れることは、そのこと自体、「礼」の実践にほかならない(136)。

⑾　追奪官爵

　ここまでは「生者」に対する懲戒の処分であるが、君主の懲戒は時として「死者」に対しても行われる。既に死んでいる者を処罰することは、もちろんそれ自体としては意味を成さない。しかし、父祖の官人としての地位に応じてその「門蔭」を受け、位階・官職の除授や免税・免役などの諸特権を享受してきた子孫たちにとってみれば、父祖が「罪人」となることは、いわゆる両班の身分の喪失を意味している。このため党争期においては対立党派の言論攻撃によって、死者に対してまでもその名誉を剝奪し、「追奪官爵」と呼ばれる懲戒の処分を事後的に行うことが頻繁にあった。

　この場合、当該の官人の子孫が家門の宝物として保持している告身の類は、すべて没収のうえ焼却される。それはつまり、子孫にとっては両班としての身分の保証の喪失を意味している。そのうえ、当該の官人の位牌〔神主〕からもその官職名が削り取られることになるが、この点について沈魯崇の日記〔『南遷日録』〕に一つの興味深いエピソードが記されているので紹介しよう。

これによると、純祖六年（一八〇六）、いわゆる「僻派」の領袖である沈煥之（一七三〇〜一八〇二）に「追奪官爵」の処分が下されたときに、

義禁府の官人がその位牌（木主）を押収し、〔「領議政」の官職名を〕いったん墨で抹消したうえで、次にそれを水で洗い、竹刀で削り落とした。その〔苛酷な〕取り扱いは、まるで生者を推鞫するときのようなありさまであった。(137)

という。これはあくまでも伝聞であるから真偽のほどは明らかではないが、「追奪官爵」の処分が下された場合は、当該の官人の位牌からさえもその官職名が削り落とされていたのである。

一体、祖先祭祀は官人家門のステータスを維持するために最も重要視された「礼」の実践であった。その祭祀の核となる位牌を刑吏に冒瀆されることは、官人社会における威信の失墜を招き、延いては家門の没落をも招きかねない重大な痛手となったことであろう。

(12)　孥籍

「追奪官爵」は官人家門の名誉に対する大きな打撃であるが、それでも官人の子孫にまで直接に処罰が及ぶわけではない。そこで対立党派の官人の子孫を永遠に官界から追放するために、とどめの一撃として「孥籍」の処分を加えることがあった。

そもそも「追奪官爵」は「死者の一律(138)」とも呼ばれていたが、それは生前であれば「一律」、すなわち死刑に

相当するところを、既に死んでいるので「追奪官爵」にとどめた、という意味合いであろう。この場合、「一律」のうちでも特に重い罪とされる「謀反・大逆」や「姦党」の罪については、本人のみならず、罪人の一族にまで「拏籍（為奴、財産入官）」の処分が及ぶ。(139)このため、「死者の一律」を受けた罪人の子孫に対しても、本来なら行われるはずであった「拏籍」の処分を事後的に適用すべきであるという議論が、党争期にはしばしば巻き起こっているのである。

ただしこの「拏籍」の処分は容易には施行されなかった。それというのも、罪人の縁坐は照律を経て死刑の確定判決を受けた場合にのみ適用される決まりで、仮にその罪が明らかであっても死刑判決の前に死亡した者――獄中で死亡したり、または「賜死」の処分を受けたりした者――については、縁坐は適用しないことが裁判の根本原則となっていたからである。(140)

それでも党争期においては、この原則を押し曲げて「拏籍」の処分を行った事例がないではない。たとえば「少論四大臣」の一人である趙泰耉（一六六〇～一七二三）は景宗三年（一七二三）六月癸丑に「牖下」に死亡（処罰を受けることなく普通に死亡）したが、その後、対立党派である老論が政局を握ると、英祖二十二年（一七四六）に趙泰耉に対する「追奪官爵」の処分が下され、次いで英祖三十一年（一七五五）には「拏籍」の処分が下されている。(141)少論勢力を根絶やしにしなければやまない老論勢力の執念による処罰である。

ちなみに、縁坐の律が適用されても女性は官婢とするだけで死刑にはならない。ところが、この原則を曲げて反逆者の妻を縁坐により死刑にする場合もあったが、朝鮮後期においてはこれを「适雲之律」と称していた。适雲とは仁祖朝の李适（一五八七～一六二四）と英祖朝の申致雲（一七〇〇～一七五五）のこと。いずれも国王の正統性を真っ向から否定した逆賊中の逆賊である。(142)この種の逆賊の家族に対しては、明律の規定を越え、むしろ漢の「大逆不道」の律に準じて死刑を適用することに、(143)王朝国家は全く躊躇するところがなかった。

＊　＊　＊

ここまで、官人に対する懲戒の処分の内容について段階を追って検討してきたが、それらは主として三司の言論攻撃により、段階的に加重されていくというところに特色があった。

そもそも、これらの処分は「照律」の手続きを踏まえた「刑罰」としての処分ではなく、あくまでも国王の「特教」に基づく仮の処分にすぎない。したがって、もし国王が三司の言論攻撃を受け入れて何らかの処分を下したとしても、それは懲戒のための仮の処分にすぎず、刑律による「判決」としての確定力をもたない。三司の言論攻撃は、そのような仮の処分が下ったことによって、むしろますます激しくなり、連日のように処分の加重、いわゆる「加律」の要求が繰り返される。

しかもこの三司の言論攻撃が続く限り、国王が下した処分を有司が実際に執行することはできない。たとえば、ある官人が「遠竄」の処分を受けたとすると、義禁府の官人（都事）はこれを指定の配所にまで押送しなければならないのであるが、三司の言論攻撃（一種の不服申し立て）が続いている限りは処分の内容が確定せず、したがって彼らは配所に向けて出発することもできないのである。[144]

かくして三司の言論攻撃に直面した国王は、その言論圧力に押されて次々と追加の処分を下していく。そうして、その処分の内容がほどほどのところにまで高まった段階で、三司はようやくその言論攻撃をやめる。いわゆる「停啓」である。しかし安易に停啓すると、今度は三司の官人たち自身が輿論の指弾を浴びることになりかねないので、なかなかおいそれとは停啓することもできない。

このように国王と三司が「輿論」の動向を伺いながら綱引きを繰り返すなかで、官人に対する懲戒の処分の内容が段階的に加重され、三司の「停啓」を待ってようやく確定することになるのである。

表 2　処分の加重（事例）

氏名（党派）	処　分	典　拠
李恒福（西人）	削職	『北遷日録』光海君九年十二月十日条
	放帰田里	『北遷日録』光海君九年十二月十一日条
	中道付処	『北遷日録』光海君九年十二月十四日条
	遠竄	『北遷日録』光海君九年十二月十六日条
尹善道（南人）	削奪官爵・放逐郷里	『顕宗実録』元年四月壬寅条
	遠竄（三水郡）	『顕宗実録』行状
	安置（三水郡）	『顕宗実録』元年四月甲寅条
	囲籬安置（三水郡）	『顕宗実録』二年六月庚寅条
宋時烈（西人）	罷職	『粛宗実録』即位年十二月丁未条
	削奪官爵・門外黜送	『粛宗実録』即位年十二月乙卯条
	遠竄（徳源府）	『粛宗実録』元年正月壬申条
	安置（熊川県）	『粛宗実録』元年閏五月壬寅条
	囲籬安置（長鬐県）	『粛宗実録』元年閏五月戊申条 『宋子大全』年譜、粛宗元年六月丁卯条
	移配（巨済島）	『宋子大全』年譜、粛宗五年四月甲戌条
金鍾秀（僻派）	削奪官爵・放帰田里（抱川県）	『正祖実録』十八年正月丁巳条 『夢梧集』年譜
	中道付処（平海郡）	『正祖実録』十八年二月癸亥条
	遠竄（平海郡）	『正祖実録』十八年二月庚午条
	極辺遠竄（慶源府）	『正祖実録』十八年二月庚辰条
	絶島安置（南海県）	『正祖実録』十八年二月庚辰条
	荐棘	『正祖実録』十八年三月丁未条
	放還郷里（廣州靜林）	『正祖実録』十八年六月丙辰朔条 『夢梧集』年譜
金達淳（僻派）	削奪官職・門外黜送	『純祖実録』六年正月丁卯条
	中途付処（洪州牧）	『純祖実録』六年正月戊辰条、及び己巳条
	遠竄（吉州牧）	『純祖実録』六年正月庚午条、及び辛未条
	極辺遠竄（慶興府）	『純祖実録』六年正月辛未条、及び壬申条
	絶島安置（南海県）	『純祖実録』六年正月壬申条、及び癸酉条
	移配荐棘（康津県薪智島）	『純祖実録』六年二月癸巳条
	加棘	『純祖実録』六年二月丙申条
	賜死	『純祖実録』六年四月甲申条、及び丁酉条

『朝鮮王朝実録』の記事、とりわけ後期の記事は、この種の官人処罰に対する三司の言論攻撃の事例でほとんど埋め尽くされているといっても過言ではない。もとよりそのすべてを網羅することはできないが、ここではその種の事案の典型例として、光海朝の「廃母の議」に反対した李恒福（一五五六～一六一八、西人）に対する処分、顕宗朝の「己亥礼訟」における尹善道（一五八七～一六七一、南人）の処分、同じく「甲寅礼訟」における宋時烈（一六〇七～一六八九、西人）の処分、それから純祖朝における金鍾秀[145]（一七二八～一七九九、僻派）、及び金達淳[146]（一七六〇～一八〇六、僻派）に対する処分の内容が、それぞれ段階を踏んで加重されていったさまを、前頁の「表2」にまとめて例示しておく。

第四節　解罰と叙用

各道に定配された罪人たちは、それぞれ「徒流案」と呼ばれる帳簿に登録されて地方官（守令）の監視下におかれた。そうして国王から恩赦の命令が下るごとに、彼らは処分の減等ないし放免の機会を得ることになった。具体的には、各道の長官（監司）によって「放未放啓本」または「放未放成冊」と呼ばれる報告書が作成され、そのうち釈放すべき者については「放秩」、それ以外は「未放秩」の、二つのカテゴリー（秩）に分けて名簿が提出される。[147]なお、「未放秩」は配所にそのまま留め置く「仍秩」と、王の裁定に俟つ「稟《ひん》秩」とに細分される。[148]

一方、放未放啓本を受け取った国王は、これを一旦、司法機関（義禁府・刑曹）に下す。司法機関は内容を精査して恩赦の原案を作成し、これを「放未放単子」にまとめて回啓する。王はこの単子に判決（判付）を下し、これによって罪人たちに対する恩赦の内容が確定する。

次に、この単子が司法機関に回付されると、今度はその内容が司法機関から各道の監司に伝達され、監司から配所の守令に伝達されて、罪人に対する恩赦が実地に施行されることになる。この間の命令文書の流れは、『南遷日録』に移録された沈魯崇の「放送（釈放）」に関する慶尚道観察使（監司）の「関」と呼ばれる通知文を読めば、一目瞭然である。

観察使兼巡察使、相考の事の為にす。節《このたび》到付せる義禁府の関内に、「節《このたび》啓下せられたる今月十四日の本府（義禁府）の啓に曰く、『昨年の赦典に、慶尚道の放未放啓本に因りて、本府回啓するに、判付内に、〈機張の沈魯崇は、放送せよ〉との事、命下れり。しかれども臺啓まさに張りて、挙行するを得ず。今は則ち臺啓既に停む。放送の事、該道道臣に分付せんとの意、敢えて啓す』と。伝して曰く、〈知道せり〉とのたまいたれば、到関の即時に、道内の機張県の屛裔罪人沈魯崇の身をば、配所の官に分付して、即《ただ》ちに放送（釈放）を為して後、例に依りて啓聞して施行せしむる事」との関ありたれば、関内の辞縁をば相考し、同罪人沈魯崇は、即ちに放送を為して後、放送の月日をば、星火に馳報し、以て啓聞の地と為すべき事、云云。丙寅五月二十四日、営に在りて。（『南遷日録』純祖六年五月二十七日条）[149]

原文は所々に吏読を交えた変則的な漢文（吏読文）であり、かつ引用文が入れ子状になっているのでわかりにくいが、要は、慶尚道監司が上啓した「放未放啓本」に基づいて司法機関（ここでは義禁府）が原案を示し、王が「放送」、すなわち釈放の判決（判付）を下して司法機関に施行を命じたのである。ところが、司憲府では沈魯崇の「放送」に反対の上啓を行っていたので、義禁府としてもしばらくは命令を執行することができなかった。しかしこの反対運動もようやく収まったので、改めて義禁府から慶尚道監司に「放送」の命令が伝達され、さらに監司から配所の機張県に「放送」の命令が伝達された。なお、「放送」の実施後には、その月日を監司に折り返し報告し、国王への啓問の下地とするよう、県の長官（縣監）に対する指示を付け加える。だいたい以上のような内容が、監司から配所の機張県に伝達されているのである。

沈魯崇はいわゆる時派の一員であり、純祖五年（一八〇五）における貞純王后金氏（英祖継妃、一七四五〜一八〇

表3　処分の減免（事例）

氏名（党派）	恩　典	典　拠
尹善道（南人）	撤囲籬	『顕宗実録』三年三月辛丑条
	移配（光陽県）	『顕宗実録』六年二月甲申条
	放釈	『顕宗実録』八年七月癸亥条
	復官	『孤山遺稿』年譜、顕宗十三年条
宋時烈（西人）	撤囲籬、移配（清風郡）	『粛宗実録』六年五月庚子条 『宋子大全』年譜、粛宗六年五月条
	放送	『粛宗実録』六年五月壬子条
	叙用	『粛宗実録』六年十月丁亥条

五）の昇遐にともなう僻派の失脚によって、ようやく「放送」の恩赦に浴することができた。彼の場合には直ちに「放送」の恩典が下っているが、一般には「表3」に示した尹善道や宋時烈の場合のように、幾つかの段階を踏んで少しずつ「放送」の手続きが進められていく。

以下、最も厳しい処罰の一つである「囲籬安置」を起点として、一連の処分の解除の過程を段階的にたどってみることにしよう。

(1)　撤囲籬（撤囲、撤棘）

賜死の一歩手前に位置する囲籬安置罪人に対しては、最初に「撤囲籬」の恩典が下される。これは「撤囲」、「撤棘」ともいうが、いずれも配所の囲いを撤去することを意味している。囲籬安置罪人が撤囲籬の恩典を受けると、以後の処遇は安置罪人と同じになる。

【事例28】尹善道（南人）は宋時烈（西人）の礼説を批判して咸鏡道の三水に安置されたが、なおも懲りずに礼説を著し、「庶子承重、不為三年（儀礼）」の「不」字は、すなわち「亦」字の誤りであるなどと自説を展開したため、配所において「囲籬安置」の処分を加重された（既出）。しかし、その翌年には老齢を理由に「撤囲籬」の恩典を受けた。（『顕宗実録』三年三月辛丑条）[150]

前述のとおり、囲籬安置罪人の処遇は「獄」に収監されて判決を待っている未決囚、または刑の執行を待っている死刑囚の状態とほとんど同じである。しかし、単に「安置」となれば多少は行動の自由も許され、時折は外を出歩くことなども黙認されていたのではないかと思う。[151]

(2)　出陸、量移

撤囲籬の恩典を受けた安置罪人は、次に「量移」の恩典を受ける。量移とは罪の軽重を量《はか》って、もっと条件のよい配所に移動させることをいう。このとき安置の処分が解除されることも多く、その場合は遠竄罪人の処遇と同じになる。

前述のとおり、遠竄罪人・安置罪人の配所は、通例、「遠処」、「絶塞（辺遠、極辺）」、「絶島」の順に生活の条件が悪くなるが、このうち最も条件の厳しい「絶島安置」——略して「島置」ともいう——の場合は、恩赦によってまず「出陸」、すなわち本土に配所を移し、また「絶塞（辺遠、極辺）」の配所にあった者は、比較的に条件のよい「遠処」に配所を移すことが一般的である。

【事例29】僻派の領袖・金亀柱[152]は、正祖即位年九月に「絶島定配」の処分を受けて黒山島に追放され、ついで正祖三年六月に「囲籬安置」の処分を加重されたが、正祖八年八月に至って量移を許され、「撤囲」のうえ「出陸」の恩典を受けた。（『正祖実録』八年八月丙戌条）[153]

黒山島から「出陸」した金亀柱（一七四〇〜一七八六）は、具体的には全羅道の羅州に配所を移しているが、その後、正祖十年（一七八六）閏七月に至って配所で死亡している。[154]　次は再び尹善道の事例。

【事例30】尹善道（南人）は老齢を理由に「撤囲籬」の恩典を受けた（既出）。配所は引き続き「三水」であったが、その後、「南方に定配し、これをして渠《かれ》の郷に老死」せしめることになった。（『顕宗実録』六年二月壬午条）[155]

このとき尹善道は全羅道南端の光陽県に移配されたが、その際、王は「安置」の処分の解除を明確には指示していなかった。このため義禁府では光陽に「安置」する旨を定配の命令書である「定配単子」に記入したが、その後、王の叱責を受けて「安置」の処分を撤回している。[156] これにより尹善道は「安置」から「定配」へ、すなわち一般的な遠竄罪人の待遇へと処分を減等された。しかも尹善道の配所として指定された光陽県は、彼の本貫である海南県の隣県であった。それは「渠の郷に老死」させるという、国王の特別の配慮に従ったものであった。

(3)　放帰田里（放逐郷里）

量移の恩典によって多少とも条件の良いところに配所を移した罪人は、次に「放帰田里」の恩典を受ける。これはその文字どおり、配所から解放して郷里（田里）への帰還を許すという処分である。ただし、郷里を勝手に離れることはできないので、その意味では依然として追放の身であることに変わりはない。「放逐郷里」という場合もあるが、これも実質的には同じ内容の処分である。[157]

【事例31】粛宗二十八年（一七〇二）五月、南九万は〔張希載（王世子の生母張禧嬪の兄、南人）を擁護した「護賊」の罪で〕「中道付処」の処分を受け、牙山県に付処されたが、同年十一月の大婚（仁元王后金氏の冊立）の恩赦で「放帰田里」の恩典を受けた。（『粛宗実録』二十八年五月甲午条、及び十一月庚午条）[158]

ちなみに、崔錫鼎の息子である崔昌大の撰んだ南九万（少論、一六二九～一七一一）の墓誌銘によると、このとき彼は牙山の配所から解放されて結城に還ったとあるが、同じ墓誌銘によれば、結城県には彼が若き日を過ごした荘園（田荘）のあったことも確認できる。[159]『忠清道邑誌』によれば、南九万の叔父・南二星は結城県の東の亀項村（今の洪城郡亀項面）に住んでいたというから、[160] おそらくはこの辺りに南氏一族の荘園があったのであろう。

南九万はその縁故を頼って結城県の「田里」に帰っていたのである。

(4)　放送（外方従便、京外従便）

放帰田里の処分を受けた罪人は、次に「外方従便」ないし「京外従便」の恩典を受ける。(161) 前者は京中（ソウル）以外の地で自由に居住すること、後者は京中・外方を問わず自由に居住することの許可を意味している。ただしこれは主に初期の事例で、その後の事例では「外方従便」と「京外従便」の区別をせず、ただちに「放送」の恩典を下すことのほうが多い。この場合、「放送」とは「獄」または「配所」から釈放することを意味している。

【事例32】粛宗二十年（一六九四）、領議政の権大運（一六一二～一六九九、南人）は、かつて中宮（仁顕王后閔氏、西人）の廃位を傍観した罪を追及されて「絶島安置」の処分を受けたが、翌年の恩赦で、八十歳を越える老齢であることなどを理由に「放帰田里」の恩典を受け、さらに粛宗二十五年（一六九九）の恩赦で「放送」の恩典を受けた。（『粛宗実録』二十年四月壬辰、二十一年五月壬戌朔、及び二十五年二月甲辰条）(162)

配所から「放送」された罪人たちは、法制上「被謫蒙放」というカテゴリー（秩）に属し、その名簿は吏兵曹（政曹）が管理していた。そうして毎年六月・十二月の「歳抄」の時期になると、吏兵曹から恩赦の対象者が国王に上啓され、国王の許可（点下）を受けた者は、次に「職牒還給（職牒還授）」の恩典を受ける。(163) したがって「被謫蒙放人」の法的地位は「収告身人（収職牒人）」のそれと同等であったということができる。

(5)　職牒還給（職牒還授）

「職牒還給」とは、司法機関に没収された官職の任命状（告身、職牒）を返還、もしくは再発行すること。この

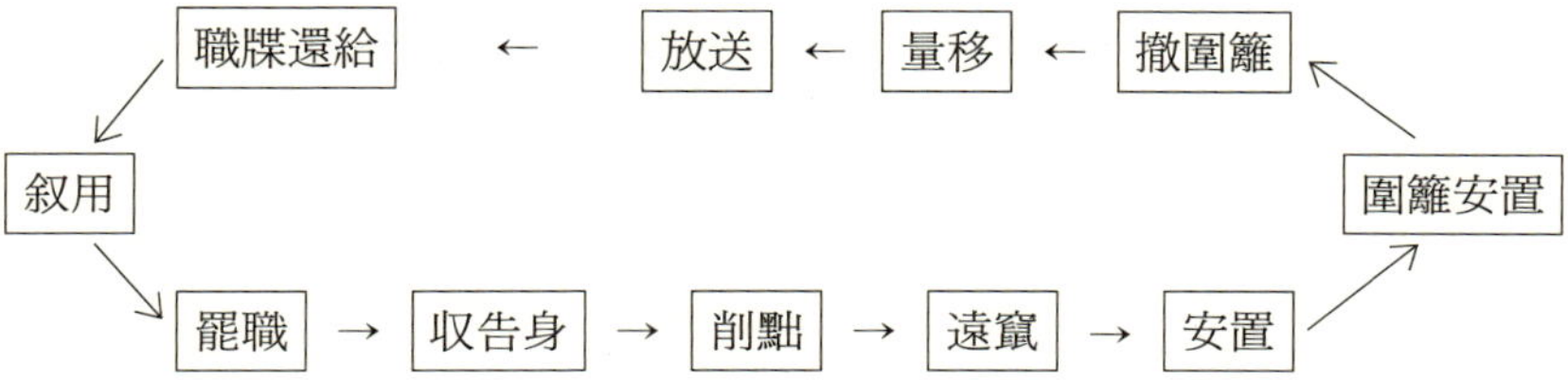

処分の解除（概念図）

恩典によって、官界から追放されていた罪人たちの法的地位（官職・位階）は、ようやく追放以前の状態にまで回復する。

【事例33】中宗四年（一五〇九）四月、王は囚徒、及び収職牒人・罷職人のリストの提出を求め、大臣、及び吏曹判書申用漑、兵曹判書金応箕、刑曹判書金詮らと議論のうえ、罷職人四人に叙用、収職牒人四十餘人に職牒還授の恩典を与えた。（『中宗実録』中宗四年四月乙酉条）[164]

右の場合、「囚徒」の事務を担当するのは刑曹であるが、「収職牒人」及び「罷職人」の事務を担当するのは人事行政を管掌する吏兵曹であった。言い換えると、「職牒」の発給、没収、及び再発給は、すべて吏兵曹が担当する人事上の処分であって、その点、司法機関（義禁府・刑曹）が担当する刑事的な処分とは性格を異にしていることがわかる。

かくして告身（職牒）を受け戻した官人たちは、以後、「前銜官案」と呼ばれる官職経験者の名簿に登録され、適当な官職に任命されるまでそれぞれ休職官人として待機することになる。これはつまり、「収告身（収職牒）」の処分を受ける以前の「罷職人」の処遇と同じである。

(6)　叙用

罷職、収告身の処分を受けた者は、毎年六月と十二月に行われる「歳抄」において国王の選定（点下）を得れば、「罷職人」には叙用が許され、「収告身人」には告身（職牒）の還給が許されることになっていた[165]。

これに対し、「削去仕版」、「永不叙用」などの処分を受けた者の場合は、通例、「歳抄」の対象とすることができない。しかし、恩赦によって当該の処分が解除されると、罷職人、収告身人の場合と同様の手続きを経て「叙用」の対象とすることが認められる。ただし、それには年限の規定があり、「永不叙用」の場合は三年後、「永不除職」の場合は十年後の恩赦で初めて叙用の対象となる[166]。「削去仕版」の場合は年限の規定が明らかでないが、これは「永不叙用」より軽い処分であるから[167]、おそらく二年程度で叙用の対象とすることができたのであろう。

かくして、罷職、収告身、削去仕版、永不叙用などの処分を受けた官人たちは、それぞれ一定の期間を経て再び職事官への任用、すなわち「叙用」を受けることができた。もっとも有資格者のうち、だれもが実職を得ることができたわけではない。官界に有力な庇護者がいないかぎりは、なかなか復職を果たすことはできなかったであろう。

(7)　物故罪人

以上は幸いにも生前において官界への復帰を許された場合であるが、逆に、それが適わないまま配所の露と消えてしまった官人たちの例も少なくない。この場合、配所で死亡した「物故罪人」は、いわばその死によって生前の罪を贖ったものとみなされ、以後の恩赦において、順次、官人としての名誉の回復を許されることになる。具体的には、各種の記録においてその罪名が削除され、また司法機関の保管する「徒流案」からその記録が「爻周（抹消）」される。

【事例34】羅州に定配されていた僻派の領袖・金亀柱が正祖十年（一七八六）に物故すると、王は彼の妹である「慈殿」すなわち貞純王后金氏（英祖継妃）の悲しみを慰めるために、官僚たちの反対を押し切って金亀柱の「罪名」及び「徒流案」を「爻周（抹消）」することを命じた。（『正祖実録』十年閏七月癸巳条）(168)

【事例35】恵嬪洪氏（正祖の生母）の弟の洪楽任は、先に辛酉年の教難（一八〇一年の天主教徒弾圧）で「賜死」の処分を受けていたが、純祖七年（一八〇七）、王は恵嬪洪氏の悲しみを慰めるために、官僚たちの反対を押し切って洪楽任の「徒流案」を「爻周（抹消）」し、彼の官職の復旧を命じた。（『純祖実録』七年正月己巳条）(169)

ここにいう「徒流案」とは徒・流・付処・安置などの、各種の流配人の名簿。また「爻周」とは「文字を抹消すること」（朝鮮総督府刊『朝鮮語辞典』九七〇頁）、ないし「見せ消ち」にすることであるが、このように「徒流案」から名前を抹消（爻周）するということは、それが生前であれば配所から釈放（放送）するということに等しい。(170)ただし、それは「罪」を許されたから抹消するのであって、単に死亡したから抹消するという意味ではないことに注意しておきたい。

こうして配所から死者の霊を解放すると、次には「職牒還給」の恩典を下して官人としての名誉の回復を許す。生前の告身（職牒）が還給されようがされまいが、死者にとってはどうでもよいことであるが、子孫にとっては、それによって「門蔭」の特権が回復され、かつ祖先の霊を祭る「神主（位牌）」にもその官職名を書き入れて両班家門としての社会的威信を示すことができる。それだけに「係わるところは甚だ重大」(171)である。

【事例36】正祖朝の文臣・徐有隣（一七三八〜一八〇二、少論時派）は、正祖没後に僻派の弾劾によって「囲籬安置」の処分を受け、純祖二年（一八〇二）に配所の慶興府で物故した。しかし、貞純王后金氏（英祖継妃）の崩御により僻派の勢力が失墜すると、純祖六年（一八〇六）十一月に徒流案の「爻周」を許され、翌十二月に職牒の還給を許されて、ようやく官人としての名誉を回復することができた。（『純祖実録』二年四月辛丑朔条、六年十一月丙午条、及び十二月甲戌朔条）[172]

このように、徒流案の爻周が許されれば、通例、間もなく職牒の還給も許されるので、子孫たちは早手回しに、当該人の位牌に生前の官職名を書き込むこともあった。もちろんこれは国家の認めたことではないが、正祖は「朝家忠厚之風」に鑑みて特に禁圧する必要はないと考え、この種の風潮を黙認していたという記録もある。[173]

一体、官職の与奪は国王の大権事項であって、たとえ死後のこととはいえ、還給前の官職名を臣下が勝手に名乗ってよいものではない。にも拘らず、正祖がこのような風潮を黙認していたのは、結局、両班の身分は生来のものであって、国王といえどもこれを与奪することはできないとする当時の社会的な通念に従ったものといえよう。

もともと両班の身分は、国王の与奪する官職によって成立する。しかし、官職を受ける官人がその政治的な地位を通して家門の名誉を確立すると、今度は官職の有無に拘らず、官職を受けるに相応しいと認知された家門の出身者たちが「両班」としての社会的な名声を享受するに至り、そうなると官職与奪の権限を握る国王ですら両班のもつ社会的な身分を左右することができなくなってしまう。[174]

官人たる者、政治的な波紋によって官界に浮沈することは当然であり、場合によっては配所の露と消えることもあった。しかし配所で亡くなった官人たちも、結局はその死によって罪の贖いを得、いずれは国王の発布する恩赦によって官人としての名誉の回復を果たしていく。

正祖六年（一七八二）、国王は文孝世子[175]誕生の慶祝の恩赦で、実に「三千一百三十七人」にのぼる罪囚を疏放（釈放）したが、その際、「中途付処」の処分を受けて洪州の配所で物故した申晦（一七〇六～？）や、「遠竄」の処分を受けて「蒙放」の後に物故した韓翼謩（一七〇三～？）、「屛裔（遠竄）」の処分を受けて物故した鄭義達などに対しても、それぞれ申晦には「職牒還給」の恩典を与え、韓翼謩には「罪名」及び「徒流案」の「爻周（抹消）」を許し、鄭義達には「放送」の恩典を与えている。[176]これによって「京・外の謫籍はすっかり空になった（京外謫籍尽空）」といわれているが、いわゆる謫籍（徒流案）のなかには、このように、既に物故して久しい罪人たちの記録もそのまま記載されていたのである。

ついで高宗朝の初年、大院君による「世道（勢道）」のもとに行われた恩赦においては、「仁祖以来」の党争による「冤気」の鬱結を解きほぐすために、大逆罪以外の四百人の「罪案」が除かれ、その子孫に「叙用」の恩典が施された。[177]この四百人のなかにも、やはり少なからぬ数の物故者が含まれ、その記録が彼らの子孫の官界における出仕の妨げになっていたのであろう。それでも彼らは「両班」としての矜持をもち、いつしか官界に復帰する日が来ることを待ち望んでいた。そうした輿論に王が迎合することによって、時に大規模な恩赦（大霈）が行われる慣例になっていたのである。

ちなみに純宗元年（一九〇七）、もはや王朝の命運も尽きかけたこの時期においても朝廷では大規模な恩赦が行われているが、このとき名誉回復を許されたのは、韓孝純（南人）、鄭仁弘（北人）、睦来善（南人）、李玄逸（南人）、李光佐（少論）、趙泰耇（少論）、趙泰億（少論）、崔錫恒（少論）、柳鳳輝（少論）、金一鏡（少論）など、それまで老論によって長らく名誉回復を妨げられてきた党争史上の著名人たちで、[178]彼らはもちろんとっくの昔に亡くなっている。

彼らの名誉回復は、長らく続いた「老論」による支配の終焉を告げる出来事であった。ただし、老論による支配の終焉とは、すなわち王朝国家を支えた士大夫社会の「輿論」による政治――延いては王朝国家の支配体制そのもの――の終焉にほかならなかったのである。

小　結

本章では朝鮮国王が官人身分の者に対して下した一連の処罰の体系について検討した。それは「律」に規定する五刑の体系とは別のもので、いわば「刑罰」に対する「懲戒」の体系といえる。(179) そうしてそれは君臣関係という特殊な倫理規範（道徳）に基づき、官人身分の者に対する懲戒の処分として、国王の個人的な意思に基づいて発令されていたのである。

法曹の勘断は宜しく律例を援《ひ》くべきも、しかも特教の処分は事体同じからず。（『高宗実録』元年三月初五日条）(180)

右の『実録』の一節は、国王の「特教」による処分が「律例」の規定をも超越するという当時の法制の根本原則を端的に指摘している。刑罰は律例に基づいて執行されることが原則であるが、国王による特教の処分はそもそも律例に根拠を持つものではなかったのである。

とはいえ、律例という客観的な基準を持たない特教の処分は、その内容が国王の恣意に委ねられているだけに、法的な意味での確定力をもたない極めて不安定なものとならざるを得ない。このため、国王の恣意による特教の処分に対しては、士大夫社会の輿論を代表する三司、とりわけ司憲府・司諫院の両司がしばしば反対の上啓を行い、一旦下された王命の修正ないし撤回を強く求めることにもなる。この場合、三司による反対上啓――一種の不服申し立て――が継続している限りは、王命といえどもこれを執行することはできない。一連の交渉を経て三司による反対上啓が収束し、三司が王命に同意したことを示すいわゆる「停啓」を待って、はじめて有司は王命を執行することができたのである。(181)

こうした慣例は国政全般について言えるが、とりわけ官人に対する処罰の適否は三司による言論攻撃の恰好の題材となった。官人に対する懲戒の処分がその「罪」の重さに対して釣り合っているかどうか、それを判断するのは一義的には任命権者としての国王その人であるが、国王の判断は士大夫の「公論」を度外視しては成り立つことができず、しかもその「公論」は党争により「老少南北」の四色に分裂して帰一するところがない。こうした条件のもとでは、国王による処分の内容が二転三転し、次々と処分が加重されたり、または減免されたりするのも当然のことであった。

なるほど、国王の意思は「律」の規定を超越する。そのうえ、官人に対する「懲戒」の処分は、そもそも人事権の一環として国王のみが行使する大権事項に属していた。しかし、だからこそ三司に代表される士大夫社会の「公論」はその大権を規制し、王による恣意的な処分を防がなければならない。

党争期における『実録』の記事は、「公論」に基づいて律例どおりの処罰を求める三司の上疏文と、その言論圧力に抵抗しつつ、ずるずると押し切られていく国王の批答文とで、ほとんど埋め尽くされているといっても過言ではあるまい。いわゆる「換局」——閣僚総入れ替え——によって党派の争いをコントロールしようとした粛宗や、「蕩平策」によって四色党派の均等な登用を目指した英祖・正祖などの、相対的には君主権力の「絶対化」が実現した時代においても、それは例外ではありえなかった。

『朝鮮王朝実録』の、とりわけ党争期以降の記事には、「律」の規定を超越し、しかしそれゆえに「判決」の確定力をもたない専制君主の権力が、士大夫社会を代表する三司の「公論」のなかにしだいに埋没していくさまが描かれているのである。

注

（1）南紀済『我我録』下、十二士禍（『稗林』所収本）、参照。具体的には、癸酉士禍（端宗元年、一四五三）、丙子士禍（世祖二年、一四五六）、戊午士禍（燕山君四年、一四九八）、甲子士禍（燕山君十年、一五〇四）、己卯士禍（中宗十四年、一五一九）、辛巳士禍（中宗十六年、一五二一）、乙巳士禍（仁宗元年、一五四五）、丁未・己酉士禍（明宗二年・四年、一五四七、一五四九）壬子士禍（光海君四年、一六一二）、癸丑士禍（光海君五年、一六一三）、己巳士禍（粛宗十五年、一六八九）、辛丑・壬寅士禍（景宗元年、二年、一七二一、一七二二）等を指して言う。

（2）四方博「旧来の朝鮮社会の歴史的性格について」（『朝鮮社会経済史研究』〔下〕所収、一九七六年、東京、国書刊行会）、崔承熙『朝鮮初期言官・言論研究』（一九七六年、ソウル、ソウル大学校出版部）、同『朝鮮初期言論史研究』（二〇〇四年、ソウル、知識産業社）、宋賛植「朝鮮朝士林政治の権力構造――銓郎と三司を中心に」（『朝鮮後期社会経済史の研究』所収、一九九七年、ソウル、一潮閣）等、参照。

（3）代表的な著作として次のものがある。
幣原坦『韓国政争志』（一九〇七年、東京、三省堂）
李成茂『朝鮮時代党争史』（二〇〇七年、ソウル、아름다운날）

（4）朝鮮時代の刑罰制度について概観した主な著作としては次のものがある。
中橋政吉『朝鮮旧時の刑政』（一九三六年、京城、治刑協会）
尹白南『朝鮮刑政史』（一九四八年、ソウル、文藝書林。影印本、一九九九年、ソウル、民俗苑）
徐壹教『朝鮮王朝刑事制度の研究』（一九六八年、ソウル、韓国法令編纂会）
金淇春『朝鮮時代刑典』（一九九〇年、ソウル、三英社）
朴秉濠『韓国法制史』（二〇一二年、ソウル、民俗苑）

（5）『択里志』のテキストには、成均大学校大東文化研究院刊『近畿実学淵源諸賢集』〔六〕所収の影印本（奎章閣所蔵八十一張本）、乙酉文化社刊行の排印・韓訳本、平凡社東洋文庫所収の排印・邦訳本（平木実訳）等がある。

（6）『択里志』卜居・人心　蓋我国官制、異於上世。雖置三公六卿、董率諸司、然帰重臺閣、設風聞・避嫌・処置之規、専以議論為政。

（7）『容斎随筆』四筆、巻十一、御史風聞　御史許風聞論事、相承有此言、而不究所以従来。以予考之、蓋自晋・宋以下如此。

（8）『宣祖実録』巻十七、宣祖十六年閏二月丙子条　司憲府啓、「陽城県監朴懋貪鄙、請罷。司瞻僉正金希哲昏暗、請遞。」答曰、「金希哲、依啓。朴懋、今此農時、守令以風聞遞之、不可。貪鄙云者、何事。何以為之耶。回啓。」回啓曰、「雖不可指為某事、前後為守令、以徴斂為事、物議騰播。故論啓矣。」伝曰、「推考、使之知戒。」後允之。

（9）『太祖実録』巻十二、太祖六年九月己巳条　都評議使司上言、「憲司劾六品以上官、雖笞罪、必収職牒、実為前朝弊法。乞依朝廷律文『凡内外大小軍民衙門官吏、犯公罪該笞者、官収贖』、『凡文官犯私罪笞四十以下、附過還職。笞五十者、解見任、別叙』之文、六品以上員、所犯罪状、准備推考、以罪状軽重、杖以上罪、申聞、収謝牒、鞫問。笞罪、不許収職牒、以公緘問備罪状、縁由具録、呈使司量罪、移文巡軍、決笞還任。」上従之。

（10）本書第一章「朝鮮初期の笞杖刑について」、参照。

（11）ここでいう「准備」とは司憲府の「公緘」を「准《う》」けてそれに対する回答を「備列」することをいうのであろう。要は、後述する「問備」と同じである。

（12）『経国大典』刑典、禁制　外官所犯、貪汚虐民外、勿許風聞挙劾。

（13）『睿宗実録』巻一、睿宗元年閏二月丙寅条　司憲府上疏曰、「旧例、本府風聞公事、如大臣不法、守令貪汚・虐民、婦女失行、人子不孝、疎薄正妻、一応関係綱常、〔汚染〕風俗等事、随所聞見、即加推劾、如其得情、啓聞科罪。故為悪於隠微之中者、常若十目所視、不敢縦也。況世祖大王伝旨内、『凡関係綱常、汚染風俗、京外官吏、貪汚虐民、不法等事、風聞挙劾』。今臣等風聞啓達事、若覈伝発言者、臣恐自後無復与臺諫言者。臺諫亦不得以風聞啓達推覈、言路蔽塞、為悪者、無所忌憚、非細故也。伏惟睿鑑裁択。……」（＊世祖の「伝旨」に「関係綱常、汚染風俗」とあるので、前段の「旧例」にも「汚染」の二字を補塡しておく。）

（14）同右。

（15）『中宗実録』巻二十二、中宗十年八月己未条　伝曰、「国家待大臣至重、故若関係大事、則推之矣。其餘小小待罪之事、則皆令勿待罪者、以其重待大臣也。頃者諫院以為、監司之受委方面者、大事則已矣、其如小失、不可皆推云。是亦以待大臣為重而然也。常時如三公、則啓而推之、輔国崇禄以下、則不啓而直推、乃憲府之例也。若関係事、則当推矣。只問備而已、則不必皆出公緘推之。是意当斟酌処之、可也。予非以憲府推其不当推之人也。又非仍有所失而然也。但近多有直推大臣之事、欲使憲府知此意也。」

『中宗実録』巻二十四、中宗十一年二月戊午条（前略）持平文瓘啓曰、「大抵侍従及凡朝士之被推者、必出公緘以問、遅則例遣使令促之。以其出公緘為受辱云、未敢知也。雖一品宰相、非正一品、則不入啓而出公緘推之。弘文館敢以如是之言、啓於上前、事甚可駭。臺諫受言責、雖有所失、当優容、而有口者皆欲攻之、則豈得尽其言乎。臺諫持朝廷紀綱者也。弘文館以其出公緘為汚辱、此反汚辱朝廷也。請遆而推之。」不從。

(16)『中宗実録』巻二、中宗二年閏正月庚戌条　憲府啓曰、「兼宣伝官朴良、乃朴永文後室之子。永文後妻、即黄孝源妾女子。庶賤不宜授東西班之職、兵曹必用情擬望。判書以下、則本府当出公緘推問。兼判書、請並推問。」上曰、「不須推問。朴良則当問而処之。」

(17)『宣祖実録』巻八十九、宣祖三十年六月丁丑条　持平南以信［座目同上］来啓曰、「……昨日南別宮行幸時、百官下馬班立、未退之際、定遠君所率下人、与左議政金応南下人持馬者、争路相詰、而宮奴等群聚乱打、至以上馬臺撲撃、極其残傷、流血淋漓、担舁而去。定遠・順和両君、駐馬立視、終不禁戢。非但大小侍衛之人、相顧失色、唐人之列立観光者、莫不窃語而駭視。凡在瞻聴、挙皆驚愕。請定遠君琈、順和君玒、幷命推考。……」答曰、「……定遠君推考、依啓。既曰其下人、則順和君、未可並推。……」

(18)『黙斎日記』二（『大東野乗』所収本）　大概、両司合啓之規、雖論劾大臣・重臣、必待中学一会、論議帰一、然後始為論啓。乃所以重其事也。

(19)『成宗実録』巻二百九十、成宗二十五年五月己丑条　臺諫啓曰、「聞尹壕今日已上官。臺諫合司論啓、是朝廷公議也。而壕乃冒出、是不有臺諫、不有朝廷也。驕蹇莫甚。請推之。」

(20)『太宗実録』巻五、太宗三年四月丙寅条　司憲持平朴道弘、為知海豊郡事。左献納韓皐、為仁同監務。初、憲府使人督匠人於長興庫、庫以無前例不応。持平朴道弘、笞庫吏。適停朝禁刑之日也。庫使金渉、言於献納韓皐曰、「庫本多務、道弘刑吏於禁刑之日。子於道弘、親也。請以義責之。」皐以言。道弘、避嫌不仕。憲府劾渉守直、請収職牒、鞫問其罪。上召掌務・持平金明理曰、「不送匠人、是豈鞫問之罪乎。以小事而軽罪朝士、甚不可也。」明理曰、「非以不送匠人為罪、乃以嘱諫院、欲劾道弘為罪耳。臺諫交悪久矣。今臣等特承殿下之教、庶底和睦、而渉乃欲煽乱。臣等以故請罪。」上曰、「不可。豈可不知其実、而遽罪之乎。原其初、亦小事也。勿再請。」至是、出二人于外。

(21)『中宗実録』巻三十九、中宗十五年六月乙亥条　持平金銛啓曰、「丁丑年（中宗十二年、一五一七）、臺諫拒命牌事、右議政（李惟清）於朝講啓之。臣時為正言、不能違而従衆、在職未安。請逓。」上曰、「其事已久。臺諫亦豈一心哉。不可追論。勿辞。」再啓曰、「逆命、天地不容之罪。況臺諫非常之職乎。請逓。」上曰、「其時牽於彼類而為之耳。且一人辞免、餘皆未安。勿辞。」執義蘇世譲啓曰、「臣亦其時為掌令、僉謂臺諫言未得行、数数往来、徒為文具耳。前朝時、臺諫言不行、則或杜門不出、或退居郷曲、故如是。而近来所無之事也。時人皆非之、今亦有議。在職未安。請逓。」上曰、「臺諫之意不同、非爾己意。且経筵時、出於言端、非為追論也。勿辞。」再啓曰、「臺諫之事、同議為之、非一人之意也。臣之在職、実未安心。上教如此。当退待物論。」

(22)『粛宗実録』巻十三、粛宗八年十一月丙辰条　是日、行文武科殿試。諸臺並違牌。以申攘為司諫、李墪為献納。攘以不可異同於右僚之意、引避。上命勿辞、亦勿退待、俾即進参。攘往参後、又以自壊臺体引避。墪亦以此引避。玉堂処置、出仕。墪以推緘未勘、逓差。

(23)『仁祖実録』巻二十七、仁祖十年七月己未条　大司憲張維引避曰、「臣頃於国恤之初、老母病勢苦重、私情切迫、往来救薬、未免経宿私第。前日臺官、既以此引避。請逓臣職。」答曰、「勿辞。」憲府処置以為、「老母病重、則往来救薬、情理当然。請命出仕。」上従之。

(24)『仁祖実録』巻二十九、仁祖十二年五月戊戌条　持平廉友赫啓曰、「臺官入本府時、諸監察出迎于中門外、臺官至而答揖、例也。臣於今日、将行相会礼於本府、而監察無一人出待者。無非臣地微望軽之致、不可抗顔仍冒。」憲府請廉友赫出仕、監察之不出者推考。上従之。

(25)『仁祖実録』巻二十八、仁祖十一年十一月丁未条　正言鄭雷卿啓曰、「……韓亨吉濫刑残酷之状、伝者藉藉。臣時在言地、随所聞而論之、非有一毫私意於其間也。頃者偶与副提学鄭百昌、相遇於闕下、杯酒之間、忽然問臣曰、『汝何敢弾吾所親之人乎』、仍加詬辱、提起世累、脅之以論駁。臣之世累、国人所知、臣不敢自諱。然聖明既已蕩滌而収臣、則臣雖無状、所処者侍従班也。士夫間相敬之道、恐不当如是。臣何敢任他唾罵、黙黙随行。請逓臣職。」諫院処置曰、「自古用人之道、不係世累。雷卿之人器、清議既許、聖上慎簡、擢置三司、非止一再、則為雷卿者、身在言地、随事糾劾、乃其職耳。面加詬辱、責有所帰。請命出仕。朝廷之上、礼譲為貴、士夫之間、相敬為重、而副提学鄭百昌、以弾駁所親之人、詬辱侍従之臣。此実搢紳間所未有之事、不可以杯酒之失、置之不論。請推考。」上皆従之。

(26)『仁祖実録』巻二十九、仁祖十二年六月己巳条　左副承旨李徳洙啓曰、「臺諫伝啓時、例必展読、而今日諫院城上所、不読元啓草、而只言大概。此無非見軽所致、惶恐待罪。」答曰、「勿待罪。」正言金寿翼啓曰、「臣素患痰症、入夏転劇、今日伝啓時、精神昏憒、不能遍読、僅以大概伝啓、至被承旨詆斥、臣之罪大矣。請遞臣職。」諫院処置、請命出仕。答曰、「若非怠慢、必是故犯。今姑罷職、以明是非。」

(27)『仁祖実録』巻二十九、仁祖十二年四月甲戌条　司諫李景曽啓曰、「昨見簡通新啓一款、即朴安孝・金孝建・柳昌文等、曽参廃母庭請、及授臺諫、不能自列之失。而末端有『庭請文書、請令禁府書送両司及吏曹』之語。臣窃以為、参於大論之人、冒叨臺閣、而不為一言自列、則固為非矣。当初聖明滌瑕之意、固非偶然。到今書送別件文籍、銓曹当政而取考、両司臨席而指点、則大小染跡之人、孰敢自安於心、而聖人包荒之徳、恐不必如是。故臣以刪去此一款之意、再三商議於同僚、而終未帰一。請命遞斥。」献納李時楷、亦以此引避。……正言洪柱一・徐祥履、亦以此引避。皆答以勿辞。憲府処置曰、「参於大論、非曰無罪、而到今提起、書成別件文籍、無乃傷於聖人之量耶。欲刪去此款者、或不無所見、而殊欠直截之風。随参庭請之輩、為人所棄、則樹公議、明是非、自是諫官能事。謄出文書、雖似過激、亦可謂得論事之体。請正言洪柱一・徐祥履、大司諫金慶徴、並出仕。司諫李景曽、献納李時楷、遞差。」答曰、「依啓。李景曽等勿遞。」景曽等牌不進而遞。

(28)『仁祖実録』巻十九、仁祖六年十一月壬戌条　憲府啓曰、「故領敦寧府事韓浚謙、既過初朞之後、仍給本職之禄、雖出於一時之恩、有乖於金石之典。請還収仍給之命。……」答曰、「国舅禄俸、限三年題給、不無前例。宜勿煩論。……」

同月甲子条　憲府啓曰、「故領敦寧府事韓浚謙、給禄還収事、連日論列。而聖批或以不無前例、或以亟停已甚之論為教。臣等窃惑焉。……請勿留難、亟賜一兪。」答曰、「此非堅執之事、而如是瀆擾不已、可謂待国母太薄也。」仍下教曰、「故領敦寧府事韓浚謙品禄、令該曹、自正月、勿復題給。依臺諫啓辞、月給米豆十石。」

同月乙丑条　憲府啓曰、「伏見聖批、以『待国母太薄』為教。惶恐震駭、措身無所。……臣等辞不達意、誠未格天、反承峻旨、何敢晏然。請遞臣等之職。」答曰、「勿辞。此事如彼不可、則当初力争、宜矣。」並退待物論。諫院処置曰、「死受生時之禄、断無此理。豈可以国舅而有別哉。憲府之論啓、未為不可。請並命出仕。」上従之。

(29)『宣祖修正実録』巻十五、宣祖十四年八月壬辰朔条　大司憲李珥、執義南彦経、持平柳夢井、以言事被遞。初、憲府之論義謙也、珥約同僚、使無蔓延之患。而鄭仁弘等、本欲因此、擊尽一隊士類、……仁弘啓曰、「所謂士類者、義謙与尹斗寿・

根寿・鄭澈等諸人、相為締結、以助声援、窺覘形勢矣。」珥謂仁弘曰、「鄭澈非義謙党。年前士論過激、故有不平之言。此非党義謙也。澈是介士。今謂締結外戚、声勢相助、則極冤矣。珥向来上疏、賛澈之為人。今日斥澈為党於非人、則珥自為反覆人矣。君須避嫌、為澈分疏、然後勢可供職。不然則珥当避嫌矣。」仁弘勉従、詣闕避嫌啓曰、「鄭澈雖与義謙、情分相厚、不至如尹斗寿兄弟、私相締結。而臣乃以為、義謙之私党、失実甚矣。請遞職。」憲府当処置仁弘、……於是、諫院処置憲府。而大司諫李墍、司諫鄭士偉、正言姜応聖・鄭淑男、欲並請出仕。献納成泳、欲並請遞差。姜応聖詣闕、先請南彦経出仕。於是、各以所見、引避。成泳捃摭憲府過失、辞意不倫。弘文館処置両司、並請出仕。以姜応聖処置違格、成泳掇拾過失、請此両人遞差。……於是、両司皆退待。玉堂慮騒擾之弊、不分是非、請並出両司。……両司皆避嫌、退待。弘文館上箚、請出両司、只遞承勲及李珥等三人［以珥反斥承勲為非］。上答曰、「李珥別無所失、決不可遞。」弘文館復上箚請遞。上不従。……上始許遞珥等、而鄭芝衍、代為大司憲。

(30)『六典条例』巻六、弘文館、総例　両司官員、皆有引嫌之事、而無処置者、則両司吏、以避辞都送本館、議定立落、陳箚上請。

(31)『礼記』王制　爵人於朝、与士共之。刑人於市、与衆棄之。

(32)批答は建前としては王が直筆で書くことになっているが、実際には宦官が代筆することも多かったらしい。次の史料はそのことを示唆している。

『景宗実録』巻五、景宗元年十二月乙酉条　鞠文有道・朴尚倹。……尚倹供称、「……内官之任、凡於公事、踏啓字、書批答而已。寧有干犯之理。……」

(33)批答の入った原本ではなく、その内容を転載した「有旨書状」を承政院から送付するのであろう。拙稿「朝鮮時代の有旨書状について」(『朝鮮学報』第二百四十一輯、二〇一六年、天理、朝鮮学会)、参照。

(34)鄭経世、字景任、号愚伏堂、晋州の人。南人。

(35)『仁祖実録』巻八、仁祖三年二月甲申条　行都承旨鄭経世、以新陞正二品、不当仍在承旨、上箚乞免。答曰、「省箚具悉卿懇。以正二品為都承旨、不無古規。卿其勿辞。」

(36)『六典条例』巻二、承政院、呈辞　大臣呈辞、不允批答、則使藝文館或知製教撰進。啓下後、堂后正書［如教書式］。入啓時、宝啓請。安宝、史官往伝［四度以下、敦諭、或別諭。○「安心調理」批下、則書出伝教後、正書招致、司録伝給。］

(37)『光海君日記』（鼎足山本）巻十二、光海君元年正月戊子条　吏曹判書鄭昌衍上疏曰、「……伏願聖慈、亟命遆臣職名。」答曰、「省疏具悉卿懇。……卿宜勿辞。公耳国耳、終始尽職。」
『光海君日記』鼎足山本、巻四十三、光海君三年七月丁未条　大司諫崔有源辞職。答曰、「省疏具悉爾懇。……宜勿控辞、尽心職事、振粛風采、激揚偸俗。」
(38)『宣祖実録』巻一百七十五、宣祖三十七年六月壬午条　慶尚道生員臣金允安等、伏以……。答曰、「省疏具悉、良用嘉焉。」
(39)朝鮮総督府刊『朝鮮語辞典』啓字の項（六〇頁）に「啓字を刻したる木印、上裁を経たる文書に押す」とある。
(40)『世祖実録』巻三十三、世祖十年四月己酉条　命刻草書「啓」字、印啓下文書、以為標。
啓字印も建前としては王が自ら捺すべきものであるが、実際には宦官が代理で捺印する。この点については次の諸史料が参考になる。

『景宗実録』巻五、景宗元年十二月乙酉条（前掲注(32)）。

『六典条例』巻二、承政院、総例　啓下公事、踏啓字。違式、則当該中官、随即請罪。
(41)『宣祖実録』巻七十九、宣祖二十九年閏八月壬午　凡公事之入内経御覧者、必踏啓字而下、政院又於其尾、判付『啓下某司、云云。』
(42)『経国大典』刑典、訴冤条、注　凡上言、啓下五日内、回啓。如或過限、具不即回啓辞縁、以啓。
(43)『宣祖修正実録』巻二十一、宣祖二十年十二月乙卯条、注　凡臣民章疏之上、不出三日、必下政院。若無批辞而只踏啓字而下、則承旨観疏所言、或下該司、使之覆議、或允其請、則奉聖旨、乃例也。
(44)『仁祖実録』巻二十九、仁祖十二年七月壬子条　副提学李植上疏曰、「伏以……。伏願殿下、亟命鐫削臣名、以鎮異論。」疏入、踏啓字而下。
(45)拙著『韓国の世界遺産　宗廟——王位の正統性をめぐる歴史』（二〇一六年、京都、臨川書店）、参照。
(46)『仁祖実録』巻四十六、仁祖二十三年十一月丁丑条　是朝、政院始捧趙復陽遆差伝旨。……於是、同副承旨鄭維城待罪曰、「昨夜趙復陽遆差伝旨、即当捧之、而非但夜深、諫官特遆之事、異於常規。不待同僚之会、不敢独為捧旨矣。」答曰、「知道。勿待罪。」
(47)『宣祖修正実録』巻二十一、宣祖二十年十二月乙卯条　若不踏啓〔字〕而下、則政院蔵之院閣、史官取而採録于日記、無可録則置之。謂之「留中不報」者、此也。疏久不下、則政院以日記纂入啓請、亦例也。憲疏雖焚、自上猶批示其由、則猶未廃、例也。自廃朝至今、疏入不下、政院不敢請、便為宮人所屑用。非古所謂留中者也。

(48) 安邦俊、字士彦、号隠峰、竹山の人。西人。『抗義新編』の編者。

(49) 『仁祖実録』巻四十、仁祖十八年五月壬辰条　前察訪安邦俊上疏、極言時事、語多狂直。疏入、留中不報。上他日謂群臣曰、「安邦俊、不知何如人、而視其疏辞、蓋其闊於事情者也。言無可採、且煩於視聴。故留之不下耳。」

(50) 『粛宗実録』巻一、粛宗即位年十月丁酉条　修撰姜碩昌上疏、論宋時烈・郭世楗事、縷縷数百言、……疏入、上命還出給。又下備忘記、「李秀彦・姜碩昌・金光搢、並罷職不叙。」

(51) 孝宗を「体而不正」の「庶子」と位置づける議論については、南紀済『我我録』(『稗林』所収本)の「龍門問答」に詳しく述べられている。

(52) 『経国大典』刑典、囚禁条　杖以上、囚禁。文武官及内侍府・士族婦女・僧人、啓聞囚禁。

(53) 同右。

(54) 本書第一章「朝鮮初期の笞杖刑について」、参照。

(55) 『経国大典』刑典、囚禁条、注　凡不囚者、公緘推問。七品以下官及僧人、直推。

(56) 丁若鏞『雅言覚非』(『與猶堂全書』一集巻二十四)　推考者、推覈以考験也。謂之問備者、臺官有問難、被者有備列也。

(57) 『孝宗実録』巻六、孝宗二年六月戊申条　上引見大臣及備局諸臣。……上曰、「国家旧例、推考甚厳、有禁府推考之規云。然近来被推者、視為尋常、帯推行公、少無警惕之心。憲府之官、久不開坐、以致畢推之未易、事極寒心矣。」工曹判書李厚源曰、「推考伝旨、只書『下』字、空其下而不書某衙門。自上書塡『禁府』字則就拿、此所謂禁推。且行公推考、及口伝政事[有忙急差除、則未遑開政、政官会議備望、直送于政院、謂之口伝政事]、非古也、皆壬辰後事也。」上曰、「推考伝旨、依古例不書『行公』、只書『下』字、空其衙門、以竢予裁処、而自今定為令式、使被推者、有所警憚。外方之官、則曠務可慮、仍前行公、可矣。且令憲府、逐日開坐、依六曹例、録其坐不坐、毎於朔末書啓。」

(58) 義禁府による推考を禁推という(前掲注(57))。金鎮玉「〝禁推〟の性格と特徴」(『民族文化』第三六輯、二〇一一年、韓国古典翻訳院)、参照。

(59) 『孝宗実録』巻六、孝宗二年六月戊申条　上引見大臣及備局諸臣。……上曰、「国家旧例、推考甚厳、有禁府推考之規云。

然近来被推者、視為尋常、帯推行公、少無警惕之心。憲府之官、久不開坐、以致畢推之末易、事極寒心矣。」

『正祖実録』巻十、正祖四年八月辛酉条　左承旨徐有防啓言、「凡推考伝旨、文蔭武、不得帯推行公之人、則以『行公推考』書入、而至於該司郎官、外邑守令、辺将、雑（岐）〔技〕職、元無『行公』二字、而近来襲謬、一例以『行公推考』書入者、有違古規。此不可不一番釐正。」従之。

（＊帯推行公、行公推考は、いずれも職務を行いながら推考を受ける意）

(60) 推考緘答の例——
尹善道『孤山遺稿』巻五下、雑録、山陵看審時推考緘答（己亥）　云云。矣身窃念……、重被臺評、無非自取。伝旨内辞縁、遅晩。相考施行。

（＊遅晩とは、遅ればせながら罪を承服する意。『孤山遺稿』は『李朝名賢集』三、及び『韓国文集叢刊』九一に影印収録。）

(61) 『続大典』刑典、推断条、注　凡推考緘答、在京官人三度抗拒後、収職牒、進来推考、又不遅晩、則啓請刑推。外邑守令三度抗拒、則啓請刑推。並移義禁府処置。

(62) 兪伯曽、字子先、号翠軒、杞渓の人。

(63) 『凝川日録』（大東野乗本）乙亥（仁祖十三年）二月初七日条　伝曰、「大臣者、君上之所尊敬、百僚之所瞻仰、有非人人所可軽議。而吏曹参議兪伯曽、譏侮大臣、無所不至、事極駭異也。其狂妄之罪、不可不懲。姑先推考。」
同月初九日条　憲府啓本、「吏曹参議兪伯曽、譏侮大臣罪、杖八十、公罪」啓。功減一等。照以罵官長律。
（＊『明律』巻二十一、刑律四、罵詈、佐職統属罵長官条　凡首領官及統属官、罵五品以上長官、杖八十。若罵六品以下長官、減三等。佐貳官罵長官者、又各減二等〔並親聞乃坐〕。）

(64) 本書第一章「朝鮮初期の笞杖刑について」、参照。

(65) ただし、その一ヵ月後、彼は「特旨」によって「水原府使」に転出しているので、最終的には左遷という形で処罰されたことになる。
（＊南九万撰兪伯曽墓誌（『国朝人物考』所収）　……上以譏侮大臣、推考、除水原府使、移慶尚監司。）

(66) 『仁祖実録』巻三十一、仁祖十三年七月丙寅条　昼講『詩伝』、講訖、知経筵崔鳴吉曰、「銭幣不可率爾通用。先試於不緊処。如下吏犯罪、則以銭収贖、士夫推考、亦以銭文徴贖、亦是用銭之一道也。」上従之。

(67)『粛宗実録』巻十七、粛宗十二年九月丙戌条　司憲府以都摠経歴李玄成・李之樗等推考緘答、勘以「杖八十・収贖」之律。上曰、「分揀。」蓋玄成等、於七月初三日、監軍受点。翌暁奉牌、自敦化門入到禁川橋上。諸承旨自金虎門方始入院、在後呵禁。玄成等以奉陪御牌、不即退立。承旨任相元・申暈等発怒、啓請推考曰、「今日諸承旨班次入来之時、都摠経歴李玄成等、偃然径入、横截前路。其愚濫不識事体之状、殊極可駭」、云云。蓋監軍之牌、既有御押。故雖王子三公、遇諸路必避者、所重有在故也。今相元等、不念御押之尊、直以玄成等為卑賤武夫、偃然呵禁、先自失体、而反以玄成等為不識事体、肆然請推。若論以不敬之律、相元等必無所逃矣。然而臺諫不思挙劾、乃以玄成等為若有罪者然、勘以杖律。上亦不之察焉、但下分揀之教。聞者莫不駭歎。

(68)同右。

(69)『顕宗実録』巻一、顕宗即位年九月己未朔条　……按、善道推考緘辞中、有曰、「臣病伏郊畿、去京城一息程。五月初四日、聞国恤、奔走入城、成服之後、宿疾重発、載還郷居。十八日、聞有看山之命、力疾還入。二十五日、随行於看山之役。……而以為再審之日、偃然退坐、則不亦冤乎。至以怙終擬律、則鍛錬甚矣」、云云。憲府奏以「杖八十・収贖、奪告身三等」。上以既已罷職、分揀。

(70)『経国大典』刑典、推断条、注　犯私罪、杖六十者、啓聞、追奪告身一等（小注省略）。七十、二等。八十、三等。九十、四等。一百、尽行追奪、送吏兵曹（小注省略）。

(71)『迂書』巻四、論推考　或曰、「我国問備之法、似無益於実事。而無此則亦無以申飭警励。存罷与否、何如而可乎。」答曰、「此不過依倣唐典推劾之制。而唐制亦昉於六朝臺推矣。然而雖襲名目、元無其実。今以三司出入者言之、其遭推考、不知其幾千百次。我国百事、無非文具。而文具之中、此尤特甚。国体之日卑、紀綱之日紊、実由於此等事矣。欲做実政、除之何疑。」或曰、「中外臣僚、或有所失、則虚実之間、不可不請其問備、観其緘辞而処之矣。」答曰、「凡事拠実論報可也。何可以一毫未分明之事、姑為問備之請耶。大則大罰、小則小罰、極微細則又不必論劾矣。設或事体間、雖甚些少過失、不可不全無言、則只示其規戒之意於論列文字中、亦足為官師相規之体。何必為無実問備之請哉。推考既是笞杖之律、則既不可施之於微過。徒加其名、而不得用其律、則無実甚矣。」或曰、「朝家用罰、自罷職以下、不為不少。而此亦難施於微眚薄過。如牌招不進、臨事錯誤之類、若無推考之罰、何以警責乎。」答曰、「中国則自古正律之外、元無推考。其何以為治耶。畧小過而持大体、則正律自足為政。何用此苟簡之規哉。且警責雖曰小事、至於牌不進之類、実渉蹇傲。朝体不厳、豈可但以無実之推考罪之乎。

奪俸之法、最可施於此等之罪。而我国有料無俸、実為慨然。今若酌定京外官常廩元俸、然後以罰俸之法、行之於少過微眚、則足為警責之道矣。」

(72) 『承政院日記』英祖九年十月十八日条　申時、上復御熙政堂、召対。……(参賛官韓)徳全曰、「近来事事、皆帰文具。以推考言之、在前則必自憲府発緘、受其緘答、然後考律勘断矣。一自中間、行公推考之規出、而古例尽廃、推考伝旨、積於憲府、而初無発緘之事、作一休紙。故只有推考之名而已、事甚無実。今若一用古法、則誰有不遵行者。如牌不進推考、則一日或至二三、難於一一受緘、自帰於置之。自今為始、自上特推及従重推考者、則必使憲府、発緘受答、一切施行、稍復古法、何如。」上曰、「此誠如承宣所達矣。然儻欲行此、則耳目之臣、尤有所難堪矣。行公推考之法、其意固好、不然則朝廷将無行公之人矣。至於推考、則前日亦以依例緘答之意定式矣。」徳全曰、「既有前日定奪。以此意更加申飭、何如。」上曰、「申飭施行、可也」[抄出挙条]。

(73) 丁若鏞『雅言覚非』(『与猶堂全書』一集巻二十四)　推考者、推覈以考験也。謂之問備者、臺官有問難、被者有備列也。……我朝問備之法、百官凡有差失、臺官必以書牘問難、謂之緘辞。被者亦書牘備列[備陳其事情]、或示屈伏、或自暴明、謂之緘答[見『傭説』]、此之謂推考。今之所謂推考、空言而已。其重者、別有緘辞推考[如古例]。其実推考必緘辞。不緘辞、非推考。

(74) 推考については金鎮玉氏による次の専論がある。金鎮玉「推考の性格と運用」(『古典翻訳研究』第三輯、二〇一二年、韓国古典翻訳学会)

(75) 『大明律』巻一、名例律、二罪倶発以重論条　凡二罪以上、倶発、以重者論罪。各等者、従一科断。

(76) 王が「従重推考」を命じた段階では、特に具体的な処罰の根拠法や法定刑が想定されているわけではない。この段階における「従重」とは、田中俊光氏が次の論考に述べられたとおり、単に「厳格に」、「仮借なく」といった修辞にすぎないのである。

田中俊光「朝鮮時代の法典に見える「従重」の意味」(『亜細亜大学学術文化紀要』第三三号、二〇一八年、武蔵野、亜細亜大学)

(77) 『大明律』巻一、名例律、文武官犯私罪条　凡文武官犯私罪、笞四十以下、附過還職。五十、解見任、別叙。杖六十、降一等。七十、降二等。八十、降三等。九十、降四等。倶解見任。流官、於雑職内叙用。雑職、於辺遠叙用。杖一百者、罷職不叙。

『経国大典』刑典、推断条、注　文武官及内侍府・有蔭子孫・生員・進士、犯十悪・奸盗・非法殺人・枉法受贓外、笞杖並収贖。公罪徒、私罪杖一百以上、決杖。（＊本書第一章「朝鮮初期の笞杖刑について」、参照。）

(78)『成宗実録』巻一百四十四、成宗十三年八月戊午条　御経筵。講訖、大司憲魚世謙啓曰、「司畜李秀、与妓並騎而行。繕工監役官尹成仁、娼妓雖微、既奸其母、又奸其女、無行甚矣。請罷職。」上曰、「已経赦宥、何必更論。」仍問左右。領事鄭昌孫対曰、「此輩無操行、罪之宜也。然已経赦、不必更論。」世謙曰、「罪則已経赦矣。凡朝官無操行者、論請罷職、例也。」同知事李克基曰、「無朝臣之行、罷職為当。」命皆改差。

(79)『仁祖実録』巻一、仁祖元年三月丁未条　（憲府）又啓曰、「左議政朴弘耇、本以庸鄙之人、附会賊魁、冒居鼎軸、貪黷濁乱之罪、不可容貸。請罷職。」上只命逓差。

(80)　前掲注(77)、参照。

(81)『中宗実録』巻八十七、中宗三十三年二月甲子条　領議政尹殷輔、左議政洪彦弼、右議政金克成、左賛成蘇世讓、右参賛成世昌啓曰、「……沈彦光、則罷職・収告身。沈彦慶・権輗、則只罷、何如。……」答曰、「今見所啓、沈彦光等事、所関非軽。欲与卿等面議。」

同月乙丑条　伝曰、「昨日大臣啓請以為、沈彦光則罷職・収告身。沈彦慶・権輗、則只罷、云云。……彦光亦収告身、可也。」

(82)　削職の事例――

『宣祖実録』巻一百六、宣祖三十一年十一月辛丑条　弘文館［副提学鄭光績］箚曰、「伏以、前府院君柳成龍、本以便佞之資、済以文墨之技、才非適用、識暗時務、得君非不専、秉政非不久、而其行己処事之際、不厭人望者多矣。……凡此数者、原其情、則或帰於公過、而其流之弊、皆足以劉喪邦本、而大失人心。当国誤事之罪、烏得免乎。両司削職之請、実出於公議之所激成。請勿留難、亟賜兪音。」答曰、「已為罷職。」

『宣祖実録』巻一百十四、宣祖三十二年六月癸卯条　司諫院啓曰、「前豊原府院君柳成龍、貪権植党、当国誤事之罪、聖明之所洞燭、国人之所共知、固不足更論。至於力主和議、罪関宗社、而得保首領、仮息田里、亦云失刑矣。輿情未快、公論已鬱、而今者職牒還給之命遽下。人心驚駭、莫知聖意之所在也。……聖明非不知罪在罔赦、而循例給牒、有若尋常負罪者然。

凡有血気、莫不憤惋。請還收成命。……」答曰、「削職元是過重。豈終不給牒乎。……所論尤甚。並不允。」

（＊柳成龍は壬辰倭乱に際して日本との「和議」を唱えたことで「削職」の処分を受けたが、それは「罷職」より一等重い処分であり、その結果として柳成龍は「告身（職牒）」を奪われている。）

(83)『芝峰類説』巻四、官職部、官制　自魏晋至梁陳、授官有板、長一尺二寸、厚一寸、濶七寸。授官之辞、在於板上、為鵠頭書。……板与版同。今謂仕籍為仕版、蓋以此也。

(84)『世宗実録』巻四十九、世宗十二年八月辛卯条　司諫院啓、「永楽十二年二月初三日、吏曹受教、『三品以下、除授後、於班簿、録其来歴。其自内除授者、称特旨。以保挙除授者、称某人薦。功臣及二品以上子壻、称某子某壻。考前銜官案除授者、称前官案付』。……請自今吏兵曹来歴関内、京外各品、雖以時行遷転者、幷録加資超資之由。」従之。

(85)『世宗実録』巻四十九、世宗十二年八月辛卯条　司諫院啓、「……永楽十四年（太宗十六年）六月十九日、司憲府状申、『吏兵曹下批後、京外通政以下、至権務、除拝人員、各於名下、称某特旨、某保挙、某考満、某都目、明白載録、単子申呈、報于都堂、移文臺省、已有成法……』……」。

(86)『太宗実録』巻二十七、太宗十四年正月癸巳条　吏曹啓、「除授啓本及移文、内出除授者、称特旨。以単子啓聞除授者、称某人薦。功臣及二品以上子壻、称某子壻。前銜官案付者、称前銜官案、何如。」従之。又命保挙之法、一依『六典』所載。
（＊前掲注(84)の「永楽十二年二月初三日、吏曹受教」とはこの条文のこと）

(87)『英祖実録』巻六十一、英祖二十一年五月丙戌条　上召見大臣・備堂。……教曰、「……其令両銓作文蔭武前銜官案、懸註曽経職名、作散年月、京郷居住、修正以入。」

(88)『大明律』巻一、名例律、除名当差条　凡職官犯罪、罷職不叙、追奪除名者、官爵皆除。……軍民匠竃、各従本色、発還元籍、当差。

(89)『中宗実録』巻八十六、中宗三十二年十二月乙丑条　伝于政院曰、「昨日迎訪時、三凶設為機陥以害人、或曰妄是非朝廷之事、或以他事害之、構陥多端事、議政言之。前者収職牒・罷職人員、已尽抄啓矣。但不歯仕版之類、則別無伝教、故不書啓矣。其在不歯仕版之中者、必為三兇構陥而被罪矣。即令書啓。」

(90)『明宗実録』巻十一、明宗六年六月癸亥条　検詳宋賛、以三公意、啓曰、「国有大慶、徒・流・付処・充軍・雑犯死罪、皆已開釈、而永不叙用・不歯仕版、独未蒙恩。並蕩滌、何如。」答曰、「啓意果当。然見其罪目、或有関係国家者、或有宜於永不叙用者。故累経大赦、而不得蒙宥矣。若軽釈、則後人無以懲戒、以是斟酌矣。其抄単子、還入可也。」

(91)『宣祖実録』巻四、宣祖三年五月丙子条　上命罷職人員収職牒者、削去仕版者、永不叙用者、並命書啓于吏兵曹。

(92)『正祖実録』巻四、正祖元年十月戊午条　……判義禁洪楽性啓言、「……永不叙用、則終身禁錮、不入歳抄。……」

(93)『左伝』成公二年条　子反請重幣錮之。（杜預集注）禁錮勿令仕。

(94)『漢書』巻七十二、貢禹伝　禹又言、孝文皇帝時、貴廉絜、賤貪汙。賈人贅壻、及吏坐贓者、皆禁錮、不得為吏。

『経国大典』礼典、諸科　罪犯永不叙用者、贓吏之子、再嫁失行婦女之子及孫、庶孼子孫、勿許赴文科・生員・進士試。

(95)削奪官爵（削職）の処分を受けた李洽等は「及第」と呼ばれている。

『宣祖実録』巻一百四十七、宣祖三十五年閏二月丙辰条　憲府啓曰、「鄭澈以無理之説、構陥崔永慶、必欲置之死地。自上洞燭其情、既命放釈、而其時諫院之官、一聴鄭澈指嗾、至請再鞫、竟致瘐死而乃已。自古雖大無道之世、未嘗有殺山林之士者。況在聖明之時、党奸賊賢、以殺士之名、帰諸君父、則其罪固不止於削職而已。公議日奮、輿情愈激。已死之奸、雖不可加罪。請及第李洽・具宬・李尚吉等、並命中道付処、以快物情。」答曰、「已為削奪官爵、今不可加罪。」

(96)門黜の例——

『正祖実録』巻一、正祖即位年五月丁亥条　三司［……］合啓言、「申晦以當国首相、不思報効之道、乃反専事貪饕、市権趨勢、潜誘厚謙、助成滔天者、莫非此人挑発慫慂之致。當此懲討厚謙之日、不可以削職而止。請申晦、亟施門黜之典。」不允。

(97)『中宗実録』巻七十九、中宗三十年正月丁丑条　日晡雪霽。大小臣僚、入班于勤政殿庭。頒教書曰、「……茲示惻怛之懐、姑忍雷霆之怒、祇将光弼削奪官爵、外方居住、不令入城。特以大臣、優従寛典。其餘徒衆、悉皆勿問。於戯。……故茲教示、想宜知悉。」

(98)朝鮮総督府刊『朝鮮語辞典』の「放帰田里」の項（三六三頁）に、「「放逐郷里」に同じ」とあり、同書の「放逐郷里」の項（三六四頁）に、「流配より一等軽き刑、官員に科す。（放帰田里。略、放逐）」とある。ただし、これは「刑」ではない。

(99)『顕宗実録』巻二、顕宗元年四月壬寅条　護軍尹善道上疏曰、……疏呈政院、承旨金寿恒・李殷相・呉挺緯・趙胤錫・鄭榏・朴世城、啓曰、「即者副護軍尹善道上疏到院、観其疏語、則仮託論礼、用意陰凶、譸張眩乱、略無顧忌。其在出納惟允之道、如此之疏、決不当捧入。而第念是非邪正、難逃於聖鑑之下。疏入之後、惟在聖明洞燭其情状、明辨而痛斥之、似不可径先退却。故此疏捧入之意、敢啓。」上曰、「如此之疏、既知而何以捧入乎。還出給。」遂下教于政院曰、「前参議尹善道、心術不正、敢上陰険之疏、詆譖上下之間、極其狼藉、厥罪難逭、所当縄以重律、而有不忍罪者。姑従軽典、削奪官爵、放逐郷里。」

(100) 権敦仁、字景羲、安東の人。権尚夏の五代孫。老論僻派。

(101) 『哲宗実録』巻三、哲宗二年七月乙酉朔条　三司合辞、請門黜罪人権敦仁、亟施当律。批曰、「……門黜罪人権敦仁、加施放逐郷里之典。……」

(102) 朝鮮総督府刊『朝鮮語辞典』の「帰郷（귀향）」の項（一二三頁）に、「流配・徒配・竄配・定配の総称（帰郷は元来高麗時代の律名にして朝鮮の放逐郷里に同じきものなれども、後世誤りて前記の意に用ふ）。（転、귀양）」とある。
丁若鏞『雅言覚非』帰郷　帰郷者、高麗之律名。今之所謂放帰田里也［今之帰田、任住郷里、不定一処。帰郷者、帰其本貫、移動不得］。今徒流竄置、通称帰郷、非矣。……其律在笞杖之上、徒流之下。

(103) 『世宗実録』巻一百二十四、世宗三十一年四月壬子条　義禁府啓、「尹炯・許詡言、『前此、凡付処者、必考其居郷・農荘所在、近地為定、例以為常。臣等因循故事而為之。……』」。

(104) 『世宗実録』巻一百二十、世宗三十年六月乙丑条　司憲府啓、「副司直朴興美、曽犯奔競之罪、付処稷山、中路誘押去人、窃付処公文、逃帰其家。雖赦前所犯、其用意甚姦、縦不追罪、仍還付処。」

(105) 朝鮮総督府刊『朝鮮語辞典』の遠竄の項（六四八頁）に「遠配に同じ」とあり、遠配の項（同頁）には「遠地に流配せらるること。（遠竄）。」とある。ただし、遠竄は「刑」ではない。

(106) 遠竄の命が下ると、これを受けて義禁府では追放地（配所）の具体的な選定を行う。これを定配というが、定配とは配所を定めること、または配所を定めてその地に流配することを意味する。このため、遠竄のことを定配と言い換えることも多い。しかし、定配の対象となるのは官人に対する懲戒としての遠竄だけではなく、五刑の体系内における「徒三年」や「流三千里」の一般の刑徒についても義禁府（または刑曹）は「定配」を行っているのである。したがって、遠竄と定配とは必ずしも同義ではない。このため本書では官人処罰の体系内における懲戒としての定配を「遠竄」と称し、これを五刑の体系内における「徒三年」、「流三千里」などの一般の刑徒に対する「定配」とは区別することにしたい。

(107) 『光海君日記』鼎足山本、巻五十七、光海君四年九月甲午条　王問于禁府曰、「遠竄人、霊巌・光陽等地定配、有前例乎。

可考啓。」禁府啓曰、「常時本府規例、凡定配人、以『絶塞』啓下、則六鎮及江辺定配。以『絶島』啓下、則済州・珍島・南海・巨済等地定配。只以『遠竄』啓下、則勿論南北、遠処定配。戊申年、罪人洪湜、以遠竄之罪、謫死於康津。而康津、即霊巌之隣邑也。郭再祐、亦嘗流竄霊巌矣。此外前例、無文籍可考。以表表人所共知者言之、盧守慎、遠竄于順天、厥後加罪、始送珍島。順天、即光陽隣邑也。許潜之兄許汴、亦嘗遠竄于光陽云。祖宗朝、遠竄霊巌等邑者、亦有之。此則久遠之事、不敢一一尽達。」伝曰、「並北道改定配。」

（＊右は遠竄人に対する定配（すなわち官人処罰としての定配）の規定である。）

(108)『景宗実録』巻十、景宗二年十月丙辰条　両司［大司憲金一鏡、持平金始煒、正言兪彦通］合啓。不従。憲府申前啓。又啓曰、「鞫庁蒙放人金有慶、……此物情之所共駭惑者也。向来任陞、以成給耆司関文、猶加竄配之律。況此有慶所犯、有大於此者乎。論其情状、合施屏裔之典。請遠竄。」上不従。

『景宗実録』巻十、景宗二年十月辛未条　憲府［執義李世徳］申前啓。又啓曰、「極辺遠竄罪人鄭澔、……不可以已施屏裔之典而置之。請亟命絶島囲籬安置。……」並不従。

（＊ここでは「遠竄」の処分を「屏裔之典」と言い換えている。）

(109)『粛宗実録』巻十七、粛宗十二年六月壬午条　献納李国芳、正言尹之翊、啓曰、「金煥罪名、既非尋常竄配之比、不可混施惟軽之典。請改定配所、極辺遠竄。」答曰、「到今全釈、亦無不可。而爾等必欲自是己見、恣為好勝之論。誠可笑而亦可駭也。」

『英祖実録』巻十二、英祖三年七月己未条　諫院［正言柳儼］申前啓、不允。又啓曰、「尹鳳朝、既緊出万規之招、而聖上特用寛典、薄施竄配、則伊時臺諫陳啓、竟致収還、輿情憤鬱。請尹鳳朝、極辺遠竄。」上従之。……

(110)『仁祖実録』巻二十一、仁祖七年七月丙申条　諫院啓曰、「臣等伏見、昨日備忘記、論羅万甲之罪、極其厳峻。……殿下慮弊之過、用罰太重、使形跡未著之罪、遽被投畀之典。渠之抱冤不足言、而大非聖世之美事。請加三思、還収羅万甲遠竄之命。」答曰、「羅万甲事、如是煩論、殊極不当。更勿瀆擾。」憲府亦啓之。不従。

(111)竄配の事例——

『哲宗実録』巻十一、哲宗十年七月癸酉条　教曰、「重臣・宰臣之屢月行譴、不無斟量者存。龍潭県竄配罪人金箕晩、中和府竄配罪人沈敬沢、安辺府竄配罪人趙徽林、並放逐郷里。」

投畀の事例――

『英祖実録』巻九十八、英祖三十七年九月辛酉条　上御景賢堂、召講儒十六人、柚栍試講。朴相禄・李楽培、不能誦。故依科規勘律。教曰、「監試官皆不復命。其若眼有国、豈敢若此。幷湖沿投畀。」

『純祖実録』巻八、純祖六年二月壬午条　命副提学鄭東観、応教金啓濂、副応教呂東植、修撰金相休、副修撰李勉求、畿沿投畀。以館録命下、会座多日、互相陳章、竟未完圏也。

（＊湖沿は湖西（忠清道）・湖南（全羅道）の沿辺、畿沿は京畿の沿辺の意。）

(112)　遠竄より一等軽い処分としての竄配の事例――
『哲宗実録』巻十五、哲宗十四年七月甲戌条　教曰、「飭已施矣、且当慶会。加棘罪人金始淵、囲籬罪人白楽莘、島配罪人徐相復・洪翰周・金魯鳳、遠竄罪人任憲大・林昺黙・権命奎・金東寿・高済渙、竄配罪人洪秉元・朴希淳・徐相岳・具性喜、量移罪人金厚根、並放逐田里。因縄啓而在謫者、亦為放送。」

（＊各種の罪人は処罰の重い順に列挙されている。したがって「竄配」は「遠竄」より軽い処分といえる。）

(113)　『顕宗実録』十五年七月丁亥条　……下教曰、「南二星遠竄伝旨、何至今不為捧入耶。有何等待之事而然也。其等待之由、速為達啓。」……政院乃書入伝旨。時当二更三点矣。下教曰、「南二星定配単字及押去単字、三更前捧入事、分付政院。」即招禁府郎庁分付。五更一点、二星定配・押去単字乃入。上即下其単字。時五更三点矣。
（＊南二星は南九万の叔父。）

(114)　『続大典』巻五、刑典、推断条、注　金吾栫棘罪人、及正二品以上、都事押去。其外、書吏・羅将、随品押去。本曹罪人、徒配以上、京駅子押去、次次交付配所。

(115)　『白沙先生北遷日録』（朝鮮・鄭忠信撰）光海君十年二月六日条　成廟朝、士夫之竄謫辺遠者、例令其官、有供饋之教。因此已成規、故公亦受之。

(116)　池哲瑚「朝鮮前期の流刑」（『法史学研究』第八号、韓国法史学会、一九八五年）、沈載祐「朝鮮前期流配刑と流配生活」（『国史館論叢』第九十二輯、二〇〇〇年）等、参照。なお、士大夫（両班）の流配生活については近年の金景淑氏による研究が最も参考になる。
金景淑「朝鮮時代流配刑の執行とその事例」（『史学研究』五五・五六、一九九八年、韓国史学会）

同「朝鮮時代の流配の道」（『歴史批評』六七、二〇〇四年、歴史批評社）

同「十七世紀後半　儒生李必益の流配生活」（『韓国文化』三八、二〇〇六年、ソウル大学校奎章閣韓国学研究院）

(117)　沈魯崇『南遷日録』上・中・下（韓国史料叢書第五十五、二〇一一年、果川、国史編纂委員会）

(118)　『南遷日録』巻一、辛酉（純祖元年）三月初十日条　謫居、全係居停之善悪。京諺、送謫先祝得善主人。事勢則然也。朝貴薄寘、多自営邑飭定供帳・使令、無異官居。庶民流配、居止自放、眠食任便。凡此皆無与於主人也。如余今行、上下不及。自安之道、惟視主人。

(119)　機張県における謫糧の規定――

『南遷日録』巻九、純祖三年五月二十二日条　安宅仁来言、所謂謫糧、日前始許受云。其法蓋自金潤国為県官、釐正県之旧例、謫人不自食者、自官択県内坊中富戸、定接主、饋食。監守一責主人。小民謫居者、或受由不還、逃躱永去。接主齎糧行尋、現納而後已。刑棍相続、産業蕩残、甚至有尋訪謫逋、斃於道路者。士人之於謫人、相視如讐、良以此也。潤国遂矯此弊、令県坊外七坊、戸出夏麦秋稲各幾斗、号為謫糧。毎謫到、分属於県内四坊、各該坊任、受謫糧分饋。其数、自四月至八月、月給麦十斗、自九月至三月、月給稲十斗。毎当分排許受之時、坊任以謫人名数、手本郷庁座首、具由報官、踏印為簿、照簿分授云。

(120)　『南遷日録』巻一、辛酉（純祖元年）三月二十五日条　到謫一望有餘、所館未定、……邑例、邑底分四坊。東西部、属城内両坊。山下・清江、属城外両坊。各坊視次、分管謫客。糧穀分定、保授録聞、坊任主之。若其居停任便、不拘往来彼此。蓋成例即然也。

(121)　定配罪人に対しては配所の地方官が毎月朔望に点呼を行い、また不定期に特別の点呼（無時点考）を行って罪人の逃亡を予防している。しかし、士大夫（両班）の場合には、地方官の裁量により点考の免除（除点）を行うことも多い。

『南遷日録』巻五、純祖二年三月初七日条　朔望考点、固是通規。外邑或有無時点考者。或謂官属恣行民間、乞貸貽弊也。謫人之用此例、前所未聞。

『南遷日録』巻十一、純祖四年正月初一日条　金吏星乭、夜来見言、姜謫来後、所謂官者、招吏房言、姜懐徳、即吾親旧、欲除点。而同罪名之沈参奉、前日（不）既不除点。此而除之、彼豈不曰如何。

『南遷日録』巻十二、甲子（純祖四年）七月二十九日条　纔飯後、忽聞有人入来言、「沈参奉在此耶。」駭甚問之、則謂有点令也。顚倒入去、坐衙門内刑吏所、稍久、刑吏来言、「官見謫案曰、『此両班也。必無離次之慮。不必庭点。自外退去之意、可以出告也』。云云。」遂出来。

(122) 定配罪人に割り当てられる一般的な労役（居作）については、本書第六章において改めて検討する。

(123)『世祖実録』巻十、世祖三年十一月戊寅条　義禁府啓、安置瓔・玜・瑔・鄭悰禁防条件。一、欄墻外、設鹿角城。一、外門常時鎖鑰、朝夕之需、十日一次給之。又於墻内、堀井取給、使外人不得相通。一、外人往来交通、或贈遺者、以党不忠論。一、守令不時点検守門者、如有非違、依律科罪。」従之。

(124)『燕山君日記』巻五十二、燕山君十年四月己酉条　義禁府啓、「頃者王子女安置時、慮有人迎慰者、故下諭禁止。忠清道観察使安琛、不暁此意、於配所設鹿角城、禁人供饋。如此則生活難矣。大抵安置者、置之於此、使不得他適。非謂禁人供饋也。敢稟。」伝曰、「但禁人出入、使不適他而已。鹿角城、勿設。」

(125)『左伝』哀公八年に、「これを楼臺に囚え、これを栫（かこ）むに棘（いばら）を以てす（囚諸楼臺、栫之以棘）」とあり、杜預の集解に「栫、雍也。〇栫、本又作荐、在薦切」とある。

(126)『康熙字典』の「荐」字の条に引く「小爾雅」に「重也」、「広韻」に「仍也」とある。

(127)『顕宗実録』巻四、顕宗二年六月庚寅条　……上曰、「囲籬之状、如何。」（鄭）太和曰、「以棘遶屋、而以竇伝食矣。」

(128)『顕宗実録』巻五、顕宗三年三月辛丑条　撤尹善道囲籬。……（鄭）太和曰、「善道既年老且死。囲籬与係獄無異。本罪雖不可軽議、撤其囲籬、可矣。」上復問諸臣。僉議皆然。遂命撤之。

(129) 加棘の事例——
『純祖実録』巻八、純祖六年二月丙申条　三司合啓、「請新智島荐棘罪人金達淳、施以加棘之典。」依啓。

この他、憲宗朝の末には権臣の趙秉鉉に対し、まず「巨済府島置」の命令が下され、次いで「囲籬」の命令が下され、さらに「加棘」の命令が下されている（『憲宗実録』巻十四、憲宗十三年十月癸亥条、同十一月丁丑朔条、同十二月丁巳条、参照）。

(130)『純祖記事』五（『稗林』所収本）、丙寅四月条　……左相李時秀啓、「首相既有所奏、而荐棘之法、固是次於極律。朝家法意、囲以叢棘、貸其一縷也。古例、就其保授之家、囲棘於四面、有若樊籬様。保授主人、則許其出入矣。近聞、棘囲限以罪人所坐之屋簷、至於不見天日云。然則置法之前、必致徑斃。安在其貸一縷之意乎。此後、依古例挙行事、分付金吾、宜矣。

……」允之。

(131) 純祖朝に機張県に「屛裔（遠竄）」された沈魯崇は、守令による朔望の点呼を生真面目に受け続けていたが、これはむしろ例外といえる。前掲注(121)、参照。

(132) 『大明律』巻十八、刑律、賊盗、謀反大逆条　凡謀反［謂謀危社稷］及大逆［謂謀毀宗廟山陵及宮闕］、但共謀者、不分首従、皆凌遅処死。

『大明律』巻二、吏律、職制、姦党条　若在朝官員、交結朋党、紊乱朝政者、皆斬。妻子為奴、財産入官。

『経国大典』巻五、刑典、推断条　凡乱言者、啓聞推覈、杖一百・流三千里。若干犯於上、情理切害者、斬、籍没家産。誣告者、反坐。知而不告者、各減一等。

(133) 『推案及鞫案』景宗朝、（辛丑）罪人趙聖復推案。呉甲均『朝鮮時代司法制度研究』（一九九五年、ソウル、三英社）、特に第一章Ⅲ「鞫庁運営の事例」、参照。

(134) 粛宗六年（一六八〇）の「庚申換局」における柳赫然（南人）の賜死、および呉始寿（南人）の賜死に関しては次の事例研究がある。

金友哲『朝鮮後期政治・社会変動と推鞫』（二〇一三年、ソウル、景仁文化社）、特に第二部第一章「一六八〇年柳赫然の獄事と庚申換局」、第二章「一六八〇年呉始寿の獄事と老論・少論の分党」、参照。

(135) 『左伝』昭公三十一年条「不絶季氏、而賜之死」の杜預の集解に、「賜るに死を以てすといえども、その後を絶たず（雖賜以死、不絶其後）」とある。これは「刑死」を回避する「賜死」の処分によって家門の名誉が保たれ、子孫はその社会的地位を維持することができることを述べているのである。

(136) 冨谷至編『東アジアの死刑』（二〇〇八年、京都、京都大学学術出版会）の編者総括文に、次のように見える（五一一頁）。「……「大夫」が受ける処罰は、実際には処刑であったとしても、観念的には礼の実践であり、その意味で「刑は大夫に上らず」ということになろう。」

(137) 『南遷日録』巻十九、純祖六年四月二十三日条　煥（沈煥之）律挙行時、金吾郎馳到、拿入其木主、墨抹之、水洗之、竹刀刮之。其応声一如鞫庁。此（是）〔追〕奪則一律、故然云矣。

(138) 『英祖実録』巻五十、英祖十五年十二月壬午条　右議政兪拓基、以両大臣伸復事、復上箚曰、「……夫死者之追奪、即生人之一律。設令両臣者至今存也、其果当施一律歟。……」箚入、批曰、「既面論。」

（＊両大臣とは金昌集と李頤命のこと。）

『正祖実録』巻十四、正祖六年十二月己巳条　右議政金熤上箚曰、「……聖教有曰、『身後追奪、是死者一律。父子幷命、似渉過重』、至有詢及諸臣、務欲刑政之無少過不及焉。噫。拯之父子之罪、固不可逭矣。伊時事実、備在前後衿紳章牘之中。伏想已入於聖鑑之所俯燭矣。今不須覼縷。……」

(139) 『大明律』巻二、吏律、職制、姦党条　若在朝官員、交結朋党、紊乱朝政者、皆斬。妻子為奴、財産入官。
同右、吏律、職制、上言大臣徳政条　凡諸衙門官吏、及士庶人等、若有上言宰執大臣美政才徳者、即是奸党、務要鞫問、窮究来歴明白、犯人処斬、妻子為奴、財産入官。若宰執大臣知情、与同罪。不知者、不坐。

『大明律』巻十八、刑律、賊盗、謀反大逆条　凡謀反及大逆、但共謀者、不分首従、皆凌遅処死。祖父・父・子孫・兄弟、及同居之人、不分異姓及伯叔父兄弟之子、不限籍之同異、年十六以上、不論篤疾・癈疾、皆斬。其十五以下、及母女妻妾姊妹若子之妻妾、給付功臣之家為奴、財産入官。

(140) 本書第三章「朝鮮党争史における官人の処分――賜死とその社会的インパクト」、参照。

(141) 『景宗修正実録』巻四、景宗三年六月癸丑条　趙泰耉死。始、英宗在潜邸、泰耉陰懐畏忌、創為冒嫌之説、而危逼之。儲位已建、逆臣柳鳳輝、以不臣之心、投進凶疏、而肆然箚救、奨以忠志。及代理有命、僭入北門、必沮遏乃已。（睦）虎龍之変、陳「梁獄毋究」之語、置世弟於黯昧之地、鍛錬誣獄、無所不至。若論凶徒之巨魁、非泰耉伊誰。王章未加、臥死牖下、此豈天討有罪之義乎。至英宗朝、三司請討、閲歳争執。至丙寅、始命追奪官爵。乙亥、挙孥籍之典。

(142) 『仁祖実録』巻四、仁祖二年二月戊子条　誅适妻礼及适弟遯。左賛成李貴以為、「逆賊妻処斬、法典所無、不可創開。」上不従。
『英祖実録』巻八十四、英祖三十一年五月甲午条　逆賊申致雲伏誅。上又命加刑。致雲供、「臣同党、又有李巨源耳。」教曰、「罪人致雲、帳殿親問之時、敢忍復揚戊申逆賊罔測之説。今番鼎衍凶書、渠以主張自服。陰惨不道之説、亦不忍論也。以逆律正法。其妻孥、以逆适例挙行。」上臨崇礼門楼誅之。

(143) 『漢書』巻五、景帝紀　三年冬十二月、詔曰、「襄平侯嘉子恢説、不孝謀反、欲以殺嘉、大逆無道。其赦嘉為襄平侯、及妻子當坐者、復故爵。論恢説及妻子如法。」（注）如淳曰、律、大逆不道、父母妻子同産皆棄市。今赦其餘子不與恢説謀者、復其故爵。

(144)『続大典』刑典、推断条　凡罪人酌処、未出獄而臺啓争執者、不得発配。已発則前進。

(145)金鍾秀、字定夫、号夢村、清風の人。僻派。

(146)金達淳、字道爾、安東の人。僻派。

(147)『燃藜室記述』別集巻十三、政教典故、赦文【補】国初、凡有大赦、罪人一切放釈。金安老当国、始更其制、諸路監司遇赦、則得以其所犯之罪、分為二秩、謂放与未放。及奏稟、朝廷酌而行之。由是大罪多不得蒙宥、当事者亦有用情之弊。［恬軒瑣録］

(148)『英祖実録』巻五十五、英祖十八年六月丙午条　上引見大臣・備堂。……（左議政宋）寅明又言、「全羅監司権𥛚、於道内罪人放未放修啓時、罪名之関係甚重者、置之稟秩、其最軽者、或置仍秩。国家恩赦、道臣何敢任情取舎乎。𥛚宜罷其職也。」上従之。

(149)『南遷日録』巻二十、純祖六年五月二十七日条　午後、金吏持来営関。観察使兼巡察使、為相考事。節到付義禁府関内、「節啓下教、今月十四日、本府啓曰、昨年赦典、因慶尚道放未放啓本、本府回啓、判付内、機張沈魯崇放送事、命下。而臺啓方張、不得挙行矣。今則臺啓既停。放送事、分付該道道臣之意、敢啓。伝曰、知道亦教是置、到関即時、道内機張県屛裔罪人沈魯崇身乙、分付配所官、即為放送後、依例啓聞施行向事」、関是置有亦、関内辞縁相考、同罪人沈魯崇、即為放送後、放送月日、星火馳報、以為啓聞之地事、云云。丙寅五月二十四日、在営。（傍線部は吏読）

(150)『顕宗実録』巻五、顕宗三年三月辛丑条　撤尹善道囲籬。……李景奭以耄不加罪、議欲寛之。鄭太和心然之。至登対平議。上問之。太和曰、「善道既年老且死。囲籬与係獄無異。本罪雖不可軽議、撤其囲籬、可矣。」上復問諸臣、僉議皆然。遂命撤之。

(151)初期の事例では、「安置」も「付処と甚だしくは相遠からず」といわれている。『魯山君日記（端宗実録）』巻十三、魯山君（端宗）三年三月戊午条　掌令李承召、将本府議啓、「付処宦寺等、更令安置本郷。然与付処不甚相遠。……」

(152)金亀柱は慶州の人。貞純王后金氏（英祖継妃）の兄。僻派の領袖。

(153)『正祖実録』巻十八、正祖八年八月丙戌条　教曰、「……其令王府、黒山島囲籬安置罪人金亀柱、撤籬出陸。……」

(154)『正祖実録』巻二十二、正祖十年閏七月癸巳条　全羅道観察使沈頤之、以羅州牧定配罪人金亀柱物故、啓。教曰、「罪名雖重、其在仰慰慈心之道、豈可置之『身故未蒙放』之秩。罪名・徒流案、特為爻周。令本官厚斂、出給本家、仍令優給米木、即為返葬。此乃慰慈心之意事、回論。」

(155)『顕宗実録』巻十、顕宗六年二月壬午条　上引見大臣及禁府、刑曹堂上、三司官于養心閣、理冤獄。……又啓尹善道事。上曰、「善道疏語凶惨、其罪固重。而先朝以師傅、礼待極隆、且年踰七十。若使死於三水、則未知如何。」……大臣・三司、不敢復言。上仍問曰、「善道、当減等耶。」重普曰、「安置後加囲籬。其後審理時、還撤囲籬。今将何以処之。」上曰、「予欲定配於南方。」太和・命夏曰、「此則未為不可。」上曰、「定配南方、使之老死於渠郷。」……

(156)『顕宗実録』巻十、顕宗六年二月甲申条　移配尹善道于光陽。善道之初命移配也、上只命定配南方、不言安置減等、故禁府於定配単子、以「安置」書入。上問于政院曰、「既以定配為教、而禁府不有成命、勿以安置書入。政院亦何以捧入乎。」政院啓曰、「当初無安置減等之教、故禁府如是書入。臣等亦捧入。聖教如此。請令該府改書以入。」上下教曰、「毋論事之大小、已有成命、則当依挙行。而既以定配付標以下之後、禁府敢以移配安置書入、抑何意也。」判義禁洪重普等惶恐、乃反帰咎於都事及下吏、啓曰、「莫重定配単子、不察伝旨文字、只循前案、安置二字、矇然書入、事極可駭。当該都事汰去、本府吏、従重治罪。」於是善道移配光陽。善道家在海南、距光陽至近。時輩皆憤鬱、而無敢言者。

(157)赦典としての放逐郷里の事例――
『哲宗実録』巻十一、哲宗十年七月癸酉条　教曰、「重臣・宰臣之屢月行譴、不無斟量者存。龍潭県竄配罪人金箕晩、中和府竄配罪人沈敬沢、安辺府竄配罪人趙徽林、並放逐郷里。」

「哲宗記事」（『稗林』所収本）哲宗十一年二月条　伝曰、「放逐郷里罪人金箕晩、沈敬沢、趙徽林、幷放。」

(158)赦典としての放帰田里の事例――
『粛宗実録』巻三十六、粛宗二十八年五月甲午条　両司申三大臣合啓。答曰、「南九万・柳尚運、中途付処。」是後九万等遠竄之啓、即停。付処南九万于牙山県、柳尚運于稷山県。

『粛宗実録』巻三十七、粛宗二十八年十一月庚午条　命釈中道付処罪人南九万・柳尚運、放帰田里。用大婚後赦典也。

(159)『昆侖集』（朝鮮・崔昌大撰）巻十七、墓誌、領議政薬泉南公墓誌銘〔己亥〕　公少家湖西之結城、年十餘、来京師。……辛巳（一七〇一）、怨公者柄用、持（張）希載事、請竄公。上不許曰、「予知其心事。」久之、只配牙山。蓋迫於臺議也。尋

宥還結城。（括弧内は引用者の補記）

なお、南九万が撰述した叔父・南二星の行状（『薬泉集』巻二十六）にも、「甲寅後、九万獲罪於朝、退居結城、構草屋数間」とある。

(160)『忠清道邑誌』第四十五冊、結城県、人物条（亜細亜文化社影印『韓国地理志叢書』邑誌七）、参照。

(161)『太祖実録』巻二、太祖元年十月庚申条　禹玄宝・李穡・偰長寿等三十人、外方従便。李詹・許膺等三十人、京外従便。

『太祖実録』巻三、太祖二年正月丁未朔条　宥禹玄宝・李穡・偰長寿等三十人、許京外従便。

(162)『粛宗実録』巻二十六、粛宗二十年四月壬辰条　大司憲李奎齢、……合司論、「……請其時領議政権大運、左議政睦来善、並絶島安置。……」上従之。

『粛宗実録』巻二十八、粛宗二十一年五月壬戌朔　引見大臣及禁府・刑曹堂上、疏決罪人。領議政南九万、左議政柳尚運、右議政申翼相、皆言、「安置罪人権大運、年踰八十、且其心事不至惨刻。宜放之。」上従之。承旨金盛迪及三司諸臣、皆力争而不能得。……憲府啓請還収大運放帰田里之命。上亦不允。

『粛宗実録』巻三十三、粛宗二十五年二月甲辰条　大臣・禁府堂上・三司入侍、行疏決。放帰田里罪人権大運……、並放送。

(163)『両銓便攷』巻一、東銓、歳抄　凡収告身、及罷職者、毎冬夏季月初一日、具罪名、啓聞。[（注）付処減等、則削黜施行。放逐郷里・放帰田里減等、則依被謫蒙放例。被謫蒙放点下、則職牒還授。奪告身二等以上点下、則減一等。一等則亦職牒還授。削職・削黜・刊版・永刊等罪点下、則亦職牒還授。職牒還授・譴罷・罷黜・不叙等罪点下、則叙用。]

(164)『中宗実録』巻八、中宗四年四月乙酉条　伝曰、「近観囚徒案、皆不久滞。然其中恐有日久者。囚徒及収職牒・罷職人、書啓。欲与大臣、議疏放。」永嘉府院君金寿童、左議政朴元宗、右議政柳順汀、吏曹判書申用漑、兵曹判書金応箕、刑曹判書金詮等議。叙用者四人。職牒還授者四十餘人矣。[獄囚、則時方覈実、不議。]

(165)前掲注(163)、参照。

(166)『続大典』刑典、赦令　永不除職者、過十年遇赦、永不叙用者、過三年遇赦、稟旨書入[大赦則勿拘此限]。

(167)『宣祖実録』巻四、宣祖三年五月丙子条　上命罷職人員収職牒者、削去仕版者、永不叙用者、並命書啓于吏兵曹。

（＊ここでは「罷職、収職牒、削去仕版、永不叙用」が、処分の軽い順に列挙されている。）

『宣祖実録』巻十七、宣祖十六年二月癸卯条　備辺司公事。両南沿海昌原・梁山・長興・順天・霊光・康津・海南等邑文官守令、皆遞之、以武臣差遣。武臣永不叙用、削去仕版、奪告身、罷職人等、並皆叙用。

（＊ここでは「永不叙用、削去仕版、奪告身、罷職」が、処分の重い順に列挙されている。）

(168) 前掲注(154)、参照。

(169) 『純祖実録』巻十、純祖七年正月己巳条　命賜死罪人洪楽任、復官爵。……至是、教曰、「……賜死罪人洪楽任、徒流案爻周、復其官爵等節、令該曹挙行。」

(170) 『正祖実録』巻三十、正祖十四年四月丁丑条　司憲府［持平李敬心］啓曰、「……近来赦典、毎有徒流案爻周之命、而爻周即放送也。……」

(171) 『文宗実録』巻十、文宗元年十一月乙巳条　輪対。集賢殿副提学辛碩祖……又啓曰、「告身追奪者、若遇恩赦、身死則不之給。仮如二人、同犯一罪、一人生則還受、一人死則否、事甚不均。職之有無、雖若無関於死者、子孫因以承蔭、且書神主、所係甚重。昔文王之恩、下及枯骨。乞勿拘生歿、一体施行、使死生無憾。且告身追奪者、未満一歳、則不在取旨之例、亦未便。但当論罪之軽重、勿限年之久近、以広自新之路。……」上曰、「告身不拘生歿、量罪還給、予当更思而処之。……」

(172) 『純祖実録』巻四、純祖二年四月辛丑朔条　咸鏡監司李義弼啓言、「慶興府荐棘罪人有隣、今三月十一日物故。……」

『純祖実録』巻九、純祖六年十一月丙午条　教曰、「……物故罪人徐有隣罪名、爻周徒流案。」

同右、純祖六年十二月甲戌朔条　歳抄、前鞫庁罪人趙元喆、前留守徐有隣、職牒還給。前判書李益運、前承旨鄭尚愚、叙用。

(173) 『正祖実録』巻三十、正祖十四年四月丁丑条　司憲府［持平李敬心］啓曰、「……近来赦典、毎有徒流案爻周之命、而爻周即放送也。近聞、名在丹書之類、若蒙爻周之恩、便称復官、祠版・籍単、冒書職銜。其為壊隄防、駭聴聞、非細故也。請厳飭金吾・京兆、一一釐正。……」批曰、「……徒流案爻周後、冒書職銜釐正事、既有並罪名爻周之命、則与只命爻周姓名於配案差間。今何必一一査出乎。雖未知誰家何人、既書之祠版、使之一一洗改、則為其子孫者、其心所隠痛、必有百倍於生前行遣。非特曲念此等家情理、以朝家忠厚之風、不必如是。亟停。……」

(174) 本書附論二「朝鮮後期地方社会における流品の構造」、参照。

(175) 文孝世子は正祖の長子。純祖の異母兄。正祖六年（一七八二）九月に生まれ、正祖十年（一七八六）五月に数え五歳で歿した。

（176）『正祖実録』巻十四、正祖六年十二月乙丑条　召見大臣、義禁府・刑曹・吏兵曹堂上、疏放三千一百三十七人。……身死未蒙放罪人申晦、既無犯逆之跡、則惟今大霈、有何靳持。特為給牒。遠竄蒙放後身死罪人韓翼謩、……罪名・徒流案爻周。……身死未蒙放罪人鄭義達、……並放。……」時、京外謫籍尽空。蓋無前大霈也。

＊申晦、字汝根、平山の人。英祖朝に領議政に至り、丙申年（正祖即位年）に「中途付処」の処分を受けて洪州の謫所に歿した。

『正祖実録』巻一、正祖即位年五月乙未条　命削黜罪人申晦、中途付処。従臺啓也。

＊韓翼謩、字敬夫、清州の人。英祖朝に領議政に至り、正祖初年に「中途付処」の処分を受けて豊川府に付処。ついで延安府に移配され、さらに「遠竄」の処分を受けたが、まもなく「放送」された（『正祖実録』即位年九月甲戌条、戊子条、及び元年五月乙亥条、参照）。

＊鄭義達は英祖朝の弘文館校理。

『正祖実録』巻一、正祖即位年四月己巳条　正言姜忱啓言、「前校理鄭義達、為訓局郎庁時、私用軍銭、至於七千餘金之多。請施屛裔之典。」命削黜。

同上、正祖即位年五月丙子条　次対。……司諫院［大司諫洪檍、献納李儒慶］啓請、「削黜罪人鄭義達、先改三司之職、亟施屛裔之典。」依啓。

（177）『韓史綮』（韓・金沢栄撰）巻五、太上皇（高宗）甲子元年条　大院君以仁祖以来罪案多繫偏重、冤気鬱結、令政府、奏除在大逆外者四百人罪案。並叙其子孫。

（178）『純宗実録』巻二、純宗元年正月三十日（陽暦）内閣総理大臣李完用、法部大臣趙重応、以「欽奉隆熙元年十一月十八日詔勅、凡名在罪籍者、罪名蕩滌、復爵諡」案、依内閣官制第七条第七項、経議上奏。制曰、「可」。［韓孝純、鄭仁弘、睦来善、李玄逸、李光佐、趙泰耈、趙泰億、崔錫恒、柳鳳輝、金一鏡、金道応、金重器、鄭厚謙、金夏材、安驥泳、権鼎鎬、趙中鎬、李然応、李鍾海、李炳埴、李鍾学、李斗栄、姜達善、李哲九、丁建燮、蔡東述。甲午伸冤、未復官爵、金益淳、李炳勛、洪在鶴、白楽寛、李喜和］

（179）「推考薄罰」（『孝宗実録』巻七、孝宗二年八月甲寅条）、「罷職薄罰」（『粛宗実録』巻五十七、粛宗四十二年二月甲子条）、「削黜薄罰」（『粛宗実録』巻五十七、粛宗四十二年二月癸未条）、「付処薄罰」（『英祖実録』巻十四、英祖三年十一月戊寅

条）、「遠竄之罰」（『孝宗実録』巻九、孝宗三年十二月丙寅条）等、官人に対する一連の処分はいずれも「罰」と呼ばれている。もちろん「賜死」のような重大な処分を「罰」と呼ぶことには検討の餘地もあるが、少なくともそれは「刑」ではない。なお、『尚書』呂刑に「五刑不簡、正于五罰」とあり、『説文解字』の「罰」字の条に「辠之小者。従刀従詈。未以刀有所賊、但持刀罵詈、則応罰」とある。いずれも「刑」と「罰」とを区別した場合の用例である。

(180)『高宗実録』巻一、元年三月初五日条　両司再次聯箚、請沈履沢父子、施以当律。批曰、「法曹勘断、宜援律例、而特教処分、事体不同、不必如是屢煩矣。感古堂之忍加変改、不敬為甚。沈宜冕、永削仕版、放逐郷里。」

(181)臺諫の反対上疏により王命の施行が保留される事例――

『顕宗改修実録』巻八、顕宗三年十二月甲子条　況臺啓未停之前、不得奉行、自有古例。

『粛宗実録』巻三十二、粛宗二十四年十月庚戌条　臺啓未停之前、凡事例不得挙行。

『南遷日録』巻十五、純祖五年八月初八日条　臺啓未停之前、雖有宥命、不得挙行、例也。

『純祖実録』巻九、純祖六年五月癸亥条　命沈達漢竄配伝旨、爻周。禁府啓言、「癸亥春、因申亀朝上疏、沈達漢竄配啓下、而以臺啓方張、不得挙行。今臺啓雖停、既有伝旨、何以為之。」遂有是命。

『純祖実録』巻二十九、純祖二十七年十月庚寅条　義禁府、以「沈象奎・曹鳳振・趙璟鎮放帰田里、睦台錫・韓植林放送事、令下、而臺啓方張、不得挙行」為達。令即速挙行。

第六章　朝鮮時代の定配について

旧韓末（純宗・隆熙二年、一九〇八）に撰進された『増補文献備考』刑考の「諸律類記」の項には、『大明律』及び『経国大典』、『続大典』、『大典通編』、『大典会通』など、朝鮮時代の基本法典における各種の罪名・刑名が網羅的に列挙されている。具体的には、「笞一十」の項の冒頭に、

内外官員、除職の後、故なくして任に赴かず、限を過ぐること一日の者。(1)

大小官員、故なくして、内にありては朝参せず、外にありては公座に事を署せず、及び官吏の暇を給わりて限満つるに、故なくして職役に還らざること一日の者。(2)

とあることをはじめとして、「凌遅処死」の項の末尾に、

祖父母・父母を殴殺する者。(3)

妻妾にして夫の祖父母・父母を殴殺する者。(4)

とあることに至るまで、いわゆる「笞・杖・徒・流・死」の五刑に該当する罪名が具体的に列記され、その後ろには「坐贓」、「不枉法贓」、「窃盗贓」、「枉法贓」、「常人盗倉庫銭糧」、「監守自盗」、「計贓」などの、特に重く罰せられる「贓罪」——不正に利益を収めた罪——に関する処罰規定が列記される。要するに、朝鮮時代における「罪」と「罰」とが、ここには網羅されているわけである。

もっとも、ここに挙げられているのは『大明律』その他の基本法典において刑罰の対象となることが明文化されている諸行為だけで、実際にはそれ以外にもさまざまな不法行為が刑罰ないし処分の対象となっていたことは言うまでもない。「律」に明文のない行為については、一種の類推解釈（比附）によって処罰するか、または国王が「参酌」して特教による処罰を下すことになるが、それらは原則として一回限りの処罰であり、以後に判例として適用することはできない(5)。とはいえ、例外もたび重なれば先例となり、その一部は国王の裁可を経て『経国大典』、『続大典』などの基本法典に収録されることで、『大明律』の規定を補う新たな法源となり、これらの追加の法規も一般には「律」と呼ばれることになった。

ここで「律」というのは、広義には刑罰法規一般のことで、もちろん、それはそれで誤りではない。しかし基本法典たる『大明律』との関係でいえば、新たに追加された諸規定は「律」それ自体というよりは、「律（明律）」に対する「例」と呼ぶほうが適切であろう。いわゆる「例」を含んだ広義の「律」は、上述の「諸律類記」の中にすべて網羅されている。したがって、そこには明律の五刑のみならず、『経国大典』、『続大典』等の法典によって規定された朝鮮の独自の「罪名」と「刑名」もまた数多く記載されているのである。

次頁の「表１」に纏めたのは、この「諸律類記」の内容に基づいて明律の本来の刑名とそれ以外の朝鮮独自の刑名とを分かりやすく対比させたものである。これで見ると、いわゆる「五刑」のなかでも明律の「徒三年」に相当する「徒配」の刑罰、及び「流三千里」に相当する「定配」の刑罰が、朝鮮において独自に発達していたことが明らかであろう。

ここで「徒配」というのは「徒年定配」の略で、律の徒刑に相当する。後述するとおり、これも一種の「定配」であるが、一般に「定配」という場合には律の流刑に相当する「定配」を指す。ただし、これについては、従来、「律」に規定する流刑の同義語として漫然と同一視されてきたために、両者の法制上の違いが明確に論じられることはなかった(6)。

そこで本章では、まず「定配」という処分の本来の語義を示し（第一節）、『大明律』による量刑の原則を検討

表1　律例の刑罰

	（律）	（例）
笞	笞一十	
	笞二十	
	笞三十	
	笞四十	
	笞五十	
杖	杖六十	
	杖七十	
	杖八十	
	杖九十	
	杖一百	（刑推一次）
徒	杖六十・徒一年	
	杖七十・徒一年半	
	杖八十・徒二年	
	杖九十・徒二年半	
	杖一百・徒三年	杖一百・遷徒
		杖一百・充軍
		（刑推一次・）徒配
流	杖一百・流二千里	
	杖一百・流二千五百里	
	杖一百・流三千里	杖一百・辺遠充軍
		杖一百・定配
		勿限年・定配
		杖一百・遠地定配
		（刑推一次・）辺遠定配
		（刑推一次・）極辺定配
		杖一百・絶島定配
		（刑推一次・）減死定配
		（刑推一次・）為奴
死	絞・待時	一律
	絞・不待時	
	斬・待時	
	斬・不待時	
	凌遅処死	梟示（梟首）

＊遷徒それ自体は律にも規定があり、徒二年に相当する。

したうえで（第二節）、その原則の外に成立した「特教」による処分の実態を示す（第三節）。次に、「特教」による処分の一部が「定式」として条文化され（第四節）、それによって「定配」の処分が朝鮮独自の「刑名」として律の「五刑」の体系のなかに組み込まれていくことを示し（第五節）、最後に「定配」の処分の刑罰としての実態を検討する（第六節）。

　繰り返し述べるが、定配の処分は律に規定する流刑と同じようで同じではない。両者の法制上の異同について、以下、順を追って検討していくことにしよう。

第一節　定配の定義

「定配」とは配所を定めること、または配所を定めてその地に流配することをいう。辞書では、「場所を定めて罪人を流配すること。（竄配）。」と定義している（朝鮮総督府刊『朝鮮語辞典』二一二頁）。定配には徒刑に準じる定配と、流刑に準じる定配との二種類があるが、前者は「徒年定配」、略して「徒配」というので、単に「定配」という場合は、後者の流刑に準じる定配を指すことが多い。

　この言葉は本来正式の刑名ではなく、したがって『大明律』及び『経国大典』のなかには「定配」という刑名は見えていない。それが独自の刑名として確立するのは、おおむね朝鮮後期に入ってからのことであるが、「定配」という言葉それ自体は、既に前期（中宗朝）のころから使われていることが確認できる。

> 政院啓して曰く、「倭金貿納人の漢同、随従の金守明は、麟山鎮に杖配せり。鎮は（遼東の）湯站と密近す。站人の潜《ひそ》かに相通貿するの地なり。守明は本より商賈《しょうこ》を業《なりわい》とす。今者、此《ここ》に定配するは、甚だ不可なり。……」（『中宗実録』十六年十月己卯朔条）(7)

〔清州医生姜勇虎の〕上言に曰く、「去る丙申年（中宗三十一年、一五三六）に、本道観察使、生獐一口を金安老の家に送る。臣、奉受載持して即ち納めて答を受けんとす。安老、「腐敗味変の獐《のろじか》なり、換納せよ」との意を以て答書を修す。監司、是非を卞《べん》ぜず、刑訊して推鞫す。殞命慮《おもんぱか》るべし、即ち誣服を為し、「封進の物、換納」の罪を以て、京畿良才駅に徒三年もて定配され、誤りて重罪を蒙れり。……」（『中宗実録』三十六年二月癸未条）[8]

右二例に見える定配は、前者は律に規定する「杖一百・流三千里」の定配、後者は「杖一百・徒三年」の定配で、それぞれ刑名というよりは、単に「配所を定める」という意味で使われているにすぎない。

そもそも、明律の徒流刑（徒刑と流刑）にはそれぞれに杖刑が附加されており、「杖六十・徒一年」、「杖七十・徒一年半」、「杖八十・徒二年」、「杖九十・徒二年半」、「杖一百・徒三年」、「杖一百・流二千里」、「杖一百・流二千五百里」、「杖一百・流三千里」の八等級の刑罰が規定されていることは前掲「表1」のとおりである。しかし、それを実際に執行する段階においては、さらに「決配（決・配）」による実刑と「収贖」による罰金刑との、大別して二つの執行形態があったことにも注意しておかなければならない。

このうち、「決配（決・配）」というのは、「決」は罪人を杖打すること、「配」は罪人を配所に移送することをいう。反対に、「収贖」というのは、この「決・配」の両方、またはいずれか一方を免除し、その罪を金品の納入によって代替することをいうのである。[9]

義禁府啓すらく、「黄保身は、雑物を盗用し、贓を計ること三十三貫なり。請う、律に依りて、杖一百・流三千里・刺字とせん……」と。上、保身すなわち〔黄〕喜の子なるを以て、特に優容を加え、ただ杖一百とし、刺を免じ、流三千里を贖す。……（『世宗実録』二十二年十二月己丑条）[10]

義禁府、具寿眒の取服照律を以て入啓す。……伝して曰く、「死を減じ、杖一百は贖し、告身は尽く追奪を行い、流三千

里として可なり」と。平安道龍泉郡に流配す。(『中宗実録』三十年正月己丑条)(11)

右二例のうち、前者は「杖一百」を実際に執行(的決)して「流三千里」を収贖とした事例、後者は「杖一百」を収贖して「流三千里」を実刑とした事例である。このように、収贖の適用の仕方はさまざまであるが、朝鮮時代には「刑は大夫に上らず」とする通念から、士大夫に対しては杖刑を収贖してそのうえで配所に移送する事例のほうが多くなっていく。

禁府、「忠清前監司趙献永は、……此《これ》を以て照律し［杖一百・収贖、告身尽行追奪、流三千里、中和府定配］、啓して依允せらる。(『稗林』第四冊、「哲宗記事」哲宗十三年六月条)(12)

右は時代を下った哲宗朝(十九世紀)の事例であるが、ここでは「杖一百・流三千里」の罪を犯した趙献永という人物について、「杖一百」は収贖、「流三千里」は定配の処分が下されていることがわかる。「律」に照らして「徒三年」、「流三千里」などの刑に擬定し、そのうえで定配の処分を行うので、これは「照律定配」(13)とも呼ばれている。

このように、定配の「配」とは、律にいう「決・配」の「配」のことで、要は徒流の実刑判決を受けた罪人に対して司法機関がその配所を指定し、配所に移送することを指しているにすぎない。では、それが「徒三年」、「流三千里」などの律の刑名を離れて、それ自体で独立した刑名としての意味をもつようになるのは、いったいなぜであろうか。

第二節　律による刑罰

定配という刑名が成立する過程を考察するうえで、まず確認しておきたいことが一つある。それは、司法機関が量刑を行うに際して『大明律』の条文を引用する、いわゆる「照律」の手続きが、朝鮮時代を通してほぼ一貫して遵守されていたという事実である。

もともと明律には断罪にあたって「須《すべか》らく具《つぶ》さに律令を引くべし」(14)との規定があるが、この規定のとおり、朝鮮時代においては断罪に際して具体的に律令の条文を引用し、律令の刑名に従って判決を下すことが原則となっていた。

議啓すらく、罪人福同は、既に結案を捧じたり。請う、律に依りて処断せられよと。啓して依允せらる。同日、罪人福同、年三十九の結案に、「白等《のぶれば》〔……〕」と云う罪は、『大明律』奴婢殴家長条に云えらく、「奴婢の家長を殺す者は、凌遅処死」と。同律、死囚覆奏待報条に云えらく、「其の十悪の罪を犯して応《まさ》に死すべき者は、決すること時を待たず」とあるをもって、福同は、不待時、凌遅処死となさんとの事、啓字もて判下せり。(『推案及鞫案』哲宗朝、己未、弑上典罪人福同推案(15))

議啓すらく、罪人〔任〕馹燰は既に結案を捧じたり。請う、律に依りて処断せられよと。啓して依允せらる。『大明律』謀反条に云えらく、「凡《およ》そ謀反〔及び〕大逆は、但《およ》そ共謀する者は、首従を分たず、皆凌遅処死せよ」と。同律、死囚覆奏待報条に云えらく、「其の十悪の罪を犯して応《まさ》に死すべき者は、決すること時を待たず」とあるをもって、馹燰は時を待たず、凌遅処死となさんと啓すと。……啓して依允せらる。(『推案及鞫案』哲宗朝、壬戌、逆賊馹燰鞫案(16))

右二例はいずれも十九世紀（哲宗朝）の断獄史料であるが、ここには既に滅亡して久しい明朝の律（大明律）を引いて、その条文に従って量刑を行っていたことが具体的に示されている。朝鮮時代全体を通してこの「照律」の手続きに変更はない。

もちろん、司法機関の提示する量刑に対し、国王がなんらかの変更を加えて最終的な判決（判付）とすることもたびたびであったが、それは一般には一等ないし二等の減刑（減等）という形態を取るため、その刑名も結局は『大明律』に規定する「五刑」の枠内に収まることになる。

兵曹より黄海道監司の関に拠りて啓すらく、「内鷹人・前副司直仇之善、内教と詐称して擅《ほしいまま》に海州人張有礼の鷹子を奪うの罪は、詐伝詔旨〔に該《あた》り〕、斬すべし」と。命じて一等を減ぜしめ、杖一百・流三千里とす。（『世宗実録』五年五月甲午条）[17]

伝旨すらく、「内府の財物を盗める都染署の奴の冬乙仇里は、〔斬罪より〕二等を減じて、杖一百・徒三年とす」と。（『世宗実録』五年五月庚子条）[18]

右二例のうち、前者は明律の本来の量刑（凡詐伝詔旨者、斬）[19]より罪一等を減じて「杖一百・流三千里」の判決を下したもの。後者は明律のそれ（凡盗内府財物者、皆斬）[20]より罪二等を減じて「杖一百・徒三年」の判決を下したもので、この場合、名例律の規定により、「二死・三流は、おのおの同《とも》に一減と為《な》」[21]していることはもちろんである。

このように、朝鮮では判決に際して『大明律』の条文を引用し、その規定に即して量刑を行っていた。したがってそこに現れる刑名は、当然『大明律』に規定する「五刑」の刑名以外のものではあり得なかった。ところが実際の判決では、律の五刑以外に、しばしば朝鮮の独自の刑名が用いられている。その代表例となるものが「定配」であった。

では、なぜそのようなことが可能であったのかというと、そもそも律の条文は司法機関の量刑を規定するだけで、国王その人は律の規定に縛られることなく、自由に刑罰（ないし処分）を定めることができたからである。そうしてそのことは、そもそも『大明律』それ自体においても容認されていたのである。

> 死に至る者は、ただ「律に依れば合《まさ》に死すべきを犯すに准ず」と云い、敢えて絞・斬と正言せず、上裁より取れ。（『大明律』巻一、名例律、応議者犯罪条）[22]

右は君主の特別の恩顧に与る者――いわゆる「八議」――の犯罪に関する規定であるが、この場合には司法機関は「絞」とも「斬」とも量刑は行わず、すべてを君主の裁定（上裁）に委ねることになっている。「絞」とするか「斬」とするか、はたまたそれ以外の処分を下すかは、すべて君主の裁量に委ねられているのである。

もちろん、これは「八議」という特別な身分の者に対する場合であるが、それ以外の一般の事案についても、最終的には君主が「律」の規定を超越する権限をもっていることに変わりはない。君主は時に「恩赦」を発布し、「已に発覚せると未だ発覚せざると、已に結正せると未だ結正せざるとは、みな宥《ゆる》してこれを除」き、[23] すべての罪人に赦宥を与えることができたが、それもまた君主が「律」の規定を超越し、「律」の規定の外において自由に刑罰（ないし処分）を行ったり取り消したりすることができたためにほかならない。[24]

「諸律類記」に見える「五刑」以外の刑名は、もとをただせば国王が諸事情を「参酌」して下した「特教」による処分――これを「参酌処分」[25]、略して「酌処」ともいう――に由来している。そのなかには刑罰に相当する処分もあれば、官人に対する懲戒に相当する処分もあるが、そのうち特に刑罰に相当する処分について国王が一種の立法措置を行い、これを定式化したところに、朝鮮独自の「定配」という刑名が生み出されることになるのである。

第三節　特教による処分

朝鮮時代の刑事裁判、特に死刑案件については、原則として囚禁・推鞫・照律という三つの手続きを経て、最終的には国王自らが判決（判付）を下すことになっている。しかし、国王は必ずしも照律の手続きを待つことなく、照律以前の段階において、「律」の規定を離れて独自に判決を下すこともできた。

> 両司啓して曰く、「泰慶は王室の至親を以て、三たび賊口に出ず。当に厳鞫して情を得べき所なり。而るに刑訊一次の後、径《ただ》ちに先《ま》ず定配するは、但に獄体に乖く有るのみならず、物情駭憤せざるなし。更に窮鞫を為して、律に依りて罪を定めよ」と。答えて曰く、「予、其の死するに忍びざるなり。参酌して定配す。論ずるを休《や》めて可なり」と。（『光海君日記』鼎足山本、四年九月丙申条）[26]

右は光海君四年（一六一二）の壬子士禍において「逆徒」に推戴された晋陵君泰慶に対する弾劾の記事であるが、ここでは彼が「王室の至親」であることを理由に刑訊一セット（三十打）を行っただけで裁判を打ち切り、国王が「参酌」して定配の処分を下している。次も、これと同様の事例である。

> およそ罪人の刑推は、すなわち実状を究問し、これをして就服せしむる所以なり。その就服の後、照律の時に及んで、もし特教に因りて処断するところ有れば、すなわちあるいは一道たり。〔然れども〕その取服と否とを問わず、ただ一次の刑推を施して、ただちに先《ま》ず定配するに至りては、法文の本意に違うあり。（李世白『雩沙集』巻八、莫礼原情判付稟旨啓［甲子（粛宗十年、一六八四）、承旨時］）[27]

右は粛宗九年（一六八三）末に発覚した巫女莫礼の宮中祈禱事件(28)に関するもの。このときの李世白（一六三五～一七〇三）の指摘によれば、拷問による取り調べ（刑推）を通して犯人の自白を取り付け（取服）、それに基づいて「照律」を行った後、王の「特教」によって減刑その他の特別の処分を下すことは、それはそれで、いちおう道理のあるやり方である。しかし、犯人の自白の有無を問わず、訊杖一セット（三十打）を行っただけで中途で裁判を打ち切り、正式に照律を行うことなくただちに定配の処分を下すことは、律の本意からはずれた誤ったやり方である、といって非難しているのである。

しかしながら、以上のような事例は決して例外ではない。この種の「特教」による「参酌」の処分、いわゆる「参酌処分」は、朝鮮後期においては極めて一般的なものとなっていたのである。

上（粛宗）教を下して曰く、「内官（宦官）の李東卨・申遇碩・金峻完・朴重慶等は、身を持すること悖悪《はいあく》、国法を畏るる罔く、愕《おどろ》くべきの事、一にして足らず。各別に厳刑すること一次の後、大静県（済州島）に絶島定配せよ」と。（『粛宗実録』二十六年二月丁卯条(29)）

〔諫院〕また啓すらく、「逆宦と交通するの宮婢は、既に已に現露せり。而るに島配の命、意外に出ず。請う、鞫庁に出付して、厳覈して法を正さしめよ」と。上（英祖）曰く、「問うべきの端なし。秋曹（刑曹）をして厳刑せしむること二次の後、絶島に定配せよ」と。（『英祖実録』六年四月庚申条(30)）

命ずらく、「讖書秘記をば蔵置して現露する者は、道臣をして状聞せしめて後、厳刑すること三次にて、海島に定配せよ」と。蓋し〔裵〕胤玄の事に因るなり。（『英祖実録』三十八年二月癸巳条(31)）

右三例は王の「特教」によって中途で裁判を打ち切り、「厳刑一次（二次、三次）」のうえで「照律」を経ずに定配の処分を下したもの。「厳刑」とは厳しく刑推すること、すなわち取り調べの段階における拷問（訊杖）のことであるが、これを一セット（通例三十打）加えて、そのうえで定配の処分を下す。この場合、刑推一次は収贖に際して「杖一百」に換算される規定であるから、[32]これは事実上、照律なしに執行される「杖一百・流三千里」の刑罰にほかならない。

前述の李世白は、この種の特教による処分（参酌処分）を批判し、あくまでも照律を行ったうえで正式に判決を下すべきであると主張していた。その場合、具体的に想定されているのは、たとえば「謀反・大逆」の罪による「死刑（凌遅処死）」の判決であろう。しかし、繰り返し起こる謀反・大逆の事件——それらは基本的に死刑に相当する——に際し、いちいち犯人の自白（遅晩）を待って、そのうえで照律を行っていたのでは事態の収拾は覚束ない。そこで、本来はさらに重い罪（死刑）が予想される場合、しかし死刑とするには情状酌量の餘地がある場合に早々に裁判を打ち切り、国王の「特教」によって「参酌」して定配の処分を下すことが、朝鮮後期には広く一般化していたのである。

この場合、死罪より一等を減ずれば「杖一百・流三千里」となるが、このうち「杖一百」は取り調べの段階における訊杖によって事実上執行済み。また士大夫（両班）の場合は通例収贖を許して笞杖の的決を免除する。しかも、公罪（職務遂行上の過失）については所属の官庁より贖を納める慣例もあるので、[33]この場合も「杖一百」は刑罰としてほとんど意味を持たない。そこで本来なら「杖一百・流三千里」の刑罰に準じる処分について、杖刑を略して単に「定配」とも称するようになったのであろう。

とはいえ、それが刑罰としての定配である場合には、やはり杖一百の刑罰（またはそれに準じる処分）が附加されている。具体的には、訊問の過程で「刑推一次（ないし二次、三次）」を加えたうえで「定配」を命じることになるのである。[34]

一方、士大夫（両班）に対する懲戒処分としての定配は、一般には「遠竄」と呼ばれることも多い。[35]刑罰としての定配と懲戒としての定配（遠竄）とは明確には区別しがたい場合も少なくないが、一応、杖刑が伴う場合は刑罰（刑）としての定配であり、杖刑を伴わない場合は懲戒（罰）としての定配、すなわち遠竄であると理解しておく。以上がいわゆる「特教定配」[36]、もしくは「参酌定配」[37]と呼ばれている処分の内容である。

　では、この特教定配、参酌定配において「流三千里」などの里程の指定が伴わないのはなぜであろうか。そもそも「本国の地境は、みな三千里に満たず」[38]、朝鮮国においては「三千里」という里程の指定はほとんど意味をもたない。このため、一説によると「流三千里」の刑を執行するために配所への行程をわざわざ迂回させて距離を稼ぐ場合もあったというが[39]、実際のところは単に遠方に配所を定めるというだけのことで、「流三千里」の里程は朝鮮では単なる記号と化していたと考えておくほうが妥当であろう。

表 2　定配の諸相

【照律定配】	【特教定配】
徒一年～徒三年・定配	徒配（徒年定配）
流二千里・定配	定配（遠地定配）
流二千五百里・定配	辺遠定配、極辺定配
流三千里・定配	絶島定配

＊律の里程との対比は便宜的なものにすぎない。
＊士大夫に対する懲戒としての「遠竄」も広義には「定配」のなかに含まれている。

　そもそも正式に「照律」を行っていない以上、「特教定配」、「参酌定配」においては律の規定どおりに「流三千里」と指定することもできない。むしろ、定配の処分は「流二千里」、「流二千五百里」、「流三千里」などと明確に量刑を定めないところにこそ妙味がある。このため、特教による処分の場合は里程の明確な指定を避けて単に「定配」と称し、そのうえで「遠処（遠地）」、「絶塞（辺遠、極辺）」、「絶島」などと、配所の遠近を大まかに指定する慣例となっていったのであろう（表2）[40]。

　かくして王が定配の命令を下すと、そのあとの具体的な措置、すなわち配所の選定は司法機関（義禁府・刑曹）が担当し、いわゆる「定配単子」を提出して王の裁可を求める。この配所の遠近によって、刑罰（ないし処分）の重さが微妙に調節されていたのである。

第四節　例外から定式へ

特教による参酌処分は照律の手続きを踏むことなく、言い換えれば「律」による正当性の裏付けを得ることなしに、個々の王の命令によって行われる。したがって、それは判例としての効力を持たず、あくまでも一回限りの例外的な処分であるにすぎない。ところが、この種の事例が積み重なってくると、本来例外であったものも、おのずから一種の判例としての重みを持つようになってくる。このため、王が特教による処分を下す際にも、将来判例として参照すべきものについては、あらかじめその意図を示し、「永く定式と為せ（永為定式）」などの文言を加えて定配の処分を立法化することがあった。

たとえば孝宗三年（一六五二）、昭媛趙氏の呪詛事件[41]に関連して処刑された宮婢の夫に「縁坐」の罪を適用すべきか否かが問題とされたとき、孝宗は夫にも「縁坐」の罪を適用すべきであると判断し、良民の夫を「奴と為して辺邑に定配」したうえで、この処分を「今より永く定式と為して遵行」せよと命じている[42]。

こうして「定式」となった王命のなかには、やがて空文と化したものもあれば、実際に長く遵行され続けたものもある。『増補文献備考』刑典、諸律類記の項に挙げる諸条文は、既に述べたとおり『大明律』及び『経国大典』、『続大典』、『大典通編』、『大典会通』所収の諸条文を分類・配列したもので、このうち『経国大典』は朝鮮初期の王命の集成であり、『続大典』その他は『経国大典』以降の王命の集成であるが、これらは数ある王命のなかでも特に「定式」とされ、「律」としての地位を確立したものの集成にほかならない[43]。そうしてこの種の広義の「律」のなかに、いわゆる「定配」の事例が数多く含まれているのである。

たとえば粛宗八年（一六八二）のこと。鎮川県の儒生朴之泰等が同県の郷所（留郷品官所と呼ばれる在地士族の組織）の権鎰なる者ともめごとを起こし、〔権鎰を支持する〕地方官（土主、県監）を追い出そうとして、地方官に対する集団抗議活動を行ったために、監司の状啓により「辺遠定配」の処分を受けるという事件があった。[44] この事件をきっかけとして、『新補受教輯録』（一七四三年撰進）の刑典、推断の条に、次の条文が収録される。

儒生の斉進して土主の前に発悪し、なお官門の外及び聖廟の外に会哭を為す者は、厳刑して服（罪の招服）を取りて後、辺遠に定配せよ〔康熙壬戌（粛宗八年、一六八二）承伝〕[45]。

会哭の儒生は、流三千里。通文の儒生は、徒配せよ〔康熙壬戌（粛宗八年、一六八二）承伝〕[46]。

そうしてこの条文を受けて、『続大典』（一七四四年撰進、一七四六年刊行）の刑典、推断の条に次の条文が収録された。

儒生の土主に発悪し、聖廟あるいは官門の外に会哭する者は、杖一百・流三千里〔但し通文に参ずる者は、徒配〕[47]。

右の事例でみると、もともと王の特教によって下された「厳刑・定配」の処分が、その後の条文作成の過程では「杖一百・流三千里」の刑に置き換えられていることがわかる。つまり、「厳刑・定配」の処分は一般には「杖一百・流三千里」の刑罰に準じる処分として位置づけられているのである。

もう一つは英祖十年（一七三四）の事例。咸鏡南道の兵営の将校・裴守賢なる者の妻（小名は者斤礼）は、夫が些細なことで罪を問われて兵使李義豊に杖殺されたことを恨み、親族を語らって兵使を殺そうとして未遂に終わった。[48] この事件をきっかけとして、『新補受教輯録』刑典、推断の条に、次の条文が収録される。

吏卒の兵使を殺さんと謀りて、刃刺するに至る者は、謀首は則ち直ちに梟示を為し、之次《このつぎ》の罪人等は、並びに絶島に定配せよ。通引・及唱・門卒は、極辺に定配せよ〔雍正甲寅（英祖十年、一七三四）承伝〕[49]。

そうしてこの条文を受けて、『続大典』刑典、推断の条に次の条文が収録された。

吏卒の帥臣を殺さんと謀る者は、首謀は梟示。従たるは、並びに絶島に定配せよ。官属の防禦せざる者は、極辺に定配せよ。(50)

ここでは首謀者は死刑（梟示）であるが、従犯者は罪一等を減じて定配にとどめている。ここでも刑推のうえで行われる定配は、死罪より一等を減じた刑罰、すなわち「杖一百・流三千里」の刑罰に準じる処分として位置づけられていることがわかる。

第五節　再び定配の定義

かくして定配の処分事例が刑法典に記載され、それが一つの刑名として確立するようになると、次にはそれを律の「五刑」の体系のなかに明確に位置づけ、徒流との関係を再定義することが必要になってくる。たとえば恩赦の際、「定配」の罪人と「流三千里」の罪人、「徒三年」の罪人を、それぞれどのように取り扱うべきかを明確に決めておかなければならない。このため、『続大典』刑典、赦令の条をみると、

赦令の時ごとに、罪人の放・未放をば、京は則ち本曹・義禁府より、外は則ち観察使より、等を分ちて録啓せよ。およそ徒年に係れば、則ち軽重に論なく、みな放て。

とあるその注に、

減死・定配・流三千里に論なく、減等すれば則ちみな徒年と為す。疏決の時に減等すること、務めて慎惜を為せ。

との規定が新たに設けられていることがわかる。(51)

この規定は、実は英祖二十年（一七四四）四月の金在魯（一六八二～一七五九）の提言を条文化したもので、この提言によると、本来「死罪」を犯した者が「減死」の恩典により罪一等を減じて「定配」や「流三千里」の処分を受けた場合、または「流罪」を犯して「定配」ないし「流三千里」の処分を受けた場合のいずれにおいても、それらの罪人がさらに「減等」の恩典を受ければ、一律に「徒年」に減刑する。徒年のものが次に恩赦を受ければ放免（放送）である。だからこそ、旱魃などに際して行われる特別審理（疏決）においても「減等」の処分は充分慎重に行わなければならない。しかし、一旦「徒年」となった罪囚については、もともとの罪の軽重に論なく、たとえ「減死」のものであっても、恩赦を受けた以上はすべて放免（放送）しなければならない、という。(52)

この場合、定配の処分は死罪より罪一等を減じたもので、律の「杖一百・流三千里」の刑に準じ、徒配すなわち「徒年定配」の処分は、定配よりさらに罪一等を減じたもので、律の「杖一百・徒三年」の刑に準じるという図式が成立していることがわかる。もちろん、名例律の規定により、減刑においては「二死・三流」がそれぞれ一等としてカウントされていることは前述のとおりである。(53)

次に、正祖朝に成立した『典律通補』刑典、名例の条をみると、そこでは「定配」に関して次のような規定が設けられていることがわかる。

> 徒配と称する者は、徒三年の定配。定配と称する者は、年を限る勿れ。決杖と称する者は、杖百。決笞と称する者は、笞五十。(54)

右は『典律通補』の「補」の条文、つまり「受教及び謄録に出ずる者」(55)で、『続大典』等に正式に収録された条文ではないが、歴代の王の「受教」を収録する冊子や、各官庁の「謄録」に記載されて当時有効な法文とみな

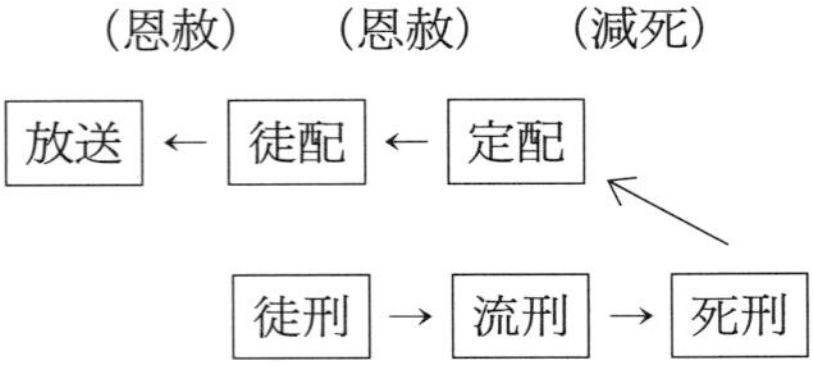

定配の減免（概念図）

されていたもの。これによると、もともと特教の処分に由来する「徒配」、「定配」、「決杖」、「決笞」などの処分は、その執行段階における「五刑」との対応関係が曖昧であるため、「徒配」は「徒三年」、「定配」は「勿限年」、「決杖」は「杖一百」、「決笞」は「笞五十」と、それぞれ律の「五刑」との対応関係を明確に再定義していることがわかる。なるほど、ここでは定配が「流三千里」に準じるとは明記されていないが、定配より一等を減じた処分である徒配を「徒三年」と規定する以上、その前段階に位置する定配が「流三千里」に準じる処分として位置づけられていることは明らかであろう。

もともと定配とは律外の処分である。したがって、それは必ずしも律の五刑の体系に正確に対応しているわけではない。律の徒流は、「杖六十・徒一年」、「杖七十・徒一年半」、「杖八十・徒二年」、「杖九十・徒二年半」、「杖一百・徒三年」、「杖一百・流二千里」、「杖一百・流二千五百里」、「杖一百・流三千里」の八等級に細かく分かれているが、一方の定配は「徒配（徒年定配）」と「定配」との二段階に大雑把に分類され、そのうえで配所の遠近によって量刑の微調整が行われる。

配所については、「遠処（遠地）」、「絶塞（辺遠、極辺）」、「絶島」などの大まかな区別が設けられていたことは既に述べたが、[56]これらはいずれも「三千里」以内の地であるから、里程のうえでは大差はない。このため里程の遠近よりは、むしろ刑期の有無のほうが問題となる。

定配の場合、それは「勿限年」とあるとおり、原則として恩赦を受けるまでの無期限の処分となるが、この点は律に規定する「流三千里」についても同様である。上述のとおり、「減死・定配・流三千里」の罪人が恩赦を受けると「徒年」に減刑されるが、「徒年」とは「徒三年」の定配であるから有期の刑。それに対して単に「定配」という場合は「勿限年」、すなわち無期限の処分であることを明確に再定義することで、『典律通補』は両者の混同を避けようとしているのである。

このように、定配とは本来「律」の規定の外に成立した特教による処分にすぎなかったが、朝鮮後期においてはだいたい五刑との対応関係も定まり、それ自体、一つの刑名として確立していたと言うことができる。かくして国王の特教による一時的、例外的な処分も、そのうち「定式」として立法化されたものについては「律」に規定する五刑の体系のなかに明確に組み込まれ、司法機関が「照律」を行う際の刑名としても正式に用いられることになったのである。

第六節　定配の実態

刑推のうえで行われる刑罰としての「定配」には徒配と定配の二種類があり、前者は律の「杖一百・徒三年」、後者は律の「杖一百・流三千里」に準じる処分としてそれぞれ律の「五刑」の体系のなかに組み込まれていった。しかし、その処分の内容は、必ずしも律の徒流刑と完全に一致しているわけではない。

律に規定する徒流刑（徒刑・流刑）の場合には、それぞれに労役、すなわち居作が伴っていた。この点については既に第二章で考察しているので結論のみを提示すると、徒刑の罪人は居住する道内において、また流刑の罪人は居住地以外の他の道内において、それぞれ駅站の日守・駅奴として、または庭燎干、烽卒などとして使役されることが一般的であった。ただし、これらは初期の事例であるから、それ以降の時期にいかなる労役（居作）が課せられていたのかについては、別途考察の必要がある。中橋政吉『朝鮮旧時の刑政』[57]によると、「李朝時代に於ては徒は全く有名無実であつたもののやうである」（二五一頁）、「徒刑は刑律上に於てのみ其の名を存したに止まり、之を適用した形跡は殆ど認められない」（二六二頁）というが、果たしてその実態はいかがであろうか。

まず徒刑に準じる「徒配」の場合、上引の中橋氏の見解とは逆に、基本的には初期と同様、駅站における労役（居作）を課せられていたと考えたほうがよいであろう。その証拠に、いわゆる徒配（徒年定配）の判決例を見ると、その多くは「駅」を配所として指定している。幾つか実例を挙げると、まず第一節で言及した清州医生の姜勇虎という人物は、「封進之物、換納」の罪で、「良才駅、徒三年定配」の処分をうけ、その後の恩赦に漏れて本来の刑期の倍の六年間も良才駅で使役され続けていた。(58) また、粛宗二十年（一六九四）の、いわゆる甲戌更化（西人復権）の際、国王に対する虚偽報告（詐不以実）の罪(59)に問われた南人系の申厚載という人物は、「驪州安平駅、徒三年定配」の処分を受けている（『己巳録』下、甲戌録、粛宗二十年五月十六日条）。(60) これらは「徒三年」の量刑（照律）を経て「定配」の処分を受けたもので、いわゆる照律定配の範疇に属する。「律」による定配であるから、律の規定どおりに労役（居作）を課せられていたことは当然であろう。

次に「流三千里」に準じる定配の場合は、徒配と違って「勿限年」、すなわち無期限の処分であり、またその配所も徒配より遠方の他道に定められることになっていたが、それ以外の点では特に徒配との違いはなかったと考えられる。労役（居作）の内容は、やはり徒配の場合と同様に駅站における労役が主であろう。その一例としては、宣祖二十二年（一五八九）に咸鏡道の吉州嶺東駅に「定配」され、「凡そ二千餘里」の道程を歩いて配所に向かった趙憲（一五四四～一五九二）の事例を挙げることができる。(61)

旧例、命じて駅置に配すれば、必ず駅官に私し、みな奴隷を以てその役を代立す。而してまたあるいは全く免るる者あり。先生（趙憲）の嶺東に配せらるるや、独り然らず。必ず身自《みずか》らこれに当りて曰く、「朝廷正に此を以て罪ある者を治めんと欲す。必ずこれを免ぜんと要すれば、これ君命を受けざる者なり」と。故に使命の過《よぎ》る者は、多く嶺東〔駅〕に入らず。」（『宋子大全』巻二百七、重峯趙先生（趙憲）行状）(62)

右の趙憲の行状（宋時烈撰）によれば、咸鏡道の吉州嶺東駅に定配された趙憲は、駅站の労役に自ら進んで服していた。このため、彼のような著名な士人を使役することを憚った当時の官人たちは、公務出張の際にも嶺東駅には敢えて足を運ばなかったという。

ただし、これは例外的な事例であって、一般に「定配」の処分（ただし、刑罰としてのそれ）を受けた官人たちは、自家の奴隷を身代わりとして労役（居作）に当たらせ、または地方官（守令）の配慮により居作の免除を受けて、自らは何の労役にも服することなく悠々として釈放の時を待っていたのである。とはいえ、原則としては労役（居作）が割り当てられていたこともまた確かであって、特に一般の定配人の場合には必ず何らかの労役（居作）が課せられていたものと考えられる。

この点については『顕宗実録』六年（一六六五）三月庚子条の次の記事が参考となるであろう。

> 忠清監司金始振の状啓に、「近来各道の軍役の者、罪を犯して充軍流徙すれば、則ち各邑任意に代定するを得ず、またその番布を遠地に徴するを得ず、未だ族隣に侵責するを免れず。変通の挙、なかるべからず。今より身役ありて定配する者は、則ち並びに配する所の邑の軍役に移定せよ。原籍の官は、則ち他の閑丁を以て代定し、以て隣族被侵の弊を除け。……請う、該曹をして稟定せしめよ」とあり。兵曹に下して回啓せしむるに、「請う、状啓に依りて一体に他道に分付して、以て定式遵行の地と為さん」とあり。これに従う。（『顕宗実録』六年三月庚子条）[63]

右の『実録』の記事によると、充軍その他の罪を得て原籍地を離れたものの軍役負担は、移住後もそのまま原籍地に残されていることが多い。このため、原籍地の地方官は代役者を立てることもできず、また遠方に居住する本人から番布（免役布）を徴収することもできずに、やむをえず、族隣（族人・隣戸）から番布を徴収して軍役に充当することが一般的であった。しかし、これでは軍役の割り当てに混乱が生じるため、以後、「身役ありて定配する者」については、原則としてその配所で新たに軍籍に登録し、原住地の軍役については他の閑丁（特定の役、特に軍役を持たない者）を代立して欠員の補充に努めることにしたという。

したがって、もともと軍籍にあった定配人は、配所で改めて軍籍に登録され、地方のひら《ヽヽ》の軍人として、従来と同等、またはそれ以上の労役に服していた。もっとも、それは収布軍としての登録で、実際に就役するというよりは、番布ないし免役布を供出することが主たる負担となっていたのであろう。

ただし、朝鮮後期においては配所における罪人の統制が弛緩し、罪人の逃亡が日常茶飯事となっていたとする指摘もある。(64) 配所における駅站の労役や軍役の割り当ては、必ずしも順当に行われていたわけではなかったであろう。そこに、中橋氏のような見解が成立する餘地もあったわけであるが、原則としては、あくまでも労役（居作）を伴ってこその「徒配」、「定配」であったと理解しておきたい。

小　結

本章では朝鮮時代の定配について検討した。定配とは本来「配所を定める」という意味にすぎず、それは「律」に規定する「徒刑」に対しても「流刑」に対しても同じように使用されていた。しかし朝鮮後期にはそれ自体が一つの「刑名」として確立し、実質的には「流三千里」に準じる流配の処分として位置づけられることになった。

もともと「特教」による例外的、一時的な処分として行われた定配は、王命によって定式化され、刑法典に記載されることによって一つの「刑名」となり、律の「五刑」の体系のなかに明確に組み込まれることになったのである。

ただし、同じ定配でも士大夫（両班）に対する懲戒処分としての定配、すなわち遠竄については定式とはならず、したがってその規定が刑法典に収録されることもなかった。既に第三章及び第五章において検討したとおり、官人に対する懲戒の処分は君臣関係という特殊な倫理規範（道徳）に基づくもので、それは「律」による刑罰とは全く次元を異にしている。

本章の冒頭に紹介した「諸律類記」は、朝鮮時代の「罪」と「罰」とを網羅的に列挙していた。ただし、それは法典ないし王命によって「定式」とされた部分のみを示しているにすぎないのである。

注

（1）『増補文献備考』巻一百三十六、刑考十、諸律類記、笞一十　内外官員、除職後、無故不赴任、過限一日者、［毎十日、加一等、罪止杖八十。○旧官無故十日之外、不離任所者、減二等、附過還職。］（＊『大明律』巻二、吏律、職制、官員赴任過限条　凡已除官員、在京者、以除授日為始、在外者、以領照会日為始、各依已定程限、赴任。若無故過限者、一日笞一十、毎十日加一等、罪止杖八十。並附過還職。）

（2）『増補文献備考』巻一百三十六、刑考十、諸律類記、笞一十　大小官員、無故、在内不朝参、在外不公座署事、及官吏給暇、限満、無故不還職役一日者、［毎三日、加一等、罪止杖八十、附過還職。］（＊『大明律』巻二、吏律、職制、無故不朝参公座条　凡大小官員、無故、在内不朝参、在外不公座署事、及官吏給仮、限満、無故不還職役者、一日笞一十、毎三日加一等、各罪止杖八十、並附過還職。）

（3）『増補文献備考』巻一百三十九、刑考十三、諸律類記、凌遅処死　殴殺祖父母・父母者。（＊『大明律』巻二十、刑律、闘殴、殴祖父母父母条　凡子孫殴祖父母・父母、及妻妾殴夫之祖父母・父母者、皆斬。殺者、皆凌遅処死。）

（4）『増補文献備考』巻一百三十九、刑考十三、諸律類記、凌遅処死　妻妾殴殺夫之祖父母・父母者。（＊『大明律』巻二十、刑律、闘殴、殴祖父母父母条　凡子孫殴祖父母・父母、及妻妾殴夫之祖父母・父母者、皆斬。殺者、皆凌遅処死。）

（5）『大明律』巻二十八、刑律、断獄、断罪引律令条　其特旨断罪、臨時処治、不為定律者、不得引比為律。若輒引比、致罪有出入者、以故失論。

（6）先行研究は概して『大明律』の表面的な解釈にとどまり、刑罰の実態についての実証的な考察の不充分なものが多い。関連する主な研究成果としては次のものがある。徐壹教『朝鮮王朝刑事制度の研究』（一九六八年、ソウル、韓国法令編纂会）、金淇春『朝鮮時代刑典』（一九九〇年、ソウル、三英社）、池哲瑚「朝鮮前期の流刑」（『法史学研究』第八号、韓国法史学会、一九八五年）、李成茂「『経国大典』の編纂と『大明律』」（『歴史学報』第百二十五輯、一九九〇年。『朝鮮両班社会研究』所収、一九九五年、ソウル、一潮閣）、兪起濬「朝鮮初期奴婢犯罪と刑政」（『湖西史学』第十六輯、一九八八年）、同「朝鮮初期贖刑に対して」（『湖西史学』第十九・二十合輯、一九九三年）、沈載祐「朝鮮前期流配刑と流配生活」（『国史館論叢』第九十二輯、二〇〇〇年）、尹薫杓「朝鮮初期附過法施行」（『韓国史学報』第二十四号、二〇〇六年、高麗史学会）。

（7）『中宗実録』巻四十三、中宗十六年十月己卯朔条　政院啓曰、「倭金貿納人漢同、随従金守明、杖配麟山鎮。鎮与湯站密近、站人潜相通貿之地也。守明、本業商賈。今者定配於此、甚不可。前者、市人崔末同者、亦配于此。而朝廷慮有通貨之弊、遂移他処。」伝曰、「末同事、其時有言之者、故改配矣。此人則有司已定配所、不須改也。」

（8）『中宗実録』巻九十四、中宗三十六年二月癸未条　以清州医生姜勇虎上言［其上言曰、「去丙申年、本道観察使、送生獐一口于金安老家。臣奉受載持、即納受答。安老以腐敗味変之獐換納之意、修答書。監司不卞是非、刑訊推鞫。殞命可慮、即為誣服。以封進之物換納罪、京畿良才駅、徒三年定配、誤蒙重罪。戊戌年四月、雑犯死罪・徒・流・付処・安置・充軍、並蒙天赦。臣一於其時、未及逢点、故未蒙天恩、倍甲六年、徒役痛悶」云］、下于政院曰、「観此上言、去丙申年、忠清道観察使、以生獐一口、付此人封送于安老家、而安老答以腐敗換納云。故監司以徒三年罪之云。凡進上之物、雖或腐敗、亦不応如此罪矣。況以私物之送、尤不当如此罪之也。此必阿附安老如是焉。其時観察使、推考可也。」政院啓曰、「其時観察使尹安仁、已死矣。」伝曰、「知道。」

（9）『大明律』巻二十八、刑律、断獄、断罪不当条　凡断罪応決配而収贖、応収贖而決配、各依出入人罪、減故失一等。（＊荻生徂徠『明律国字解』刑律、断獄、有司決囚等第条の注に「決は笞杖に行ふことなり。配は配所へ遣すなり」とあることも参照。）

（10）『世宗実録』巻九十一、世宗二十二年十二月己丑条　義禁府啓、「黄保身、盗用雑物、計贓三十三貫。請依律、杖一百・流三千里・刺字。閭伊、当推問之時、乃曰、『保身所盗之物、当推鞫保身可也。不宜鞫妾』。請依妻妾告夫律、杖一百・徒三年。」上以保身乃喜之子、特加優容、只杖一百、免刺、贖流三千里。閭伊、只杖一百、属為咸吉道慶源官婢。

(11)『中宗実録』巻七十九、中宗三十年正月己丑条　義禁府以具寿聃取服照律入啓。其招曰、「去十二月間、正言朴忠元、以覲親事、其本家往還時、歴見。臣与忠元言曰、判書沈彦慶曰、金安老来吾家、称賛朴忠元、因曰、『於羅世纘事、所論亦当』云。此乃才山守伝言矣。君於世纘事、何所言耶。其於論世纘事、有未便之意、則臣以為世纘之論、雖甚邪慝、発策求言之際、若被刑訊殞命、則有累聖代好生之徳、有未便之意耳。」又曰、「羅世纘事、今指宋純之言、臣有不平之気。情由則非形跡顕著之事、指触宋純、臣以為未便、故有不平之気。臣以才山守三寸姪女夫、所言邪慝、為議論根本、互相往来、煽動情由、則臣失職懐憤。故於世纘・宋純等事、私相非議、欲使人心疑貳而已。」伝曰、「減死、杖一百・贖、告身尽行追奪、流三千里、可也。」流配平安道龍泉郡。

(12)「哲宗記事」(『稗林』第四冊)、哲宗十三年六月条　禁府、忠清前監司趙献永段……以此照律[杖一百・収贖、告身尽行追奪、流三千里、中和府定配]、啓、依允。(＊傍線部は吏読)

(13)次の史料に「照律定配」と「特教定配」とを対比して述べる。このうち「特教定配」については次節で検討する。

『正祖実録』巻五十、正祖二十二年十二月癸巳条　義禁啓言、「鎮海県定配罪人申在徳、母年八十。興陽県呂島定配罪人崔尚耆、母年七十。龍川府定配罪人尹恒倹、母年六十四。倶無兄弟、情理切矜。」教曰、「放送。而此後雖以特教定配者、親年如在帰養之限、則禁府・刑曹、必即具由、草記稟旨事、定式。無論特教定配・照律定配、又無論両班・常漢、親年未満限時発配、而到配後満限、則此等之類、何以為之為可。詳考見行之例、仍問時原任大臣、取其所対意見草記。」

(14)『大明律』巻二十八、刑律、断獄、断罪引律令条　凡断罪、皆須具引律令。違者、笞三十。

(15)『推案及鞫案』哲宗朝、己未、弑上典罪人福同推案　議啓、罪人福同亦、既捧結案。請依律処断。啓依允。同日、罪人福同、年三十九矣結案、白等云罪、『大明律』奴婢殴家長条云、「奴婢殺家長者、凌遅処死」。同律、死囚覆奏待報条云、「其犯十悪之罪、応死者、決不待時」亦為白有臥乎等用良、福同段、不待時、凌遅処死為白乎事、啓字判下。(＊傍線部は吏読)

(16)『推案及鞫案』哲宗朝、壬戌、逆賊駬燰鞫案　議啓、罪人駬燰亦、既捧結案。請依律処断。啓依允。『大明律』謀反条云、「凡謀反〔及〕大逆、但共謀者、不分首従、皆凌遅処死。」同律、死囚覆奏待報条云「其犯十悪之罪、応死者、決不待時」亦為白有臥乎等用良、駬燰段、不待時、凌遅処死為白乎事、啓。別議啓、「罪人駬燰亦既捧結案矣。此賊凶言、不可晷刻留置

於覆載之間。請依年前俊賊例、軍器寺前路挙行。」啓依允。（＊傍線部は吏読）

(17)『世宗実録』巻二十、世宗五年五月甲午条　兵曹拠黄海道監司関啓、「内鷹人、前副司直仇之善、詐称内教、擅奪海州人張有礼鷹子罪、詐伝詔旨、斬。」命減一等、杖一百・流三千里。

(18)『世宗実録』巻二十、世宗五年五月庚子条　伝旨、「盗内府財物、都染署奴冬乙仇里、減二等、杖一百・徒三年。」

(19)『大明律』巻二十四、刑律、詐偽、詐伝詔旨条　凡詐伝詔旨者、斬。

(20)『大明律』巻十八、刑律、賊盗、盗内府財物条　凡盗内府財物者、皆斬［盗御宝及乗輿服御物、皆是］。

(21)『大明律』巻一、名例律、加減罪例条　惟二死・三流、各同為一減。［二死、謂絞・斬。三流、謂流二千里・二千五百里・三千里、各同為一減。如犯死罪減一等、即坐流三千里。減二等、即坐徒三年。犯流三千里者、減一等、亦坐徒三年。］

(22)『大明律』巻一、名例律、応議者犯罪条　凡八議者犯罪、実封奏聞取旨、不許擅自勾問。若奉旨推問者、開具所犯及応議之状、先奏請議。議定奏聞、取自上裁。［議者、謂原其本情、議其犯罪、於奏本之内、開写或親或故、或功或賢、或能或勤、或貴或賓、応議之人所犯之事、実封奏聞、取旨。若奉旨推問者、方推問取責明白招状、開具応得之罪、先奏、請令五軍都督府・四輔・諫院・刑部・監察御史・断事官、集議、議定奏聞。至死者、唯云「准犯依律合死」、不敢正言絞・斬、取自上裁。］其犯十悪者、不用此律。

(23)『太祖実録』巻三、太祖二年二月庚寅条　奏聞使韓尚質来伝礼部咨。上向帝闕、行謝恩礼。……下教境内、「王若曰、……可自今除高麗国名、遵用朝鮮之号。属茲初服、宜示寛恩。其在洪武二十六年二月十五日昧爽以前、二罪以下、已発覚・未発覚、已結正・未結正、咸宥除之。敢以宥旨前事相告言者、以其罪罪之。於戯。創業垂統、既得更国之称、発政施仁、当布勤民之治。」

(24)この点において、朝鮮の君主権は中国の君主権と同様の性格をもつ。「皇帝は自己の一言すなわち単行指令をもって、基本法典にせよ副次法典にせよ既存の如何なる条文にも拘束されずに、むしろそれらの硬直性を修正するような処分を行い、かつまた新たな法を立てることができた」（滋賀秀三『中国法制史論集』二〇〇三年、東京、創文社、十九頁）。

(25)参酌処分の例――

『英祖実録』巻五、英祖元年四月丁亥条　鞫睦時龍、就服。減死、流黒山島。時龍者、虎龍兄也。……委官閔鎮遠白上曰、「時龍承款、而虎龍情節、猶未尽覈。当照律而無当律。参酌処分、何如。」上曰、「渠豈不知逆虎之所為、而不即承款、誠為絶痛。言其罪状、難容覆載之間、而両年之間、並殺其兄弟、有非好生之道。特為減死、黒山島定配。」

(26)『光海君日記』鼎足山本、巻五十七、光海君四年九月丙申条　両司啓曰、「泰慶以王室至親、三出賊口、所当厳鞫得情、而刑訊一次之後、径先定配、非但有乖獄体、物情莫不駭憤。更為窮鞫、依律定罪。」答曰、「予不忍其死也。参酌定配、休論可矣。」

(27)李世白『雩沙集』巻八、莫礼原情判付稟旨啓（甲子。承旨時）　即伏見刑曹巫女莫礼原情公事判付、則有「刑推一次後、極辺定配」之教矣。凡罪人刑推、乃所以究問実状、使之就服也。及其就服後、照律之時、若因特教、有所処断、則或一道、而至於不問其取服与否、只施一次刑推、径先定配、有違法文本意。向者禁府罪人鄭休徴、初有「刑推後、定配」之命、而旋因啓達、以厳刑得情、改判付、以下。此事宜有一定之法、不可前後異同。故敢此仰達。

『粛宗実録』巻十五、粛宗十年二月丁巳条　特命妖巫莫礼、減死島配。先是、因儒臣朴世采疏、以巫女入闕中祈禱、僭着袞服等事、命刑曹按治。後因刑曹判書尹堦所達、以三退神等説添問之、並抵頼不服。命刑訊一次、定配。承旨李世白争之曰、「凡罪人刑推、乃所以究問実状、使之就服也。今不問就服与否、只施一次刑、径先定配、有違法例。」上命加刑得情、以不告知、不禁断、削主管内官申濢職。

(28)折しも天然痘を患った粛宗の病気平癒の祈禱のため、王太妃（明聖王后金氏）の内意を受けた巫女莫礼が宮中において各種の祈禱を行い、士大夫（工曹参判朴世采）からの指弾を受けた事件。『粛宗実録』巻十四、粛宗九年十二月壬子条、及び巻十五、粛宗十年二月丁巳条、参照。

(29)『粛宗実録』巻三十四、粛宗二十六年二月丁卯条　上下教曰、「内官李東嵩・申遇碩・金峻完・朴重慶等、持身悖悪、罔畏国法、可愕之事、不一而足。各別厳刑一次後、大静県絶島定配。」

(30)『英祖実録』巻二十五、英祖六年四月庚申条　諫院［大司諫尹恵教］申前啓。不允。名出賊招者、拿鞫事、従之。又啓、「逆宦交通之宮婢、既已現露、而島配之命、出於意外。請出付鞫庁、厳覈正法。」上曰、「無可問之端。令秋曹、厳刑二次後、絶島定配。」……並従之。

(31)『英祖実録』巻九十九、英祖三十八年二月癸巳条　命讖書秘記蔵置而現露者、令道臣状聞後、厳刑三次、海島定配。蓋因胤玄事也。

(32)『続大典』刑典、笞杖徒流贖木　刑推一次・贖、准杖一百。

(33)『燕山君日記』巻五十二、燕山君十年三月己卯条　又問曰、「収贖、所以懲過也。其所贖之物、出於其家乎。若出於其司、則非国家懲之之意也。」承旨等啓、「前已承伝、禁之矣。然請更申明。」伝曰「可。」
同月庚辰条　伝曰、「凡作罪人贖物、率皆公備、殊無贖罪懲戒之意。今後痛禁。」
『燕山君日記』巻五十三、燕山君十年閏四月壬午条　伝曰、「収贖、所以懲罪。今皆官備、不可。故已令下諭中外。今更申明。」

(34)「刑推一次（二次、三次）、定配」、「加刑一次（二次、三次）、定配」、「厳刑一次（二次、三次）、定配」など、いずれも推鞫の過程で訊杖を加え、そのうえで「定配」を行うことを意味している。
『秋官志』第一編、経用、随時分俵条　堂郎推考贖［随時磨錬］。
同上　郎官或以本曹事就理、則茵席空石価四銭［禁推照律、則贖銭随時磨錬］。

(35)本書第三章「朝鮮党争史における官人の処分」、および第五章「朝鮮時代における三司の言論と官人の処罰」、参照。

(36)特教定配については、前掲注（13）、参照。

(37)参酌定配の例――
『光海君日記』鼎足山本、巻九十一、光海君七年六月丙子朔条　伝曰、「李雲祥顕出於喚御史之招者甚重、而喚御史既以正刑。此而全釈、則治逆之法、将帰於廃弛。参酌定配。」遂配于朔州。

同右、丁丑条　両司合啓曰、「李雲祥、受銀於逆瑋、図位於天朝。天下為逆、莫雲祥匹也。其兇謀秘計、顕出於逆妾之招。当於越江時、拿鞫正刑、昭示其罪、可矣。豈合定配於上国接境之地乎。聖上遭同気罔極之変、雲祥之罪、若不明白処之、則必有異日難及之悔。請還収定配之命、按律定罪。」答曰、「参酌定配。勿為煩論。」此後連啓、不従。

『粛宗実録』巻五十、粛宗三十七年二月甲子条　引見大臣・備局諸臣。……持平南一明論啓、請潜越宮城罪人金敏才、還収参酌定配之命、依律処断。上不従。

（＊国王の「参酌定配」の命に対し、臣下が「依律」の処分を要請していることに注意したい。）

(38)『世宗実録』巻四十八、世宗十二年六月甲戌条　刑曹拠律学呈啓、「今以杖一百発辺遠充軍罪名、考之律文、名例云、『軍官軍人犯罪、律該徒流者、各杖一百。徒五等、皆発二千里内衛分、充軍。流三等、照依地里遠近、発各衛、充軍』。該発辺遠充軍、依律発遣。徒流遷徙地方定例。是則以辺遠充軍、録於徒流之上。縦軍虜掠条云、『私出外境虜掠、為首者、杖一百。

為従者、杖九十。傷人為首者斬。為従者杖一百、発辺遠充軍』。不操錬軍士条、『若隄備不厳、撫馭無方、致有所部軍人反叛者、親管指揮千戸百戸、各杖一百、追奪、発辺遠充軍。若棄城而逃者、斬』。以上項律文観之、発辺遠充軍、与流罪一也。但流三千里、則里数有限。辺遠充軍、則不限里数、発送辺遠之地。是則辺遠之地、固在流三千里之外。然本国地境、皆不満三千里。請辺遠充軍与流三千里、一体施行。律文又無辺遠充軍贖罪之法。其贖辺遠充軍者、亦依贖流三千里例施行。」従之。（＊『経国大典』刑典、罪犯准計の条に「（犯）辺遠充軍者、……並准杖一百・流三千里」とあるのは右の受教に基づく。）

(39)『秋官志』第三編、考律部、徒流、【補】流罪計程　英宗（英祖）四十九年、呉璹杖一百・流三千里、勘律時、伝曰、「曽聞、我国無三千里地、回程而計云。故今日令入侍次堂、問於律官、前則果然、因下教、不計里数、只極辺云。噫。作法於涼、其弊也貪。況法文乎。噫。白首暮年、豈可以無於法之例施行乎。自今以後、依旧例、只計程道。」（＊回程とは行程を迂回させること。ただし、この規定がどれだけ励行されていたのかは疑問である。）

(40)『光海君日記』鼎足山本、巻五十七、光海君四年九月甲午条　王問于禁府曰、「遠竄人、霊巌・光陽等地定配、有前例乎。可考啓。」禁府啓曰、「常時本府規例、凡定配人、以絶塞啓下、則六鎮及江辺定配。以絶島啓下、則済州・珍島・南海・巨済等地定配。只以遠竄啓下、則勿論南北、遠処定配。戊申年罪人洪湜、以遠竄之罪、謫死於康津。而康津、即霊巌之隣邑也。郭再祐、亦嘗流竄霊巌矣。此外前例、無文籍可考。以表表人所共知者言之、盧守慎、遠竄于順天、厥後加罪、始送珍島。順天、即光陽隣邑也。許潜之兄許汴、亦嘗遠竄于光陽云。祖宗朝、遠竄霊巌等邑者、亦有之。此則久遠之事、不敢一一尽達。」伝曰、「並北道改定配。」

(41)父王仁祖の側室（昭媛趙氏）が孝宗を呪詛した罪で賜死の処分を受けた事件。趙氏の娘（孝明翁主）の婿の金世龍は金自点の孫。『孝宗実録』巻八、孝宗三年三月乙亥条、参照。

(42)『孝宗実録』巻八、孝宗三年二月辛未条　義禁府啓曰、「正刑罪人礼一之夫貴同、初無与知兇謀之跡、而既是正刑罪人之夫、則亦難軽釈。何以処之乎。」答曰、「其夫無縁坐之法乎。考律処之。」禁府回啓曰、「考諸『大明律』、則父母・子女・祖孫・兄弟姉妹、皆有縁坐之律、而夫則無縁坐之律矣。」答曰、「雖未知法典本意之如何、而父母・子女・祖孫・姉妹、皆有縁坐之律、而其夫之独不縁坐、似無其理。雖以事理言之、其妻之事、其夫万無不知之理。豈可独免罪罰乎。議于諸大臣処之。」左議政金堉以為、「夫之縁坐、律無其文、則不可創開無前之法。但其妻作悪、則雖是小事、其夫有家不斉之罪。況此大逆承服者乎。貴同雖不参逆、以内奴役於逆趙之家。又以逆婢為妻、烏得無罪。従軽編配、亦或為当。」領中枢府事李敬輿以為、「創開無前之法、以啓日後之弊、恐非守如金石之義也。無已則渠既以逆趙之奴、為逆婢之夫。其妻逆状、不可謂之必不預知。王者用刑、罪疑惟軽。勿論縁坐之法、施以惟軽之典、定配辺遠為宜。」答曰、「左相之言是也。此必律文之所未備者。豈可知其謬、而故為襲謬也。議于領相処之可也。」領議政鄭太和以為、「壬申冬間、内人之婢有承服者。其夫文正立、因鞫庁稟啓、為奴、辺遠定配。今者貴同之事、与此無異矣。」答曰、「貴同為奴、定配于辺邑。自今永為定式、遵行。」

(43) 朝鮮時代における法典編纂の歴史全般については浅見倫太郎『朝鮮法制史稿』(一九二二年、東京、巌松堂書店)、麻生武亀『李朝法典考』(中枢院調査課編、一九三六年、京城、朝鮮総督府中枢院。一九七七年復刻、東京、第一書房)、等の先行研究に譲る。

(44) 『粛宗実録』巻十三、粛宗八年六月辛丑条　鎮川儒生朴之泰等、与本県郷所権鎰相争、仍欲駆逐土主、斉進倡声於県監之前、仍為会哭於東軒門外、又会哭於聖廟。監司尹敬教、状聞請罪。辺遠定配。

(45) 『新補受教輯録』刑典、推断条　儒生之斉進発悪於土主之前、仍為会哭於官門外及聖廟外者、厳刑取服後、辺遠定配［康熙壬戌(粛宗八年、一六八二)承伝］。

(46) 『新補受教輯録』刑典、推断条　会哭儒生、流三千里。通文儒生者、徒配［康熙壬戌(粛宗八年、一六八二)承伝］。

(47) 『続大典』刑典、推断条　儒生発悪於土主、会哭聖廟或官門外者、杖一百・流三千里［只参通文者、徒配］。

(48) 『英祖実録』巻三十八、英祖十年七月辛卯条　咸鏡南道旧兵使李義豊、因微事、杖殺営校裵守賢。其妻者斤礼、為復夫讐、厚賂営隷、潜謀内応、遂与其父張命煒、其兄張万彭、及夫党諸人、各持刀斧棍棒、直犯義豊。義豊跳走、者斤礼跟逐之、以小刀剚其左臀。於是、府官発軍、幷捕囚。独裵希唐失捕。道臣具由以聞。上驚甚、始命道臣、厳杖以問。翌日、玉堂金尚星等上疏、請択遣近侍、痛加究治。上然之、特差応教李宗白為御史、即日馳往、与新兵使申徳夏、盛張威儀、将被捕諸賊、梟示官門、伝首北関。在逃賊人、令本道懸賞購捕。宗白請与道臣、同為按査。上許之。宗白馳至咸興、与観察使李箕鎮、究問諸囚、取招訖、者斤礼等六人、幷梟首于北青府。餘徒裵已唐等、及入直官隷、分軽重、或配或杖。

(49) 『新補受教輯録』刑典、推断条　吏卒謀殺兵使、至於刃刺者、謀首則直為梟示。之次罪人等、並絶島定配。通引・及唱・門卒、極辺定配［雍正甲寅(英祖十年、一七三四)承伝］。

(50) 『続大典』刑典、推断条、注　吏卒謀殺帥臣者、首謀梟示。為従、並絶島定配。官属不防禦者、極辺定配。

(51) 『続大典』刑典、赦令　毎赦令時、罪人放未放、京則本曹・義禁府、外則観察使、分等録啓［已至配所・未至配所、未及就囚者、並為挙論。而未至配所、京外時囚・徒流案、俱不見録、該司査出、別単書入。○減死罪人、観察使混録放秩者、自本曹考察〕。凡係徒年、則勿論軽重、皆放〔勿論減死・定配・流三千里、減等則皆為徒年。疏決時減等、務為慎惜〕。

(52)『英祖実録』巻五十九、英祖二十年四月壬申条　刑曹判書徐宗玉曰、「頒赦後、罪在徒年者、一并放送、既有伝教。今番諸道状聞中、徒年之置諸未放者、亦皆放釈。而其中三人、俱係情犯難赦、初命減死、復為徒年、故措辞回啓。請準其限。」廟堂以為斑駁而非之矣。上詢于大臣。金在魯曰、「朝家若於当初疏決時、審惜於減等、可也。既已減等、乃是徒年。在国家信政令之道、豈可以情理可悪而仍置之乎。此後減等時、各別慎惜。而赦典時、徒年則無軽重、皆放。宜定式施行。」上従之。

(53) 前掲注(21)、参照。

(54)『典律通補』刑典、名例　称徒配者、徒三年定配。称定配者、勿限年。称決杖者、杖百。称決笞者、笞五十。

(55)『典律通補』凡例　一、諸条必懸註其出処〔……曰補者、出於受教及謄録者。……〕。

(56) 前掲注(40)、参照。

(57) 中橋政吉『朝鮮旧時の刑政』(一九三六年、京城、治刑協会)。

(58) 前掲注(8)、参照。

(59)『大明律』巻二十四、刑律七、詐偽、対制上書詐不以実条　凡対制及奏事上書、詐不以実者、杖一百・徒三年。

(60)「己巳録」(『稗林』所収本)下、甲戌録、粛宗二十年五月十二日条　禁府啓目……。又啓、申厚載、更推云云、既已直招、更無可問事。上裁何如。答曰、……申厚載乙良、議処。

同十三日条　禁府啓目、申厚載、議処云云、所供反復思惟、則日記所録、果非爽実是如為白置、初招不以実対之罪、在所難免。以此照律、何如。依允。(＊傍線部は吏読)

同十六日条　禁府啓目……。又啓、申厚載、驪州安平駅、徒三年、定配、啓。

『粛宗実録』巻二十六、粛宗二十年五月己酉条　初禁府以臺論、問申厚載。……厚載自禁府稟処。遂以「詐不以実」論、徒配三年。

(61)『宣祖実録』巻二十三、宣祖二十二年五月辛亥条　趙憲、定配吉州嶺東駅。

『慎独斎先生全集』(金集撰)巻十一、諡状、重峯趙先生諡状　命配吉州嶺東駅。……先生徒歩踰嶺、凡二千餘里、備嘗艱苦。

(62)『宋子大全』（宋時烈撰）巻二百七、重峯趙先生（趙憲）行状　旧例、命配駅置者、必私於駅官、皆以奴僕代立其役、而又或有全免者。先生之配嶺東、独不然、必身自当之、曰、「朝廷正欲以此治有罪者。必要免此、是不受君命者也。」故使命之過者、多不入嶺東。

(63)『顕宗実録』巻十、顕宗六年三月庚子条　忠清監司金始振状啓、「近来各道軍役者、犯罪充軍流（徒）〔徙〕、則各邑不得任意代定、又不得徴其番布於遠地、未免侵責於族隣。不可無変通之挙。自今有身役定配者、則並移定於所配邑軍役。原籍官、則以他閑丁代定、以除隣族被侵之弊。如或同是辺地鎮堡所属軍兵、而互相定配於彼此、則仍令換送為便。請令該曹稟定。」下兵曹回啓、「請依状啓、一体分付于他道、以為定式遵行之地。」従之。

(64)『正祖実録』巻十一、正祖五年五月甲午条　教曰、「取見各道状本、定配罪人之未至配所而逃躱、已至配所而逃躱者、若是夥然。甚至有逃還本土而物故之類、指不勝摟。紀綱雖曰解弛、寧有如許事理。若此不已、罪係至重者、憑此道伯守宰懈慢之時、径走者逃還者、将至項背相望。為先自禁府・刑曹、各別措辞行会、厳飭諸道後、或縦弛有如前之弊、奚特守令、監司其可免不飭之罪乎。」

第七章　朝鮮時代における死刑囚の再審制度

――詳覆・三覆啓と清朝の秋審

朝鮮時代に編纂された行政法規集の一つである『経国大典』のうち、刑罰関係の法規を集めた「刑典」の「決獄日限」の条によると、およそ刑事案件の裁判は、「大事〔死罪〕は三十日を限りとし、中事〔徒・流〕は二十日〔を限りとし〕、小事〔笞・杖〕は十日〔を限りとする〕」と定められており(1)、同じく「囚禁」の条によると、およそ「杖以上」の罪を犯した者は「囚禁」して取り調べを行い、「死罪」の罪囚には「枷・杻・鎖足」を加え、「流罪・徒罪」の罪囚には「枷・杻」を加え、「杖罪」の罪囚には「枷」を加えることなどが定められている（「枷」は「くびかせ」、「杻」は「てなわ」、「鎖足」は「足くさり」のことをいう）(2)。

これらの規定をみると、およそ「獄」に収監された被疑者は、その時点で既に有罪であることが確定しているかのような扱いを受け、将来受けるべき「刑」についても、あらかじめその軽重を想定したうえで、その刑種に応じた待遇を受けていたことがわかる。一体、近代法の観点からいえば、未だ判決の下されていない未決囚については推定無罪の原則を適用すべきところであるが、そのような発想は、およそ人権意識の希薄な前近代の朝鮮においては求めるべくもなかったのである。

とはいえ、「獄」に収監された罪囚に対しては、儒教的な徳治主義の観点から一定程度の「恤囚」の措置が取られていたことも、それなりに評価しておかなければならない。とりわけ、一度「刑」が執行されてしまうともはや取り返しのつかない「死刑」の罪囚に対しては、その「罪」が確定して「刑」が執行されるまでの一連の過程において、当時の為政者たちが実にさまざまな手続きを設けて罪囚たちに「生道」――生き延びるための方途――を与える努力を惜しまなかったことも確かである。

朝鮮時代における「三覆啓」――死刑の判決が下った死罪囚に対して三回にわたって再審を行う制度（皇帝に対しては三覆奏といい、王に対しては三覆啓という）――は、君主による「恤刑」政策のなかでも最も代表的なものの一つといえる。この三覆啓の制度については、既に田中俊光氏の学位論文（韓国文）[3]に論及があり、氏は朝鮮建国から『経国大典』成立に至るまでの断獄制度の整備の過程を分析するなかで、「三覆啓」の制度の確立過程についても詳細な議論を展開している。これまで朝鮮時代の法制については、要するに明律を準用していたのであるという先入観にわざわいされて、とかく実証的な研究がおろそかにされがちであったが、近年では趙志晩氏の研究[4]に代表されるように、明律の受容と変容に関するより実証的な研究が活発に進められている。田中氏の研究もまた従来の明律準用的な理解を大きく塗り替えるもので、これら趙氏や田中氏の諸研究が画期的な業績であることは間違いない。しかしながら、三覆啓の実体を明らかにするには、さらに『経国大典』成立以後の時期にも対象を広げてこの制度の変質の過程をも追究する必要がある。

そこで本章では田中俊光氏の驥尾に付して、改めて「三覆啓」と呼ばれる死刑囚の再審の制度について検討したい（第一節、第二節）。そのうえで、この再審の手続きが実際においてはしばしば省略され、王命によって直ちに死刑が執行される場合も少なくなかったことについて検討する（第三節）。

しかし、朝鮮国王の行使する刑罰権は、「犯越」と呼ばれる国際事件については宗主国たる清朝の皇帝の命令によって一定の制約を受けることもあった。朝鮮後期における「秋審」の制度の施行は、清朝皇帝が朝鮮国内の司法・行政に直接介入していた例外的な事項の一つとしても重要である。本章ではこの秋審の制度を通して朝鮮国の「属国」としてのあり方についても検討したい（第四節）。

第一節　死罪囚と三覆啓

朝鮮時代、獄に収監された死罪囚が司法機関（義禁府・刑曹）の取り調べを受けて自らの罪を承服する旨の自白――いわゆる「遅晩」[5]――を行うと、司法機関はこれに基づいて最終の調書――いわゆる「結案」[6]――を作成し、「照律」と呼ばれる量刑を行って王に啓聞する。王が有司の上啓を裁可して担当の有司に回付することを「啓下」といい、「照律啓本」が啓下されるとこれで死刑の判決は一応確定となる。ただし刑の執行に先立って、命令権者である国王は通例三回の再審を行うことが慣例となっており、この再審の手続きは「三覆啓」と呼ばれている。

「覆啓」とは最初の「啓聞」に対して重ねて「啓聞」を行うことで、三覆啓とはそれを「初覆・再覆・三覆」と三度行うこと。この三覆啓の手続きについては、たとえば世宗朝の知中枢院事権踶の上疏に、

京・外の大辟は、刑曹詳覆司より詳審し、議政府に伝報して擬議せしめ、然る後に啓聞して、三覆して施行す。精なりと謂うべし。（『世宗実録』二十一年五月庚戌条）[7]

と見えて、その概要を簡潔に纏めてくれている。要は死刑の執行前に三回の再審を行うということであるが、それは実は、儒家が理想とする『礼記』王制篇の記述の、ほぼ忠実な引き写しにほかならない。

獄辞を成すや、史、獄成るを以て正に告ぐ。正これを聴く。正、獄成るを以て大司寇に告ぐ。大司寇これを棘木の下に聴

く。大司寇、獄の成るを以て王に告ぐ。王、三公に命じてこれを参聴せしむ。三公、獄の成るを以て王に告ぐ。王三たび又《ゆる》(宥)さんとし、然る後に刑を制す。(『礼記』王制)[8]

右に「獄成る(獄成)」というのは、判決の前提となる証拠調べがすべて終わり、「罪の軽重実否」がほぼ固まったことを意味する法制用語。[9] この「獄成」の死刑案件について司法機関(大司寇)が王に報告すると、王は宰相(三公)に命じてこれを再検討させる。朝鮮朝の法典に、

京・外の死罪は、本曹より議政府に報じて詳覆せしむ。(『経国大典』刑典、推断条)[10]

一律(死刑)の罪人は、……結案及び根脚を捧じて後、啓下を待って、詳覆の意を以て更に啓下を為し、原案と照律手本を以て議政府に報ず。(『六典条例』巻九、刑曹、詳覆大辟)[11]

とあるのは、いずれも『礼記』王制篇の記述に準じ、刑曹(大司寇)の提出した死刑案件を、一旦、議政府(三公)に再検討(詳覆)させる趣旨にほかならない。そのうえで、王はさらに「三たび又(宥)さんとす」。つまり死罪囚の減刑の可能性を検討するために、三回にわたって再審を行う。このように『礼記』王制篇の理念を踏まえた再審の制度が、いわゆる「三覆啓」[12]にほかならない。

三覆啓は、通例、原則として毎日行われる「常参」の席で、政務一般に関する「朝啓」の一環として行われる。[13]「覆啓」というからには、その前提として死刑の判決を求める最初の「啓聞」、及びその裁可(啓下)の手続きが先行していなければならない。したがって、国王が死罪の案件を検討する機会は、最初の「啓聞」と「三覆啓」とをあわせて都合四回ということになるであろう。[14] ところが『朝鮮王朝実録』に見える断獄の記事は、大抵「初覆」と「三覆」及び「三覆」に関するものばかりであり、三覆啓の前提となる最初の「啓聞」の記事、及び「初覆」と「三

覆」の間に行われる「再覆」に関する記事は、ほとんどない。

この点について筆者は長らく疑問を抱いていたが、その疑問は次の史料を見いだすことによって氷解した。

> 領議政沈連源、左議政尚震、右議政尹漑、議啓して曰く、「……今、李瓊輪対すらく、『再覆は、初・三覆の例に依りて、亦た必ず親啓し、衆と詳讞して、以て人命を重んぜん』と。正に古人の慎刑の意に合せり。然れども初覆・三覆は朝廷と共議して処決し、再覆は則ち只だ啓下するのみ。此れ乃ち祖宗朝の規制にして、これを行うこと已に久し。更改するを須いず。況んや三覆必ず親啓を為さんと欲すれば、則ち勢い便じ難き所あり、而しておそらくは滞囚に至らん。但し『経済六典続集』の内に、『待時の死罪囚は、畢推の後に、随即《ただち》に啓聞し、秋分の後に至りて、三覆啓聞せよ』と云う。此れ帝王の順時行令の意なり。今亦たこれに依りて施行すれば何如」と。李瓊の輪対に因りて収議するなり。答えて曰く、「啓に依りて施行せよ」と。（『明宗実録』九年五月甲子条）[15]

右に引用する『経済六典続集』[16]の規定によると、待時の死罪囚については一連の証拠調べが終了し、「罪の軽重実否」がほぼ固まった「獄成」の段階においてただちに「啓聞」し、一旦、死刑の判決を下したうえで、秋分後の死刑執行の前に改めて「三覆啓聞」することになっていたことがわかる。ここでは死刑の執行に至るまでに、果たして「四回」の啓聞が行われていたことが確認できるのである。

しかし、右の李瓊の輪対によると、王が「朝廷と共議して処決」するのは「初覆」、「三覆」についてだけで、「再覆」のときには「只だ啓下するのみ」、つまり司法機関が提出した書類に形式的に目を通して裁可の印《しるし》に「啓字」を捺し、そのまま司法機関に回付していたにすぎなかった。「啓字」というのは草書体で「啓」と刻まれた木印のことで[17]、この印を捺した書類は国王の秘書局である承政院を経由して担当の部局に回付され、担当の部局から改めて施行の細目を上啓することになっていたのである。[18]

このように、「再覆」とは「初覆」と「三覆」の間に挟まれた、ただの形式的な手続きにすぎなかった。そうしてそのことは、次の史料を通してもさらにはっきりと確認することができる。

> 刑曹の希黙の公事を以て、伝して曰く、「三覆は則ち政院より啓稟してこれを為すに、何ぞ是《か》くの如く入啓せるや。例として付標して『三覆』の二字を書するに、何ぞこれを為さざるや」と。回啓して曰く、「再覆は則ち直ちに啓下を為す、故に付標して「再覆」の二字を書して入啓す。三覆は則ち日を択んで啓稟してこれを為す、故にその公事は預め入啓を為すも、啓字を踏まず、只だ御覧して下し、政院に留置す。三覆の日に至るに及んで、付標して『三覆』の二字を書して入啓す。前例此くの如し」と云う。伝して曰く、「知道せり」と。（『宣祖実録』三十四年三月辛酉条）[19]

これによると、「再覆」の公事（裁判書類）は、ほとんど何の検討も加えずに、ただちに裁可の印（啓字）を捺して承政院に下すが、「三覆」の場合はあらかじめ国王が内覧して一旦承政院に差し戻したうえで、改めて承政院から入啓するしきたりであったことがわかる。このように再覆の手続きが単なる形式にすぎなかったとすれば、『実録』の記事がこれについて沈黙していることはむしろ当然であろう。そうして三覆啓の前提となる最初の「啓聞」についても、おそらくはそれと同じことが言えるのであろう。[20]

ちなみに言う。三覆啓の制度は国初の『経済六典』の段階において既に法文化されていたが、太宗朝の当時は刑曹においても巡禁司（後の義禁府）においても「未だ嘗てこれを行わず」[21]、初期には単なる空文にすぎなかった。しかし、その場合においても三覆啓の前提となる最初の「啓聞」については、司法機関（刑曹・巡禁司）から国王に対して必ず「照律」を行ったうえで「啓聞」がなされ、その照律啓本の「啓下」を待って死刑が執行されていたと考えなければならない。なるほど、「三覆啓」の手続きそれ自体は初期には未確立であったが、その場合においても決して司法機関が国王に断りなく独断で死刑を執行していたわけではなかったのである。[22]

第二節　議政府詳覆の省略

大司寇が証拠調べを完了し、罪状がほぼ固まったこと（獄成）を王に告げると、王は三公に命じてこの案件を参聴させ、三公は改めて証拠調べを完了し、罪状がほぼ固まったこと（獄成）を王に告げる。こうした『礼記』王制篇の理念を踏まえて、朝鮮朝では刑曹（大司寇）が擬定した死刑案件を、一旦、議政府の三議政（領議政・左議政・右議政、いわゆる三公）が再検討したうえで国王に啓聞することになっていた。(23) これはもちろん、死刑の執行に慎重を期するための「恤刑」の意図からであるが、時として議政府による再検討――いわゆる「詳覆」――の手続きは省略されることも少なくない。

議政府の詳覆が省略されるのは、主として義禁府が担当し、義禁府が照律した案件に対してである。そもそも義禁府における裁判は王の直々の命令によるもの――いわゆる「詔獄」――であって、したがって義禁府の擬定した「照律」は、事実上、王が自ら下した判決に等しい。

詔獄の事は、実に是れ親問なり。（『中宗実録』三十四年八月辛巳条(24)）

詔獄の罪囚は、即ち是れ親問なり。（『中宗実録』三十四年八月壬午条(25)）

詔獄は親問と異なる無し。（『中宗実録』三十四年八月癸未条(26)）

右の諸史料に述べるとおり、義禁府の裁判は王の直々の命令による特別裁判（詔獄）であって、それは王の直々の取り調べ（親問）に等しいものとみなされている。この場合、義禁府が取り調べを行って「遅晩」を取り、

「結案」を作り、「照律」を行った以上は、それは王が自ら下した判決（判付）にも等しいわけであるから、いまさら議政府がそれについて再検討（詳覆）を加えることはおこがましい。このため『経国大典』に規定する議政府の詳覆の手続きは、詔獄の案件については、施行されたり、廃止されたりを繰り返すことになった。

臣等、禁府にて死囚を決するの前例を考うるに、正統より景泰に至るまでは、議政府に報じて詳覆せしめて処決す。天順以後は、政府に報せず、ただ三覆して処決す。丙子年に至りて、また詳覆の法を立て、乙未年十月に至りて、並びに三覆の法を廃し、即時に判断す。（『中宗実録』三十四年八月癸未条）[27]

右の司憲府の報告によると、明の正統年間から景泰年間（すなわち朝鮮の世祖朝以前）においては議政府が詳覆を行っていたものの、天順年間より以降（すなわち世祖朝）においては、王の代理人たる義禁府の取り調べに対して三公（議政府）が詳覆を加えることはなくなり、ただ執行前に三覆啓のみを行うことが慣例となった。これは強力な専制君主権力を確立した世祖朝に、いかにもふさわしい慣例といえる。

しかし丙子年（中宗十一年、一五一六）に至ると、今度は「士林派」の擡頭にともなって専制君主権力に対する牽制が強まり、義禁府による裁判においても刑曹の一般の案件と同じように、一旦は議政府に報告して詳覆を加え、そのうえで「朝啓」の際に王に上啓してその場で「処決」することになった。

ところが己卯士禍による士林派の後退、金安老（一四八一〜一五三七）の専権等により再び専制君主権力が伸長すると、乙未年（中宗三十年、一五三五）に至って、義禁府の案件については再び議政府の詳覆を廃し、同時に三覆啓をも廃して、王が「即時に判断」することになったという。

しかし、いくら詔獄が「親問」に等しいといっても、義禁府における証拠調べのみによって国王が死刑案件を即決するというのは、さすがに行き過ぎであろう。このため中宗三十四年（一五三九）に至って、詔獄の案件についても死刑の執行前に再び三覆啓を施行することになったが、その経緯については次の三議政（三公）の議論に詳しく述べられているとおりである。

尹殷輔・洪彦弼・金克成議すらく、「およそ獄囚は、罪固より死に当るも、しかも必ず啓覆すること三たびに至るは、人命を重んじ、刑獄を慎しむ所以なり。詔獄の罪囚は、即ちこれ親問なり。照律して以て啓すれば、則ち上より判断する所に在るも、しかも必ず大臣等と議処す。これ固より慎重の意なり。但し、断ずること初覆に在りて、更に審処せざるは、殊に古者三たび奏覆して以て生道を求むるの意なし。おそらくは欽恤の仁を虧かん。丙子年の承伝に依りて、詳覆を除き、ただ三覆して処決すれば、甚だ当たれり……」と。伝して曰く、「啓する所至りて当たれり。皆当に議に依るべし」と。（『中宗実録』三十四年八月壬午条）(28)

右に述べるとおり、中宗三十四年（一五三九）の当時は、議政府による詳覆も執行前の三覆啓も省略され、ただ「初覆」のみが行われていたが、この年の改正によって詔獄においても三覆啓の手続きを復活させ、ただし、議政府の詳覆の手続きについてはこれを省略することにしたのである。もっとも丙子年（中宗十一年、一五一六）の伝教は、正しくは議政府による詳覆の復活を命じるものであるから、この点、尹殷輔・洪彦弼・金克成ら三公の議論は少し問題を取り違えているのではないかと思う。

ともあれ、この中宗三十四年（一五三九）の改正によって、詔獄の案件においても再び三覆啓が行われることになった。しかしその後もこの制度が改廃を繰り返したことは次節に検討するとおりである。

第三節　三覆啓の省略

『礼記』王制篇の記述によると、大司寇及び三公が証拠調べの完了（獄成）したことを王に報告した後、王は

「三たび又《ゆる》（宥）さんとし、然る後に刑を制」することになっている。死刑の執行には「待時」と「不待時」——秋分まで待ってから執行するか、それとも即時執行するか——の区別があり、立春から秋分までは原則として死刑の執行を控えることになっているが、いずれにせよ、刑の執行前には必ず三覆奏（三覆啓）を行わなければならない。[29] これが『礼記』王制篇の理念を踏まえた「律」の根本原則であり、かつ執行前には必ず三日間の猶予を置くことも断獄律に明確に規定されている。[30]

　ところが、この三覆啓の手続きにもいろいろと例外があった。このうち、詔獄の案件について三覆啓を省略する場合のあったことは、前節において既に検討したとおりであるが、それ以外にも三覆啓の手続きを省略するケースは少なくない。

　その第一は、「軍律（軍令）」による処刑の場合である。一体、死刑の命令権限は、唯一、国王の独占するところであったが、軍司令官は国王からその命令権限を一時的に委譲されているので、戦場においては国王に要請することなく直ちに刑を執行することができる。

　軍律による刑罰は、基本的には「斬」か「杖一百（ないし棍杖）」のいずれかであり、「斬」には「待時」と「不待時」との区別があった。「待時」にせよ「不待時」にせよ、原則としてはもちろん王の裁可を待って刑を執行するわけであるが、このうち即時処刑を意味する「不待時・斬」の場合には、いちいち三覆啓などの悠長な手続きを取る必要はなく、また執行前に三日間の猶予を置く必要もない。場合によっては王の裁可を待たずに直ちに刑を執行することも可能である。

　大抵、軍令の死罪を犯す者は、登時にこれを斬すること、法なり。……既に軍中に即きてこれを斬するの罪を犯す。時を待つを須いず。かつ、その首を梟《さら》して、以て後戒と為すも、いまだ不可と為さず。（『中宗実録』二十三年四月癸亥条）[31]

この当時、戸曹判書に在任中であった尹殷輔（一四六八～一五四四）の右の発言にも見られるとおり、「軍中に即きてこれを斬するの罪」については軍司令官に即時処刑の権限が認められており、さらには「後戒と為す」ために、律に規定のない「梟首（晒し首）」の処分(32)を行うことさえも認められていたのである。

第二に、「謀反・叛逆」(33)の罪（律の十悪のうちの、謀反、謀大逆、謀叛などの罪）や「綱常」の罪（父・母・夫を殺し、奴婢が主人を殺し、官奴が官長を殺す等の人倫に背く重罪）(34)に対しては、これを一種の社会に対する戦争に見立てて上述の「軍律」に準じる処分――具体的には「凌遅処死」や「梟首」などの極刑――が適用される。この場合も、議政府の詳覆や三覆啓などの通常の手続きは省略され、執行前に三日間の猶予を与えることもなく直ちに死刑が執行される。

> およそ囚は、例として三覆を為して処決す。しかれども三省交坐して鞫する所の囚は、啓覆せず、劃即《ただち》に処決す。（『中宗実録』三十八年三月戊辰条）(35)
>
> 三省交坐の如きは、すなわち三覆を為さず、劃即に処決するは、その極悪の大罪、ややもその生を延ばすべからざるを以てなり。（『中宗実録』三十八年三月己巳条）(36)

右に「三省交坐」というのは、「刑官・政丞・臺諫」による特別裁判のことで、(37)上述の「謀反・叛逆」や「綱常」の罪人を取り調べる際には、王の直々の命令によって「三省」による推鞫を行う。(38)三省とは本来「刑曹・司憲府・司諫院」の三機関をいうが、(39)特別裁判においては刑曹に替わって義禁府が裁判を担当し、これに特別判事（委官）として議政府の三公（政丞）及び正一品の大臣が加わる。このため、「三省推鞫」といえば、具体的には議政府の三公、義禁府の堂上、及び司憲府・司諫院の官員によって裁判員が構成されることになるが、(40)これらは通常、刑曹の担当する一般の死刑案件において、朝啓の際に行われる「三覆啓」に参与する人々でもあった。(41)いずれ三覆啓に参与するのであれば、重大事件においては初めから裁判に加わっておいたほうが間違いない。このため「謀反・叛逆」や「綱常」の罪人の裁判においては、議政府の三公、義禁府の堂上、及び司憲府・司諫院の、いわゆる「三省」の官員たちが罪囚の取り調べ（推鞫）を直接担当することになっていたのである。

しかし、三省推鞫に参与する人々と三覆啓に参与する人々とが基本的に同じである以上は、重ねて三覆啓を行うことは無意味であろう。このため、三省推鞫の案件において死刑の判決が下った場合には三覆啓を省略し、判決後に直ちに刑を執行することが慣例として定着していったものと考えられる。[42] 事実、「謀反・叛逆」や「綱常」の罪人を即日処刑している事例は枚挙に暇がない。[43]

なお、三省推鞫の案件のなかでも特に重要な案件については、機密保持の観点から宮中で取り調べを行うので、これを「庭鞫」という。さらに重要な案件については、王が自ら取り調べに臨席するため、これを「親鞫」というが、これらも「三省」が参与する裁判であるから三覆啓を省略し、ただちに死刑を執行していたことは当然であろう。[44]

第三に、「不待時」の案件――そもそも上述の第一・第二の類型それ自体が「不待時」の範疇に含まれている――に対しては、通例、三覆啓の手続きを省略し、かつ三日間の執行猶予期間をも省略した。

もちろん「律」の建前としては、待時、不待時を問わず三覆啓を行うことが原則であり、事実、朝鮮前期においては不待時の死罪囚に対しても三覆啓を行っていたことが確認できる。[45] ところが朝鮮後期に入ると、この「律」の原則が有耶無耶になり、不待時の死罪囚については三覆啓の手続きを省略することが一般化してしまうのであるが、これは朝鮮後期における厳刑主義、即決主義的な傾向の一端を示すものとして注目すべき現象であろう。事実、次の事例においては、「不待時・斬」の判決を受けた死罪囚が、通例であれば直ちに処刑されていたことを確認することができるのである。

判中枢鄭致和上箚して曰く、「伏して刑曹の公事を見るに、賊人趙起連は、不待時・斬を以て照律して啓下せり。起連は空殿に在る所の朱紅函一隻、木綿甲帳三幅を偸窃せり。此れを以てこれを御用と謂い、而して擬律するに不待時・斬を以てするは、おそらくは過重に渉れり。およそ罪囚の律として応に死すべきに、而も情として議すべき者は、必ず三覆して処断するは、即ち聖主の人命を愛惜するの意なり。此の災異孔惨の日に当たりては、尤も宜しく刑を慎しむべし。趙起連は姑く行刑を停め、啓覆して処決すれば、審克の道に合するに似たり」と。上、該曹に令して姑く行刑を停めて稟処せしむ。（『顕宗改修実録』十一年九月乙卯条）(46)

右の史料が示すとおり、朝鮮後期においては「不待時・斬」の照律が裁可（啓下）されると、通例、啓覆（三覆啓）の手続きは省略されて、直ちに死刑が執行されていたのである。もし鄭致和の上箚がなかったとすれば、趙起連はそのまま刑場の露と消えていたにちがいあるまい。

また朝鮮末期に編纂された『六典条例』の次の記述を見ると、「不待時」の案件において三覆啓の手続きが省略されていたことはさらに確実となる。

不待時の罪人の単（単子）は、詳覆して施行す「（注）照律して議政府に報ずれば、則ち首相と参賛一員とは公廨に会坐し、報状をば題送して後、行刑単子を入呈す」。（『六典条例』巻九、刑曹、詳覆大辟）(47)

右によると、不待時の案件については議政府が事前に「詳覆」を行うだけで、三覆啓の手続きは省略して直ちに司法機関（刑曹）より「行刑単子」を提出する慣例であったことがわかる。いわゆる行刑単子には、死刑執行命令の確認を行う「前単子」と、執行後の復命報告書である「後単子」との二種類があるが(48)、これらは死刑執行の際の単なる事務手続きにすぎず、再審を目的とする三覆啓とは全く性格の異なるものであることに注意していただきたい。

なお、「不待時」の罪囚については三覆啓のみならず、その前段階における議政府の「詳覆」の手続きさえも省略されることがあった。

詳覆の法は、ただ「待時」の囚に行いて、「不待時」の囚に行わず。これ豈に立法の本意ならんや。……今後は須く旧典に遵い、「待時」の囚にあらずといえども、卿が曹より議讞して議政府に報じ、議政府より更に詳覆を加えて、始めて登聞を許せ。（『正祖実録』二年十一月戊子条(49)）

右は「不待時」の死罪囚について『経国大典』の規定どおりに議政府に「詳覆」を行わせることを命じた正祖朝の王命（教）であるが、逆にいうと、この頃「不待時」の死罪囚については、議政府の詳覆が省略される場合が少なくはなかったということである。ましてや、三覆啓が省略されていたとしてもなんら驚くべきことではなかったのである。

もちろん、同じ死罪囚でも「待時」の場合には執行前に「啓覆（三覆啓）」を行うことが原則であった(50)。しかし、三覆啓は「常参」における「朝啓」の一環として行うことが原則であるのに、その常参の儀礼は、朝鮮後期においては「ほとんど廃絶(51)」されている有り様で、これでは三覆啓を行おうにもその機会がない。この点、純祖朝の洪奭周（一七七四〜一八四二）の発言によると、

古例、冬月には必ず覆啓を行い、而して三たび覆するの後、原《ゆる》すべき者は決放せり。今や啓覆の行われざること、ほとんど三十年なり。（『純祖実録』六年五月己酉条(52)）

とあるから、「待時」の死罪囚についても三覆啓の手続きが正常には行われず、このため死罪囚が「獄」に渋滞する事態がしばしば発生していたことが窺われる。朝鮮後期において、在獄の罪囚に対する国王の特別審理――

いわゆる「疏決」[53]――がしばしば挙行されていたのは、この種の獄の渋滞を解消するための臨時の便法にほかならなかったが、[54]逆にいうと、朝鮮後期においては特別審理としての疏決がたびたび行われていたために、正規の手続きとしての三覆啓を実施する必要性が、それだけ逓減していたということもできるのかもしれない（この点については第八章で検討する）。

ともあれ、朝鮮後期における三覆啓の制度は、かなりの程度、形骸化していたと言わざるを得ないわけであるが、これは結局のところ、「綱常」の秩序の動揺にともなう犯罪の増加と、それに対応するための刑罰における厳刑主義、即決主義的な傾向の反映ということができるのではないだろうか。

第四節　清朝の秋審

待時・不待時を問わず、死刑の執行前に三覆啓を行うことは「律」の根本原則であるが、朝鮮後期の一般的な慣例としては、不待時の死囚は直ちに死刑を執行し、待時の場合にのみ、秋分以後に啓覆、すなわち三覆啓を行うというのが実態であった。ところがここに思いがけない事情によって、朝鮮後期における国王の死刑執行権限には、一つの重大な制約が加わることになる。ほかでもない、清朝皇帝の命令による「秋審」の制度の適用である。

そもそも清朝と朝鮮とは地続きの隣国であり、白頭山（長白山）から東は豆満江、西は鴨緑江のラインが両国の国境線となる。ところが両国の辺民たちは、しばしばこの国境線を越えて往来するため、これが各種の紛争の種となった。この種の国境侵犯の案件のことを、朝鮮では一般に「犯越」と称している。

たとえば、朝鮮の辺民が犯越して清朝の領内において強盗や殺人などの刑事事件を起こした場合、清朝は当然、事件の究明と犯人の処罰とを要求する。そうした場合は、朝鮮側の捜査によって被疑者の身柄を確保したうえで、次のいずれかの形で裁判が行われる。

(1) 朝鮮側で裁判を行い、その結果を清朝に報告する。
(2) 被疑者の身柄を清朝（瀋陽）に送付して清朝側で裁判を行う。
(3) 清朝から使臣を送って朝鮮（ソウル）で会同して裁判を行う。

このうち、朝鮮にとって最も望ましいのは(1)の場合で、裁判を朝鮮の側に任せてもらうならば、朝鮮としては色々な意味で最も好都合である。しかし、この場合においても裁判の経緯を清朝皇帝に一々報告していたことはいうまでもない。死刑の判決を最終的に決定するのは、もちろん清朝の皇帝である。したがって、刑の執行に際しても清朝の制度に基づいて、いわゆる「秋審」の手続きを踏まなければならない。

清朝の秋審については、当面、滋賀秀三氏による次の簡潔にして要領を得た説明を紹介しておくだけで充分であろう。

なお、死刑は「立決」と「監候」の二種に分れる。……監候は、改めて執行命令の下されるまで監禁される。この執行命令は……年に一度、冬至前にまとめて発せられる。そしてそれに先立ち、各事案について、当該年度において執行することを可とするか否かの慎重な審査が行われる。この審査手続きを朝審（刑部に監禁されある囚人について）・秋審（外省に監禁されある囚人について）という。……このような手続によって、死刑囚は情実（執行に適す）・緩決（翌年まわし）・可矜（減刑）及び特殊な部類として留養（犯人を処刑せば、老病の父母の扶養者を失うことに対する特別の考慮）に分類される。そして皇帝は、情実に定まった者のうちからさらに若干を選んでこれに勾決（執行命令）を与える。（滋

賀秀三『清代中国の法と裁判』、二四〜二五頁）(55)

ここでいう秋審の対象者は、もともと清朝国内の外省の罪囚のみであったが、朝鮮国内に収監されている「犯越罪人」――国境線を越えて清朝の領域内で各種の罪を犯した者――についても、乾隆五年（朝鮮・英祖十六年、一七四〇）以降、清朝の刑部の議を経て「監候」に擬せられたものについては「秋審」の対象に含まれることになった。その経緯については、朝鮮王朝が清朝と遣り取りした外交文書の集成である『同文彙考』の「犯越」の項に収める「礼部、犯人の年貌を開報して監候・秋審するを知会するの咨（礼部知会開報犯人年貌監候秋審咨）」に詳しく述べられている。以下、幾つかの段落にわけてその内容を紹介していくことにしよう。

臣等随《ただ》ちに朝鮮国齎咨官李枢に詢ぬるに、據るに称すらく、「小国並びに秋審の例なし。旨意を奉有して応に「立決」すべき者は、即ちに処決を行い、応に「監候して秋後に処決」すべき者は、秋後に交《いた》って、亦た即ちに処決を行い、また敢えて遅悞せず」等の語あり。（『同文彙考』原編巻五十五、犯越、礼部知会開報犯人年貌監候秋審咨、乾隆五年閏六月二十二日）(56)

右に述べるとおり、いわゆる犯越罪人については、それが不待時（立決）であれ、待時（監候、秋後処決）であれ、清朝から死刑の判決が下った以上はできるだけ速やかにこれを執行するというのが従来の朝鮮の立場であった。これは清朝との関係を考慮した特別の措置で、この場合、三覆啓の手続きなどは、もちろん省略されていたのである。(57)

ところが、この慣行に対して清朝の礼部が異議を唱える。

臣等伏して査するに、直省（直隷・各省）の監候の犯は、例として次年において、造冊して秋審し、「情実・矜・緩」に分別す。而るに朝鮮は則ち部文を奉到して即ちに処決を行い、並びに秋審の例なし。これ寛緩の恩を蒙るといえども、仍りて立決の罪に罹り、未だ我が皇上の天の如く生を好むの至意に仰副するに足らざるに似たり。……嗣後、朝鮮の人犯の、刑部の議を経て監候に擬する者有るに遇わば、悉く金時宗等に照らして、一体に秋審冊内に入れて核議せしめよ」と。……「這《これ》の議する所、甚だ是《ぜ》なり。議に依れ」。（『同文彙考』原編巻五十五、犯越、礼部知会開報犯人年貌監候秋審咨、乾隆五年閏六月二十二日）(58)

右のとおり、朝鮮との外交関係を主管する礼部は「我が皇上の天の如く生を好むの至意」を名目として、中国国内における秋審の制度を外藩である朝鮮国にも一律に適用することを提案したが、これは礼部のいかにも官僚主義的な画一的思考から生み出された単なる思い付きにすぎなかったのであろう。しかしこの礼部の提案に対し、乾隆帝は「這《これ》の議する所、甚だ是《ぜ》なり。議に依れ」との旨を下したので、以後、犯越事件において清朝の「刑部の議を経て監候に擬する者」については、毎年「秋審冊」を作成して清朝に提出しなければならないことになってしまった。

『同文彙考』犯越の項には、この秋審冊を提出する際に中国に送った朝鮮礼曹の咨文が多数収録されている。また、同項の記録を見ると、いわゆる「犯越罪人」の処分について必ず清朝皇帝の指示を仰いでいたことはもちろん、朝鮮国王その人についても「失察（監督不行届）」の罪によってしばしば「議罰」の対象となり、そのたびに清朝皇帝の特恩によって処罰を免除されていたことなどがわかる。

一国の君主が他国の君主によってその主権（刑罰権）の制限を受け、さらには他国の君主によって懲罰の対象ともされていたのであるから、その意味では、朝鮮国はまさしく清朝の「属国」であったというよりほかはあるまい。ただし、この「属国」が清朝に対して毎年行っていた「秋審冊」の提出について、『朝鮮王朝実録』には一切そのことが記されていないのである。

小　結

朝鮮時代、国内における死刑案件は、すべて国王による判決（判付）によって刑が確定し、国王による執行許可（行刑単子の啓下）を待って死刑が執行された。一国の統治者たる国王は、儒教的な徳治主義を標榜する一方、各種の刑罰によって国内の秩序を維持していたが、なかでも国王のみがその命令権を独占する「死刑」の執行の手続きには、当該の国家や社会の性格が端的に示されている。そこで本章においては、まず「三覆啓」と呼ばれる死刑囚の再審制度について検討し（第一節）、次に三覆啓の前段階において行われる議政府の「詳覆」の手続きが省略される場合（第二節）、三覆啓そのものが省略される場合（第三節）について、それぞれ検討した。最後に朝鮮国王の行使する刑罰権が、清朝国内の制度である「秋審」の施行によって、一定程度、制約を受けていた事実について検討したが（第四節）、このことは朝鮮国の「属国」としての性格を考えるうえでも極めて重要なポイントの一つとなる。

朝鮮国王による死刑囚の再審制度は、『礼記』王制篇に描かれた儒教の理想的な裁判制度をほぼ忠実に再現したもので、その意味では国王の掲げる徳治主義の理想――徳治の補助としてやむを得ず刑罰を用いるという考え方――を最もよく示している。しかしその反面、「綱常」の秩序を脅かす犯罪については、再審の手続きを省略して直ちに死刑を執行することも多く、とりわけ朝鮮後期においては、それがほとんど常態と化していたといっても過言ではない。これは朝鮮後期における犯罪の増加と、それに対応した厳刑主義、即決主義の拡大によって、徳治主義の理想が既に破綻しつつあったことを示している。

一方、清朝による「秋審」の対象となるのは、国境線を越えて中国の領域内で罪を犯した、いわゆる「犯越罪人」に限られていたが、それでも朝鮮国内に居住する朝鮮国民に対する刑罰権を、他国の君主である清朝の皇帝が制度的に行使していたという事実は、当時の朝鮮国の「属国」としての性格を端的に示しているものと言わざるを得ない。

とはいえ、それ以外の局面では、朝鮮国王はおおむね「自ら声教を為(59)」すこと、すなわち施政の独立を許されており、したがって国内においては「死刑」に関する裁判権・執行命令権を独占することができた。死刑執行に対する命令権の独占こそは、絶対君主の絶対君主たる所以を端的に示しているのである。

注

（1）『経国大典』巻五、刑典、決獄日限条　凡決獄、大事〔死罪〕、限三十日。中事〔徒・流〕、二十日。小事〔笞・杖〕、十日〔従文巻斉納、証佐倶到日、始計〕。辞証在他処、事須参究者、随地遠近、除往還日数、亦於限内決訖。若牽連、不得已過限者、具由啓聞。

（2）『経国大典』巻五、刑典、囚禁条　杖以上、囚禁。文武官及内侍府・士族婦女・僧人、啓聞囚禁〔如司饔院・掖庭署之類、一応入番者、同〕。犯死罪者、先囚後啓〔僧人犯殺・盗・淫・傷人者、同。○或有捜索寺刹事、啓聞。○死罪、枷・杻・鎖足。流以下、枷・杻。杖、枷。○議親・功臣及堂上官、士族婦女、犯死罪、鎖項。堂下官、庶人婦女、鎖項・足。杖則鎖項。関係宗社者、不在此限……〕。（〔　〕内は原注）

（3）田中俊光「朝鮮初期断獄に関する研究――刑事節次の整備過程を中心に」（ソウル大学校大学院法学博士学位論文〔韓国文〕、二〇一一年二月）

（4）趙志晩『朝鮮時代の刑事法――大明律と国典』（二〇〇七年、ソウル、景仁文化社）

（5）朝鮮総督府刊『朝鮮語辞典』の「죽어지만（遅晩）」の項（七六五頁）に、「死の遅かりしを嘆ずる語（服罪する時にいふ）」とあり、「遅晩」の項（七八六頁）に「自服すること」とある。

（6）朝鮮総督府刊『朝鮮語辞典』の「結案」の項（五〇頁）に、「死罪を決定したる案文」とある。

（7）『世宗実録』巻八十五、世宗二十一年五月庚戌条　知中枢院事権踶上疏曰、「……一、京外大辟、刑曹詳覆司詳審、伝報議政府擬議、然後啓聞、三覆施行、可謂精矣。其餘徒流以下之罪、京外官只令差備検律、照律定奪、又律無正条、比擬論断者過半。夫委一検律、考検比擬、豈無差失。律不当罪、雖受一笞、豈無冤抑。又京外官或不用検律所照、任自照断。検律固執不可而不勝者、亦多有之。況京外官所治、非独断獄、庶務蕞冗。或未暇致精者、比比而是。謹考唐宋之制、有刑部・大理寺・審刑院、議刑之官非一。今司律院、皆出業之人、別無所職、有提調、有提挙・別坐、若外方則勢有難者。乞将刑曹・司憲府・漢城府・義禁府所決文簿、送于司律院、按律論断、各報本司、各其司依常例施行、庶得詳尽、而益広欽恤之仁。……」下議政府議之。

（8）『礼記』王制　成獄辞、史以獄成告於正。正聴之。正以獄成告于大司寇。大司寇聴之棘木之下。大司寇以獄之成告於王。王命三公参聴之。三公以獄之成告於王。王三又、然後制刑。○（鄭玄注）「又」当作「宥」。

（9）『唐律疏議』巻二、名例律、除名条　獄成者、雖会赦猶除名［(注) 獄成、謂贓状露験、及尚書省断訖未奏者］。荻生徂徠『明律国字解』巻一、名例律、犯罪事発在逃条に「せんぎ相すみて、罪の軽重実否きわまるを獄成と云」とある。

（10）『経国大典』刑典、推断条　京外死罪、本曹報議政府詳覆。

（11）『六典条例』巻九、刑典、刑曹、詳覆大辟　一律罪人、捧遅晩者、啓下後、諸堂郎会坐、以其罪名発問目、捧結案及根脚後、待啓下、以詳覆之意、更為啓下、以原案与照律手本、報議政府（注略）。

（12）『経国大典』刑典、推断条　死罪、三覆啓。外則観察使定差使員、同其邑守令推問、又定差使二員考覆、又親問、乃啓。

（13）『燕山君日記』巻四十一、燕山君七年八月甲寅条　受常参。朝啓。承旨張順孫啓、「忠清道忠州囚、私奴玉同、打殺八同罪、絞待時。初覆。」王曰、「依律。」

『燕山君日記』巻四十一、燕山君七年八月丁巳条　受常参。朝啓。承旨張順孫啓、「慶尚道密陽囚、済用監婢延今、与奸夫宋同、殺本夫石同罪、斬不待時。三覆。」王曰、「依律。」

（14）刑曹（大司寇）からの啓聞を国王が裁可（啓下）して、はじめて刑曹から議政府（三公）に案件が送付され、議政府（三公）の「詳覆」が行われることになる。この手続きを含めて考えた場合、国王が死刑案件を検討する機会は、最低「五回」ということになる。

(15)『明宗実録』巻十六、明宗九年五月甲子条　領議政沈連源、左議政尚震、右議政尹溉、議啓曰、「古者大辟之罪、必須三覆・五覆奏、然後断決者、乃所以慎重之、而為囚求生道也。今李瓊輪対、再覆、依初・三覆之例、亦必親啓、与衆詳讞、以重人命、正合古人慎刑之意。然初覆・三覆、与朝廷共議処決、再覆則只啓下、此乃祖宗朝規制、行之已久、不須更改。況三覆必欲為親啓、則勢有所難便、而恐至於滞囚也。但『経済六典続集』内、『待時死罪囚、畢推後、随即啓聞、至秋分後、三覆啓聞』云。此帝王順時行令之意。今亦依此施行、何如。」因李瓊輪対収議也。答曰、「依啓施行。」

(16) 太祖朝の王命（受教）を集成した『経済六典』の後を受けて、主として太宗朝の王命（受教）を集成したもの。麻生武亀『李朝法典考』（朝鮮総督府中枢院調査課編、一九三六年初版、一九七七年復刻、東京、第一書房）、田鳳徳『経済六典拾遺』（一九八九年、ソウル、亜細亜文化社）、延世大学校国学研究院編『経済六典輯録』（一九九三年、ソウル、新書苑）等、参照。

(17) 朝鮮総督府刊『朝鮮語辞典』の啓字の項（六〇頁）に、「啓字を刻したる木印、上裁を経たる文書に押す」とある。また、『李朝法典考』図版第一葉にその印影が見える。

(18)『世祖実録』巻三十三、世祖十年四月己酉条　命刻草書「啓」字、印啓下文書、以為標。
『宣祖修正実録』巻二十一、宣祖二十年十二月乙卯朔条、注　凡臣民章疏之上、不出三日、必下政院。若無批辞而只踏啓字而下、則承旨観疏所言、或下該司、使之覆議、或允其請、則奉聖旨、乃例也。

(19)『宣祖実録』巻一百三十五、宣祖三十四年三月辛酉条　以刑曹希黙公事、伝曰、「三覆、則政院啓稟為之矣、而何如是入啓乎。例付標書『三覆』二字、而何不為之。」回啓曰、「再覆、則直為啓下、故付標書『再覆』二字、入啓矣。三覆、則択日啓稟為之、故其公事、預為入啓、不踏啓字、只御覧而下、留置政院、及至三覆之日、付標書『三覆』二字入啓。前例如此」云。伝曰、「知道。」

(20)『秋官志』第二編、詳覆部、啓覆の項に記載する「啓覆啓目規式」の内容を見ると、「初覆」については承政院より「付票」し、「三覆」については「刑曹」より「付票」することになっているが、「付票」とは「判付（判決）」の擬案のことで、王はこの「付票」の内容を勘案しつつ独自に「判付」を下すことになる。「判付」は王が独自に下す判決であるから、「啓覆啓目規式」にはその書式を載せていない。王の「判付」について、臣下がその「規式」を定めることはできないからである。それに対し、「初覆」と「三覆」の間に行われる「再覆」については、次のような詳細な「規式」が定められている。

刑曹判書臣某等、謹啓、為刑決事。粘連判下是白有亦向前罪人某役名罪状乙良、再覆施行為良如教喩乃、謹具啓聞、伏候教旨。謹啓。年号幾年某月某日、判書臣某。（『秋官志』第二編、詳覆部、啓覆、啓覆啓目規式。傍線部は吏読）

「再覆」に限ってこのように詳細な「規式」が定まっているのは、要するに、それが形式的な手続きにすぎなかったからであろう。

(21)『太宗実録』巻二十六、太宗十三年八月丙子条　巡禁司兼判事朴訔、請申大辟三覆之法。従之。啓曰、「臣考『経済六典』、死罪則令三覆。今刑曹・巡禁司、未嘗行之。請依『六典』。」上曰、「然。自今刑官宜挙行。」

(22)田中俊光氏の研究（前掲注(3)）には「三覆啓」の前提となる最初の「啓聞」に対する考察が抜け落ちているので、その補足の意味で敢えて一言した。

(23)前掲注(8)および(10)、参照。

(24)『中宗実録』巻九十一、中宗三十四年八月辛巳条　憲府全数又啓曰、「義禁府死囚、雖不詳覆、而猶啓三覆、其来已久。……至乙未年十月伝教、『禁府罪囚、報議政府詳覆、是雖慎獄之意、詔獄之事、実是親問、与委諸有司讞獄之事、同為啓覆、於事体未便。今後禁府罪囚、照律入啓、則除啓覆、下議朝廷、即時判断』事。奉伝旨。……」

(25)後掲注(28)、参照。

(26)『中宗実録』巻九十一、中宗三十四年八月癸未条　三公啓曰、「詳覆事、丙子年承伝雖如此、而臣等之意以為、詔獄与親問無異。報議政府、未便。故以『除詳覆、只三覆』議啓耳。……」伝曰、「啓意知道。……」

(27)『中宗実録』巻九十一、中宗三十四年八月癸未条　憲府啓曰、「……臣等考禁府決死囚前例、自正統至景泰、報議政府、詳覆処決。天順以後、不報政府、只三覆処決。至丙子年、復立詳覆之法。至乙未年十月、並廃三覆之法、即時判断矣。請改奉承伝、以復詳覆之法。」

(28)『中宗実録』巻九十一、中宗三十四年八月壬午条　尹殷輔・洪彦弼・金克成議、「凡獄囚、罪固当死、而必啓覆至三者、所以重人命、慎刑獄也。（照）〔詔〕獄罪囚、即是親問、照律以啓、則在所自上判断、而必与大臣等議処。此固慎重之意。但断在初覆、不更審処、殊無古者再三奏覆以求生道之意、恐虧欽恤之仁。依丙子年承伝、除詳覆、只三覆処決、甚当。……」。伝曰、「所啓至当、皆当依議。」

(29)『明史』巻七十二、職官志一、刑部　凡死刑、即決及秋後決、並三覆奏。

『大明律』巻二十七、刑律、断獄、死囚覆奏待報条　若立春以後、秋分以前、決死刑者、杖八十。○荻生徂徠『明律国字解』の同右条に、「立春以後、秋分以前、死刑を決せざることは古よりの通法なり」とある。

(30)『大明律』巻二十七、刑律、断獄、死囚覆奏待報条　若已覆奏回報応決者、聴三日乃行刑。若限未満而行刑、及過限不行刑者、各杖六十。

(31)『中宗実録』巻六十一、中宗二十三年四月癸亥条　戸曹判書尹殷輔議、「大抵、犯軍令死罪者、登時斬之、法也。……既犯即軍中斬之之罪、不須待時。且梟其首、以為後戒、未為不可」。

(32) 朝鮮時代の梟首に関しては次の研究がある。アンデシ・カールソン「千金の子は市に死せず――十七・十八世紀朝鮮時代における死刑と梟首」（『東アジアの死刑』所収、冨谷至編、二〇〇八年、京都、京都大学学術出版会）。

(33)『宣祖実録』巻一百五十六、宣祖三十五年十一月庚午条　問事郎庁、以委官［右相柳永慶］意啓曰、「凡三省推鞫、為謀反叛逆及係干綱常之罪而設」。

(34)『続大典』刑典、推断条　綱常罪人［弑父母夫、奴弑主、官奴弑官長者］、決案正法後、妻子女為奴、破家瀦沢、降其邑号、罷其守令［注略］。

(35)『中宗実録』巻一百、中宗三十八年三月戊辰条　伝于政院曰、「凡囚、例為三覆処決、而三省交坐所鞫之囚、不啓覆、劃即処決。李墩等乃極罪、而推鞫時、不為三省交坐、則所当啓覆、而若至曠日三覆、或隕其命、則不得明示典刑。此人等不可一日容於天地之間。一啓而処決、則三公倶参議決乎。且妻殺夫、奴殺主、与子殺父為一般耶。弑父、乃極悪大罪、当一啓処決、而恐後日有如此之事、而前後或異也。其議于三公以啓。」

(36)『中宗実録』巻一百、中宗三十八年三月己巳条　領議政尹殷輔等、詣賓庁、議啓曰、「三覆死囚者、為囚求生道也。書曰、要囚服念五六日、至于旬時。旬、十日。時、三月之謂也。其所以欲求生道者至矣。如三省交坐、則不為三覆、劃即処決者、以其極悪大罪、不可少延其生也。今者子弑父、妻殺夫、奴戕主、三綱大変、並起於一家之内。如此悖逆之人、固不可一日容於天地之間矣。啓覆時、三公皆可入参、而後日則不可援此以為例矣。臣等今已詣闕、姑宜倶入、一啓処決、何如。且奴之戕主、似異於子之弑父、而我国用法、無異於君臣之間矣。雖不並論於三綱、而用法既比於君臣、則其為元悪重罪、乃与三綱之変、蔑有間也。」答曰、「知道。」

(37)『燕山君日記』巻三十一、燕山君四年十二月丁酉条　（掌令李）世仁等更啓、「刑人於市、与衆棄之、願布露罪名、使一国人、明知可殺之罪。且推鞫大獄、必委諸刑官・政丞・臺諫、謂之三省。近来推獄、臺諫不与。而独柳子光、非刑官・委官、而常与鞫焉。今勿与。」不聴。

(38)『宣祖実録』巻一百五十六、宣祖三十五年十一月庚午条　問事郎庁、以委官［右相柳永慶］意啓曰、「凡三省推鞫、為謀反叛逆及係干綱常之罪而設、故自前三省之獄、正犯物故、則其餘枝葉、移禁府推鞫、乃其流来法例也。尹女之獄、初則以弑父為辞、其為三省推鞫、宜矣。今則不過推覈尹兆源等誣告謀殺之罪、似不係於綱常之獄。仍為三省推鞫、恐有後弊。」

(39)『太宗実録』巻十四、太宗七年十月癸卯条　上謂代言尹思修曰、「刑曹与臺諫、号為三省、交章論事、屢至罷免、以致廃事。自今刑曹、宜不与也。」思修啓曰、「上教誠然。臺諫弾劾犯罪之人、刑曹但刑其可刑者耳。」上曰、「更与政丞議問施行。」議者皆以為然。自是刑曹、始不参臺諫弾劾之列。

(40)前掲注(37)、参照。

(41)『経国大典』礼典、朝儀　毎日、宗親府・議政府・忠勲府・中枢府・儀賓府・敦寧府・六曹・漢城府堂上官、司憲府・司諫院各一員、経筵堂上・堂下官各二員、輪次常参。有啓事、則陞殿［議政府・六曹当直堂下官、及監察、亦常参］。

(42)即決主義の立場から、即時処刑を可能とするために三覆啓を省略し、さらに三覆啓の省略を可能とするために三省推鞫の制度を設けた、と考えることも一応は可能であろう。しかし、三省推鞫によって必ず死刑の判決が下るわけではないから、この解釈は少々行き過ぎである。

(43)朝鮮後期（正祖朝）におけるその一例――

『推案及鞫案』第二十四冊（正祖一一）、丁未（正祖十一年）罪人（李）匡運・韓采等推案　乾隆五十二年正月二十四日。同日、伝曰、親鞫為之。処所、粛章門為之。○同日、親鞫殿座。……○同月二十五日、親鞫殿座。……○同日、伝曰、「匡運既承款。不過捧結案一事。親鞫撤罷。庭鞫為之。」○同日、伝曰、「庭鞫処所、以内兵曹為之」事、榻前下事。○同日、罪人匡運、年四十六矣結案。白等、……大逆不道、的実、遅晩的只罪。○『大明律』謀反大逆条云、「凡謀反及大逆、但共謀者、不分首従、皆凌遅処死。」同律、死囚覆奏待報条云、「其犯十悪之罪応死者、決不待時」亦為白有臥乎等用良、匡運段、不待時・凌遅処死為白乎事。○同日、大逆不道罪人匡運、銅雀越辺、不待時・凌遅処死。

(44)前掲注(43)は「親鞫」および「庭鞫」の一例である。なお、親鞫・庭鞫・三省推鞫の座目（裁判官の名簿）は『推案及鞫案』に詳細に記されている。

(45)『燕山君日記』巻四十六、燕山君八年十月丙辰条　受常参。朝啓。承旨許輯啓、「典獄署囚・白丁趙亡乃、強奪人鍮盆罪、斬・不待時。初覆。」王曰、「依律。」〇同書巻四十七、燕山君八年十一月辛未　受常参。朝啓。承旨姜参啓、「典獄署囚・白丁趙亡乃、強盗鍮盆、斬・不待時。三覆。」王曰、「依律。」

『燕山君日記』巻四十六、燕山君八年十月乙丑条　受常参、朝啓。承旨韓偉啓、「長湍囚金潤善、殺人罪、斬・不待時。初覆。」王曰、「依律。」〇同書巻四十七、燕山君八年十一月乙未条　受常参、朝啓。承旨姜参啓、「長湍囚・金閏《ママ》善、刺殺金礼云罪、斬・不待時。三覆。」王曰、「依律。」

(46)『顕宗改修実録』巻二十三、顕宗十一年九月乙卯条　判中枢鄭致和上箚曰、「伏見刑曹公事、賊人趙起連、以不待時斬、照律啓下矣。起連偸窃空殿所在朱紅函一隻、木綿甲帳三幅。以此謂之御用、而擬律以不待時斬、恐渉過重。凡罪囚律応死、而情可議者、必三覆処断、即聖主愛惜人命之意也。当此災異孔惨之日、尤宜慎刑。趙起連姑停行刑、啓覆処決、似合審克之道。」上令該曹、姑停行刑、稟処。

(47)『六典条例』巻九、刑典、刑曹、詳覆大辟　不待時罪人単、詳覆施行［(注)照律報議政府、則首相与参賛一員、会坐公廨、報状題送後、入呈行刑単子］。

(48)『六典条例』巻九、刑典、刑曹、詳覆大辟　大辟罪人、外道則毋論詳覆与梟首、成送勘合、発関行刑。京囚梟首、則出付軍門正法。行刑前単子啓下後、該房郎庁・典獄官員、並進監刑。行刑後単子入啓。

＊前単子に関する記事――

『中宗実録』巻二十五、中宗十一年五月丙申条　下刑曹所啓李安従行刑単子、而教曰、「安従之罪、当行刑。但今旱災太甚、刑人未安。処之当如何。」政院啓曰、「其罪既三覆奏、不待時斬者也。然旱災太甚。宜観日候而処之。」伝曰、「安従之罪、固当処死。然姑観雨勢而行刑可也。」承旨尹殷輔遣人止之。至則已刑無及矣。伝曰、「刑曹只啓行刑、而不待単子之下而刑之。此雖例事、若有勿刑之教、則不可及止。自今待啓下行刑。」

＊後単子に関する記事――

『光海君日記』鼎足山本、巻一百三十二、光海君十年九月癸卯条　都承旨韓纘男啓曰、「伏見吏曹参判柳希発啓辞、不勝驚怪罔極之至。逆賊黄廷弼、行刑之日、禁府都事、淩晨来詣政院曰、廷弼将死云。臣大驚、即為入啓、而自上伝教、本府堂上、馳往結案。臣即招都事、洽結案正草、催往捧之、則須臾捧来。急遽間、暫展看過、則或手寸、或着名。臣大病之餘、昏不能記憶、而粘在推案中、考之可見矣。其日結案及行刑単子、依例並入、則行刑単子、即朝啓下矣。臣仍往鞫庁、希発亦来参庁上。臣即問曰、廷弼病勢如何。希発曰、解枷則始蘇着名矣。俄而禁府下吏、持行刑単子来見臣。臣使政院吏入之。此行刑単子、乃行刑之後、例為来呈者也。希発為禁府堂上未久、不知単子朝已啓下、而必以此為正単子。其心以為、行刑之後、始呈、為未安、而因此做許多臣所不言之言、極可笑也。……」

(49)『正祖実録』巻六、正祖二年十一月戊子条　教曰、「……我朝用是制、毎歳季冬、断死刑、先三月詳覆、覆必三焉。自政府署事之規罷、政帰法曹。詳覆之法、但行於待時之囚、不行於不待時之囚。是豈立法之本意也哉。雖就目下事言之、有不待時行刑之囚、而謂無詳覆之例、致有擬律不審、莫能糾正之弊、可謂踈漏之甚者。凡大逆不道、及罪犯綱常之類、大臣莅鞫、三司按獄、猶有詳覆之意。至於不待時之囚、大臣三司、不得関実。其事但以一律官之見、攙那律文、搆案而上于獄官。獄官曽不能索思、渉筆占位、署之惟謹。何其慎於待時之囚、而忽於不待時之囚也。今後須遵旧典、雖非待時之囚、自卿曹議讞、報議政府。議政府更加詳覆、始許登聞、則讞獄之体、不期重而自重、折獄之道、不期慎而自慎。咨爾卿曹、照此遵行。」

(50)『続大典』推断条　凡死罪啓覆、秋分後、承政院即為啓稟、以九月十月内、択日挙行、而罪人行刑則必待季冬［啓覆後、立春前、如有追発罪囚、則稟旨追覆。○国穀偸窃者、計贓論。若論至一罪、則依例考覆、親問以啓］。

(51)『弘文館志』進講第三、視事取稟　国朝古例、毎日行常参、御経筵。常参、即勲戚公卿及清要官参謁也。経筵、即朝講・昼講・夕講也。承政院、毎日平明、稟定来日視事与否。視事、即常参・経筵之合称。除非国忌及大段公故、則毎日取稟。……［中葉以来、常参之行甚罕、殆乎廃絶。三時・両時講、亦罕。只行昼講之日、常多。間有召対・夜対］。

(52)『純祖実録』巻九、純祖六年五月己酉条　召対。……(閣臣洪)奭周曰、「古例、冬月必行覆啓、而三覆之後、可原者決放。今啓覆之不行、殆三十年矣。……」

(53)朝鮮総督府刊『朝鮮語辞典』の「疏決」の項(四九九頁)に、「罪囚を寛典を以て処決すること」とある。

(54)朝鮮後期の「疏決」については本書第八章において別途考察するが、当時の裁判の実態については、当面、沈載祐『朝鮮後期国家権力と犯罪統制――『審理録』研究』(二〇〇九年、ソウル、太学社)が最も参考になる。これは正祖による「恤刑」主義的な裁判の実態を分析したもの。しかし、この時期の改革については体制護持のための「保守反動的な改革」にすぎないとする批判もある(沈羲基「一八世紀の刑事司法制度改革」『韓国文化』第二十輯、一九九八年)。

(55)滋賀秀三『清代中国の法と裁判』(一九八四年、東京、創文社)

(56)『同文彙考』原編巻五十五、犯越、礼部知会開報犯人年貌監候秋審咨（乾隆五年閏六月二十二日）臣等随詢朝鮮国賚咨官李枢、拠称、「小国並無秋審之例、奉有旨意、応立決者、即行処決、応監候、秋後処決者、交秋後、亦即行処決、再不敢遅悞」等語。

(57)前掲注(45)の燕山朝の記事にも見られるとおり、朝鮮前期においては「不待時」の死罪囚に対しても原則として三覆啓(啓覆)を行っていたが、「上国罪人」、すなわち中国に対して罪を犯した罪人については外交関係を考慮して特に三覆啓(啓覆)を省略する場合があった。

＊三覆啓を省略する事例――

『宣祖実録』巻七十五、宣祖二十九年五月丁丑条　義禁府啓曰、「凡死罪啓覆、載在法典、而擺撥唐人殺害呉金等四名、則上国罪人。以『大明律』強盗条、斬・不待時、照律啓下。此人等、曾已拿送遼東、已経巡撫衙門批送、『令該国径自処決。牽連人衆、速行釈放。仍将処決釈放過縁由、希復回咨』云。所当即行処決回咨、勢難久囚啓覆。敢稟。且『大典』贓盗条、強盗妻子、永属所居官奴婢云。依此律施行、何如。」上曰、「永属事、依啓。已為移咨于遼東。似当勿為啓覆而処決。」

(58)『同文彙考』原編巻五十五、犯越、礼部知会開報犯人年貌監候秋審咨（乾隆五年閏六月二十二日）……臣等伏査、直省監候之犯、例于次年、造冊秋審、分別情実・矜・緩、而朝鮮則奉到部文、即行処決、並無秋審之例、是雖蒙寛緩之恩、仍罹立決之罪、似未足仰副我皇上如天好生之至意。……嗣後遇有朝鮮人犯、経刑部議擬監候者、悉照金時宗等、一体入於秋審冊内、核議」……「這所議甚是。依議。」

(59)『朝鮮賦』（明・董越撰）詔許建邦、自為声教。［本朝洪武二年、高麗国王王顒、表賀即位。詔許自為声教、賜以亀紐金印。］

『殊域周咨録』（明・厳従簡撰）上得奏、謂「東夷限山隔海、非中国所治。且其間事有隠曲、未可遽信之」、乃命礼部、移文高麗、従其自為声教。成桂於是代王氏、更名旦、徙居漢城、遣使請改国号。詔更号曰朝鮮、遣儀制郎熙光、宣賜之。

第八章　朝鮮時代の恤囚制度

――「獄空」の理想と現実

徳治主義を標榜する儒教国家の君主にとって、刑罰の運用はあくまでも徳治の補助にすぎない。たとえば「刑措《お》くこと四十餘年にして用いられず」（『史記』周本紀）といわれた周の成王と康王の時代、また「獄を断ずること数百、幾《ほとん》ど刑措を致す」（『漢書』巻四、文帝紀、賛）といわれた前漢・文帝の時代のように、犯罪が減じて最終的には刑罰そのものが不要となるような社会の実現こそが、君主の目指すべき理想とされていたのである。

とはいえ、現実の社会においては犯罪は絶えない。このため、やむを得ず刑罰を用いて犯罪者を威嚇し、犯罪の発生を予防することになるが、これも行き過ぎると無辜の者が、無実の罪で獄に収監される事態を招きかねない。たとえば戦国・燕の恵王に仕えた鄒衍は、無実の罪で獄に収監され、天を仰いで哭したところ、夏五月に天が霜を降したといい（『後漢書』劉瑜伝注引『淮南子』）、また前漢の東海郡では「孝婦」が無実の罪で処刑されたために、日照りが三年も続いたという（『漢書』于定国伝）。これらは「天人相関」の思想に基づく一種の説話にすぎないとはいえ、いずれも古代の為政者たちが刑罰の運用に慎重を期していたことの反映といえる。

朝鮮時代の歴代の国王もまた、徳治主義の標榜においては人後に落ちるものではない。その一環として、歴代の国王はたびたび「録囚《りょしゅう》」を行っているが、これは在獄の囚徒について冤罪の有無や長期拘留（滞獄）の有無を調べること（『漢書』雋不疑伝、顔師固注）で、後世、これを慮囚《りょしゅう》とも称している。[1] しかし録囚（慮囚）を定期的に行ったことは、逆にいうと、それだけ冤罪や滞獄が少なくなかったことの証拠ともいえよう。

ここにいう「獄」とは今日のいわゆる未決監獄のことで、これは裁判の進行中、判決が下るまでの未決の罪囚を仮に収監し、または死刑の判決を受けた死罪囚を刑の執行まで仮に収監しておくための施設である。したがって罪囚の裁判が迅速かつ適正に行われていたとすれば、いわゆる冤罪や滞獄の事態はそもそも発生することもなかったはずであろう。しかしながら、現実には裁判の処理スピードが犯罪の発生率に追いついていなかったために、前近代の「獄」は慢性的に獄囚であふれかえり、それが「獄」の衛生状態の悪化をもたらすという悪循環に陥っていた。

具体的な数字を挙げると、たとえば光海君七年（一六一五）の時点では時囚罪人の数が全国で総計四百十七名、このうち中央の刑曹の囚徒は一百四十餘名であったが、この刑曹囚徒のうち、一通り証拠調べが終わって罪の軽重も定まり、いわゆる「獄成」[2]となって、国王に一旦報告が為されたいわゆる「啓下罪人」は、わずか三十餘名にすぎなかったという。[3] これは主として国王の判決を要する死罪囚のことをいうのであろうが、逆にいうと、それ以外のほとんどの罪囚は、未だ証拠調べも終わらないままに長期にわたって獄に収監されていたのである。もとよりこの時代に正確な統計資料を期待することはできないにしても、こうした裁判の遅延によって、多くの罪囚が長期拘留を強いられていたことは確実であろう。

このため朝鮮王朝では「三限」[4]の制度を定め、罪の軽重に応じて所定の期限内に必ず判決を下すことを原則としたが、それでも司法機関による裁判の処理スピードにはおのずから限界があり、特に死罪囚の場合には最終的な判決に至るまでに特別に慎重な手続きが定められていたために、[5] とかく「獄」においては罪囚の渋滞——いわゆる「滞獄」の事態——が発生しがちであった。

未決の罪囚のなかには、あるいは無実の者も含まれているかもしれず、その「冤気」は天に達して様々な災厄をもたらすことになるかもしれない。このため、国王は長雨や日照り等の自然災害に際してしばしば司法機関の裁判の過程に直接に介入し、司法機関の頭越しに直接指示を下して獄の渋滞の解消を図らなければならなかった。本章ではこの種の「恤囚」の制度――獄の罪囚を憐れみ、その苦しみを救うための諸施策――を通して、朝鮮時代における裁判制度の一端を窺うことにしたい。

第一節　録囚

『経国大典』刑典、恤囚条の規定によると、司法機関（義禁府・刑曹）は十日ごとに「罪人の罪名、始囚日月、拷訊及び決罪の数」について国王に録啓することになっている。[6] これは獄囚に対して五日ごとに一たび「慮」（慮は検閲の意）[7] を行っていた中国唐朝の制度を受けて、それを十日ごとに改めたものであるが、朝鮮後期（正祖二年、一七七八）には唐制にならって五日ごとに戻し、[8] その規定が『大典通編』及び『大典会通』にも収録されることになった。[9]

もっとも、これは書類上の手続きにすぎず、それによってどこまで冤罪の発生が予防されていたのかは保証の限りではない。朝鮮後期（英祖朝）の別の記事によると、このとき録啓された罪囚のリストは右議政がチェックし、軽罪の者については右議政が独自に判断して直ちに放送（釈放）する場合もあったが、官僚たちはしばしば私怨によって無辜の者を囚禁するため、ひどい場合には釈放された翌日にすぐさま囚禁されるという有り様であったという。[10]

これではせっかくの録囚も戯ごっこで、在獄の囚徒の待遇が特段に改善されていたと考えることはできない。

そこで旱魃などの天災に際し、歴代の国王は天の「冤気」を払うために、しばしば特別に録囚を命じている。

前述のとおり、録囚とは在獄の囚徒を省録して冤罪の有無や長期拘留の有無を調べることで、この場合の「録」字は去声で読み、後世ではこれを「慮囚」とも称している。(11) 後述する「季月監獄」、「審理」、「疏決」にしても、広義にはいずれもこの録囚（慮囚）の範疇に含まれるが、ここでは特に軽罪の囚徒を対象とする録囚について、『経国大典』が完成した成宗朝の事例を引いて簡略に述べておくことにしよう。

『成宗実録』三年（一四七二）三月丁酉朔条の記事によると、国王はこの年の旱魃の兆しを受けて、各道の監司に囚徒の罪名を録して啓聞させ、また承政院の承旨に命じて京中の獄の実態について調査を行わせている。(12) 同じく、十二年（一四八一）四月辛亥条の記事によると、国王は旱魃に際して承政院の承旨を獄に遣わし、録囚してその内容を報告させるとともに、各道の監司にも自ら録囚を行うように命じている。(13)

このほかにも承旨や監司に命じて録囚を行い、軽囚については直ちに放送（釈放）させた事例は朝鮮時代を通じて数多く見られる。(14) 旱魃の際には獄の衛生状態も悪化するため、軽罪の囚徒はなるべく獄から解放して天の「冤気」を払おうとしたのである。

この場合、録囚は主として書面審査によって行われる。書面審査であるから、いちいち罪囚を再尋問することはない。しかもその審査の基礎資料となる罪囚の名簿（囚徒案）は、罪囚の「姓名」を列挙し、その「罪目」を記しただけの極めて簡略なものにすぎないため、(15) 当該の罪囚を釈放するかどうかの判断は、どうしても主観的ないし恣意的なものとならざるを得ない。それでも、とにかく軽罪の獄囚を一人でも多く釈放し、獄中の「冤気」を払えば、それで一応の目的は達せられる。

この種の録囚の施行によって、果たして実際に旱魃が解消されたのかどうか……、それはここでは問題としない。少なくとも、天の譴責に対して国王が誠実に対応しているという姿勢を内外に示すことが、当時の政治文化においては「善政」の必須の条件となっていたのである。

第二節　季月監獄

『経国大典』刑典の「恤囚」の条には、在獄の罪囚に対する管理規定がさまざまに盛り込まれているが、ここに収録されている規定以外にも、朝鮮初期においては季月監獄と呼ばれる特別の恤囚制度が行われていた。これについては田中俊光氏の研究[16]に詳しく述べられているから、ここではごく簡略に検討するにとどめておく。

季月監獄の監獄とは「獄を監する」こと、すなわち獄囚の実態調査を行うことで、それは朝鮮初期においては季月ごと（旧暦三月、六月、九月、十二月）に実施されることになっていた。そのため、これを季月監獄と称したのである。

具体的には、刑曹・司憲府・司諫院の官員が典獄署及び義禁府の獄囚の罪状、並びに衛生状態について調査し、軽罪の者は釈放する。そのうえで、典獄署の罪囚については刑曹から、義禁府の罪囚については義禁府から、それぞれ「囚人啓本」と呼ばれる現状報告書を国王に提出する。[17]

この季月監獄の制度は『続六典』に収録され、世祖七年（一四六一）の辛巳刑典（辛巳年大典）にも掲載されていたが、最終的には成宗朝の『経国大典』において削除された。「実に弊あり」、「徒らに虚文を為すのみ」というのがその理由である。[18] おそらく、恤囚のスケジュールに合わせてその場限りの対応が取られるだけで、本質的には一向に「獄」の改善が進まなかったためであろう。

その代わり、『経国大典』刑典、恤囚条の規定によると、陰暦十一月初一日から正月晦日までの極寒期、及び陰暦五月初一日から七月晦日までの猛暑期には、杖一百以下の軽罪囚に限って収贖を許し、もし実刑を望むものがあれば判決を待たずに的決したうえで獄から放送（釈放）することが定められている。[19] これは獄の衛生状態が最も悪化する時期に限っての特別措置で、これによって少しでも獄囚の数を減らし、獄の衛生状態を改善することを意図しているのである。

もちろん今日的な観点からいえば、裁判によって有罪が確定したわけでもないのに収贖という形の罰金刑を加え、または笞杖の実刑を科して釈放するというのは、法の論理として矛盾している。しかしながら当時の通念としては、「獄」に囚禁された時点で既に獄囚が「有罪」であることは確実視されていたのである。それならば少しでも早く処分を下して「獄」から解放してやるほうが獄囚にとっては幸いである……、というのが当時の為政者たちの、はなはだ身勝手な「恤囚」の論理なのであった。

第三節　審理

軽罪を処断するのは司法機関の権限内の事柄であるが、死罪については国王のみが最終的な判決の権限を有している。このため録囚に際しても、特に死罪囚については国王が自ら「審理」に当たらなければならない。

唐制、孟夏の後にも日照りが続いた場合には、「冤獄を審理し、窮乏を賑恤し、骼《されぼね》を掩い胔《もこりぼね》を埋める」[20] などして降雨を祈ることになっていたが、この制度は朝鮮半島の高麗朝においても継受された。[21] そうして高麗の跡を受けた朝鮮朝においてもこの制度にならい、旱魃に際しては祈雨の一環として「冤獄を審理」することが慣例となった。[22]

審理とは「獄囚の罪案を特旨を以て再審すること」（朝鮮総督府刊『朝鮮語辞典』五五九頁）。具体的には、中央・地方から録啓された罪案について司法機関に命じて再審を行い、特に死罪囚の罪案については国王が自ら再審を行うことをいうのである。

ちなみに、「録啓」とは司法機関が罪状を調べて国王に上啓すること。この段階で死罪に擬せられてもそれで裁判が確定するわけではないが、一たび録啓を経た案件は、一般に「鉄案」[23]とみなされ、司法機関はそれ以上の審理を加えようとしない。だからこそ、国王は既に録啓を経た案件についても改めて再審の命令を下さなければならないのである。

いわゆる審理の手続きについては、『正祖実録』二十一年（一七九七）五月丁巳条の記事に、次のように簡潔に示されている。

> 審理は則ち京・外の死囚の録啓の案の、「仍推」と「傅軽」の者に就きて、刑官、本司に会して論啓すれば、則ち逐条に判下す。[24]

すなわち、死罪囚の「審理」においては、まず中央・地方から録啓された死罪囚の罪案のうち、「仍推（引き続いて取り調べ）」とすべきものと「傅軽（減刑）」とすべきもの――これは「傅生」ともいう――について司法機関（義禁府・刑曹）が原案を擬定して国王に上啓し、それに対して国王が一件ごとに判決（判付）を下していくのである。

このとき国王の下す判決の内容は、基本的には司法機関の擬定した「仍推」、「傅軽（傅生）」などの判断に従うものとなるが、もちろん、国王の独自の判断が働く場合も少なくない。正祖御撰の『審理録』は、まさしくこの「審理」の内容の記録である。[25]

では具体的に、どれだけの罪囚が「仍推」とされ、「傅軽（傅生）」とされていたのであろうか。『正祖実録』五年（一七八一）正月乙未条の記事によると、このときの審理では「傅生（死刑免除、減刑）」とされたものが二十六人。[26]同じく、十四年（一七九〇）八月甲子条の記事によると、このときの審理では「傅生」が一百九十五人、「更査（再調査）」が三人、「仍推」が四人。[27]また『純祖実録』二十一年（一八二一）七月癸亥条によると、このときの審理では「傅生」とされたものが四十七人。[28]同じく、二十五年（一八二五）五月丙辰条の記事によると、このときの審理では「傅生」とされたものが二十一人。[29]これらは国王の恩典によって多くの罪囚が「傅生」とされたことを、特に強調するための記事であろう。その他については正確な統計は期しがたいが、とにかく審理によって割合と多くの死罪囚が死刑を免れていたことは間違いない。

ただし、国王による審理は書面上の再審にすぎないので、その判断がどこまで事件の真相を穿っていたのかは保証の限りではない。もともと審理は旱魃に際して獄中の「冤気」を払うために行うものであるから、その判断が寛大な方向に流れやすいことは当然であろう。

ちなみに、地方の獄囚については英祖朝に特に「審理使」を派遣し、各道の「冤獄」を調査して獄囚を「疏決」させたこともあった。しかし、地方の監司や守令が長期にわたって検討しながら未だに審議未了となっている案件について、中央から派遣された臨時の使者が短期間に適切に審理を行うことができたのかどうかは、はなはだ疑問である。このため審理使の派遣については当初から「有名無実」、「百害有りて一利なし」との批判もあり、正祖朝には審理使の派遣をやめて、従来どおり、地方の獄案についても中央に送付させて中央で審理を行う形式に引き戻すことになった。[30]

以上に検討した「審理」の目的は、詰まるところ、最後まで改悛の見込みのないもの（怙終）と、情状酌量の餘地のあるもの（眚災）とを区別して、前者には速やかに死刑の判決を下し、後者にはより軽い処罰を与えて、それぞれを「獄」から解放することにある。これは『尚書』舜典にみえる儒教的な政治理念──「眚災は肆赦し、怙終は賊刑す（眚災肆赦、怙終賊刑）」[31]──の実践にほかならない。

第四節　疏決

国王による「審理」は死罪囚の獄案に対する書面上の再審であるが、これとは別に、さらに大規模な恩赦を行う場合には「疏決」と呼ばれる特別な手続きを踏む。

疏決とは「罪囚を寛典を以て処決すること」（朝鮮総督府刊『朝鮮語辞典』四九九頁）。疏決の疏は「分かつ」意であるから、もともとは罪囚の罪の軽重を分別し、軽罪のものについては「寛典を以て処決する」というのがその原義であろう。ただし、「審理」の場合には未決の罪囚のみを対象とするが、「疏決」の場合には未決の罪囚のみならず、既決の徒流人にまでその対象が及んでいるところに特色がある。

『中宗実録』三十四年（一五三九）六月辛亥条の記事によると、朝鮮朝では旱魃の際、中央・地方の囚徒について、国王が自ら「疏決」を行うことが慣例となっていたが、[32] その具体的な手続きについては、『正祖実録』二十一年（一七九七）五月丁巳条に見える次の記事が最も参考となる。

疏決は則ち法服して殿に臨み、大臣・法官・三司、おのおの死罪、及び徒流案を持ちて登筵し、一案を読み訖るごとに、遍詢僉議すること、一に啓覆の例の如し。[33]

これによると、疏決の場合には死罪囚に対する啓覆（三覆啓）の場合と同様に、王は威儀を正して便殿に出御し、大臣・法官・三司などの、いわゆる三省とともに、一件一件、官僚たちの意見を聞きながら処分を下すことになっている。まずこの点が、単なる書面上の再審にすぎない「審理」との大きな違いである。また疏決においては死罪囚の案件のみならず、既に処分が決定して配所に追放されている既決の徒流人についても、その釈放の可否を審議する慣例であって、この点が前述の「審理」との、もう一つの決定的な違いとなる。ちなみに、流以下の罪は、刑曹・開城府・観察使が「直断」する決まりであるから、[34] ここでいう「徒流案」が、既に配所に追放されている既決の罪囚の罪案を意味していることは明白であろう。

念のため、『景宗実録』元年（一七二一）五月戊辰条の記事を引用しておくと、このとき景宗は旱魃を憂いて疏決を行い、「時囚案」及び「徒流案」について、逐一、罪の軽重を検討したうえで、あるいは「宥」、あるいは「仍」などの処断を下している。このうち、「時囚案」とは未決の死罪囚の罪案をいい、「徒流案」とは既に配所に追放されている既決の徒流人の罪案をいうが、そのことは、このとき特に問題とされた金始煥という罪人が、「配に到ること、また未だ数月を過ぎず、軽がろしく釈くべからず」との理由で恩典から除外されている事実からも明らかであろう。[35]

なお、上引の『正祖実録』の記事にも述べられているとおり、国王による疏決は啓覆（三覆啓）の例に準じて行われていたが、それは決して偶然のことではない。啓覆とは、すなわち三覆啓――死刑の執行前に、原則として三回行われる死罪囚の再審[36]――を意味している。疏決の場合にはこの再審を、いわば三覆啓以前に先取りして行うことになるが、いずれにしても、これによって死刑になるかどうかが決まってしまうことに変わりはない。だからこそ、国王は三覆啓と同様に「法服して殿に臨み」、三省の官人とともに厳粛な手続きに従って判決を下すことになっていたのである。

ただし、三覆啓は死刑の執行に慎重を期するための制度で、必ずしも死刑の減免を目的とする制度ではなかった。一方、疏決の場合は、初めから旱魃に際して死罪囚（ないし徒流人）を宥免することを目的としているから、この点において両者の性格には本質的な違いがあったことにも留意しなければなるまい。[37]

小　結

本章の冒頭に述べたとおり、徳治主義を標榜する儒教国家の朝鮮においては、刑罰の施行は飽くまでも徳治（道徳による政治）の補助に過ぎない。

刑は刑無きを期す（『尚書』大禹謨）(38)

辟《つみ》は以て辟を止《とど》むべくして乃《すなわ》ち辟《つみ》す。（『尚書』君陳）(39)

などと言われるように、刑罰によって刑罰を止揚すること、そうして刑罰や刑具が無用となった社会を実現させることこそは、儒教国家の君主が等しく目指さなければならない理想であった。そうしてその理想は具体的には「獄空」によって、すなわち罪を犯して裁判を待っている獄囚たちが一人もいなくなることによって実現する。

中国元朝の『経世大典』には、そうした理想を踏まえた「獄空篇」が設けられていた。(40)ところが『経世大典』の編目に倣って編纂された鄭道伝の『朝鮮経国典』には「獄空篇」は存在しない。(41)朝鮮時代の「獄」は常に罪囚で溢れかえり、社会の現実は儒教知識人たちの理想を常に裏切り続けていた。とても「獄空」を期待できるような状態ではなかったのである。

とはいえ、恩赦によって安易に「獄空」を追求すると、それはほとんど犯罪者を野放しにすることにも等しい。このため、古くより「赦は小人の幸い、君子の不幸」(42)などともいわれてきた。それでも現実に裁判のスピードが獄囚の増加に追い付いていかないとすれば、司法機関による通常業務に君主が定期的に介入し、君主が臨時に即決の処分を下すことによって、「滞獄」の事態のある程度の解消を図ることはやむを得ない措置であった。

たとえば死罪囚の場合、最終的に死刑が執行されるまでには啓覆ないし三覆啓と呼ばれる三回の再審を行うことが必須とされる。ところが朝鮮後期においては、さまざまな事情から三覆啓（啓覆）の施行が滞るようになり、たとえば孝宗朝においては、「国家多事」を理由に十餘年にわたって大辟囚（死罪囚）に対する三覆啓が行われていなかったという。(43)当然、獄においては死罪囚が長期にわたって拘留されることになるため、君主は定期的に審理・疏決を実行してこの「滞獄」の事態の解消に努めなければならなかったのである。

その場合、罪囚を減刑ないし釈放するか、それとも死刑を即決するかは君主の裁量に委ねられていたが、実際の処分はどうしても寛大な方向へと流れやすい。

たとえば『英祖実録』四十四年（一七六八）十一月丙戌条の記事によると、このころ英祖はたびたび「審理」を行っていたために、この年は重囚の獄がほとんど空になって、三覆啓（啓覆）を行う必要それ自体がなくなっていたといわれている。(44)死罪囚の多くは三覆啓（啓覆）ではなく、むしろ「審理」によって「傅生」の恩典を受けていたのである。

また『純祖実録』六年（一八〇六）五月己酉条の記事によると、このころ死罪囚に対する三覆啓（啓覆）が行われなくなって、ほとんど三十年ちかくにもなっていたといわれているが、(45)これも死罪囚に対する審理・疏決の施行によって、三覆啓（啓覆）を行う必要それ自体がなくなっていたことを意味しているのであろう。

しかしながら、審理・疏決と三覆啓とはその性格を根本的に異にしている。三覆啓は司法機関が事案を検討して死刑に擬し、国王がそれを裁可して死刑が確定した死罪囚について、刑の執行前に国王がさらに三度の再審を行う制度であるが、審理・疏決の場合は司法機関が未だ充分に検討を加えていない段階において、専ら「滞獄」の解消のために、事実上「傅生」を前提として判決が下されていくのである。その内容が自ずから寛大な方向に流れていくことは当然であろう。

なるほど、審理・疏決は三覆啓の機能をある程度まで代替する側面をもっていたが、それでもすべての死罪囚が「傳生」の恩典を受けていたわけではない。したがって、最終的にはやはり三覆啓（啓覆）を行ったうえで死刑を執行しなければならないのに、それが長期にわたって施行されていなかったのは、一つには「謀反・叛逆」の罪人や「綱常」の罪人に対して死刑の即決が慣例となっていたためであり、[46] 今一つにはそれ以外の一般の死罪囚に対する審理・疏決――その結果としての「傳生」の恩典――が常態と化していたためにほかなるまい。詰まるところ、審理・疏決のたびたびの施行は三覆啓の本来の趣旨を形骸化させ、司法機関による厳正な裁判、及び刑罰の執行を阻碍する要因の一つともなっていたのである。

儒教国家の君主が徳治を標榜すればするほど、その実態は形骸化して法治の箍が緩んでいく。法治の箍が緩むと、結局のところ犯罪の増加を防止することができず、「獄」はますます渋滞する。朝鮮時代に繰り返し行われた審理・疏決によっても、結局、「獄空」の理想を実現することはできなかったのである。

注

（1）『漢書』巻七十一、雋不疑伝、顔師古注　省録之、知其情状有冤滞与不也。今云慮囚。本録声之去者耳。音力具反。而近俗不暁其意、訛其文、遂為思慮之慮、失其源矣。

（2）『唐律疏議』巻二、名例律、除名条　獄成者、雖会赦猶除名［(注) 獄成、謂贓状露験、及尚書省断訖未奏者］

*荻生徂徠『明律国字解』巻一、名例律、犯罪事発在逃条に「せんぎ相すみて、罪の軽重実否きわまるを獄成と云」とある。

（3）『光海君日記』（鼎足山本）巻九十、光海君七年五月丙午朔条　右承旨権縉啓曰、「審理冤獄事、義禁府因堂上位不斉、未及挙行。刑曹則已為議啓矣。王府・司寇、在輦轂之下、日月所照、宜無覆盆之歎。而猶恐一夫之含冤、特命審理、則至如外方、王化稍遠、朝廷之耳目、有所不逮、陽舒陰惨、出於一人之喜怒、淫刑濫殺、無復呵禁、誠可寒心。臣詳査諸道留獄啓本、則時囚罪人、摠数四百十七名。何不登時推覈、怙終則按律、無情則疏釈、而一向牢囚、延引歳月哉。殊未暁其故也。且刑曹囚徒、一百四十餘名、而啓下罪人、僅三十餘人。以此揆之、則諸道四百十七名外、又不知其幾許。傷和召災、莫此為甚。請以自上遇災敬懼、靡極不用、而必先於審理之意、下諭諸道監司、厳明推覈、苟渉冤悶、一一伸理啓聞。如守令・辺将之暴虐自恣者、摘発懲治、以答天譴、導延和気、不勝幸甚。」答曰、「依啓。」

(4)『経国大典』刑典、決獄日限　凡決獄、大事［死罪］、限三十日。中事［徒・流］、二十日。小事［笞・杖］、十日［従文巻斉納、証佐俱到日、始計］。辞証在他処、事須参究者、随地遠近、除往還日数、亦於限内決訖。若牽連、不得已過限者、具由啓聞。

(5)本書第七章「朝鮮時代における死刑囚の再審制度」、参照。

(6)『経国大典』刑典、恤囚条　罪人罪名、始囚日月、拷訊及決罪数、各其司、毎十日、録啓。外則節季啓［決訟、同］。

(7)『唐六典』巻六、刑部、郎中・員外郎条　凡禁囚、皆五日一慮焉［慮、謂検閲之也］。

(8)『正祖実録』巻六、正祖二年九月甲寅条　申明五日一録囚之法。教曰、「録囚、始於唐而備於宋、皆五日一録囚焉。我朝十日一録啓、殊非古制。況十日之間、雖有枉被之囚、幽冤安得以自達於殿陛之上乎。此後該曹、五日一録囚、一依古制、著為式、仍令載之受教。」

(9)『大典通編』刑典、恤囚条【増】時囚、毎五日録啓。（＊『大典会通』刑典、恤囚条も同文。）

(10)『増補文献備考』巻一百三十四、刑考八、恤刑　右議政兪拓基、筵啓、「以宋之詔獄之法観之、一国本無二獄、而我国則有禁府与典獄。此雖出於分貴賤之意、而既稍遠於古矣。況以文王之尊、猶罔兼于庶獄、而我国則諸上司及兵曹・漢城府・掌隷院・司憲府、各自直囚、有弊甚多。典獄囚徒、毎十日、一示于右相、例也。臣見之、則率多以私喜怒囚人。故臣於録囚時、使之放送、則又多於其翌日、旋即囚之云。此弊誠不可不厳禁。此後、又或以私事囚禁、則大者啓達論責、小者自外推治、何如。」従之。（＊『承政院日記』英祖十六年五月七日丙午条、参照）

(11)録囚・慮囚については前掲注(1)を参照せよ。

(12)『成宗実録』巻十六、成宗三年三月丁酉朔条　御経筵。講訖、持平崔淑精啓曰、「去冬無雪、今春不雨、京城井多渴、旱候已兆。時弊尽祛、而天譴如是。恐冤獄有以召之也。諸邑守令、或残酷枉刑、鞭撻之下、必有誣服者。請令諸道、録囚徒罪名、啓聞。議諸大臣、其可放者放之。」上曰、「然。」仍語同副承旨沈瀚曰、「京中亦必有滞獄。其考以啓。」

(13)『成宗実録』巻一百二十八、成宗十二年四月辛亥条　下書于諸道観察使曰、「属茲農月、雨不時若、麦未有秋、穀価騰踴、民甚艱食。慮恐刑獄之間、或有含冤未伸者、是足以感傷和気、予甚疚懐。京中則特遣承旨于囹圄、録囚以啓。又於諸道、欲遣朝官諦察、慮於送迎之際、反致防農之弊。卿其躬就犴獄、審決冤枉、以副予欽恤之意。」

(14)『英祖実録』巻六十五、英祖二十三年三月乙巳条　命政院、考刑曹囚案、罪在重者仍、軽者放。蒙宥為四十餘人。

(15)『粛宗実録』巻三十三、粛宗二十五年十二月戊寅条　召対玉堂官。上以新歳不遠、日寒尚酷、命承旨、持典獄囚徒案入侍。参賛官許墀奏、「囚徒案、只是列録姓名、略書罪目。軽囚則固当疏釈、而至於重囚、不可只憑此案而軽議。令刑曹堂上、参考文案、酌量情罪、与備局諸宰、商確仰稟、自上或施特恩。此古昔人君親録囚之意也。」上是之、命軽囚抄出即放、重囚依墀言挙行。仍命各道方伯、取考該道罪囚文案、軽則裁処、重則論列啓聞。(＊方伯は観察使の雅称)

(16)田中俊光「朝鮮初期断獄に関する研究――刑事節次の整備過程を中心に」(ソウル大学校大学院法学博士学位論文〔韓国文〕、二〇一一年二月)

(17)『世宗実録』巻六十四、世宗十六年六月己巳条　司憲府啓、「前此、毎季月監獄、府及刑曹・司諫院、各与奉命内侍別監、同審典獄署・義禁府留獄囚人。内侍別監、齎啓本而進。今『続六典』、季月監獄、不録奉命別監。依『六典』(続六典)、除奉命別監、典獄署囚人啓本、則刑曹齎進、義禁府囚人啓本、則本府齎進。」従之。

(18)『成宗実録』巻一百十一、成宗十年十一月辛亥条　御経筵。講訖、司諫李世弼啓曰、「刑獄重事、而監獄之法、不載『大典』、未便。」上曰、「予不知此法何如。」領事盧思慎啓曰、「毎節季、三省会坐典獄、慮囚、而放其可放者。然実有弊、故停之。」同知事李承召曰、「臣(常)〔嘗〕為掌令、亦与焉。徒為虚文耳。」世弼曰、「為人求活、悪得謂之虚文。」上曰、「節季録囚罪犯及拘係日月、以啓、不須監獄。」左承旨金季昌曰、「非特於節季、毎十日一次以啓。」世弼曰、「外則監獄、而京則不然。中外異法、可乎。」上曰、「当議之。」

(19)『経国大典』刑典、恤囚条　罪人罪名、始囚日月、拷訊及決罪数、各其司、毎十日録啓。外則節季啓〔決訟同〕。○隆寒・極熱時〔自十一月初一日至正月晦日、自五月初一日至七月晦日〕、事干綱常・贓盗、男人杖六十以上、女人杖一百以上外、其餘杖一百以下、並収贖。自願受杖者、聴。

(20)『通典』巻四十三、礼三、吉礼二、大雩　開元十一年、孟夏後旱、則祈雨、審理冤獄、賑恤窮乏、掩骼埋胔。(＊『唐令拾遺』祠令第八、復元第四二条、参照。)

(21)『高麗史』巻六、靖宗二年五月辛卯条　有司奏、「自春少雨。請依古典、審理冤獄、賑恤窮乏、掩骼埋胔、先祈岳鎮海瀆、諸山川能興雲雨者於北郊、次祈宗廟、毎七日一祈、不雨、還従岳鎮海瀆、如初。旱甚則修雩徙市、断繖扇、禁屠殺、勿飼官馬以穀。」王従之、避正殿、減常膳。

(22)『世宗実録』巻四、世宗元年五月丁卯条　礼曹啓、「今当仲夏、彌月不雨。乞依唐・開元礼、審理冤獄、賑恤窮乏、掩骼埋胔。」従之。

（＊前掲注(20)、(21)との対照から明らかなとおり、「審理冤獄」の制度は唐開元礼の規定を襲ったもの。一説に「審理」を朝鮮固有の用語とするのは誤りである。）

(23)『正祖実録』巻十九、正祖九年四月己丑条　至於録啓罪人、一番登聞、永作鉄案。苟無審理之命、無或挙論。
『純祖実録』巻九、純祖六年五月己酉条　獄案既成、一登録啓、則輒謂之鉄案、而移動不得矣。

(24)『正祖実録』巻四十六、正祖二十一年五月丁巳条　判下諸道獄案五十二度于刑曹。教曰、「朝廷挙措、各有体段。……審理則就京外死囚録啓之案、仍推与傅軽者、刑官会于本司論啓、則逐条判下。……」

(25)沈載祐『朝鮮後期国家権力と犯罪統制――『審理録』研究』(二〇〇九年、坡州、太学社)

(26)『正祖実録』巻十一、正祖五年正月乙未条　審理京外死獄。傅生二十六人。

(27)『正祖実録』巻三十一、正祖十四年八月甲子条　審理京外殺獄。傅生一百九十五、更査三、仍推四。

(28)『純祖実録』巻二十四、純祖二十一年七月癸亥条　教曰、「近因刑曹獄囚決処而思之、京外殺獄文案、亦必有積滞之歎。三堂仍為逐日赴衙、詳閲審理以聞。毋或玩愒因循。」凡京外死囚録啓之傅生者、四十七人。

(29)『純祖実録』巻二十七、純祖二十五年五月丙辰条　審理京外死獄。傅生者二十一人。

(30)『御定洪翼靖公奏藁』巻十三、紀類一、刑獄、附審理　乙丑（英祖二十一年、一七四五）春、諸道審理使入侍。趙栄国曰、「臣按査二年、幾尽究決。求其可生者、似不過三四人矣。然則便是空往空来也。」……上曰、「有百害、無一利耶。」公曰、「只見其害、而不見其利矣。」上曰、「副学亦言其利害也。」元景夏対曰、「洪鳳漢之言、極精矣。既送審理使、終至無効、則初不如不送矣。」
（＊右によって審理使は廃止されたため、正祖朝に入ると審理使の派遣記事は見られなくなる。）

(31)『尚書』舜典　眚災肆赦、怙終賊刑。

(32)『中宗実録』巻九十一、中宗三十四年六月辛亥条　領議政尹殷輔、左議政洪彦弼、右議政金克成、左賛成蘇世譲、左参賛金安国、啓曰、「近来旱気太甚、川沢枯渇、禾稼焦傷。閭閻之人、不得飲水。安有如此迫切之害哉。臣等日夜憂懼、不知所由。……在前有旱災、則京外囚徒、親自疏決、例也。今亦行之、何如。」

(33)『正祖実録』巻四十六、正祖二十一年五月丁巳条　判下諸道獄案五十二度于刑曹。教曰、「朝廷挙措、各有体段。疏決也、審理也、同是録囚審刑之挙、而疏決則法服臨殿、大臣・法官・三司、各持死罪及徒流之案、登筵、毎読訖一案、遍詢僉議、一如啓覆例。審理則就京外死囚録啓之案、仍推与傅軽者、刑官会于本司論啓、則逐条判下。近因亢暘杲杲、欲行疏鬱審枉之政、際有堂疏、犂然於心。而上項疏決与審理、近於張大。先命秋官、以京囚之可議生科者、議大臣啓聞。而坐斎在明、外囚諸案、勢未及為。以嘗所料、定於反閲之時者、書下。以此分付諸道。」

(34)『経国大典』刑典、推断条　本曹・開城府・観察使、流以下、直断。

(35)『景宗実録』巻三、景宗元年五月戊辰条　上親臨疏決。憫旱也。判義禁崔錫恒、持時囚案、及徒流案、逐名奏達。上酌其罪犯軽重、或宥或仍。錫恒以金始煥事、陳稟、請疏釈。李健命斥之、仍曰、「使始煥果有所懐、則不計利害、所当直陳、而向日事、殊欠直截之道。到配亦未過数月、不可軽釈矣。」上命仍。錫恒申白之、上又不許。……旧例、疏決日、禁府・刑曹堂上、皆入侍、而是日刑曹判書兪集一、称有身病、違召、終不進、不得行刑曹疏決。

(36)本書第七章「朝鮮時代における死刑囚の再審制度」、参照。

(37)前掲注(25)沈載祐氏著書、参照。

(38)『尚書』大禹謨　刑期于無刑。

(39)『尚書』君陳　辟以止辟、乃辟。

(40)『元文類』巻四十二、雑著、憲典総序。

(41)末松保和「朝鮮経国典再考——李朝の法源に関する一考察」(『朝鮮史と史料』末松保和朝鮮史著作集6所収、一九九七年、東京、吉川弘文館)

(42)『唐鑑』(宋・范祖禹撰)巻三　帝謂侍臣曰、「古語有之、赦者小人之幸、君子之不幸。一歳再赦、善人喑啞。夫養稂莠者、害嘉穀。赦有罪者、賊良民。故朕即位以来、不欲数赦。恐小人恃之、軽犯憲章、故也。」

(43)『孝宗実録』巻八、孝宗三年四月乙丑条　上引見三公、原任大臣、六卿、三司長官。上曰、「旱災之惨、日甚一日、実由寡昧不徳、獲戻于天也。親禱之日、庶幾有霈然之望、而旋即開霽、予之焦思竭慮、曷有其極。茲接卿等、欲聞闕失。」領議政鄭太和曰、「親祀社稷、微雨霑灑、至誠所感、若有冥応、而須臾解陰、杲日復出。臣等憂遑悶迫、不知所為也。今宜疏釈罪辟、勿問軽重、洞開囹圄、然後可以解冤枉、而消戻気也。若但取文案而論断、則恐難辨核得情矣。且於応旨之疏、或以為、『啓覆罪人、亦宜審理』、此言誠是。宜令刑官、明覆疏決。」上曰、「予意固已如此矣。国家多事、不覆大辟囚、于今十餘年。此囚等雖已就服、其中豈無抱冤難明者乎。累歳繋獄、必有鬱抑之気。傷和召災、恐由於斯也。」左議政金堉曰、「審理只是解冤枉而已。如使有罪者、並蒙宥赦、則豈審理之謂也。」大司憲呉竣曰、「啓覆罪人、在法当死、不可軽議。」上曰、「大憲之言、執法之意也。而然死囚之中、亦或有原情免死者。今宜一体疏決。」

(44)『英祖実録』巻一百十一、英祖四十四年十一月丙戌条　上引見大臣・備堂。上曰、「今年啓覆、幾度耶。」左議政韓翼謩曰、「自上屢命審理、故重囚殆空、無啓覆矣。」

(45)『純祖実録』巻九、純祖六年五月己酉条　召対。講『国朝宝鑑』第三巻。玉堂李魯益、以刑獄之当恤、陳文義。……(閣臣洪)奭周曰、「古例、冬月必行覆啓、而三覆之後、可原者決放。今啓覆之不行、殆三十年矣。」

(46)本書第七章「朝鮮時代における死刑囚の再審制度」、特に第三節「三覆啓の省略」、参照。

附論一　朝鮮後期在地社会における流品の構造

本章では朝鮮後期の在地社会における流品の構造を分析する。参照する史料としては『朝鮮王朝実録』のほか、特に純祖朝の初年に慶尚道機張県に流配された沈魯崇（一七六二〜一八三七）[1]の日記である『南遷日録』[2]を活用したい。

「流品」とは官界における「九流」ないし「九品」の等級のことで、延いては士庶・清濁などの社会的・身分的な階層区別全般をいう[3]。流品の意識は、中国・朝鮮の官制においては一品から九品に至る位階・官職の体系を構築し、また近世朝鮮の社会においては「両班・中人・常漢・奴婢」の、いわゆる四大階層を構築した。

朝鮮社会における支配階層としての両班《ヤンバン》は、本来、一品より九品に至るまでの位階・官職を与えられた東班（文官）と西班（武官）の官人の総称であるが、実際には官職をもたない官人家門の子弟であっても、将来、官職を獲得することを前提として、これを両班と称することが当時の社会的な通例であった。逆に、八品・九品などの下級の官職を保有していても、胥吏職から昇進した「本系常人」[4]の者は社会的には両班とは認知されず、彼らの本来の出身基盤である胥吏階層と同様、中人[5]と呼ばれる中間支配階層を構成して官僚統治機構の末端業務を担っていた。

両班と中人との官制上の分界線は必ずしも明確ではないが、おおむね六品以上の参上職に就く者が両班であり、七・八・九品の参外職は両班と中人との混淆する境界領域とみなすことができる。それより以下の「流外」の官職（ないし差任）は、中人ないし常漢などの庶人の職役であって、奴婢には身分上昇の階梯となる官職を与えることはなかった。

官職の獲得は中人ないし常漢にとっては両班への身分上昇を果たすための最も重要な階梯となるが、逆に両班身分の者は、たとえ官職を喪失しても「礼」の実践を通して両班の身分を主張し続けることができる。ただし、それが国家によって承認され、兵制上・税制上の各種の免役特権を維持することができるかどうかは不確実で、その判断は地方行政の実際を担う地方官（守令）、及びその補助機関としての郷庁（在地士族の組織）による匙加減ひとつに懸っていた。

両班でありながら常漢（常民）とほとんど変わるところのない「班民」と呼ばれる身分層が、朝鮮後期の在地社会において広汎に存在していたのはこのためであって、これを両班として扱うか、それとも常漢として扱うかは、地方官の治績を左右する最も重要なポイントの一つとなる。本章ではそうした両班概念のゆらぎの様相を検討したい。

一　士族と郷品

一口に両班といっても、その様態はさまざまである。一般に「士族」といえば中外を問わずだれしもが両班と認める家門の成員をいうが、「郷品」という場合は、地方の在地社会でのみ通用するローカル・エリートのことで、中央の両班から見ると、これらは真の両班とは認めがたい。

郷品とは「留郷品官」の略で、本来は退職して郷里に隠退した官人のことをいうが、朝鮮後期においては名目上の位階・官職のみを保有して、中央政府における実際の出仕の経歴をもたない者がそのほとんどを占める。本書ではこれらを在地士族と呼ぶことにしよう。

いわゆる士族と在地士族（郷品）との間には、流品上、明確な区別があった。たとえば、王室において通婚の対象となる家門は、通例、士族に限られていたが、いわゆる「外方郷品」については、その対象からは除外された。[6]また、正祖朝の韓顕世という人物は「品官」の洪立人に対して「君は則ち郷品なり、吾は則ち士夫なり」と言って流品の区別を誇示していた。[7]さらに、はしか（疹疾）の流行に際して朝廷が広く治療法を求めた際には「士族・郷品」を問わず、広く知識の提供を求めているが、[8]これも逆にいえば、士族と郷品との間に流品上の区別が厳然として存在していたことを示唆している。

いわゆる士族が両班であることは言うまでもないが、では郷品は両班なのかというと、この点はやや曖昧であると言わざるを得ない。純然たる士族の目からみると、郷品ごときは両班と呼ぶに価しないが、郷品もまた位階・官職を保持している以上、彼らが自ら両班と称し、軍役免除の特権を行使しようとする趨勢を押しとどめることもできない。[9]郷品は純然たる両班とは言えないにしても、やはり広義には両班に属するというのが当時の一般的な理解であろう。郷品に対する蔑視は、彼らが根っからの「両班」ではなく、その多くが「常漢」身分からの成り上がり者によって占められていたことに対する、既成貴族社会の反発に由来しているのである。

実際、常漢身分の有力者のなかには売官、すなわち官職の売買によって郷品身分への上昇を果たした者が少なくない。売官というと聞こえは悪いが、朝鮮後期においては大同法・均役法などの施行により、地方財源の多くが中央の財政に吸い上げられてしまったため、逆に地方においては財源の枯渇が著しく、このため戦乱・饑饉などに際しては、在地有力者を対象とする「納粟」、「願納」[10]などの売官行為によって必要な財源を確保せざるを得ないというのが実情であった。

この種の売官行為を最も大々的に行った事例としては、正祖朝における平壌庶尹・趙鎮明の事件が有名である。(11)この事件に関する平安監司の調査報告によると、趙は平壌庶尹として在任した三年間に、主として在地士族から選任される「座首・別監」や「都監・執憲・約正」などの郷任・面任のポストを、合計六百六十餘人分、任命しているが、このうち一百七十餘人については、在地士族の組織である郷庁の推薦によるもの（郷薦）、地域住民からの推薦によるもの（面報）、あるいは「納粟」による通常の任命であって、特に不正があったとはいえない。しかし、残りの四百九十餘人分については、あるいは趙鎮明本人の情実によって、あるいは配下の吏郷（郷任と郷吏）の情実によって、あるいは趙鎮明の私設秘書である衙客の情実によって、不正に任命されたものであったという。

これによって、実に三万四千六百餘両もの金銭が趙鎮明本人、または配下の吏郷・衙客の懐に入ることになったが、だからといって、それらは全て不正な目的に使用されていたというわけでもない。売官による所得は、あるいは在地士族の組織である郷庁の通常の運営費として支出され、あるいはさらなる猟官のための運動資金として支出され、あるいは有耶無耶のうちに消費されてしまったという。郷庁の運営そのものが、ある意味では「売官」によって成り立っているという事実にも注目したい。

ともあれ、これらはいずれも不正な取得金（贓物）であるので、趙鎮明本人からは一万一千四百餘両、その配下の吏郷からは三千八百餘両を賠償させることにしたが、これでは全体の半分にも満たず、結局、残りは回収不能となってしまったという。実に膨大な金銭が有耶無耶のうちに消費されてしまったわけである。ただし、その一部は地方の行政経費に回され、地方の財政を実際に支えていたという側面もあることは見逃すことができない。

二　校生と将校

いわゆる郷品の身分を獲得するために、地方の在地有力者が地方の財政に積極的に貢献していた様子は、沈魯崇の『南遷日録』を通しても確認することができる。

十九世紀初頭に慶尚道機張県に流配された沈魯崇は、在地の人々と交際するに当たって、おおむね次のような基準を設けていた。まず、留郷品官（郷品）に対しては自分と対等の「両班」として礼遇し、郷校生徒（校生）や地方軍の下士官（将校）――併せて校武という――に対してはソウルの「中人」と同様に待遇し、郷吏・官属――併せて吏属という――に対してはソウルの「下人」と同様に待遇する。言い換えると、彼は自分の交際範囲に属する在地の人々を「郷品・校武・吏属」の三階層に序列化し、これを中央における「両班・中人・常漢」の三階層になぞらえていたのである。(12)

このうち、常漢身分の者には軍役その他の身役の負担が重くのしかかっていたが、校生・将校の身分を得れば、ひとまず、この軍役の負担を免れることができる。このため、郷品身分の獲得を目指す人々は、まずは最初の足掛かりとして校生ないし将校の身分の獲得を目指すことになる。

(1)　陞校

陞校とは校生の身分を獲得して「校籍」、「校案」に登録されること。校生とは「郷校生徒」の略で、つまりは地方州県の官立学校の学生である。もっとも、在地有力者が校生の身分を獲得するのは専ら「礼銭」の納入（つまりは賄賂）によるもので、これを「売校」といった。またその目的は軍役を回避するための単なる手段としてであって、必ずしも就学を目的とするものではない。このため朝鮮後期における郷校は、教育機関としての形骸化が著しい。

沈魯崇は『南遷日録』のなかで、この「陞校」を果たした在地の有力者を何人か具体的に取り上げて記述しているが、たとえば沈応沢という人物は機張県の退役郷吏（退吏）で、体格はがっちりとして精悍であり、引退後は「校生」の身分に昇って「倉監」の任を担っていた（倉監は後述する「郷任」の一種）。機張県に重大な問題が起こったときは、必ず彼に相談して方針を決めたというから、その影響力は絶大である。(13)

また、呉某はその祖父が大丘の郷吏で、父は郷吏役を免除されて「校生」となった。呉某は兄弟ともども学問を好み、「科挙」の学を捨てて「読書」に勤しんでいたというが、(14)それもすべては父が「陞校」を果たして子孫に免役の特権を及ぼしてくれたお蔭である。

このように「陞校」して校生の身分を獲得すれば、本人のみならず、その子孫にまで軍役その他の身役免除の特権が及ぶ。(15)なるほど、郷校における定期考査で「落講」した場合は校生の身分を喪失し、軍役（特に軍保の役）に割り当てられる規則であったが、これについても抜け道はある。すなわち、戦乱・饑饉などに際して「願納」を行い、国家に対して財政的な貢献を果たした者は、「免講帖」の支給を受けて、終身、校生の身分を維持することができた。(16)このため、在地有力者はその経済力によって校生の身分を獲得し、これを維持して、容易に軍役（身役）を回避することができたのである。

一方、将校というのは朝鮮後期における地方軍の下士官のことで、彼らは郷吏と併せて「吏校」と呼ばれる在地の有力者であった。吏校は地方行政の実務を担当する立場から様々な特権を行使し、特にその親族に対しても軍役その他の身役免除の特権を及ぼしている。(17)そうして、この特権をさらに確実なものとするために、退役した郷吏や将校の子弟は早速にも「挟冊の計」を立てて学生となり、「家産のやや饒かなる者」は、「百計行賂」して

「陞郷」、「陞校」を果たそうとする。[18]「陞郷」とは後述のとおり郷品となること、「陞校」とはその前段階において校生となることを意味するが、いずれにせよ彼らの目的とするところは軍役負担の回避にほかならない。要するに、「陞郷」、「陞校」する者の多くは学生の身分に借りて軍役を回避しようとする郷吏や将校の子弟たちによって占められていたのである。

このように、朝鮮後期における軍役負担の加重は、その負担を免れるための身分上昇への欲求を激しく煽り、曽ての軍兵も今は「将校」や「校生」となって、その一族が不正に軍役の負担を免れていた。このため、そのしわ寄せが非力な良民層に集中しているという認識は、およそ「軍政」の問題を論じる当時の知識人たちの共通の認識となっていた。[19]

しかしながら、地方行政の実務は在地有力者の協力なくしては遂行することができず、その報償としての特権を認めなければ、彼らの協力を得ることもできない。地方の財政が各種の「願納」によって支えられている以上、その主体となる将校や校生に対しては、ある程度の特権は認めざるを得ないのであった。

(2)　陞郷

陞校して校生の身分を獲得した者は、次に陞郷による郷品の身分の獲得を目指す。「陞郷」とは郷品の身分に昇ること。具体的には「郷任」を得て「郷庁」の一員となり、在地士族の名簿である「郷案」に名前を登録することを意味している。

在地士族の組織である郷庁では、地方の行政実務を担当する各種の「郷任（地方行政委員）」を管内の在地士族のなかから選任するが、選任に際しては、しばしば賄賂による任命――いわゆる「売郷」――が横行した。平壌庶尹・趙鎮明による売郷については既に言及したが、この「売郷」によって「郷任」を得れば、それで形式上は郷庁の一員であるということは、すなわち「陞郷」して郷品になったということであり、郷品として「郷案」に登録されたということは、すなわち「両班」になったということにほかならない。[20]

かくして両班の身分を得れば、本人のみならず、その一族までもが一律に軍役免除の特権を獲得することができた。たとえば英祖朝の李日躋の言によると、平安道では在地有力者が自己の田宅を売り払って地方官に賄賂を納め、「郷任」その他の差任を獲得することによって、本人及びその子弟が免役の特権を享受し、そのしわ寄せはすべて平民に押し付けられていると指摘している。[21]

このように「郷品」の拡大によって無制限に「両班」が増えると、当然、軍役（身役）を負担すべき常漢が減少し、延いては軍制そのものが崩壊する。正祖朝に繰返し「売郷」の取り締まりが行われているのは、そうした危機意識の表れにほかならない。[22]とはいえ、「売郷」によらなければ地方の財政を維持することができないため、実際には「納粟」等の手段により「郷品」の身分を獲得し、その一族ともども軍役免除の特権を獲得するものが跡を絶たないのであった。

たとえば、沈魯崇の流配先である機張県においても、官衙の「門楼」の改築費用を捻出するために「郷任」を発売したことがあったが、このとき、田数十斗種《マジギ》を有して村では富裕な部類に属する「校生」の崔聖恒という人――先の沈魯崇の分類では「中人」に相当する――が、所有する土田の一部を売り払って銭七十両を工面し、このお金で「郷任」の一つである「別監」の任命状（別監帖）を取得している。郷任を得れば、在地士族の組織である郷庁の一員、すなわち「郷品」となるから、つまりは立派な「両班」である。いまや「両班」となった彼は、さっそく沈魯崇から「笠」を借り受け、喜色満面、「これから馬に跨り、通引（地方官衙の給仕）を率いて、郷庁に入るつもりだ」と語っていた。[23]

生計の基となる土田を売り払って「両班」の名誉を買い取った崔聖恒のことを、生粋の両班である沈魯崇はただ嘲笑うばかりで、もちろん彼を真の「両班」とは認めていない。とはいえ、少なくとも在地社会においてはそれで立派に「両班」として通用したのであるし、なにより一族ともどもに軍役免除の特権を行使することができるのである。崔聖恒が有頂天になっているのも当然であろう。

在地社会において「両班」としての認知を受けることができるかどうかは、地方官（守令）による収奪から免れようと必死になっている者たちにとっては、まさしく死活問題であったのである。

三　郷品と班民

いわゆる「売郷」によって「陞郷」し、郷品の身分を獲得した、いわば成り上がりの両班たちに対し、生粋の両班である沈魯崇の評価は厳しい。逆に、沈魯崇は流配生活中にいろいろと便宜を図ってもらった郷吏階層の人々に対して割合と好意的で、「その本（先祖）は勝国（高麗）の時の杜門洞の諸人の、没して吏と為るに出ず」、つまり、彼らはもともと高麗時代の「両班」の家柄で、朝鮮時代に入って出仕を拒んだために吏役についているものの、「いわゆる郷品の軍保より出ずることわずかに数世の者」と比較すれば、むしろ郷吏のほうが家柄は優っているとまで評している。(24)その評価が適切であるかどうかはともかく、いわゆる郷品の家柄が士族の目からみて賤視されていたことは間違いない。

納粟等の手段によって新たに「郷品」の身分を獲得した新興士族層は、古くから「両班」としての家柄を誇ってきた既存の郷品層——いわゆる「旧郷」——に対して「新郷」と呼ばれ、両者は「郷任」のポストを争ってしばしば対立した。その対立は、中央政界における党争とも関連しつつ、時に暴力行為や訴訟事件を伴ったいわゆる「郷戦」にまで発展する。こうした新旧の郷品の対立によって、朝鮮後期における郷村社会の構図が大きく変容していくことになるである。

(1)　新郷と旧郷

たとえば、慶尚道盈徳県の「故家大族」は、おおむね「南人」に属していたが、新興勢力である「新郷」層は、これに対抗して自ら「西人」と称し、「南人」を陥れるために朱子と宋時烈（西人）とを祀っていた「新安祠」において宋時烈の肖像画の盗難事件を捏造したという。[25]同様の事件は、慶尚道英陽県においても起こっている。[26]沈魯崇が流配された機張県においても、当時の在地有力者たちの関心事は専ら中央政界における「時派（時牌）」と「僻派（僻牌）」との争いにあったが、[27]それというのも、この中央政界の争いに対する対応如何によって、在地社会における新郷と旧郷との対立構図にも何らかの変化の生じることが避けられないからであった。

こうした地方社会における党争の背景にあったものは、通例、郷庁の差任（郷任）や郷校の差任（校任）をめぐるポスト争いである。郷任や校任は、在地有力者が郷品としての地位を確立するための最も重要な階梯の一つであって、これらを獲得すれば、本人はもとより、その一族が挙って軍役免除の特権を行使することができる。地方官（守令）による圧迫から身を守るためには、なにより、両班の身分を獲得することが重要であったから、自然、在地有力者たちの「郷任」、「校任」をめぐる争いは激化せざるを得ないのであった。

(2)　班民

ひとたび「郷任」や「校任」を獲得した者は、たとえその差任を失っても「郷品」としての社会的な認知を喪失することはない。この点は、中央政界において官職をもたない「両班」たちが、将来官職を獲得する可能性を有すること、ないし官職を得るに相応しい「徳」を身に着けていると主張することによって、依然として「両班」としての社会的認知を確保しつづけていたことと同様である。

かくして「両班」の子孫は、たとえ実態としては「常漢」と同様の境遇にあっても、尚且つ自らは「両班」と称して軍役その他の身役の負担を免れようとした。英祖朝における「均役法」施行の争点の一つは、他でもない、この広義の「両班」に対して軍役の負担を求めるかどうかということであった。

このとき「両班」に対する軍役の賦課に強く反対した李宗城（一六九二～一七五九、李台佐の子、少論）の議論によると、中央の「公卿」の子孫と地方の「校生」以上の者は、通称して「両班《ヤンバン》」というが、その数はほとんど平民の半ば以上に達している。「両班」は、その体面を保つ必要上、農・工・商などの生業に従事することができないので「最も貧」なる階層である。しかし、その彼らによってこそ「名分」の秩序が保たれているのであるから、この「最も貧」なる「両班」に、さらに軍役の負担を求めることはできないという。[28] 結局、均役法の改革においても「両班」の軍役免除の特権が根本的に改められることはなかったのであるが、それは「両班」によって支えられた王朝政府の本質的な限界を示すものにほかなるまい。

両班の両班たる所以は、結局、両班として振る舞うこと、すなわち「礼」の実践に求められる。それがいかに空疎なものであったのかは、燕巌・朴趾源（一七三七～一八〇五）の「両班伝」に活写されているとおりであるが、[29] しかし、その空疎な「礼」の実践によってこそ「名教」の秩序が保たれているのだ、という世界観が有効である限りは、「両班」による支配が公的に否定されることはなかった。[30]

とはいえ、「最も貧」なる「両班」のなかには、生活の糧を得るため、やむを得ず農業に従事する者がいなかったわけではない。そうした人々のことを、朝鮮後期に固有の言葉としては「班民」という。[31] 彼らは実態としては常漢と同様の単なる農民にすぎず、このため、一般の農民と同様に「勧農有司」の差任に割り当てられたり、「還上」と呼ばれる一種の強制貸付の割り当てを受けたりしなければならなかったが、[32] それでも彼らは両班としての意識を保持していた。また現に地方の行政実務を担当している郷任のなかには、彼らの同族ないし縁故の者も少なくない。そこにはおのずから同族としての情実が働くので、いわゆる班民が軍役の負担を慣例として免れていたことは当然であろう。こうした「班民」の増大にこそ、「班多良少」、すなわち両班が多く良民が少ないといわれた当時の社会構造の矛盾が端的に示されているのである。(33)

軍布（良布）の徴収は国家の財政を支える基本の一つであり、軍役負担階層である良民を少しでも多く確保する観点からいえば、いわゆる「班民」は当然「常漢」として扱い、彼らに軍役の負担を割り当てるべきであった。しかし、「班民」に対して苛酷な取り扱いをした守令は、同じ「両班」意識によって結ばれている士族社会一般からの好感を得ることができない。悪くすると、考課（成績評価）でもマイナスとなるので、なるべくは班民に対する「礼」を欠くことのないようにしなければならない。そうなると、結局、そのしわ寄せは一般の良民層に押し付けられることになるので、在地の有力者は守令・吏属の圧迫から逃れるために「郷品」への身分上昇を図り、いわゆる「班多良少」の現象にますます拍車がかかることになる。

「人に治めらるる者は人を食《やしな》い、人を治める者は人に食《やしな》わる」。(34)しかし、「人を治める者」ばかりが増大する社会において、「人に治められる者」の負担は、ますます重くなるばかりであった。(35)

小結

前近代の社会においては個人対個人の関係に身分上の差等を設け、長官と属官、家長と奴婢、尊長と卑幼などの、それぞれの社会的・身分的立場——いわゆる「名分」——に応じて法的な責任の取り方を区別した。たとえば同じ暴力行為であっても、尊長が卑幼を殴った場合にはこれを軽く処罰し、卑幼が尊長を殴った場合にはこれを重く処罰するというのが「律」の原則である。[36] 社会の下位にある者はそれより上位にある者の保護を受け、その恩恵によって存在を全うしているのであるから、その分、上位者に対しては尊敬と従順の義務を尽くさなければならない。そうしてはじめて社会の安定性・持続性が確保される……、というのが、生産基盤の不安定な農業を主産業とし、戦災や饑饉などの脅威にさらされながら、なにより生活の「安定」を求めていた前近代の人々の一般的な通念であった。

これに対し、近代の社会においては個人対個人の関係を「契約」に基づく「平等」の関係として捉え直し、人々の自由な「競争」を通して産業の発展と社会全体の富の向上を図ることこそが求められる。そこでは自己の権利を伸張し、かつ他人の権利を侵害しない成熟した市民社会こそが理想とされる。「一身独立して一国独立す」。[37] 近代的な国民国家の確立は、国民一人一人の権利の確立によってこそ実現するはずのものであった。

この場合、人々の「自由」を妨げる前近代的な「身分」による差別は、法のもとの「平等」の原則を損なうものとして真っ先に排除されなければならない。ただし、「共同の利益の上に」設けられた「社会的な差別」は必ずしも否定されるわけではない。[38] 伝統的に「流品」の意識の強い東アジア世界において、「共同の利益」の上に立った真の「平等」を実現させることは、依然、困難な課題として残されているのである。

前近代の東アジア社会においても、もちろん「自由」と「平等」の観念は存在した。しかし、他者に従属しなければ生存することすらできないような厳しい社会環境――貧困、饑饉、戦乱等――のなかで、人々はしばしば自己の天賦の権利を捨てて、進んで上位者に従属する道を選ぶ。朝鮮時代においても一般の良民たちが有力者の属民となり、有力者の庇護のもとに国家の課役を免れようとする動き――いわば隷属による自由の確保――が活発に行われていたことは見逃すことができない。

一方、社会の上位者たる「両班」に対しては、下位の者を保護し、下位の者を善導する義務が求められていたが、しばしばそれは「偽善」を生み、下位者に対する義務を十全に果たさないままに、上位者による下位者への圧迫のみが加わっていった。このような場合、下位者による抵抗は、一つには上位身分への上昇という形態を取って果たされていたが、それでは個別的な救済にはなっても、むしろ上位者による下位者への圧迫が全体として強化されるばかりである。

朝鮮後期は、まさしく下位者（常漢）の上位者（両班）への身分上昇によって、全体として下位者（常漢）の経済的な負担——いわゆる三政（田政・軍政・還政）の負担——が激増していった時代であった。もちろん、それは「両班」による支配の根幹をも揺るがしかねない重大な問題として認識されていたが、その一方では中央財政の肥大化に伴う地方財源の枯渇により、地方有力者たちの「願納」による免役——それによる「両班」化——を認めなければ国家の財政が立ち行かない状況になっていたことも確かであろう。(39)

通例、この種の不均衡は王朝の崩壊によって清算される。中国ではたびたび繰り返される王朝交替によって自然と支配階層の入れ替えが行われてきたが、朝鮮王朝五百年の支配を支えてきた両班支配体制もまた、結局は自らの肥大化により、その存立の基盤となる王朝国家それ自体を滅ぼすことになったのである。

注

（1）沈魯崇、字泰登、号孝田、青松の人。父の沈楽洙（一七三九〜九九、字景文、号恩坡）は「時派」の代表的な論客。したがって沈魯崇もまた時派に属し、純祖初年に「僻派」が政権を握ると「姦党」の罪によって慶尚道の機張県に流配された。

（2）沈魯崇『南遷日録』（『韓国史料叢書』第五十五、二〇一一年、果川、国史編纂委員会）。

（3）『文選』巻五十八、褚淵碑文（王倹）「内賛謀謨、外康流品。」（李善注）李重集曰、為選部尚書、其箴曰、銓管（人）〔九〕流、品藻清濁。（李周翰注）流品、百姓百官也。

（＊なお、朝鮮末期においては「士大夫」以外の本系常人の官人を「流品」と称していた（黄玹『梅泉集』巻六、送李使君鳳相序）。これは勤務評定によって流内官に入った者を、世襲の貴族と区別して「流品」と称しているのであろう。）

（4）『世宗実録』巻四十八、世宗十二年四月癸未条　上曰、「其称本系常人、非謂工商賤隷也。乃謂非世族、而仕於卑官、西班八品、東班九品以上之人也。若司謁・司鑰・舞隊之類、雖有職、不在流品之例。……」

（5）柳馨遠『磻渓随録』巻九、教選之制、郷約事目　按、古者有士民之別、而其別之也、以其行業之有賢愚。非以其族世之華楚也。而本国之俗、専尚門地、於業士之中、而又有所謂両班［大夫・士之子孫族党也。凡国制、唯大夫・士之族、得通東西班正職。故俗称両班］・庶族［本庶人之族、而得参官序、及為校生之類、俗称中人。又謂閑散・方外］・庶孽［大夫・士之妾出子孫］、品流定隔、不相為歯。

（6）『英祖実録』巻三十二、英祖八年八月辛酉条　礼曹啓言、「自前揀択時、許婚五条外、勿捧単者、又有四条［家長之在喪中者、形体之有疾者、出継者之已出立案者、及外方郷品之類］。己未年揀択時、有父無母之人、及後娶所生、因上教捧単。今亦依此例遵行乎。」上可之。時、和順翁主将行嘉礼故也。

（＊和順翁主は英祖のむすめ。生母は靖嬪李氏。月城尉金漢藎に嫁ぐ。）

（7）『正祖実録』巻三十六、正祖十六年十一月戊午条　……洪立人則丙午一次相面於大興場屋、伊後不見矣。去月立人忽然来見、仍為留宿、以為渠之祖与父山、要以占給。蓋粗解堪輿之術故也。答曰、「吾雖為親略暁地術、君則郷品也。吾則士夫也。吾豈為汝占給山地乎。」

（8）『正祖実録』巻二十一、正祖十年四月乙未条　召見両医司及司訳院都提調。……李福源請自廟堂行会於両道道臣、無論士族・郷品、与古方・新方、如有精通運気、搆出方文之人、則使之来呈営邑、転上京司、以為爛加裁択、遍施中外之地。従之。

（9）『英祖実録』巻七十五、英祖二十八年正月乙亥条　兵曹判書洪啓禧、進均役事実冊子于王世子。其書曰、……迩来世道漸変、法綱漸弛、士夫子弟、已不復隷名於諸衛、以郷品冷族、亦称両班、図免身役。於是乎軍役尽帰於疲残無依之窮民矣。

（10）『仁祖実録』巻三十四、仁祖十五年二月辛巳条　都承旨李景奭、請下諭于三南及江原道、備送農牛・穀種、以済畿甸・両西之急、而民間如有願納者、或賜爵、或免役、且宜停罷貢物之不緊者。上曰、「卿言甚当。急速施行。」

（11）『正祖実録』巻三十三、正祖十五年十月乙卯条、参照。

（12）『南遷日録』四、純祖元年九月初二日条　問所業、答言吏役退仕。問陞校、曰未也。来此後、待人、儒郷、礼之。校生与将校、待之如京之中人。吏属、待以下人。此人既謂退吏、未陞校、則不可不爾汝之。

『南遷日録』四、純祖元年十一月十四日条　此来、与人称謂之際、郷品礼之、校武次之、吏属次之。此固遠近之通宜。

（＊郷吏は通例「中人」とみなされているが、ここでは校生と将校を中人とみなし、郷吏は官属と合わせて「下人」とみなされている。）

(13)『南遷日録』巻八、純祖三年二月二十二日条　夕往見沈応沢。……此人即県之退吏、為人幹固精悍、老退陞校生、為倉監。県有大事、必就決。

(14)『南遷日録』巻十、純祖三年十二月十七日条　呉生自言、其祖大丘郷吏、其父免役為校、其兄弟倶嚮学、廃挙読書、……。

（＊校は校生の意）

(15)『正祖実録』巻二十三、正祖十一年四月癸丑条　両西暗行御史李崑秀復命、……別単曰、「……売郷之弊、有許多般名色。有捧賂銭、而差郷任・軍任・面任者焉。有捧礼銭、而升郷案・校案者焉。此皆国家之良丁也。……経郷任・軍任者、陞郷案・校案者、挙皆免軍丁、兼又免徭役。……家産稍饒者、百計行賂、或陞郷、或陞校。一経校郷、数世免役。如是之故、閑丁日縮、小民偏困。

(16)『仁祖実録』巻十四、仁祖四年十二月庚戌条　上下教曰、「国家方欲率由旧章、修明軍政、故有此大段考籍之挙、非特欲充軍額而已、乃所以勧奨之道也。雖然、許多校生・業儒・業武之人、一朝尽被汰降、睊睊不楽、則為民父母者、豈得安其心哉。朝廷方議姑勿定軍、以安其心、而終不可永免。予意以為、落講儒生、落試業武中、如有投托良丁及公賤三口以上陳告者、並為免講帖成給、使之永免軍役、則於公於私、並似便益。令該曹議啓。」

(17)『正祖実録』巻二十三、正祖十一年四月丙寅条　嶺南左道暗行御史鄭大容復命、……別単曰、「……。一、軍政黄白、無邑無之。民少額多、已成通患。苟究其弊、自有厥由。……富民之差任村校者、子孫弟姪、倶免軍籍。……疊役之怨、闕額之患、其勢固然。而軍国之需、元無万一之補。……村校、只令限己身免役、……則黄白之簽役、庶有釐正之方。……」備辺司覆啓言、……。又啓言、「……軍校子枝之公然免役、……不可不一並刊汰、以紓小民之倒懸。請依繡啓、分付道臣、酌量便宜、使即釐正。」允之。

(18)『正祖実録』巻二十三、正祖十一年四月癸丑条　両西暗行御史李崑秀復命進書啓、……別単曰、……大抵西俗、多不守分、退校老卒之児、皆懐挟冊之計、辺塞鎮堡之人、絶無操弓之類。家産稍饒者、百計行賂、或陞郷、或陞校。一経校郷、数世免役。如是之故、閑丁日縮、小民偏困。今若汰櫛校院餘額、厳防濫陞図差之弊、則一里可得五六良丁、一坊可得数十良丁、以此代彼、庶不至於如前虚伍。……又啓言、「関西軍丁之弊、若不大査正、大変通、逖矣西民、将何控訴。限十年溯考、不当陞郷・陞校之類、一併降定。軍校子枝、許免軍役、元無法典所載。自今勿許免、作為定式、而以今狃安之民習、不無繹騷之慮。査汰捜括之方、毋亟毋徐、漸使就緒為便。」允之。

(19)『正祖実録』巻九、正祖四年二月庚午条　訓錬大将具善復上疏曰、「古者民有恒産、農工商賈、各勤其事、胥徒軍伍、各按其職。降自叔季、各分大壊、競相陵躐、不農不賈、游衣游食。昔之軍兵、今則為校生・将校、而執耒之民、納布之軍、皆是窮餓無頼之類。戎政踈虞、生民困悴。目下之弊、前頭之慮、尤難勝言。……」

(20)『英祖実録』巻七十一、英祖二十六年六月乙酉条　兵曹判書李天輔奏曰、「海西騎士事、誠可悶。渠輩以本土両班、傾資破産、備衣装上番、而所望大違、更生怨悔、実有風吹草動之慮。本道土俗、入郷案、始以両班行世。上番騎士、経番之後、許入郷案、著為令甲、則渠輩必楽赴而無怨矣。」

(21)『英祖実録』巻六十六、英祖二十三年十月庚申条　命前平安兵使李日躋入侍。……上又詢軍政。日躋対曰、「疲残可矜、無如西土軍民也。民稍有一頃田・数架屋、則輒売而納賂、升郷任・将官。最疲残者為平民、而編在軍籍。以此郷儒之権益盛、軍民之苦益甚。若非自朝家有以変通之、則西関一域、恐非朝廷恩威之所能及也。」

(22)『正祖実録』巻二十三、正祖十一年四月丙寅条　嶺南左道暗行御史鄭大容復命、……別単曰、「……。富民之差任村校者、子孫弟姪、倶免軍籍。至於升郷之類、強近諸族、并在応免。……今、……村校、只令限己身免役。而陞郷、則係是朝禁、尤無可論。……」備辺司覆啓言、……。又啓言、「……軍校子枝之公然免役、夤縁干囑而濫陞郷品、不可不一並刊汰、以紓小民之倒懸。請依繡啓、分付道臣、酌量便宜、使即釐正。」允之。

『正祖実録』巻二十三、正祖十一年五月庚午条　教曰、「守令不法、不一其端。如売郷・濫殺等事、不用一切之法、大非刑期無刑之意。売郷者、限年禁錮。」禁府請七年禁錮。允之。(＊禁錮は任官資格停止の意)

(23)『南遷日録』巻十四、純祖五年三月二十四日条　県官改建衙門楼、売郷任資用。此村崔聖恒校生、有田数十斗種、村中称稍饒者。今日受別監帖、将納七十両銭。非斥売土田、無以辦出云。而来見余、請借笠。喜色満面、謂将跨馬、率通引、入郷庁云。不識売田之可惜、而但称跨馬率通引入郷庁之為可栄。其事可笑。而彼蕉扇下、捨三綱之重、而快一時之意者、視此軽重、又何如也。

(24)『南遷日録』巻十、純祖三年十二月十七日条　域内吏属、惟嶺南一邦、有所謂郷吏。其本出於勝国時杜門洞諸人、没為吏、至有数十世相伝。其視所謂郷品之出自軍保纔数世者、地孰賎乎。

(25)『英祖実録』巻六十一、英祖二十一年正月甲申条　太学生洪鼎猷等上疏言、「慶尚道盈徳県、有新安祠、奉安朱夫子影幀、配以先正臣文正公宋時烈真像、為多士蔵修之所。乃於去年十月二十六日、県居申世績等九人、乗夜踰垣、截断院宇鎖鉄、偸出朱夫子及文正公真像、焚之於林藪中。請縄以極律、央正王法。」令本道、詳覈状聞。

『英祖実録』巻六十五、英祖二十三年六月甲戌条　上召見嶺南御史韓光肇。……上曰、「盈徳獄事、出郷戦耶。」光肇曰、「盈徳故家大族、皆南人。所謂新郷、則自称為西人者也。近来則西人用事於学宮、与旧郷自相傾軋矣。朱子画像、因雨漫漶。故新郷輩、或慮声罪、遂生嫁禍之計、匿其画像、並匿先正臣宋時烈画像、倡言以南人偸窃。因指摘某某七人姓名、呈訴本県。本県通于鎮営、累年推覈、刑杖酷毒、人称其冤。臣下去之後、推得其実。然画像去処、終不直供、以為埋置案山、因以沙汰云。安知不投諸水火也。」上曰、「頃年館学儒生、不知如此、陳疏矣。」

（＊案山とは風水の術語で「明堂（風水の気の集まる所）」の南の小高い山を指す。）

(26)『純祖実録』巻十一、純祖八年三月戊戌条、及び四月己卯条、参照。

(27)『南遷日録』純祖元年三月二十五日条　主人長子来見、……忽曰、「謫罪亦由於時僻之争耶。」余笑答、「吾輩何関時僻、罪固自作、不能自逭矣。」彼笑不更説。……

（＊『尚書』太甲中　天作孽、猶可違。自作孽、不可逭。）

(28)『英祖実録』巻七十一、英祖二十六年六月癸巳条　我国貧国也。京外士庶、除素封与禄食外、大抵多窮餓之人。其中両班最多而又最貧。士夫之公卿子孫、与郷人校生以上、通称両班。其数殆過於凡民之半矣。朝鮮両班、一為工商、則立成常漢、工商不可為也。謀生之道、只有農務。而若欲躬耕而妻饁、一如農夫之為、則閑丁勧農之帖、不旋踵而至矣。此又忍死而不能為者。工商農業、皆不能為、外面冠服、与其婚喪、猶欲不失於両班貌様。安得不最貧也。内而京都、外而八路、蝸屋欹傾、蓬藋無没、風雪窮寒、烟火独絶者、不問可知其為貧士之廬。至於女子之年長未適人者、大抵皆両班子枝。世間之窮生、実無此輩之可比。……我東風習、絶異中国。粤自羅麗、最重名分。其不可一朝改革也明矣。是故、識者以我朝両班、比昔之封建。以其維持民心、使不敢生変、亦不為無助於国家也。……

（＊沈魯崇は校生を「中人」とみなしているが、ここでは校生以上を「両班」と称している。）

(29)『燕巌集』巻八、両班伝、参照。

(30)『湛軒書』（朝鮮・洪大容撰）外集巻二、「乾浄衕筆談」所引、東国記略）　名分截厳。仕宦之家、称以両班。其子孫雖貧、不業農商。農商之子、雖有才智、鮮入仕路。悪逆之外、刑不上大夫。是以為官者亦畏謹邦憲、砥砺名節、以貪汚受罪者絶少。

(31)『憲宗記事』（『稗林』所収本）巻二、憲宗二年七月条　大王大妃殿曰、「何民不可侵軍役耶。」（洪）奭周曰、「不可侵者、即班民也。大抵、士族則不侵、固可也。而近来法網解弛、至士氓中、若干食粟者、皆欲一切図免。此固莫大之弊也。……」

(32)『完営日録』巻五、甲午五月初九日条　同日、各面移秧、別加董飭事、発関全州府。（関文）為相考事。……各里中、択其勤実力農之戸、勧農有司、各一人式、差出挙行是矣、班民則上有司、小民則下有司、成給差紙、各其里、移種之節、使該有司、担当董飭、一斉移揷。

『完営日録』巻八、甲午十一月十三日条　同日、以旧還耗条外、加出来歴、及金陽碩等作梗情節、査報事、発関錦山郡。（関文）為相考事。……首校与吏房、倡率将校・奴令数百名、乗其民人之呈訴出門、持杖乱打、幾至死境者過半、而其中李在鳳・朴致良段、倶以班民、最為受傷、実係変怪。（＊傍線部は吏読）

(33)『英祖実録』巻七十三、英祖二十七年四月乙未条　忠清道観察使李益輔上書、略曰、「……且本道素称士夫郷、班多良少、常時簽丁之難得、有若亀背之括毛。……」

(34)『孟子』滕文公上　或労心、或労力。労心者治人、労力者治於人。治於人者食人、治人者食於人。天下之通義也。

(35)福沢諭吉『文明論之概略』（巻二、第四章）に展開された儒教批判は、そのまま朝鮮末期の社会に対する痛切な批判ともなっている。「此学流、若し周ねく世に行はれなば、天下の人は悉皆政府の上に立て政を行ふの人にして、政府の下に居て政を被る者はなかる可し。人に智愚上下の区別を作り、己れ自から智人の位に居て愚民を治めんとするに急なるが故に、世の政治に関らんとするの心も亦急なり。遂に熱中煩悶して喪家の狗の譏を招くに至れり。余輩は聖人のために之を恥るなり。」

(36)この原則は『大明律』巻二十、刑律三、闘殴の項、巻二十一、刑律四、罵詈の項などに典型的に示されている。

(37)福沢諭吉『学問のすゝめ』第三篇。その前身となる「中津留別之書」には「一身独立して一家独立し、一家独立して一国独立し、一国独立して天下も独立すべし。士農工商、相互に其自由独立を妨ぐべからず」とある。言うまでもなく、これは『大学』の「修身・斉家・治国・平天下」に対するアンチテーゼとしての立言である。

一体、『大学』では一人の君子（君主）の治者としての「徳」が、一身から家・国・天下へと広がっていく。人民はあくまでも受け身である。それに対して福沢は、一人一人の人民の独立心が、互いに競いつつ、調和を保ちながら家・国・天下へと広がっていくことを理想とするのである。

(38)　「フランス人権宣言」（一七八九）の第一条に、「社会的差別は、共同の利益の上にのみ設けることができる」とある。（『人権宣言集』所収、一九五七年、東京、岩波書店）

(39)　旧韓末の資料によると、旧韓国の「両班」は、元老以下、実銜・借銜を合わせて八万餘名、「儒生」は一百十餘万（『梅泉野録』巻六、隆熙四年七月条）。これに対して全人口は「一千五百萬有奇」であったという（同年一月条）。

附論二　朝鮮後期の新安祠と地方知識人社会

朝鮮後期には在地士族の勢力争いに端を発する「郷戦」が各地に頻発した。それは基本的には在来の士族勢力である「旧郷」と、他郷からの流寓士族や庶孽《しょげつ》・中人出身の新興の士族、すなわち「新郷」との対立であるが、その背景には朝鮮後期における地方守令権力の伸張が、それに対抗し、または従属する地方知識人社会の内部に対立と分裂をもたらすというメカニズムが存在したことを見逃すことができない。またそのこととも連動しつつ、中央における儒教知識人たちの「党争」が、地方の郷戦を促進するというメカニズムが存在したことにも注目しておかなければならない。

この種の郷戦に関する実証的な研究は、韓国の学界においては既に相当に蓄積されているが[(1)]、本章では郷戦に対する中央政府の対応、特に法制面における対応という観点から改めてこの問題を検討したい。その舞台は、朱子を祀る各地の「新安祠」である。

『四書集注』に収める大学・中庸の序に、それぞれ「新安朱熹序」とある。新安（新安郡）とは宋代の江南東路・徽州（歙州）の旧名。朱熹は徽州管内の婺源県を本貫とするため、署名に際しては常に「新安朱熹」と称している。(2) 新安といえば朱子、朱子といえば新安。それは東アジアの儒教知識人たちにとって最も親しみのある地名の一つであったといっても過言ではあるまい。

一　新安祠

朱子学を国家の正統教学として奉じる朝鮮王朝時代、とりわけ朝鮮後期の人々にとっても、新安という地名は当然に尊崇の対象となるものであった。このため朱子の出自とは無関係の朝鮮半島においても、単に地名が新安であるというだけの理由で各地に朱子を祀るための祠堂や書院が建立されている。

たとえば、平安道の定州はその別号を新安といったが、これは世祖十二年（一四六六）に定州の州治を随川廃郡の新安駅に移したことに因んでいる。(3) このため定州の在地の知識人たちは、新安の地名に因んで粛宗三十八年（一七一二）に新安祠を創建し、ここに朱子の肖像画を祀っていた。そうしてこの新安祠は粛宗四十二年（一七一六）には朝廷からの「賜額」――国王より賜った扁額――を得て新安書院として発展していった。(4) また、慶尚道の盈徳県においても粛宗二十八年（一七〇二）に在地の知識人たちが新安祠（新安影堂）を建てて朱子の肖像画を祀っていたが、(5) これは県内の新品面と真安古県とを併せて新安と称した地名に因むものであるらしい。(6)

定州の新安祠（新安書院）は朱子を単独でまつる「独享」の祠堂であったが、盈徳県の新安祠（新安影堂）においては、英祖六年（一七三〇）より「海東の朱子」と呼ばれる宋時烈（一六〇七～一六八九）の肖像画をも配享して祀っていた。しかしこの宋時烈の肖像画を配享したことが、はしなくも朱子の肖像画を巻き添えにした郷戦の引き金を引くことになるのである。

二　郷戦

盈徳・新安祠の朱子影幀をめぐる事件は、先行研究にも指摘されているとおり、在地士族間の勢力争いに端を発する、いわゆる郷戦の一種である。[7] 慶尚道盈徳県の新安祠（新安影堂）は粛宗二十八年（一七〇二）に創建され、朱子の影幀を祀っていたが、英祖六年（一七三〇）には宋時烈を追配してその画像をも祀っていた。[8] ところが英祖二十年（一七四四）十月二十六日のこと、申世績ら九名が夜間にこれらの肖像画を盗み出して林藪の中で焼却してしまったという。このことを知った太学生――中央の成均館の学生――である洪鼎猷らは、国王英祖に対して早速にも申世績らの処罰を求める上疏を提出した。[9]

しかし、事件の真相は太学生らの主張とは異なっていた。この事件の調査に当たった嶺南御史の韓光肇によると、盈徳県ではもともと南人系の在地士族（旧郷）が勢力をもっていたが、他郷からの流寓士族、または庶孽・中人などから身分上昇を果たした成り上がり者などからなる新興士族勢力（新郷）は、対抗上、西人と称して互いに勢力を争っていた。このため、新郷（西人）の輩が敢えて朱子と宋時烈の画像を盗み出し、その責任を転嫁して旧郷（南人）を陥れようとしたのが事件の真相であったという。[10]

そもそも南人系の在地士族が勢力をもつ盈徳県の新安祠に、西人の尊崇する宋時烈の肖像画を配享し得たこと、それ自体が新郷（西人）の勢力の伸張を物語っているが、それは事件より十数年前（英祖六年）に、新郷の勢力が「官家の威勢を挟んで」断行したことであったという。[11]

もともと南人の基盤である嶺南地方の郷校や書院の儒林たちは、朱子はともかく、宋時烈の肖像画が焼かれた今回の事件に対して特段の関心を示さなかった。しかし、西人系の儒林が勢力をもつ中央の太学（成均館）においては、こうした嶺南儒林の態度に対する反発から、「儒学の道義を踏みにじる大事件であるのに、〔犯人と目されていた南人たちに対する〕処分に積極的でない（変亟斯文、義昧討凶）」という理由で嶺南地方の郷校・書院の役員に対する処分通知（斥罰通文）を送付していた。[12] そうしてそれと同じ趣旨の弾劾文を、太学生である洪鼎猷らは国王英祖に対しても上疏していたが、上述の韓光肇の報告を受け取った英祖は、「成均館や四学の儒生たちはこのような真相を知らずに陳疏したのだ（頃年館学儒生、不知如此、陳疏矣）」といって、軽く受け流している。[13]

事の真相はともあれ、ここでは盈徳・新安祠における地方的な一事件（郷戦）にすぎなかったものが、儒林のネットワーク（通文・上疏）を通して全国的な事件へと発展し、それが国王・朝廷をも動かそうとしていたことに注目しておかなければなるまい。

旧郷に対して劣位にあった新郷の勢力は、まず当地の守令と結託して宋時烈の配享を実現し、さらに中央（太学）における西人系の輿論と結びつくことによって、在地社会における旧郷（南人）の勢力を排撃しようとした。このように、地方知識人社会における勢力争い（郷戦）は、中央における儒教知識人たちの勢力争い（党争）とも連動することによって展開していくのである。

三　地方民の「作変」

新安祠の肖像画を焼却した罪は、法制上、どの程度の処罰に相当するものなのであろうか？　そのことを検討する前に、これと類似する他の犯罪類型についても検討しておきたい。

朝鮮後期における地方守令権力の伸張によって、在地士族から選任される各種の行政委員――いわゆる「郷任」――は、守令の掌る地方行政の末端に組み込まれ、守令の配下の吏属（郷吏・官属）とならんで、いわゆる「吏郷体制」を構築するようになった。しかし、守令と吏郷との関係は必ずしも安定したものではなく、吏郷による守令の追い落とし運動もしばしば発生している。そうしてその運動の手段として利用されたものは、殿牌・位版などの各種の祭祀の儀具であった。

(1)　殿牌作変

地方官衙は通例、守令の執務室にあたる東軒と、守令の私生活の場である内衙とによって構成されるが、それとは別に、中央からの使臣を接待するための客舎をも備えている。客舎には国王の権威の象徴としての「殿牌」が奉安され、殿牌は国王その人と同等の重みをもつものとして大切に取り扱われていた。それはちょうど書院や祠堂における位牌や肖像画などと同様の、いや、それ以上の権威をもつものとして位置づけられていたのである。

ところがこの大切な殿牌を、故意に毀損する事件が朝鮮後期においては頻発した。たとえば顕宗三年（一六六二）、忠清道温陽県の私奴・生伊（年二十九）なる者が、とある事件で囚禁されたが、このままでは杖殺されると思って脱獄・逃亡し、そのうえで殿牌を偸み出して破壊するという事件を引き起こした。殿牌を盗めば監督不行き届きの罪で守令が罷免される。そうすれば、自分に対する追及も有耶無耶の内に終わってしまうであろうと考えてのことであったが、その犯行はあっけなく露見し、彼は「綱常罪人」として敬差官の推考及び三省推鞫を経た後、『大明律』の「謀反・大逆」の条に照らして凌遅処死の判決を受け、即日、軍器寺の前路で処刑された。(14)

また顕宗十二年（一六七一）、京畿・漣川県の長官（県監）が元日（正朝）に国王を遙拝するいわゆる「望闕礼」を行おうとして客舎に赴いたところ、肝心の殿牌が盗まれていることが発覚した。地方官及び監司による取り調べの結果、この事件は身役を忌避して逃亡中の官奴・愛立なる者が、県監による処罰を恐れ、県監を陥れて逓任させるために仕組んだもので、偸み出した殿牌はオンドルの焚口で焼却したことなどが判明した。このため、いわゆる綱常罪人の例に従い、中央より敬差官を派遣して重ねて取り調べを行い、義禁府に移囚して三省推鞫を行ったのち、彼は『大明律』の「謀反・大逆」の条に照らして凌遅処死の判決を受け、三日後に軍器寺の前路において処刑された。(15)

さらに英祖二十五年（一七四九）、安辺府の郷吏・申尚仁、私奴・劉賛迪らが共謀して客舎の殿牌に火をつけたが、これも官長に恨みを抱いた吏属たちが官長を陥れるために仕組んだ事件であることが判明した。このため、義禁府における三省推鞫の後、彼らは本道に下送して処刑された。(16)

これらはいずれも地方官衙において地方官に反感を抱いていた吏属（郷吏・官属）等が、地方官を陥れるために仕組んだ謀略であった。ここでは地方官より下位に位置する吏属たちが、より上級の権威である「殿牌」、すなわち国王の権威を逆手にとって、敵対する地方官を追い落とそうとしているのである。

(2)　位版作変

殿牌作変と類似する事件として、地方の孔子廟（文廟）の位版を焼却ないし偸出する事件も朝鮮後期にはしばしば発生した。その目的は、やはり殿牌作変と同様、在地の吏属などが地方官（官長）を陥れるために仕組んだ謀略であることが多い。

『続大典』刑典、推断条の規定によると、聖廟の位版を打破ないし偸出した者は、並びに斬刑に処し、従犯の場合は「杖一百・流二千里」とすることになっているが、(17)これは孝宗五年（一六五四）、及び粛宗二十四年（一六九八）の王命（承伝）を踏まえたもので、(18)いずれも朝鮮後期の在地社会において、孔子廟（文廟）の権威を逆手にとった謀略事件が頻発していたことを示している。

たとえば宣祖八年（一五七五）には唐津県の「姦民」が聖廟の位版を打破する事件を起こしているが、これは郷校の訓導官を陥れるための策謀であった[19]。また、仁祖二十三年（一六四五）にも燕岐県の人が郷校の位版を盗んで打破し、これ見よがしに県衙の傍らに放置するという事件を引き起こしているが、これも地方官を陥れるために吏属等が仕組んだ策謀であった[20]。

同様の事件は、郷校のみならず書院でも起こっている。たとえば、文化県の鳳岡書院では、前の院直の李守淡という者が、朱子の位版を盗みだしてこれを院の後ろの松林に放棄したが、その目的は個人的に怨みのある院任を陥れることにあった[21]。この事件について、刑曹では書院を郷校より一等下の存在として位置づけ、書院の位版を盗み出した罪は聖廟の位版を盗み出した罪より一等逓減して量刑することを主張している[22]。つまり、鳳岡書院における朱子の位版の偸出は、死刑（斬刑）より一等逓減して流刑（流三千里）に相当する犯罪として処理されていたわけである。

この鳳岡書院の事件から類推すると、前述の新安祠における朱子や宋時烈の肖像画の偸出・焼却事件についても、法制上は聖廟の位版の打破・偸出の罪より一等を逓減し、流罪（流三千里）に相当する行為として位置づけられていたと考えることができるであろう。

(3)　官門作変

地方民の地方官に対する反抗は、集団的な示威運動（デモ）にまで発展することも多い。たとえば、鎮川の儒生・朴之泰らは、在地士族の組織である留郷所の役員である権鎰と対立し、権鎰に味方した地方官（土主）を追い落とすために、東軒の門外、及び郷校の文廟において「会哭」した[23]。つまり、地方官の不正を孔子に泣いて訴えたわけである。これに対し、国王はデモの参加者を「厳しく取り調べて自白を取り付けた後、辺境に定配（厳刑取服後、辺遠定配」するように命じ、[24] これが以後の判例となって、『続大典』刑典、推断条に条文として収録されることになった。[25]

また金城の「妖民」の申義先なる者は、一種のまじない（符水）を以て人々の病を治療し、自ら「聖人」と称していたが、県令の曹夏奇がこれを弾圧したため、騎馬して腰に弓を掛け、手には剣を持って官門において示威運動を展開した。彼を守護する「神」の力によって官吏を脅し、官衙に捕らえられていた仲間を釈放させようとしたのである。[26] 申義先はその場で軍卒により打ち殺され、その徒党は遠方に流配されたが、[27] この処分もまた以後の判例となって、『続大典』刑典、推断条に条文として収録されることになった。[28]

以上、本節で検討した事件は主として吏属（郷吏・官属）たちが守令を陥れるために引き起こしたもので、それ自体は直接「郷戦」とは関連しない。しかし、このように守令と対立する力をもった吏属（郷吏・官属）たちが、やがては「新郷」の勢力として成長していくことになるのである。

守令と対立した吏属たちは、逆に守令と結託することによって「新郷」へと成長し、今度は在来の士族勢力である「旧郷」と対立する。守令との争いであれ、旧郷との争いであれ、彼らは自らの戦いを有利に進めるために、殿牌・位牌・肖像画などの儀礼用具を援用し、中央の権威を自分たちの陣営に引き入れようとしていたのである。

四　中央政府の対応

前節までに概観したとおり、朝鮮後期の地方社会においては客舎の殿牌を毀損する事件や郷校の孔子の位版を毀損する事件、延いては書院・祠堂において朱子や宋時烈の画像を毀損する事件などが相次いで発生した。また、地方民が官門において各種の示威運動（デモ）を起こすこともあったが、それらはいずれも地方官と在地勢力との対立、ないしは在地勢力どうしの対立という地域社会における構造的な勢力争いを反映するものであった。

これに対し、中央政府のほうでは基本的には地方官の権威を擁護する方向で事態の鎮圧を図っていた。たとえば、殿牌作変や位版作変に関しては地方官の責任を不問に附し、守令を陥れようとする吏属等の犯行の目的を遂げさせないことによって事態の再発を防ごうと努力していた(29)。そうして地方官に対する反抗ないし暴力行為については、これを厳しく処断し、それによって王朝支配の維持・貫徹を図っていたのである。

このように、朝鮮後期においては地方民に対する地方官の権威、いわゆる「官長」(30)の権威が一層強化されていく傾向を示していたが、逆にいうと、それは在地士族や吏属たちの地方官との結託が進行していくことの裏返しでもあった。そうしてその結託が何らかの事情で破綻したとき、つまり在地士族や吏属等の利益追求が地方官によって阻止されたときに、敵対する地方官を陥れるための手段として、各種の「作変」が仕組まれていくのである。

在地士族や吏属等の求める利益とは、具体的には各種の税役の免除、または「売郷」による「郷品」への身分上昇である。そうして、それが果たされた場合には彼らはいわゆる「新郷」となるが、新郷とは在来の士族勢力（旧郷）に対して、他郷からの流寓士族、または庶孼・中人などからの身分上昇を果たした成り上がり者などからなる新興士族勢力のことをいうのである。

このうち、「売郷」等の手段によって「郷品」の身分に成り上がった吏属たちは、今度は在来の士族（旧郷）と結びつくことによって、在地社会における「両班」としての地位を確立しようとする。そうして、その企図が守令や旧郷によって阻まれたときに、今度は守令や旧郷を陥れるために、各種の「郷戦」を仕掛けていくことになるのである。

この「郷戦」に対する中央政府の対応は、原則的には守令権力を擁護しつつ、新郷・旧郷双方に対する処分を守令に一任するというものであった。

たとえば、英祖三年（一七二七）には地方における「影堂」の創設を禁じ、これに違反した場合には『大明律』の「制書有違」の条に依って「杖一百」に処することが命じられたが、[31]この規定は『続大典』礼典、雑令の条にも収録され、ここでは創設を許可した観察使は拿処、守令は奪告身三等の処分を受けるとともに、創設することを主唱した儒生に対しては「遠配」の処分を下すことが規定された。[32]この規定に基づき、監司や守令は影堂を濫設しようとする儒生たちに対して直ちに処分を下すことができるようになった。

また、英祖八年（一七三二）、新たに黄海道監司に任命された朴師洙（一六八六～一七三九）は黄海道の「痼弊」である郷戦について、「皆、郷権・校権を争奪するに因りて然り」と指摘し、「凡そ郷権を争うを以て互いに相い呈訴し起鬧する者は、並びに祖宗朝の受教の『豪強・武断、全家徙辺』の律に依りて勘処」せんことを請うて、王の裁可を得ている。[33]そうしてこれが以後の判例となったが、[34]その後「全家徙辺」の律が全廃されたために、『続大典』刑典、禁制の条では「杖一百・遠地定配」と量刑を改めて収録された。[35]かくして「影堂」を濫設し、「郷戦」を繰り広げる儒生たちに対して監司や守令が直接処分を下すための、法的な根拠が着々と整備されていくのである。

しかしながら、そのような法的な整備にも限界があった。一体、旧郷にせよ新郷にせよ、地方官（官長）の権威を差し置いて自ら在地社会の支配権（郷権・校権）を握ろうとするものは、中央政府の立場からみれば、いずれも「豪強品官」ないし「元悪郷吏」として否定すべき存在であった。しかし、彼らが勢力争いの「武器」として使用したものは、朝鮮王朝が国教として掲げる朱子学の理念そのものであり、その戦いの舞台は郷校・書院・祠堂などの、国家が積極的に整備を進めてきた各種の儀礼・祭礼の場であった。

このため、「郷戦」を否定する立場の朝鮮王朝においても、郷校・書院・祠堂などにおける地方知識人たちの活動そのものを否定することはできない。いわゆる「郷戦」の弾圧を主張する上述の朴師洙に対し、英祖がその主張を一応は認めながら、「亦た専ら威厳を尚ぶべからず」といって、官憲による地方知識人社会への行き過ぎた取り締まりを戒めているのはそのためであった[36]。

小　結

郷校・書院・祠堂における儀礼・祭祀は、しばしば「郷戦」の主戦場となった。このため、粛宗四十年（一七一四）には書院の「私設」を禁じ、英祖十七年（一七四一）には禁令を犯して設置された書院をすべて撤廃したが[37]、それでも新安祠を創設しようとする在地知識人たちの動きは全く途絶えたわけではない。

盈徳県の新安祠以外にも、英陽県には雲谷影堂[38]、丹城県には新安精舎[39]が創設されて、それぞれに朱子の肖像画が祀られていた。このうち雲谷は朱子の号[40]、新安は朱子の本貫に因むものであるが、これらの地に朱子の祠堂を創建することは、要は盈徳県のケースと同様、地名の暗合に基づく「こじつけ」にすぎない。

正祖二十一年（一七八七）、忠清道藍浦県の「新安面武夷峰」において、在地の知識人たちが朱子の影堂を創建し、同時に地元の名賢である高麗の白頤正（一二四七～一三二三）の祠堂をその傍らに建てたことがあったが、忠清道観察使の韓用和は、「創院有禁」を名目として書院の創設を禁じ、かつ白頤正の祠堂を撤去することを命令した。これに対し、成均館大司成の趙鎮寛（一七三九～一八〇八）は、せっかく作製した朱子の肖像画、及び書院を撤去することに難色を示したが、正祖は「此れ朝家の知るところにあらず」と突き放して、その処分を趙鎮寛と韓用和の二人に任せている。そこで結局は韓用和の当初の方針どおり、朱子の影堂と白頤正の祠堂とは二つながら撤去されてしまった[41]。

これは英祖朝の書院整理令に沿った処分である。しかしそれは、中央の命令としてではなく、形式的にはあくまでも監司の裁量において処分されていることに注意したい。そうして郷戦の道具と化した朱子の画像についても、正祖はこれを「朝家の知るところにあらず」といい、一切の処分を監司の判断に委ねて傍観していることに注目しておきたい。

そもそも監司は流以下の罪に対する直断権を有し、死罪及び通政以上の堂上の犯罪について国王の判決を仰ぐ以外は、すべて地方における刑事的裁判（刑獄）を直断することが原則である。この場合、殿牌作変や聖廟作変は「綱常の罪」として死刑に相当するため、これらについては当然国王に報告しなければならなかったが、それ以外の「郷戦」については上述の『続大典』の規定に基づき、各道の監司が郷戦の参加者双方に対して「杖一百、遠方定配」の処分を下せば済むことであって、これに対しては中央政府が直接に関与する必要はなかった。この場合、郷戦の主役となる「郷品」たちは、必ずしも国王による判決の対象とはならなかったのである。

しかし、監司や地方官たちの立場からみると、在地士族を敵に回すと自らの任期を全うすることができないので、国王からの明確な指示がなければ、なかなかに決定的な処分を下すことができない。下手な処分を下して在地社会の輿論を刺激すると、それはたちまち学校や書院のネットワークを介して全国的な批判運動に発展する惧れがある。たとえば、純祖朝に上述の雲谷書院を私設の書院とみなして撤廃した慶尚監司の尹光顔などは、太学儒生らの批判を浴びて東北辺境の茂山府に定配される憂き目に遭っているのである[42]。

礼教による統治を標榜する朝鮮王朝にとって、各地の名賢を祀る書院・祠堂の存在は、それ自体、郷村社会の秩序を維持するための装置として不可欠のものであった。しかし書院・祠堂の創設を名目として、在地社会がこれを免税・免役の隠れ蓑とし、また地方郷村社会におけるヘゲモニー争いの道具とすることは、中央集権統治の貫徹を阻害する要因として決して容認することはできない。ここに郷戦への対処、ないし郷品身分への対応をめぐっての中央政府の立場の根本的な矛盾がある。

神は非類を歆《う》けず。民は非族を祀《まつ》らず。(43)

其の鬼に非ずしてこれを祭るは、諂《おもね》るなり。(44)

郷戦に狂奔する在地士族たちによって創設された「新安祠」の祭祀に対しては、朱子の在天の霊も、さぞかし困惑していたにちがいあるまい。

注

(1) 高錫珪「十九世紀前半郷村社会勢力間対立の推移——慶尚道英陽県を中心に——」(『国史館論叢』第八輯、一九八九年、国史編纂委員会)。裵在弘「朝鮮後期郷村社会における庶孽の存在様態と郷戦」(『慶北史学』第十五輯、一九九二年、大邱、慶北史学会)。尹熙勉「十九世紀末全羅道南原の司馬所郷戦」(『朝鮮時代史学報』第三十九輯、二〇〇六年、朝鮮時代史学会)。金俊亨「朝鮮後期嶺南地域郷戦の分析」(『南冥学研究』第四十三輯、慶尚大学校南冥学研究所、二〇一四年)。その他、多数の研究がある。

(2) 李滉『朱子行状輯註』　按、徽州属江東、晋時為新安。故先生称新安人。

(3) 『新増東国輿地勝覧』巻五十一、平安道、定州、建置沿革条、及び古跡条、参照。

(4) 『増補文献備考』巻二百十三、学校考十二、(補)各道祠院三、平安道、定州条　新安書院[粛宗壬辰建、丙申賜額]。宋煥章閣待制、贈太師、徽国公、諡文公朱晦菴。

『老稼亭燕行日記』(朝鮮・金昌業撰)巻九、癸未(粛宗三十九年)三月十八日乙未条　朝見書状。日出後、朝飯発行、至雲興館、中火。至定州。……又有所謂新安祠宇。亦歴謁。以本州別号是新安、故一邑士人、為建祠宇、以朱子画像奉安云。

（5）『増補文献備考』巻二百十三、学校考十二、（補）各道祠院三、慶尚道、盈徳条　新安影堂［粛宗壬午建］。宋煥章閣待制、贈太師、徽国公、諡文公朱晦菴。［配享］本朝左議政、贈領議政、諡文正公宋時烈［英祖庚戌追配］。

（6）『輿地図書』慶尚道盈徳県、壇廟条　［新増］新安影堂［在県東一里。晦菴朱夫子、文正公宋時烈並享］。

『輿地図書』慶尚道盈徳県、道路条　自官門……西距新安三十里。自新安至青松界二十里。

（＊ここに見える新安は、おそらく県内の新品部曲と真安古邑とを併せて新安と称したものであろう（『大東地志』慶尚道、盈徳条、参照）。いわゆる新安影堂は、もともとはこの新安の地に建てられていたのである。）

（7）注（1）の諸論文、参照。

（8）『増補文献備考』巻二百十三、学校考十二、（補）各道祠院三、慶尚道、盈徳条、参照。

（9）『英祖実録』巻六十一、英祖二十一年正月甲申条　太学生洪鼎猷等上疏言、「慶尚道盈徳県、有新安祠、奉安朱夫子影幀、配以先正臣文正公宋時烈真像、為多士蔵修之所。乃於去年十月二十六日、県居申世績等九人、乗夜踰垣、截断院宇鎖鉄、偸出朱夫子及文正公真像、焚之於林藪中。請縄以極律、夬正王法。」令本道、詳覈状聞。

（10）『英祖実録』巻六十五、英祖二十三年六月甲戌条　上召見嶺南御史韓光肇。……上曰、「盈徳獄事、出郷戦耶。」光肇曰、「盈徳故家大族、皆南人。所謂新郷、則自称為西人者也。近来則西人用事於学宮、与旧郷自相傾軋矣。朱子画像、因雨漫漶。故新郷輩、或慮声罪、遂生嫁禍之計、匿其画像、並匿先正臣宋時烈画像、倡言以南人偸窃。因指摘某某七人姓名、呈訴本県。本県通于鎮営、累年推覈、刑杖酷毒、人称其冤。臣下去之後、推得其実。然画像去処、終不直供、以為埋置案山、因以沙汰云。安知不投諸水火也。」上曰、「頃年館学儒生、不知如此、陳疏矣。」

（＊案山とは風水の術語で「明堂（風水の気の集まる所）」の南の小高い山を指す。）

（11）『清臺日記』（朝鮮・権相一撰）乙丑（英祖二十一年）二月二十六日条　聞以〔寧〕〔盈〕徳書院朱子画像焼火事、太学通文来到。嶺南諸校院任員、皆掲罰。罰名「変亟斯文、義昧討凶」云。蓋〔寧〕〔盈〕徳郷戦孔極（棘？）、十餘年前、新出老論、挟官家威勢、以宋相時烈画像、奉置于其邑新安書院。院即因地名奉安朱子画像之所也。昨年得真幀、暗地焼火、老論以為南人所為、南人以為老論所為、成疑獄矣。館通則以此極変後、嶺南学宮、視之尋常、無一斥罰通文之事也。

（＊底本の「寧」は「盈」の誤り。）

(12) 同右。

(13) 前掲注(10)、参照。

(14) 『推案及鞫案』第七巻（七十四冊）、顕宗朝、殿牌偸取罪人生伊推案。

(15) 『推案及鞫案』第七巻（七十六冊）、顕宗朝、殿牌偸取罪人愛立推案。

(16) 『推案及鞫案』第二十一巻（一八三冊）、英祖朝、殿牌作変人等推案。

(17) 『続大典』刑典、推断条　聖廟位版、打破・偸出者、並斬［為従、杖一百・流二千里。○位版失火私造者、杖一百・流二千里］。

(18) 『受教輯録』刑典、推断　聖廟位版、打破罪人、首倡者、処斬。随従者、杖一百・流二千里［順治甲午（孝宗五年、一六五四）承伝］。
『新補受教輯録』刑典、推断　郷校位版、偸出罪人、擬郷校位版打破之律、一罪論断［康熙戊寅（粛宗二十四年、一六九八）承伝］。（＊一罪とは死罪の意）

(19) 『宣祖修正実録』巻九、宣祖八年十一月乙未朔条　唐津県姦民、打破聖廟位版、欲害訓導官也。

(20) 『仁祖実録』巻四十六、仁祖二十三年七月戊寅条　公清監司李澥馳啓曰、「燕岐県有人、偸取郷校文宣王位版、打破而置之於県衙之傍。此実由於頑獷之人、怨悪其県監、做此大変、誠可痛駭。合有朝廷処置。」於是、朝廷請令奉常寺、送栗木改造、勿罪其県監。従之。（＊位版は栗の木で造る。公清道は今の忠清道のこと。）

(21) 『純祖実録』巻三十二、純祖三十二年五月乙丑条　黄海監司金蘭淳状啓以為、「文化県鳳岡書院、前院直李守淡、得罪於院任、因此含嫌、移置朱子位版於院後松林矣。令該曹、考例稟処。」刑曹啓言、「本院事体、下聖廟一等、則旁照於聖廟位版偸出之律、遞減、以次律施行。」詢大臣、従之。

(22) 同右。

(23) 『粛宗実録』巻十三、粛宗八年六月辛丑条　鎮川儒生朴之泰等、与本県郷所権鎰相争、仍欲駆逐土主、斉進倡声於県監之前、仍為会哭於東軒門外、又会哭於聖廟。監司尹敬教、状聞請罪。辺遠定配。
（＊土主とは地方官のこと。朝鮮総督府刊『朝鮮語辞典』土主官の項（八七三頁）に、「住民が守令を称する語」とある。）

(24) 『新補受教輯録』刑典、推断条　儒生之斉進、発悪於土主之前、仍為会哭於官門外及聖廟外者、厳刑取服後、辺遠定配

[康熙壬戌（粛宗八年、一六八二）承伝]。

(25)『続大典』刑典、推断条　儒生発悪於土主、会哭聖廟或官門外者、杖一百・流三千里［只参通文者、徒配］。

(26)『粛宗実録』巻六十四、粛宗四十五年十一月辛卯条　誅金城妖賊尹風立。始、金城有妖民申義先、詐称事神、有符水能療人百病。愚民帰之者甚衆。風立事義先尤謹。義先自称聖人、号風立為公子。義先倡言、「歳当大厲、一国人将尽死。従我往横城、転入北道者、可無憂。」県令曹夏奇、悪其妖誕、囚其切親。義先乃率風立及其子明立等、騎馬腰弓、手執剣、詣官門。蓋意官吏畏其神而釈其囚也。夏奇発卒囲之、格殺義先。執風立・明立及従民五六人、報巡営。因領相金昌集箚、上其獄於京師。命左右捕盗大将、合坐按治、具服、遂誅之、餘皆流之遠方。

(27)『新補受教輯録』刑典、推断　着軍服、騎馬、作変於官門者、不待時、処斬。妻子並為奴［康熙庚子（粛宗四十六年、一七二〇）承伝］。

(28)『続大典』刑典、推断　軍服騎馬、作変官門者、不待時斬。妻子為奴［郡邑下人、符同作変、一斉潰散者、首倡以一律論。為従減等、杖一百・流三千里、勿揀赦前］。

(29)『顕宗実録』巻三、顕宗元年十一月甲子条　全南道光陽県、有殿牌偸出之変。朝廷以為、此是奸民欲逐邑宰之計、只革其邑、不罪守令。

(30)朝鮮総督府刊『朝鮮語辞典』の「官長」の項（八八頁）に、「地方人民の守令に対する称」とある。

(31)『新補受教輯録』礼典、雑令　称以諸賢影堂、争欲営剏、莫此為甚。既已営建処、雖難毀撤、自今以後、剏立影堂者、論罪禁断［雍正丁未、承伝。○依『大明律』制違、杖一百］。

(32)『続大典』礼典、雑令　外方祠院、冒禁剏設、観察使拿処、守令以告身三等律論。首唱儒生、遠配［各道賜額書院、不稟朝家、擅自配享者、道臣重推、地方官罷職。首倡儒生、限三年、停挙。○諸道各邑、以影堂・精舎、別立名目者、依祠院例勘罪。生祠堂、一体禁断］。

(33)『承政院日記』英祖八年九月二十一日条　（朴）師洙又曰、「黄海道郷戦、実為痼弊、鳳山等邑尤甚、守令之数逓、亦由於此輩之造謗。此皆因争奪郷権・校権而然。孟子曰、『春秋無義戦。彼善於此則有之』。此輩之戦、則又無彼善於此者。勿論彼此、凡以争郷権、互相呈訴起鬧者、並依祖宗朝受教『豪強武断、全家徙辺』之律、勘処、以為懲罪革弊之地、何如。」上曰、「所達之言、是矣。而亦不可専尚威厳也。頃者、李義豊為鳳山郡守、亦能懲其豪強。卿自廟堂、出按一道、豈不能調剤此弊乎。所請律名則許之。而卿之執心、則常願此輩之勿入此律、惟恐其或入、可也」[出挙条]。

（＊挙条は「挙行条件」の略。諸臣の経筵における上言のうち、王の裁可を得て朝報に掲載すべき者について、承旨がその内容を抄出した文章のことを挙条という。『正祖実録』巻三十七、正祖十七年六月壬申条、参照）

(34)『新補受教輯録』刑典、推断条　郷戦者、勿論彼此、並依全家徙辺之律［雍正壬子（英祖八年、一七三二）承伝］。

(35)『続大典』刑典、禁制条　郷戦者、勿論彼此、並杖一百・遠地定配。（＊全家徙辺の律は英祖二十年（一七四四）に廃止。）

(36)前掲注(33)、参照。

(37)『増補文献備考』巻二百九、学校考八、附書院　後来書院益多、幾遍于州県。孝宗朝、因徐必遠之疏、朝家始議設禁。至粛廟甲午、命諸道禁其私建。英祖辛酉、凡甲午以後創設者、皆毀撤焉。蓋以冒禁令而私建故也。其他即朝家未嘗不優待焉。

(38)前掲注(1)、高錫珪論文、参照。

(39)金俊亨『朝鮮後期丹城士族層研究』（二〇〇〇年、ソウル、亜細亜文化社）一七九～一八一頁、参照。

(40)李滉『朱子行状』淳熙元年条、注　譜又云、（二年乙未）七月、作晦菴於蘆峯之雲谷。録云、自号雲谷老人。亦曰晦菴。因自号晦翁。『一統志』、雲谷、在建陽県西北七十里、蘆峯之巓。蘆峯書院在峯下、蔡沈建。

(41)『正祖実録』巻四十七、正祖二十一年八月乙丑条　藍浦県有新安面武夷峰、諸生倣南陽祠諸葛之義、創建朱子影堂、尋又建高麗名賢白頤正之祠於其傍。観察使韓用和、以創院有禁、関知本県、以朱子影幀、還安於前日所奉処、毀撤白頤正祠。且啓請該県監罪。前県監権襈、時県監尹愭、倶拿問勘罪。至是、大司成趙鎮寛奏、「朱子画像・書院、亦将毀撤云。既成之後、旋又毀之、事甚欠敬。」上曰、「此非朝家所知。卿与該道臣、従長処之也。」用和竟撤之。

(42)『純祖実録』巻十一、純祖八年三月戊戌条　太学儒生等、因前慶尚監司尹光顔、英陽県監曺錫倫、毀撤朱子影堂事、捲堂、陳所懐。略曰、「英陽有雲谷、適与武夷、地名相符、曽築講舎、奉安朱子遺像、配以先正臣宋時烈。自古称雲谷影堂者也。間値梗戯、旋復重修、一自光顔按節之初、与徳隣醜孽之居在英陽者、表裏和応、謀起釁端、逮訊儒生、刑配狼藉。迨令奉化県監李久源、移査督毀。久源拒不従、令終至棄官。両年之間、威脅侵逼、殆無虚日。而及其満瓜而帰、輒以影堂毀撤之令、発関列郡、外若泛加例飭、内実陰授凶図。錫倫方為県監、関到之日、誘捕多士、尽加枷囚、召集武士、約束吏隷、各操器仗、馳囲影堂、動以令旗、号令撃倒、庭碑砕為千片、椎棒乱発、堂宇崩倒、両幅遺像、幾不免壊裂之変。壁上所掲皇朝列聖紀年、本朝国忌板、大老祠碑文、御筆印本、龕室床卓、一並蹂躪、投之烈火。所毀材瓦、没数属公。噫其甚矣。……」

『純祖実録』巻十一、純祖八年四月己卯条　配前慶尚監司尹光顔于茂山府、島配英陽県監曺錫倫于巨済府。先是、慶尚監司鄭東観啓以為、「定査官推覈、則当初以影堂私設、新旧郷人、毎成鬪鬨。辛丑・丁未、並因営関毀撤。至癸亥秋、又為重建。前道臣尹光顔、輪関列邑、並令撤新設之祠。然此影堂、則所重自別、而移奉時儀節、無所知委。県監曺錫倫、全失慎重、以致院儒官隷之互相紛挐、堂門奉開之不用鑰匙、挙措極駭。至於皇朝紀年、本朝国忌板、大老祠碑文、御筆本、似亦同入於火。関係莫重、万万驚心」云。備局啓言、「祠院私設、果係朝禁。撤毀未必為罪。但其必欲毀此影堂之意、跡渉乖当。如欲毀撤、則何不通諭章甫、移報春曹、而如是草草径挙、顕有層激之意乎。尹光顔、請拿問定罪。曺錫倫、則調発村丁、召号旧郷、且帯許多官隷、立旗発令、尤是怪駭。移奉之節、固当涓吉整儀、而滾鬪叫吸、使両幀奉出、委之於校奴手中。請罷黜拿問、従重照律。」允之。義禁府啓言、「光顔供辞以為、『新郷之設影堂、初不出於慕賢之意、只是憑藉争任之計。前後営邑、亦已屢撤。而影堂別設者、道臣勘罪、昭載『通編』。先朝辛亥、因咸昌新安書堂、私奉孔朱両夫子影像事、下教截厳、道臣越俸、仍令毀之。定儒生、移奉闕里祠。今番不必更為質問於春曹、只令本邑、定士林有司、還奉於盈徳本祠後、毀其堂舎』云矣。毀撤雖遵法典、而不報春曹、儀節所当詳細、而一付該邑、終帰失礼欠敬之科。請配于茂朱。」右議政金載瓚箚論、「尹光顔得罪斯文、多士斉討。王府議平、大非廷尉当之義。特配以辺遠。当該堂上、施以譴罷。」賜批従之。特削判義禁趙尚鎮職。

(43)　『左伝』僖公十年条　臣聞之、神不歆非類、民不祀非族。

(44)　『論語』為政　子曰、非其鬼而祭之、諂也。

附論三　旧刑律から新刑律へ

――寧斎・李建昌の流配生活

李建昌（一八五二～一八九八）は朝鮮末期の官僚にして、朝鮮党争史の名著『党議通略』の作者である。[1] 彼は朝鮮国の第二代国王・恭靖王（定宗、在位一三九八～一四〇〇）の庶子である徳泉君の後裔で、祖父の李是遠（一七九〇～一八六六）は高宗三年（一八六六）のフランス軍侵攻――いわゆる丙寅洋擾――に際して江華島で殉節した名臣。したがって李建昌の官僚としての栄達は、ほとんど約束されたようなものであった。ところが高宗十五年（一八七八）、数え二十七歳のときに「極辺遠竄」の処分を受けて平安道碧潼郡に流配されたことが、彼の生涯において一つの大きな転機となったことは間違いない。彼は忠清右道監察御史としての出張中、任務に事寄せて、とある士人を杖殺した廉で告発され、王命によって上述の処分を受けることになったのである。[2]

告発の内容が果たして真実であったかどうかはここでは問わない。彼の友人である金沢栄（一八五〇～一九二七）の『韓史綮』によれば、これは李建昌からの弾劾を受けた監司・趙秉式（一八二三～一九〇七）の差し金による誣告事件であったともいわれている。[3] それにしても、実際、人が一人死んでいることは確かであるのに、それに対する正式の取り調べも裁判もなく、すぐさま王命によって極辺遠竄という処分が下され、それによって一件落着とされている点は、今日的な法制度に慣れ親しんだ私たちから見ると、随分といい加減な、甘い処罰であったという印象を禁じることができない。

一　碧潼郡での流配生活

極辺遠竄の処罰を受けた李建昌は、すぐさまソウルから平安道の碧潼郡へと旅立つことになったが、途中、松都（開城）においては友人・金沢栄の住む院谷の見山堂に立ち寄って旧交を温めたり、祖父・李是遠の旧任地であった泰川郡においては現地の故吏たちから心尽くしの歓待を受けたりして、ちっとも罪人らしいところがない。(4)配所の碧潼郡においては、もちろんそれなりに生活の苦労はあったのであろうが、身許保証人（居停主人）である金氏の「墓田の下の空舎」に間借りをし、金氏の厚遇を受けてまずまず安定した生活を送っている。(5)しかも、流配から一年にも満たないうちに「放送」の恩典を受けて配所から解放され、やがて何事もなかったかのように官界への復帰を果たしている。(6)

この点からいっても李建昌の流配は、割合と軽い処分にとどまっていたという印象を禁じることができないのである。(7)

二　宝城郡での流配生活

官界に復帰した李建昌は、高宗三十年（一八九三）に至って再び遠竄の処分を受け、今度は全羅道の宝城郡に流配されることになった。(8)このときは副護軍として時政を批判する内容の上疏を行ったことが当局者の怒りを買って、あべこべに遠竄の処分を受けることになったのである。(9)

かつて流配された碧潼郡は平安道の北辺に位置するが、今度の配所は全羅道の南辺である。宝城郡では、かつて求めに応じて「還水亭記」を書いて送った縁故のある灌水翁（林慎源）を身元引受人（居停主人）とし、この灌水翁が宝城邑の郊外に構えていた別荘（灌水亭）を借りて暮らしていた。(10) ここでも私たちは流配のイメージから程遠い、割合のんびりとした田園生活を送る李建昌の姿を見出すことができる。

三　古羣山島での流配生活

宝城郡での流配を解かれた李建昌は、高宗・建陽元年（一八九六）に至って海州府観察使に任命される。しかし、彼は閔妃暗殺に対する「復讐」が未だ果たされていないことを理由として任官を固辞し、今度は新刑律による「流二年」の宣告を受けて古羣山島に流配されることになった。(11)

高宗三十三年（一八九六）に定められたいわゆる新刑律においては、従来の五刑が「死刑、流刑、役《えき》刑、笞刑」の四種に改められている（附表）。これは一見すると、従来の笞刑と杖刑を「笞刑」に統合し、徒刑を「役

附表　新刑律名例

死刑	流刑	役刑	笞刑
処絞	終身	終身	一百
	十五年	十五年	九十
	十年	十年	八十
	七年	七年	七十
	五年	五年	六十
	三年	三年	五十
	二年半	二年半	四十
	二年	二年	三十
	一年半	一年半	二十
	一年	一年	一十
		十個月	
		八個月	
		六個月	
		四個月	
		二個月	
		一個月二十日	
		一個月十日	
		一個月	
		二十日	

刑」に改めただけのように見えるが、その実、従来の徒刑と流刑は「役刑」に統合されているのであって、その証拠に「流刑」の対象となるのは「国事犯」のなかの「役刑十年以上の者」に限られている。そうして、流刑に処する場合には必ず上奏して国王の裁可を求め、また国事犯でないものについても奏裁を経て「役刑」を「流刑」に振り替えることが許されていた。(12)

ここで国事犯というのは、具体的には言論活動によって政治批判を行った官人・儒生などの思想犯——一つ間違えば、それは反逆行為とみなされるおそれもある——を対象としているのであろう。この場合、旧来の流刑は「役刑」に組み込まれ、それ以外の削黜、付処、遠竄、安置など、もともと官人に対する懲戒の処分として行われていた類の流配が、新たに新刑律における「流刑」として再編されたと解釈することができる。そこには「刑は大夫に上らず」という、旧時代の伝統的な意識が依然として息づいているのである。

実際、李建昌の場合においても、当初は拝命を固辞する彼に対して「その地に即して補外（即其地、補外）」、すなわち当該州県の地方官に左遷する命令が下され、それでも拝命を固辞する彼に対して「審問勘処」の厳命が下された結果、法部は一旦「懲役三年」の量刑を行ったのである。ところがその量刑は特旨によって減等され、さらに役刑から流刑へと処分の振り替えが行われた結果として、李建昌は古羣山島に流配されることになったのであった。(13)

四　懲戒の免除

全羅道の西海岸に位置する古羣山島に流配された李建昌は、その二個月後に早くも釈放される。(14) その後も高宗は李建昌の文名を慕って彼を登用しようとしたが、もはや官界への復帰の意思を捨てていた李建昌は、その都度これを固辞している。このため、高宗・建陽二年（一八九七）には「前観察使」の李建昌に対して「特に懲戒を免じる」措置が取られているが、これは任官辞退に対する懲戒の処分の免除を意味しているのであろう。[15]

これより先、甲午改革の一環として高宗三十一年（一八九四）に軍国機務処が「官員服務紀律」及び「官員懲戒例」を定めているが、これによると、官員が職務上の過失（旧制度にいわゆる公罪）を犯した場合、所属官庁の長官は当該の官員に対して懲戒を行う権限を有している。それには「譴責、罰俸、免職」の三種類があった。[16] ただし、それより重い罪については「監禁」及び「徒刑」、「流刑」などの刑事的な処罰が加えられることになっている。[17] 李建昌に対する「懲戒」の経緯は詳らかではないが、ともあれ、それは旧来の削黜、付処、遠竄、安置などから、より近代的な譴責、罰俸、免職、ないし監禁、徒刑、流刑などへと衣替えをしているのである。

かくして江華島・摩尼山の麓で隠遁生活に入った李建昌は、高宗・光武二年（一八九八）、数え四十七歳の若さで早くも亡くなってしまった。[18] 彼が政治家として不遇であったことは、後世の我々にとってはかえって幸いであったかもしれない。ともあれ、生涯に三度の流配生活を経験した李建昌は、朝鮮党争史の名著『党議通略』を残してこの世を去っていったのである。

小結

李建昌の流配生活を割合と気楽なものと考えるのは、今日の目から見た我々の一方的な思い込みであって、当時の彼にとっては、もちろんそれは重い処罰であったのかもしれない。しかし、「律」に規定する一般的な流刑――杖刑を併科し、労役（居作）を伴うそれ――と比較してみるとき、官人に対する遠竄の処分は、やはり相対的には軽いものであったといわざるを得ない。

実際、朝鮮時代の法制においては、官人身分の者に対する処罰は一般人に対する刑罰とは明確に区別されていたのである。一般の犯罪者に対する刑罰は刑法典——具体的には『大明律』及び『経国大典』、『続大典』等——に依拠して厳格に執行され、一応の「罪刑法定主義」も確立していた。しかし、官人身分の者に対する処罰については、多くの場合、国王と官人との間に結ばれた「君臣」の関係という、ある特殊な倫理規範を前提とした一連の「懲戒」の処分が適用されていたにすぎない。

君主が臣下に対して行う懲戒の内容にはさまざまな段階があり、最も重いものとしては「賜死」、すなわち自殺の強要という、事実上の死刑に相当するものも含まれていた。それでもなお、それらは君臣関係に基づく「礼」の実践として位置づけられ、それ自体としては「刑」とはみなされていない。

臣下の罪に対して君主がどのような処罰を行うかについては、一応の慣例は存在するものの、それが「律」として成文化されることはなかった。もし成文化されたとすると、それは君主が臣下に対して行使する懲罰権の制約となるので、そのような法文は、専制君主が絶対的な権力を握っていた朝鮮時代においては、そもそも成立するはずもなかったのである。

高宗三十一年（一八九四）、いわゆる甲午改革に際して「官員懲戒例」が定められ、官員に対する譴責、罰俸、免職の規則が制定されたことは前述のとおりであるが、それは旧時代の慣例からいえば、推考、罷職、収告身などの懲戒の処分に相当すると考えられる。また公罪については監禁、徒刑に加えて流刑が設定され、徒刑の一部は君主への奏裁を経て流刑に置き換えられていたことも上述のとおりであるが、この種の特恩による流刑は旧時代における削黜、付処、遠竄、安置などの、官人に対する懲戒処分の名残として見ることが妥当であろう。

一体、近代的な意味での懲戒の制度は免職を以て終わりとする。官員の身分を喪失する以上、官員に対してそれ以上の処罰を加重することはできないからである。しかしながら、旧時代における君臣の関係とは「天地の間に逃《のが》るる所の無い」(19)関係であり、一旦君臣の関係を結んだ以上は、たとえ官職を失ったとしても君主との関係が途切れるわけではなかった。官人身分の者に対し、告身を収取したうえでさらに削黜、付処、遠竄、安置などの懲戒の処分が加えられていたのはこのためにほかならない。そうしてそれが高宗三十三年（一八九六）の新刑律において、一般人に対する役刑とは区別された、特恩による流刑として引き継がれていったわけであろう。ちなみに、新刑律の流刑は光武九年（一九〇五）に頒布・施行された『刑法大全』にもそのまま引き継がれていたが、一九一二年に日本が定めた「朝鮮刑事令」によって廃止された。

王朝政治の終焉とともに、君臣関係という特殊な倫理規範（道徳）に基づく懲戒の制度も最終的にその跡を絶つことになったのである。

注

（1）李建昌、字鳳朝、全州の人。朝鮮王室の同族。祖父の李是遠は高宗三年（一八六六）の丙寅洋擾に際して江華島で殉節した名臣。著書『明美堂集』、『党議通略』。

（2）『高宗実録』巻十五、高宗十五年六月二十日条　刑曹以蚕頭挙火罪人金永振査実、則以為、「矣父鶴鉉、世居郷曲、本無出入校宮。年前自朝家、有粛清校宮之命、以矣父差任。黽勉随行而図遁矣。今年又為差任、暫為奉公。忽於三月晦日、御史李建昌、捉入渠父、施以刑杖曰、『名以士族、出入校宮、此非挟雑而何』、別刑杖、箇箇考察、筋絶骨砕、即地気塞、不過幾日、竟為致死於保囚所。寧有如許冤痛者乎。建昌素有世讎、今乃藉其持斧、欲售逞憾。設使矣父、出入校宮、有所作弊、按廉之地、固当警飭、而何可搏殺乃已乎。殺人者死、自有国典。敢齎復讎之義、茲控瀝血之訴」云矣。捧口招以入啓。教曰、「以直指之任、挟其私憾、戕殺人命、已是駭惋。而況無辜之士子乎。此不可尋常処之。李建昌、極辺遠竄。」

同右、二十一日条　竄李建昌于碧潼郡。

（3）『韓史綮』（再版本）巻五、太上皇（高宗）十五年八月条　竄李建昌于碧潼。先是、十三年秋、大饑、行賑政。明年、分遣御史、察賑得失。建昌為忠清右道御史、右道監司趙秉式貪虐、馳入公州、発其隠贓数万、還入京。当是時、御史進書啓例、先以副本奏、俟可、然後乃敢進、而建昌袖書啓、直入闕以復命。王大不平、然以建昌言直、抵秉式罪。会公州人上書、訴言建昌按公州時、濫刑其父。父憤恚、不食死。先是、建昌之発贓、秉式請救于閔奎鎬。奎鎬以秉式与己同為老党、而建昌少党人也。日夜思陥建昌。至是言于王曰、「建昌濫殺人。罪当竄。」従之。

（＊李建昌の自叙伝（『明美堂集』巻十六、明美堂詩文集叙伝）にも、この事件は詳しく述べられている。）

（4）『明美堂集』巻十、見山堂記、同、泰川遺愛記、参照。

（5）『明美堂集』巻八、与舎弟保卿書、巻九、潔谷京郷稡巻序、巻十、潔谷記、参照。

（6）『高宗実録』巻十六、高宗十六年二月初九日条　教曰、「黒山島囲籬安置罪人崔益鉉、楸子島安置罪人趙秉昌、並放逐郷里。済州牧囲籬安置罪人鄭泰好、智島島配罪人趙秉式、碧潼郡極辺遠竄罪人李建昌、放逐郷里罪人金世鎬・洪坃・李載晩、並放送。」

『韓史綮』（再版本）巻五、太上皇（高宗）十六年二月条　釈李建昌。時閔泳翊鋭意外務、以建昌才可用、言於上。故有是命。

（7）流配の実態については近年の金景淑氏による一連の研究が最も参考になる。

金景淑「朝鮮時代流配刑の執行とその事例」（『史学研究』五五・五六、一九九八年、韓国史学会）

同「朝鮮時代の流配の道」（『歴史批評』六七、二〇〇四年、歴史批評社）

同「十七世紀後半　儒生李必益の流配生活」（『韓国文化』三八、二〇〇六年、ソウル大学校奎章閣韓国学研究院）

（8）『高宗実録』巻三十、高宗三十年八月二十三日条　教曰、「朝家命令、未始不斟酌事宜者、而乃敢持議於後者、其於事体道理、果何如也。此不可無警。副護軍李建昌、施以遠竄之典。」金吾、以宝城郡定配所、啓。

（9）『韓史綮』（初版本）巻六、太上皇（高宗）光武二年七月条　初、李建昌既赦屢年、始得陞承旨。嘗上疏、刺時事、語及判書李景直納銭為慶尚監司事。帝怒、又謫之宝城、踰年釈之。（＊再版本はこの記事を削除する。）

（10）『明美堂集』巻十一、宝城亭子川灌水亭記。同巻二十、灌水翁墓碣銘。

（11）『高宗実録』巻三十四、高宗・建陽元年六月十三日条（陽暦）　命金商悳・李建昌、流二年于智島。商悳被任洪州観察使、建昌被任海州観察使、俱以区区分守、屢疏辞免、至有即其地補外之命、而自錮自廃、一直逋慢、転至厳旨審問勘処。法部奉勅、処以懲役三年上奏。特旨、減等換流。

『韓史綮』（再版本）巻六、太上皇（高宗）光武二年七月条　初、李建昌自碧潼帰、不趨附於閔泳翊、楽居閑散。帝知其有守、且重其文名、嘗因事、授永帯知製教。及改革之際、拝工曹参判、仍召弘文侍講。建昌不韙改革、而不之応。閔后之弑、又疏請討逆。帝益重之。既復旧政、授黄海観察使、将欲顕用、而建昌以国讎未復、引義堅辞。

(12) 流刑施於国事犯人、応役刑十年以上者。○国事犯処流刑者、必経上奏。雖非国事犯、或経奏裁、役刑換以流刑。

(13) 前掲注(11)、参照。

(14) 『高宗実録』巻三十四、高宗・建陽元年八月四日条（陽暦）　智島郡古群山流二年罪人李建昌・金商悳、並放。

(15) 『高宗実録』巻三十五、高宗・建陽二年三月十九日（陽暦）　命前観察使李建昌、特免懲戒。

(16) 『高宗実録』巻三十二、高宗三十一年七月十六日条　軍国機務処、進官員服務紀律、官員懲戒例、官秩・品俸月表議定案。允之。……官員懲戒例。第一条、官員除有私罪外、以職務関係有過失、則本属長官、有懲戒之権。第二条、懲戒之法有三条。一曰譴責、二曰罰俸、三曰免職。第三条、譴責、懲戒之軽者。其本属長官、付与譴責書。第四条、罰俸之法、少不下一箇月俸十分之一、多不過三箇月全俸。其例、奪一箇月俸半額以下者、直従一箇月俸内扣除。其以上、各就毎朔俸、半額扣除、算満後、送于度支衙門。第五条、免職之法、只行於奏任以下。本属長官具状奏請、収其職牒。但自願免職者、長官使本人呈辞職書後、可行許免。第六条、其有心故犯、入于私罪者、雖属職務内関係、移請法務官裁判。本長官不得専行処理。第七条、凡以懲戒免職者、不過二箇年以上、則無論本他府衙、不可収用。自願免職者、不在此例。

(17) 『高宗実録』巻三十二、高宗三十一年八月十日条　軍国機務処進議案。一、官員懲戒例、載譴責・罰俸・免職三条。官員公罪、另添監禁一条、而公罪最重者、不宜監禁而止、増徒流二条、定為律例事。……並允之。

(18) 『韓史綮』（再版本）巻六、太上皇（高宗）光武二年七月条　初、李建昌自碧潼帰、不趨附於閔泳翊、楽居閑散。……居二年、卒。年四十七。建昌、是遠之孫、生開城、幼称神童。長治古文、潔浄剛深、篤成一家。晩治周易、多有創説。性狷隘、不能容物。然好推奨人才、有味其言之也。与建昌游者、有懐仁朴文鎬、光陽黄玹之徒、以文学著。

(19) 『荘子』内篇、人間世第四　仲尼曰、「天下有大戒二。其一、命也。其一、義也。子之愛親、命也。不可解於心。臣之事君、義也。無適而非君也。無所逃於天地之間。是之謂大戒。」

結論　朝鮮時代の刑罰と懲戒

以上、八編の本論と三編の附論を通して朝鮮時代の刑罰制度――特に五刑の執行形態、及び官僚に対する懲戒の制度――について考察した。各論においてはその都度「小結」を設けて論点をまとめてきたので、ここではその内容を繰り返すことはしない。本書の眼目は、要は(1)律に基づく五刑（刑罰）の執行形態を実証的に明らかにすること、(2)官人に対する律外の処分（懲戒）について体系的に考察すること、の二点にあったが、その概略は本書総論の「別表」に示したとおりであり、以下の各論はその内容を補充説明したものにすぎない。史料に見える各種の法制用語のなかには、この「別表」に盛り込むことのできなかったものも少なからず残されているが、ひとまず、これによって朝鮮時代の刑罰、及び懲戒の制度を体系化するという所期の目的は果たしたつもりである。

官人に対する各種の懲戒の処分について、従来、法制史の分野ではこれを「正刑」に対する「閏刑」として捉えてきた。この場合、「刑」というのは処罰一般の意味で、必ずしも中国古典における「刑」の用法とは同じではない。本書のなかでも繰り返し言及してきたとおり、「刑は大夫に上らず」という場合の「刑」とは、特に肉刑（身体に直接殺傷を加える刑罰）を意味しており、それは士大夫を「刑」によって辱めてはならないとする中国

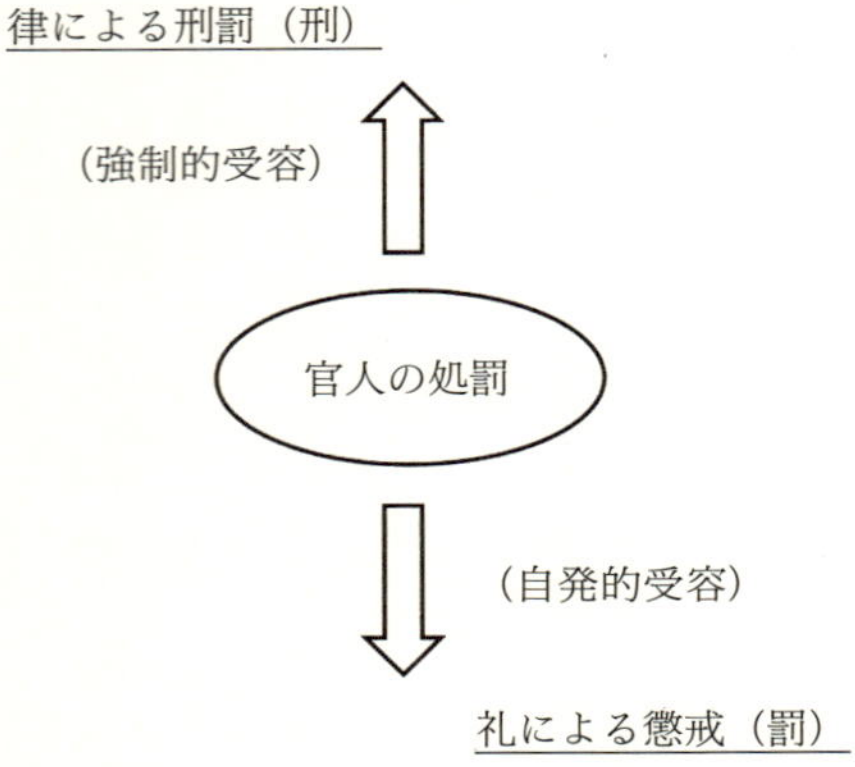

律と礼（概念図）

古代の伝統的な思想の反映であった。

では、士大夫に対する処罰は「刑」以外の一体何によって行えばよいのであろうか？　それは士大夫が「礼」によって自覚的に悔悟し、過失を犯した場合にも自ら「礼」の秩序に復帰することを期待して、「君」たり、「父」たり、「師」たる者が士大夫に与える「懲戒」である。そうしてそれを受け入れることは、士大夫にとってはそれこそが「礼」の実践なのであって、その点、「律」の規定に基づき、国家権力によって強制される「刑」の受容とは意味合いが異なっている。逆にいうと、「礼」の実践を期待することのできない「庶人」に対しては、国家は「刑」を強制することしかできないわけであって、だからこそ、「礼は庶人に下らず」（『礼記』曲礼上）とも言われていたのである。

本書が法制史の分野において既に一般化している閏刑という用語を敢えて用いず、それを懲戒として位置づけた理由は、あらまし以上のとおりである。君主の与える懲戒の処分を自ら主体的に受け入れ、そのことを通して「礼」の秩序へと回帰していくこと——それこそが朝鮮時代における治者階層としての士大夫（両班）のあるべき姿なのであった。

あとがき

筆者の学部卒業論文は「高麗帰郷刑・充常戸刑の再検討」と称するもので、もとより未熟な内容のものではあったが、北村秀人氏や浜中昇氏などの諸論考に導かれつつ、高麗の「帰郷」の制度について再検討を加えた。これは朝鮮時代の「付処」の制度の淵源となるもので、五刑の体系内における「流刑」とは全く性格を異にするが、当時は未だそのことに思い至らず、ただ減死一等の刑罰であるはずの「流刑」が、高麗時代にはなぜかしら軽い処分として位置づけられていることに、漠然とした違和感を覚えたことだけが収穫であった。

その後、人文科学研究所に助手として勤務することになり、個人研究以外の唯一の義務として共同研究「前近代中国の法制」班に参加した際、この漠然とした違和感に対して自分なりの答えを見出そうとしたことが、思えば本書の執筆の出発点となったのである。

「笞・杖・徒・流・死」の五刑の体系は、ある意味では罪の軽重を確定するための一種の記号のようなものにすぎない。それぞれの量刑に対し、具体的にどのような刑罰や処分が下されていくのかは、時代により、地域により、また身分によってさまざまに変化していくので、その変化を実証的かつ体系的に明らかにしていくことが、朝鮮法制史の分野、延いては東洋法制史の分野において極めて重要なテーマとなることはいうまでもあるまい。

上記のような関心に即した筆者の研究は、その後も研究所の各種のプロジェクトに参加する形で細々とながらも続いていった。それは有体にいえば、外部的な事情によるお付き合いの研究であったが、反面、自分なりに研究への興味が持続し、むしろ高まっていったのは、当初の「五刑」に対するステレオタイプのイメージが次々と覆され、刑罰や処分の実態をしめす、より具体的な諸史料の記述に、折々に出会うことができたためにほかならない。

朝鮮では明律に規定する「五刑」の体系を刑罰制度の基礎としたが、刑罰や処分の実態は必ずしも「五刑」の枠内にとどまるものではなかった。中国の制度を受容しつつ、それを独自に運用していくことは、なにも朝鮮時代に限った話ではないが、法制面における刑罰や処分の運用実態には、朝鮮社会の独自の性格が濃厚に示されていることは間違いない。

本書はそうした実態の解明のために、わずかに刑罰体系の輪郭を描いたものにすぎないが、初歩的とはいえ、それは筆者が実録史料と格闘する日々のなかで自分なりにコツコツと組み上げ、磨き上げていった体系であり、単に「明律」の体系を適用したという表面的な理解にとどまっていた従来の諸研究とは全く次元を異にするものであると自負している。

本書をまとめるに当たっては既発表論文七本に対して全面的に改訂を施し、かつ書下ろしの新稿五本を加えた。旧稿では自分でもあきれるほどに数多くの誤りを犯しており、今回、できるだけの訂正は行ったが、依然、誤りの少なくないことを恐れている。ここに改めて一連の研究の成果をまとめ、諸賢の御叱正を仰ぎたいと思う。

二〇一九年四月

著　者

初出誌一覧（発表年順）

＊本書に収録するに際し、文章・史料のすべてにわたって全面的に改訂した。

朝鮮初期の徒流刑について（本書第二章）
（『前近代中国の刑罰』梅原郁編、一九九六年、京都、京都大学人文科学研究所）
朝鮮初期の笞杖刑について（本書第一章）
（『史林』第八十二巻第二号、一九九九年、京都、史学研究会）
朝鮮党争史における官人の処分――賜死とその社会的インパクト（本書第三章）
（『東アジアの死刑』冨谷至編、二〇〇八年、京都、京都大学学術出版会）
儀仗と刑杖――朝鮮後期の棍杖刑について（本書第四章）
（『東アジアにおける儀礼と刑罰』冨谷至編、二〇一一年、京都、日本学術振興会科学研究費補助金・基盤研究（S）「東アジアにおける儀礼と刑罰」研究組織）
朝鮮時代における三司の言論と官人の処罰（本書第五章）
（『東方学報』京都第八十九冊、二〇一四年、京都、京都大学人文科学研究所）
朝鮮時代の定配について（本書第六章）
（『東洋史研究』第七十四巻第一号、二〇一五年、京都、東洋史研究会）
朝鮮時代における死刑囚の再審制度――詳覆・三覆啓と清朝の秋審（本書第七章）

（『東方学報』京都第九十冊、二〇一五年、京都、京都大学人文科学研究所）

（書き下ろし）

総論　朝鮮時代の法制と両班

第八章　朝鮮時代の恤囚制度――「獄空」の理想と現実

附論一　朝鮮後期在地社会における流品の構造

附論二　朝鮮後期の新安祠と地方知識人社会

附論三　旧刑律から新刑律へ――寧斎・李建昌の流配生活

結論　朝鮮時代の刑罰と懲戒

本書未収論文存目（発表年順）

高麗における軍令権の構造とその変質
（『東方学報』京都第七十冊、一九九八年、京都、京都大学人文科学研究所）
朝鮮における漢語・吏文の習読について
（『中国における通俗文学の発展及びその影響』小南一郎編、二〇〇一年、京都、京都大学人文科学研究所）
高麗時代における土地所有の諸相
（『史林』第八十七巻第六号、二〇〇四年、京都、史学研究会）
高麗時代の私兵について
（『東方学報』京都第八十五冊、二〇一〇年、京都、京都大学人文科学研究所）
高麗時代の兼職制について
（『東方学報』京都第八十七冊、二〇一二年、京都、京都大学人文科学研究所）
高麗時代の法制について――いわゆる高麗律の存否問題と関連して
（『歴史評論』七五九号、二〇一三年、東京、校倉書房）
朝鮮時代の有旨書状について
（『朝鮮学報』第二百四十一輯、二〇一六年、天理、朝鮮学会）

主要参考文献

【基本史料】

『朝鮮王朝実録』影印縮刷版（一九八六年、ソウル、探求堂）
『朝鮮王朝法典集』（影印本、一九七二年、ソウル、景仁文化社）
　朝鮮経国典、経国大典、大典註解、大典続録、大典後続録、各司受教、受教輯録、新補受教輯録、続大典、大典通編、大典会通
『経国大典註解』（影印本、学習院大学東洋文化研究所）
『秋官志』（朝鮮総督府中枢院）
『六典条例』（高宗三年序、四年印行）
『刑法大全』（一九〇六年、京城、韓国法部）
『推案及鞫案』韓国学文献研究所編（一九七八、一九七九、一九八三、ソウル、亜細亜文化社）
『南遷日録』上・中・下、朝鮮・沈魯崇撰（韓国史料叢書第五十五、二〇一一年、果川、国史編纂委員会）
『近世朝鮮政鑑』朝鮮・朴斉炯撰（一八八六、東京、中央堂）
『（律例対照）定本 明律国字解』徂徠物茂卿著、内田智雄・日原利国校訂（一九六六年、東京、創文社）
『朝鮮物語』木村理右衛門著（影印本、一九七〇年、京都、京都大学国文学会）

【データベース、電子テキスト】
韓国・国史編纂委員会「韓国史データベース」
〈http://db.history.go.kr/〉
大阪府立図書館「おおさかeコレクション」
〈http://www.library.pref.osaka.jp/site/oec/index.html〉

【単行本】
（邦文）＊刊行年順
・朝鮮の法制に関するもの
『朝鮮法制史稿』浅見倫太郎著（一九二二年、東京、巌松堂書店）
『李朝法典考』麻生武亀著（一九三六年、京城、朝鮮総督府。一九七七年復刻、東京、第一書房）
『朝鮮旧時の刑政』中橋政吉著（一九三六年、京城、治刑協会）
『司法制度沿革図譜』朝鮮総督府法務局編（一九三七年、京城、朝鮮総督府）

・中国の法制に関するもの
『清代中国の法と裁判』滋賀秀三著（一九八四年、東京、創文社）
『秦漢刑罰制度の研究』冨谷至著（一九九八年、京都、同朋舎）
『中国法制史論集』滋賀秀三著（二〇〇三年、東京、創文社）
『東アジアの死刑』冨谷至編（二〇〇八年、京都、京都大学学術出版会）

『中国法制史』寺田浩明著（二〇一八年、東京、東京大学出版会）

・その他
『韓国政争志』幣原坦著（一九〇七年、東京、三省堂）
『韓国・朝鮮史の系譜』矢木毅著（二〇一二年、東京、塙書房）
『朝鮮中近世の公文書と国家――変革期の任命文書をめぐって』川西裕也著（二〇一四年、福岡、九州大学出版会）
『韓国の世界遺産　宗廟――王位の正統性をめぐる歴史』矢木毅著（二〇一六年、京都、臨川書店）

〔韓国文〕　＊刊行年順（題名は翻訳して示す）
・主として法制に関するもの
『朝鮮刑政史』尹白南著（一九四八年、ソウル、文藝書林。影印本、一九九九年、ソウル、民俗苑）
『朝鮮王朝刑事制度の研究』徐壹教著（一九六八年、ソウル、韓国法令編纂会）
『経済六典拾遺』田鳳徳著（一九八九年、ソウル、亜細亜文化社）
『朝鮮時代刑典』金淇春著（一九九〇年、ソウル、三英社）
『経済六典輯録』延世大学校国学研究院編（一九九三年、ソウル、新書苑）
『朝鮮時代司法制度研究』呉甲均著（一九九五年、ソウル、三英社）
『朝鮮後期社会と訴冤制度――上言・撃錚研究』韓相権著（一九九六年、ソウル、一潮閣）
『朝鮮時代の刑事法――大明律と国典』趙志晩著（二〇〇七年、ソウル、景仁文化社）
『朝鮮後期国家権力と犯罪統制――『審理録』研究』沈載祐著（二〇〇九年、坡州、太学社）
「朝鮮初期断獄に関する研究――刑事節次の整備過程を中心に」田中俊光著（ソウル大学校大学院法学博士学位論文〔韓国

文」、二〇一一年二月）
『韓国法制史』朴秉濠著（二〇一二年、ソウル、民俗苑）
『朝鮮後期政治・社会変動と推鞫』金友哲著（二〇一三年、ソウル、景仁文化社）

・その他

『韓国軍制史（近世朝鮮前期篇）』陸軍士官学校韓国軍事研究室（一九六八年、陸軍本部）
『朝鮮初期言官・言論研究』崔承熙著（一九七六年、ソウル、ソウル大学校出版部）
『朝鮮後期の政治と軍営制の変遷』李泰鎮著（一九八五年、ソウル、韓国研究院）
『韓国社会史研究』李泰鎮著（一九八六年、ソウル、知識産業社）
『朝鮮王朝財政史研究』II、金玉根著（一九八七年、ソウル、一潮閣）
『朝鮮初期水軍制度』方相鉉著（一九九一年、ソウル、民族文化社）
『朝鮮後期歴史の理解』鄭玉子著（一九九三年、ソウル、一志社）
『朝鮮前期奴婢身分研究』池承鍾著（一九九五年、ソウル、一潮閣）
『朝鮮後期朝鮮中華思想研究』鄭玉子著（一九九八年、ソウル、一志社）
『朝鮮後期山林勢力研究』禹仁秀著（一九九九年、ソウル、一潮閣）、
『朝鮮後期丹城士族層研究』金俊亨著（二〇〇〇年、ソウル、亜細亜文化社）
『壬辰倭乱と湖南地方の義兵抗争』趙湲来著（二〇〇一年、ソウル、亜細亜文化社）
『高麗時代の刑法と刑政』李貞薫（等）著（韓国史論三三、二〇〇二年、果川、国史編纂委員会）
『朝鮮初期言論史研究』崔承熙著（二〇〇四年、ソウル、知識産業社）
『朝鮮時代党争史』李成茂著（二〇〇七年、ソウル、아름다운날）

『変化と定着——麗末鮮初の朝謝文書』沈永煥（等）著（二〇一一年、ソウル、民俗苑）

『高麗末・朝鮮初 王命文書研究』朴成鎬著（二〇一七年、坡州、韓国学術情報）

（英文）

Edward Willett Wagner, *The Literati Purges: Political Conflict in Early Yi Korea*, Harvard University Press, 1974.

JaHyun Kim Haboush. *The Confucian Kingship in Korea: Yonjo and the Politics of Sagacity*. New York: Columbia University Press, 2001.

【研究論文】

（邦文） ＊刊行年順

・朝鮮の法制に関するもの

花村美樹「朝鮮法制史」（朝鮮史学会編『朝鮮史講座』分類史所収、京城、一九二〇年代）

四方博「旧来の朝鮮社会の歴史的性格について」（『朝鮮社会経済史研究』〔下〕所収、一九七六年、東京、国書刊行会）

北村秀人「高麗時代の帰郷刑・充常戸刑について」（『朝鮮学報』第八十一輯、一九七六年、天理、朝鮮学会）

浜中昇「高麗における唐律の継受と帰郷刑・充常戸刑」（『歴史学研究』四八三、一九八〇年、東京、歴史学研究会）

末松保和「朝鮮経国典再考——李朝の法源に関する一考察」（『朝鮮史と史料』末松保和朝鮮史著作集6所収、一九九七年、東京、吉川弘文館）

アンデシ・カールソン「千金の子は市に死せず——十七・十八世紀朝鮮時代における死刑と梟首」（冨谷至編『東アジアの死刑』所収、二〇〇八年、京都、京都大学学術出版会）

田中俊光「朝鮮時代の法典に見える「従重」の意味」（『亜細亜大学学術文化紀要』第三二号（二〇一八年、武蔵野、亜細亜大学）

・中国の法制に関するもの
鎌田重雄「漢代官僚の自殺」（『秦漢政治制度の研究』所収、一九六二年、日本学術振興会）
宮崎市定「宋元時代の法制と裁判機構——元典章成立の時代的・社会的背景」（『宮崎市定全集』第十一巻所収、一九九二年、東京、岩波書店）
岩井茂樹「宋代以降の死刑の諸相と法文化」（冨谷至編『東アジアの死刑』所収、二〇〇八年、京都、京都大学学術出版会）

・その他
深谷敏鉄「朝鮮世宗朝における東北辺疆への第一次の徙民入居について」（『朝鮮学報』第九輯、一九五六年、天理、朝鮮学会）
同「朝鮮世宗朝における東北辺疆への第二次の徙民入居について」（『朝鮮学報』第十四輯、一九五九年、天理、朝鮮学会）
同「朝鮮世宗朝における東北辺疆への第三次の徙民入居について」（『朝鮮学報』第十九輯、一九六一年、天理、朝鮮学会）
同「朝鮮世宗朝における東北辺疆への第四次の徙民入居について」（『朝鮮学報』第二十一・二十二輯、一九六一年、天理、朝鮮学会）
有井智徳「李朝初期駅站制研究」（『朝鮮学報』第百五十一輯、一九九四年、天理、朝鮮学会）

（韓国文） ＊刊行年順（題名は翻訳して示す）
・朝鮮朝の法制に関するもの
李成茂「『経国大典』の編纂と『大明律』」（『歴史学報』第百二十五輯、一九九〇年。『朝鮮両班社会研究』所収、一九九五年、ソウル、一潮閣）
兪起濬「朝鮮初期奴婢犯罪と刑政」（『湖西史学』第十六輯、一九八八年）

同「朝鮮初期贖刑について」（『湖西史学』第十九・二十合輯、一九九三年）
沈載祐「十八世紀獄訟の性格と刑政運営の変化」（『韓国史論』三四、一九九五年、ソウル、ソウル大学校人文大学国史学科）
同「正祖代『欽恤典則』の頒布と刑具整備」（『奎章閣』二十二、一九九九年十二月、ソウル、ソウル大学校奎章閣）
沈羲基「一八世紀の刑事司法制度改革」（『韓国文化』第二十輯、一九九八年）
尹薫杓「朝鮮初期附過法施行」（『韓国史学報』第二十四号、二〇〇六年、高麗史学会）
金鎮玉「〝禁推〟の性格と特徴」（『民族文化』第三六輯、二〇一一年、韓国古典翻訳院）
同「推考の性格と運用」（『古典翻訳研究』第三輯、二〇一二年、韓国古典翻訳学会）

・流配に関するもの
池哲瑚「朝鮮前期の流刑」（『法史学研究』第八号、韓国法史学会、一九八五年）、
金景淑「朝鮮時代流配刑の執行とその事例」（『史学研究』五五・五六、一九九八年、韓国史学会）
同「朝鮮時代の流配の道」（『歴史批評』六七、二〇〇四年、歴史批評社）
同「十七世紀後半　儒生李必益の流配生活」（『韓国文化』三八、二〇〇六年、ソウル大学校奎章閣韓国学研究院）
沈載祐「朝鮮前期流配刑と流配生活」（『国史館論叢』第九十二輯、二〇〇〇年）、
禹仁秀「芝山曹好益の流配生活」（『朝鮮後期嶺南南人研究』所収、二〇一五年、景仁文化社）

・高麗時代の流配に関するもの
文炯萬「麗代『帰郷』考」（『歴史学報』第二十三輯、一九六四年、ソウル、歴史学会）
蔡雄錫「高麗時代の帰郷刑と充常戸刑」（『韓国史論』九、一九八三年、ソウル、ソウル大学校人文大学国史学科）

朴恩卿「高麗時代帰郷刑に対する再検討」(『韓国史研究』七九、一九九二年、ソウル、韓国史研究会)

金蘭玉「高麗後期烽卒の身分」(『韓国史学報』第十三輯、二〇〇二年、ソウル、高麗史学会)

同「高麗前期の流配刑」(『韓国史研究』第一二二輯、二〇〇三年、ソウル、韓国史研究会)

同「高麗後期の流配刑」(『国史館論叢』第一〇四輯、二〇〇四年、果川、国史編纂委員会)

同「高麗時代の流配の道」(『歴史批評』第六八号、二〇〇四年、ソウル、歴史批評社)

オ・ヒウン(오희은)「高麗時代〝縁故地流配刑〟の性格と展開」(『韓国史論』六二、二〇一六年、ソウル大学校国史学科)

・その他

宋賛植「朝鮮朝士林政治の権力構造——銓郎と三司を中心に」(『朝鮮後期社会経済史の研究』所収、一九九七年、ソウル、一潮閣)

許善道「朝鮮時代営将制」(『韓国学論叢』第十四輯、一九九一年、国民大学校韓国学研究所)

高錫珪「十九世紀前半郷村社会勢力間対立の推移——慶尚道英陽県を中心に——」(『国史館論叢』第八輯、一九八九年、国史編纂委員会)

裵在弘「朝鮮後期郷村社会における庶孼の存在様態と郷戦」(『慶北史学』第十五輯、一九九二年、大邱、慶北史学会)

尹熙勉「十九世紀末全羅道南原の司馬所郷戦」(『朝鮮時代史学報』第三十九輯、二〇〇六年、朝鮮時代史学会)

金俊亨「朝鮮後期嶺南地域郷戦の分析」(『南冥学研究』第四十三輯、慶尚大学校南冥学研究所、二〇一四年)

Abstract

A Study on the Legal System of the Joseon Dynasty

Takeshi Yagi

Introduction

The legal system of the Joseon dynasty in Korea had a low level of differentiation. Importantly, there was no separation of powers. The king held absolute power and controlled the legislative, executive, and judicial functions. Trials of a penal and civil nature were carried out as part of the administrative functions of the government. Thus, judgments were not final because the king could change them at any time. Additionally, the king often enforced disciplinary punishments on government officials without trial.

However, the use of penal power by the throne received some restrictions that were imposed by the penal code. In light of these restrictions, the king simply adjusted the severity of punishments. Disciplinary punishment for government officials was not based on the criminal code but rather based on the standards of "courtesy" between the sovereign and its officials. Therefore, if the king imposed a penal or disciplinary punishment that exceeded the penal code or the standards of courtesy, it would not receive the consent of *samsa*, which was composed of officials of the three speech organizations that represented the collective opinion of the *yangban* officials—the aristocrats. Therefore, the orders of the king could not be enforced until the officials of *samsa* withdrew their objection.

As a result, the descriptions of the *sillok*, or the *Veritable Records of the Joseon Dynasty*, were filled with debates between the king and the officials over the suitability of penal measures and disciplinary punishments.

The aim of this book is to reconstitute the system of penal measures and disciplinary punishments of the Joseon dynasty that were inflicted based on the penal code and standards of "courtesy." The author also aims to shed light

through discourse on the features of the political and social systems prevalent in traditional Korea. The book comprises eight chapters and three supplementary articles.

Ⅰ. Flogging in the Early Joseon Dynasty

This chapter examines the practical form of flogging in the early Joseon dynasty. Flogging was the basic punishment in the "Five Punishments" system of the dynasty. The common people were casually punished in this way, while *yangban* officials, or the aristocrats, were able to pay a fine in lieu of physical punishment even if their crimes warranted flogging. However, if the crime came under the "private crime" category—the crime which was committed with selfish intent—they were disciplinarily punished by suspension or degradation in addition to the fine.

On the other hand, the "eight kinds of the privileged"—those who had won the special favor of the king—were usually released from both flogging and paying a fine and suffered only suspension or degradation as a light disciplinary punishment.

In this chapter, the author examines the relationship between *yangban* officials and the law codes by analyzing several illustrative cases of criminal and disciplinary punishment for those officials.

Ⅱ. Penal Servitude and Banishment in the Early Joseon Dynasty

In Joseon Korea, criminals were punished by one of the "Five Punishments" that were prescribed in the *Penal Code of the Ming Dynasty China*, which Korea had adopted as its basic penal code. However, the practical forms of those punishments, especially those of penal servitude and banishment, were in many ways different between China and Korea.

In Joseon Korea, penal servitudes were inflicted mainly as forced labor in horse stations, and the same labor was usually inflicted to those sentenced to

banishment.

However, the "eight kinds of the privileged" who had won the special favor of the king were usually released from forced labor and simply ordered to remain in the place of banishment until they received a pardon from the king. This form of punishment was not intended to be penal; instead, it was a disciplinary one based on the standards of "courtesy" between the sovereign and its officials.

In this respect, it is evident that the penal punishments imposed on officials — especially on the "eight kinds of the privileged"— of the Joseon dynasty was based on the Confucian principle of the "courtesy."

III. A Death by a Royal Grace

As another example of courtesy for *yangban* officials, the king would not immediately sentence a *yangban* official convicted of high treason or faction-making to the death penalty, which was the prescribed punishment for such offenses; instead the king would first impose one of the disciplinary punishments. The sentence was gradually heightened to a form of discharge and degradation to light banishment around his hometown, far banishment to a border location, or confinement in a banished place. Ultimately, the sentence was increased to the death penalty, but the king still showed his special favor to the "eight kinds of the privileged" by allowing them to commit suicide instead of imposing the dishonorable death penalty.

Such a treatment was regarded as the grace of the king. Therefore, the convicted official could at least maintain his family's honor through suicide based on the royal order. Additionally, the acceptance of the suicide order from the king without hesitation or antipathy sometimes provided a basis to restore the official's honor and office.

Although it was forced suicide, it was carried out within the standards of "courtesy" between the sovereign and its officials.

IV. Heavy Flogging as a Military Punishment

The kings of the Joseon dynasty regarded penal punishments as unavoidable means of statecrafts that should be based on the Confucian principle of "courtesy." Additionally, the rising conflicts between the social classes in late Joseon Korea inevitably required the kings to appeal to penal or military measures to settle them. Therefore, military commanders who concurrently held a civil and judiciary office were dispatched throughout the kingdom during this period to preside over civil and military cases.

Beyond the normal types of the "Five Punishments", the military commanders had the power to impose two types of punishments: *hyosu* beheading or heavy flogging on the spot. The military commanders in the field could execute a sentence without permission of the king. However, they often abused their powers to the innocent civilians, especially by using the heavy flogging.

However, casual use of heavy flogging was not confined to military commanders. The king himself often abused his judicial power by using heavy flogging on *yangban* officials. King Yeongjo was famous and highly regarded for his policy of "magnificent harmony" in resolving factional conflicts between *yangban* officials. Nevertheless, he employed, without hesitation, heavy flogging as a punishment to *yangban* officials who opposed his policy. His casual use of the military punishment reduced his authority as a Confucian king, and he could not escape the criticism of being a tyrant by Confucians of his time and in the future.

V. Three Speech Organizations and the Punishments on Yangban Officials in Joseon Korea

Three speech organizations, that is *sahonbu* (Office of Censors), *saganwon* (Office of Remonstrators), and *hongmungwan* (Office of Academic Counselors), represented the collective opinions of the *yangban* officials in the Joseon

government. Therefore, they had a strong influence on politics in Joseon Korea.

Specifically, they investigated the bad deeds of officials, after which a charged official was required to submit an informal resignation, even if not guilty. Then, a convicted official was sentenced to a disciplinary punishment decided by the king, consistent with the request of the three speech organizations.

It was regarded as a virtue of the sovereign that the king obeyed the collective opinions of *yangban* officials, which were represented through the activities of the three speech organizations. However, the final decision was made by the king, who sometimes declined to follow the requests of the three speech organizations.

Those who received the punishments of dismissal, banishment, or the forced suicide still possessed honor as a *yangban* official. It was not unusual for the king to retract the punishments and redeem the honor of *yangban* officials based on the three speech organizations' request in light of a change in political circumstances. Therefore, the absolute power of the king was still restricted by the three speech organizations, which represented the collective opinions of *yangban* officials.

VI. Penal Banishment in Joseon Korea

Given that the penal system of Joseon Korea was based on the criminal code of Ming China, each criminal punishment in Korea corresponded, in principle, to the Five Punishments prescribed in the Ming code. However, the Korean kings sometimes made special decrees that overruled the authority of the articles of the Ming code; some punishments, therefore, were not found in the Ming code.

Jeongbae, or penal banishment, was one of those punishments. Originally, *jeongbae* was a general term for the appointment of a place of settling a criminal exiled under the Ming code. However, *jeongbae* became a special term

in the late Joseon period that referred to the punishment of exile issued by the king and which was not based on the articles of the Ming code.

The imposition of these punishments, which had no basis in the articles of the Ming code and were exceptions, could not be cited as judicial precedent in general cases. However, an increase in the number of cases involving such sentences transformed the exceptions into precedent. The Joseon Korean kings compiled such precedents and created additional statutes as supplements to the articles of the Ming code. *Jeongbae* was prescribed as a punishment in the legal codes and became a legally valid punishment in the late Joseon period.

However, the actual conditions of *jeongbae* were not very clear. In the place of exile, some criminals were sentenced to work service—penal servitude—according to their social status, and the work, or the substitutive tax, was more difficult than anything they had endured before. However, *yangban* officials sentenced to *jeongbae* were not assigned any work service. Accordingly, *jeongbae* for *yangban* officials was considered as a disciplinary measure imposed within the standards of "courtesy" between the sovereign and its officials.

VII. System of Treble Retrials of Condemned Criminals in Joseon Korea

In Joseon Korea, only the king could impose a death sentence and issue the order for the execution of condemned criminals. Accordingly, the king took great care in such legal proceedings. Specifically, he would order the Board of Punishments to examine a case and the State Council to re-examine it before he approved a death sentence. Moreover, he would require treble retrials before he issued an order of execution of condemned criminals. These proceedings were taken from the system described in the Confucian classics.

The second of the treble retrials was merely a screening, and thus substantial deliberation only occurred in the first and third retrials. Additionally, it was not uncommon for the treble retrial proceedings to be completely skipped in certain circumstances.

First, these proceedings were not followed in wartime cases. Second, trials for felons were conducted by officials of the "three judicial departments," who acted on behalf of the king himself. Because the king received full information from the "three judicial departments," there was no need for him to re-examine a case. Finally, condemned criminals, for whose crimes immediate execution was prescribed by the penal code, were immediately executed in the late Joseon period, despite the legal requirement of the treble retrial proceedings.

The king's sovereignty, however, was restricted in the case of "border crossings" between China and Korea. Condemned criminals who had committed a crime in China but were arrested in Korea were executed only after the emperor of the Qing dynasty approved the execution. Therefore, Joseon Korea was considered a "dependent" of China in this legal situation.

Ⅷ. The King's Mercy to Prisoners

In Joseon Korea, it was widely believed that a grudge by those who had been falsely accused could cause a national disaster such as a drought or excessive rain. Therefore, Joseon kings paid special attention to the condition of prisoners to avoid unjust treatment.

Specifically, the state ordered periodic inspections of the condition of prisoners' health and expedited trial procedures during seasons of drought or excessive rain. When the kingdom suffered a heavy drought, which was not uncommon in Joseon Korea, rulers ordered special examination of all pending cases and prompted officials to be speedy and lenient in judgment. The king's mercy also reached criminals who were already banished, by allowing them to return home.

Confucian kings were expected to show mercy to prisoners. However, frequent pardons or commutations of jail sentences increased crimes in the society, and caused a degradation of the principle of lawful government. As a result, jails became more crowded on the contrary.

Supplement

1. Hierarchical Structure of the Local Society in the Late Joseon Period

In this chapter, the author describes the hierarchical structure of the local society of Joseon Korea through an analysis of the descriptions in the *Namcheon Illok (A Diary of Exile in the Southern Frontier)*, written by Sim No-sung. Sim No-sung was purged in the factional conflict of the early days of King Sunjo and was banished to the Gijang district of Gyeongsang Province. In his daily life of exile, he formed relationships with many local people, whom he classified into three categories: the nobles, the middles, and the lowers. The nobles were called *yangbans*, but the local nobles, known as *Hyang-pum*, faced discrimination from the nobles of the capital because they were born as middles, not the original *yangbans*.

To climb the ladder to join the nobles, the middles first had to obtain the position of *Gyoseng*, which is a student of the local Confucian school. Next, they had to obtain a temporary position as *Hyang-im*—a committee member of the local administration— and place their name in the *Hyang-an*—the registry of the nobles of the local community.

They usually obtained the position of *Hyang-nim* by purchasing a public position. This was why the nobles of the capital despised and discriminated against them as *Hyang-pum*. However, the finances of the local government depended on the economic services of the *Hyang-pum*. Based on this economic dependence, the proportion of the "nobles" in late Joseon Korea increased dramatically, which increased the burden on middle and lower people in local communities.

2. Sin An Shrines and Local Intellectuals in the Late Joseon Period

Zhu Xi, a famous neo-Confucian scholar of China, was widely admired in Joseon Korea and was enshrined in the Sin An shrines named after his

birthplace. In addition, Song Si-yeol, a famous neo-Confucian scholar of Korea, was also enshrined with Zhu-Xi, which caused some factional conflicts in the local community of Confucian intellectuals.

Song Si-yeol belonged to the faction of So-in—the Westerner—and the rising local elites typically used the authority of So-in to establish their standing in local community. Thus, they willingly joined the rituals of the Sin An shrines. Conversely, the faction of Nam-in—the Southerner—held a high status, especially in the local community of the Gyeong-Sang Province, and traditionally opposed Song Si-yeol. Therefore, the rituals of the Sin An shrines often caused conflict between the factions, and this spread throughout the network of Confucian intellectuals in the kingdom.

The government prohibited conflict among the local Confucians and ordered shrines to be removed if they were constructed without permission. However, the authority of Zhu Xi was inviolable, and thus the government could not prohibit the ritual activities of the local intellectuals.

After all, the local intellectuals sustained social control of the Joseon dynasty.

3. The Exile of Yi Geon-chang During the Transition Period of the Criminal Codes

Yi Geon-chang, the author of *A Concise History of the Factional Disputes*, was a grandson of Yi Si-weon who was famous for being a victim of the French Invasion of Ganghwa Island in 1866. As a grandson of the prominent figure, he began his official career smoothly but later became involved in some factional conflicts and was exiled to the frontier three times.

His first exile was to Byeok-dong prefecture in Pyeongan Province in 1878. However, he returned to the capital less than one year later and restarted his official career.

His second exile was to Boseong prefecture in Jeolla Province in 1893, but he was released almost immediately. In 1896, he was appointed as the Provincial

Governor of Hwanghae, but he refused to accept the post because the dynasty had not fulfilled its obligation of vengeance for the late queen against Japan. Therefore, he was sentenced to "two years of exile" to Old Gunsan Island but was released less than two months later.

Afterwards, having totally abandoned his ambition to gain official posts, he rejected several appointments. However, he was spared further punishments by special mercy from the king.

His exiles were different than those of typical offenders. He was exempted from penal servitude during exile, which was the usual punishment for common offenders. Because he was a political prisoner, or a prisoner of conscience, the king did not order cruel punishment or rough treatment.

The Criminal Codes were changed and modernized in many ways during the last days of the dynasty. However, the practice of exempting the *yangban* officials from penal punishments did not change until the fall of the dynasty.

Conclusion

This book examines, through eight chapters and three supplementary articles, the penal systems of the Joseon dynasty in Korea, with special focus on the execution of penal measures and disciplinary punishments.

Imposing penal measures on *yangban* officials was traditionally avoided. Instead, disciplinary punishments were inflicted to allow the *yangban* officials to return to honor based on "courtesy."

The *yangban* officials were regarded as people who could maintain their "way" notwithstanding errors.

They enjoyed many legal privileges because they sustained social control of the dynasty. However, it could be argued that this ultimately caused the decline and fall of the dynasty.

事項索引

（日本語読み、五十音、筆画順）

け

こ

す

せ

そ

た

ち

つ

て

と

り

る

れ

ろ

人名索引

（日本語読み、五十音、筆画順）

著者略歴

矢木　毅（やぎ・たけし）

1964年、富山県に生まれる。京都大学文学部史学科卒業。京都大学博士（文学）。京都大学人文科学研究所教授。専攻は朝鮮中世近世史（特に政治史・政治制度史の研究）。著書、『高麗官僚制度研究』（京都大学学術出版会、2008年）、『韓国・朝鮮史の系譜』（塙書房、2012年）、『韓国の世界遺産　宗廟』（臨川書店、2016年）、その他。

科研費 KAKENHI

本刊行物は、JSPS 科研費 JP19HP5233 の助成を受けたものです。
This publication was supported by JSPS KAKENHI Grant Number JP19HP5233.

朝鮮朝刑罰制度の研究

二〇一九年一〇月二〇日　第一刷発行
定価　六、八〇〇円（税別）

著者　矢木　毅
発行者　土江洋宇
発行所　朋友書店
〒六〇六-八三一一　京都市左京区吉田神楽岡町八
電話（〇七五）七六一-一二八五
FAX（〇七五）七六一-八一五〇
E-mail:hoyu@hoyubook.co.jp
印刷所　株式会社図書印刷同朋舎

ISBN978-4-89281-179-1　¥6800E